詳説 天皇の退位
平成の終焉

飯田泰士◉著
Iida Taishi

昭和堂

目次

◆掲載表一覧

I はじめに

1 天皇陛下の退位

「天皇陛下が退位の意向を宮内庁の関係者に示されている」。

2016年7月13日夜、NHKが、そういう趣旨の報道をした。*1

宮内庁は速やかに報道内容を否定したものの、*2 マスメディアでは相次いで関連報道がされた。*3

そのような中、2016年8月8日午後3時、天皇陛下（今上天皇、現在在位中の天皇）のおことばが公表された。すなわち、「象徴としてのお務めについての天皇陛下のおことば」が公表された。

その後、「天皇の公務の負担軽減等に関する有識者会議」や「天皇の退位等についての立法府の対応に関する全体会議」における議論等を経て、2017年5月19日、安倍内閣は、天皇陛下の退位を実現するための法律案、すなわち、「天皇の退位等に関する皇室典範特例法案」を国会に提出した（以下、本書では、前に何も付けず、ただ「有識者会議」と記載した場合は「天皇の公務の負担軽減等に関する有識者会議」を意味する、また、ただ「全体会議」と記載した場合は「天皇の退位等についての立法府の対応に関する全体会議」を意味する)。

国会における議論を経て、2017年6月9日、「天皇の退位等に関する皇室典範特例法」が成立し、2017年6月16日、同法が公布された。

天皇の退位に関する問題は、皇位の継承に関わる問題であり、国の基本に関わる重要な問題だ。また、1817年(江戸時代後期)の光格天皇の退位*4を最後に、天皇の退位は行われていない。そのため、今上天皇の退位は、約200年ぶりの天皇の退位となり、歴史的な出来事といえる。

そこで、本書は、天皇の退位をテーマとする。中心的テーマは、天皇陛下の退位だ(本書は、2017年9月3日に脱稿した原稿を書籍化したものだ)。

これまで、天皇に関しては、国会・帝国議会等の国政の場で、多くの議論がされてきた。また、天皇の退位に関する問題は、国の基本に関わる重要な問題だ。そのため、本書では、国の資料を重視して話を進める。国の資料とは、例えば、天皇の退位等に関する皇室典範特例法が成立した2017年6月までの国会会議録、帝国議会会議録、答弁書だ。

国の資料は、可能な限り多く掲載しておいた。活用してもらえると幸いだ。

2 「退位」「生前退位」「譲位」

なお、天皇の退位に関しては、マスメディア等で、退位を意味する「生前退位」という言葉が少なからず使用されている。しかし、本書では、原則として、「生前」を付けない「退位」という言葉を使用する。「生前退位」

という言葉は、引用箇所であること等を理由として、その言葉を使用する必要がある場合に、例外的に使用する。

また、本書では、「譲位」という言葉も使用する。「譲位」という言葉は、江戸時代までの6つの事例を説明する場合に、天皇の位を譲るという意味で使用するとともに、引用箇所であること等を理由として、その言葉を使用する必要がある場合に使用する。その6つの事例を説明する場合に、「譲位」という言葉を使用するのは、参照文献の表記を尊重するためだ。

Ⅱ　天皇の退位と関連制度

1　天皇の退位と憲法2条・皇室典範4条

(1) 皇位継承の原因

「天皇陛下が退位の意向を宮内庁の関係者に示されている」という趣旨の報道がされ、また、「象徴としてのお務めについての天皇陛下のおことば」が公表された2016年、天皇の退位は認められていなかった。

そのことに関する条文である憲法2条、皇室典範4条を具体的に示すと、次のとおりだ（皇室典範は、皇位継承、皇族、摂政等に関して規定している法律だ）。

まず、憲法2条は「皇位は、世襲のものであつて、国会の議決した皇室典範の定めるところにより、これを継承する」と規定している。そして、皇室典範4条は「天皇が崩じたときは、皇嗣（著者注：皇位継承順位が第1位の皇族）が、直ちに即位する」と規定している。

つまり、天皇の退位制度は設けられておらず、皇位継承の原因は、天皇の崩御に限られ、天皇の退位は認められていなかった。

1974年4月2日、第72回国会参議院内閣委員会で、瓜生順良宮内庁次長（当時）は、以上のことに関して、次の答弁をした。「その新しい憲法の中で、天皇の問題につきましては、『皇位は、世襲のものであって、国会の議決した皇室典範の定めるところにより、これを継承する。』というふうに条文がありまして、皇室典範におきましてはこの皇位世襲のことをきめております。その際に、この皇室典範の第四条には、『天皇が崩じたときは、皇嗣が、直ちに即位する。』とのみ定められまして、退位をされるということは認められないというような規定になっております。要するに終身天皇であられると、もしも心身に重大な故障があられれば摂政を置かれるということであって、終身天皇であられると、退位というのは認められない規定になっております」。

（2）旧皇室典範10条に由来する皇室典範4条

なお、皇室典範4条は、旧皇室典範10条に由来する［「旧皇室典範」とは、1889年（明治22年）2月11日に裁定され、1947年（昭和22年）5月2日限りで廃止された皇室典範のことだ］。

具体的にいうと、旧皇室典範10条は「天皇崩スルトキハ皇嗣即チ践祚シ祖宗ノ神器ヲ承ク」と規定していた。

要するに、旧皇室典範も、皇位継承の原因を天皇の崩御に限っており、天皇の退位を認めていなかった。*5

旧皇室典範は1947年5月2日限りで廃止された。そして、現行憲法（日本国憲法）が施行された日でもある1947年5月3日、皇室典範が施行された。そうして、天皇の退位が認められない状況が続くことになった。

2　天皇の退位制度

(1) 天皇の退位制度が設けられていなかったのはなぜか

さて、先程述べたように、2016年、天皇の退位制度は設けられておらず、天皇の退位は認められていなかった。

では、なぜ、天皇の退位制度は設けられていなかったのだろうか。

その主な理由としては、次の①②③をあげられる。①退位した天皇が上皇・法皇などとなり、弊害が生じるおそれがある、②天皇の自由意思に基づかない退位の強制のおそれがある、③天皇の恣意的な退位のおそれがある。

1984年4月17日、第101回国会参議院内閣委員会で、山本悟宮内庁次長（当時）は、そのことに関して、次の答弁をした。「現行の皇室典範は、御指摘のとおりに、生前の退位というものについての規定を全く置かない。置かないということは、制定当時からその制度をとっていないということを申していいのだろうと思います。この現行の皇室典範が制定されます際にいろいろな場において議論がされているようでございますが、制定いたしました趣旨としては、退位を認めると歴史上見られたような上皇とか法皇とかいったような存在がでてきてそれが弊害を生ずるおそれがあるのではないか。歴史から見るといろいろな批判があり得たわけでありまして、こういったことは避けた方がいいということが一つ。それから、そういった制度があれば必ずしも天皇の自由意思に基づかないで退位の強制ということがあり得る可能性もないとは言えない。これも歴史の示すところだと思います。それから三番目には、逆に今度は天皇が恣意的に退位をすることができるということになるとそれもまたいかがなものか。こういったようないろいろな観点からの論議がございまして、典範制定当時、そういった制度は置かないということになったと存じております」。

それと同様の答弁は、国会で何度もされてきた。[*6]

平成に入っても、それと同様の答弁はされている。例えば、1991年（平成3年）3月11日、第120回国会衆議院予算委員会第一分科会で、宮尾盤宮内庁次長（当時）は、それと同様の答弁をした上で、天皇の退位制度に関して、次の答弁をした。「仮に天皇陛下に心身の疾患あるいは事故というようなことがある場合には、現在の皇室典範では、現在の制度といたしましては、国事行為の臨時代行に関する法律の制度がありますし、また、典範の中に摂政という制度も認められておるわけでございますから、臨時代行あるいは摂政という制度を活用することによって退位の制度というものを考える必要はないではないかというのが今私どもの基本的な考え方でございます」。また、2001年（平成13年）11月21日、第153回国会参議院共生社会に関する調査会で、羽毛田信吾宮内庁次長（当時）は、それと同様の答弁をした上で、天皇の退位制度に関して、次の答弁をした。「皇室典範制度の制定当時の経緯というものをやはり踏まえていかなければならないと思いますし、さらに今、先生もちょっとお挙げになりましたけれども、天皇に心身の疾患あるいは事故があるというような場合につきましては、現在も国事行為の臨時代行でありますとかあるいは摂政の制度が設けられておりますので、そういった事態の起きました場合にはそういった対応をする制度もあるということを考えますと、現在の段階で退位制度を設けるというようなことについては私ども考えていないところでございます」。

それらの答弁をふまえると、「平成に入った後も、政府は、天皇の退位制度を設けることに消極的だった」

といえる。

(2) 歴史上、天皇の退位は珍しいことか

ところで、以上で述べたように、歴史上、天皇が退位したことはある。

そこで、天皇の退位に関する歴史について述べておく。

「今上天皇の退位は、約200年ぶりの天皇の退位となり、歴史的な出来事といえる」と先程述べた。ただ、日本の長い歴史を見ると、天皇の退位は珍しいことではない。

今上天皇は第125代天皇なのだが、過去124代のうち、退位した天皇は半数近い58方だ。[*7] また、退位した最初の天皇は第35代天皇の皇極天皇なのだが、[*8] 皇極天皇以降の天皇に限定すると、だいたい3分の2が退位している。

そして、天皇の退位の事例がそれだけあるので、歴史上、元天皇(退位した天皇)と天皇の間に、いろいろなことがあった。

例えば、第46代天皇の孝謙天皇は、皇太子道祖王を廃し、藤原仲麻呂と親しい大炊王(後の淳仁天皇)を立て、その後、譲位した。ただ、第47代天皇の淳仁天皇は、道鏡を寵愛する孝謙上皇と対立した。淳仁天皇と関係が深かった藤原仲麻呂は、徐々に窮地に陥り、反乱を起こしたが、孝謙上皇に鎮圧された(藤原仲麻呂の乱、恵美押勝の乱)。淳仁天皇は廃されて、淡路に流された。そして、孝謙上皇は重祚(再即位)した、それが第48代天皇の称徳天皇だ(要するに、孝謙天皇・上皇と称徳天皇は、同一人物)。

また、第51代天皇の平城天皇は藤原薬子を寵愛し、藤原薬子の兄である藤原仲成はそれを利用した。その平

城天皇が、病気のため、弟に譲位し、上皇となった。ただ、平城上皇と第52代天皇の嵯峨天皇は対立した。藤原薬子・藤原仲成はその対立に関わっており、平城上皇の重祚を狙っていた。そして、結果としては、嵯峨天皇が、平城上皇派を制圧した。平城上皇は入道し、藤原薬子は自殺し、藤原仲成は射殺された(薬子の変)。

そしてまた、第74代天皇の鳥羽天皇は、白河法皇の意向によって、譲位し、上皇となった。第75代天皇は崇徳天皇。ただ、白河法皇が崩じた後、崇徳天皇は、鳥羽上皇に迫られた結果、不本意ながら譲位し、近衛天皇が第76代天皇になった(近衛天皇は、鳥羽上皇の皇子として誕生し、母は鳥羽上皇の寵妃美福門院)。その譲位は、保元の乱の遠因となった。保元の乱で、崇徳上皇は敗北し、讃岐国に流され、悶死した。*9 崇徳上皇の怨霊の話を聞いたことがある人もいるだろう。

3 国事行為と摂政・臨時代行

(1) 国事行為・公的行為・その他の行為と天皇の務め

さて、以上で示した答弁の中に、「摂政」「国事行為の臨時代行」という言葉が、複数回出てきた。それらは、後述する話の中にも出てくる。そこで、以下、天皇の行為について述べた上で、摂政、国事行為の臨時代行に関して述べる。

天皇の行為には、国事行為、公的行為、その他の行為がある。国家機関としての行為が、国事行為であり、自然人としての行為が、公的行為・その他の行為だ。*10

国事行為は、天皇が内閣の助言と承認に基づいて行う行為であり、具体的には、憲法4条2項、6条、7条に規定されている13の行為だ[*11]。その13の行為を示すと、次のとおりだ。①国事行為の委任（憲法4条2項）、②内閣総理大臣の任命（憲法6条1項）、③最高裁判所長官の任命（憲法6条2項）、④憲法改正、法律、政令及び条約を公布すること（憲法7条1号）、⑤国会を召集すること（憲法7条2号）、⑥衆議院を解散すること（憲法7条3号）、⑦国会議員の総選挙の施行を公示すること（憲法7条4号）、⑧国務大臣及び法律の定めるその他の官吏の任免並びに全権委任状及び大使及び公使の信任状を認証すること（憲法7条5号）、⑨大赦、特赦、減刑、刑の執行の免除及び復権を認証すること（憲法7条6号）、⑩栄典を授与すること（憲法7条7号）、⑪批准書及び法律の定めるその他の外交文書を認証すること（憲法7条8号）、⑫外国の大使及び公使を接受すること（憲法7条9号）、⑬儀式を行うこと（憲法7条10号）。

また、公的行為は、自然人としての行為のうち、象徴としての地位に基づく公的なものだ、憲法上明文の根拠はなく、義務的に行われるものではない。公的行為は、天皇の意思に基づいて行われるものであるが、国民の期待等も勘案して行われるべきものであり、個々の天皇の意思やその時代時代の国民の意識によって形成・確立される[*12]。公的行為は、国事行為ではないので、憲法にいう内閣の助言と承認は不要だが、内閣は、天皇の公的行為が憲法の趣旨に沿って行われるように、配慮すべき責任を負っている[*13]。公的行為の具体例は、地方事情御視察、災害御見舞い、外国御訪問、御会見・御引見。天皇陛下の公務の負担のかなりの部分が公的行為だ[*14]。

そして、その他の行為は、自然人としての行為のうち、公的行為以外のものだ。その他の行為の具体例は、宮中祭祀、神社御参拝、御用邸御滞在、大相撲御覧、生物学御研究[*15]。

なお、2012年12月19日、記者会見で、天皇陛下は、天皇の務めに関して、次のように述べられた。「【天皇の務めには日本国憲法によって定められた国事行為のほかに、天皇の象徴という立場から見て、公的に関わることがふさわしいと考えられる象徴的な行為という務めがあると考えられます。毎年出席している全国植樹祭や日本学士院授賞式などがそれに当たります】。いずれも昭和天皇は80歳を越しても続けていらっしゃいました。【負担の軽減は、公的行事の場合、公平の原則を踏まえてしなければならないので、十分に考えてしなくてはいけません。今のところしばらくはこのままでいきたいと考えています】。私が病気になったときには、昨年のように皇太子と秋篠宮が代わりを務めてくれますから、その点は何も心配はなく、心強く思っています」[*16]（本書における【 】は、強調するために、筆者が付けたものだ）。

その御発言に基づくと、天皇陛下は「国事行為だけが、天皇の務めだ」とはお考えになっていない。その御発言に基づくと、天皇陛下は、次のようにお考えになっている。「天皇の務めには、国事行為と象徴的な行為がある」（その御発言でふれられている全国植樹祭や日本学士院授賞式への御臨席は、国事行為・公的行為・その他の行為のうち、公的行為に当たる。[*17]ちなみに、2015年、国事行為は1047件、公的行為は529件だった[*18]）。

また、その御発言の中で、天皇陛下は、公的行事に関する負担の軽減について、次のように述べられている。「今のところしばらくはこのままでいきたいと考えています」。

それに関してだが、2004年以降、天皇皇后両陛下の御活動については、累次の見直しが行われてきている。そして、皇太子同妃両殿下にお譲りになった拝謁や、お取り止めになった拝謁等もあるが、御活動そのものの大幅な削減はされていない（なお、拝謁は、公的行為に当たる[*19]）。

ところで、一つ前の段落で、「天皇皇后両陛下」「皇太子同妃両殿下」という言葉を使用した。その言葉に関してだが、皇室典範は、「陛下」「殿下」という2種類の敬称について規定している。具体的にいうと、皇室典範23条1項は「天皇、皇后、太皇太后及び皇太后の敬称は、陛下とする」と規定し、皇室典範23条2項は「前項の皇族以外の皇族の敬称は、殿下とする」と規定している（なお、皇族の範囲に関して、皇室典範5条は「皇后、太皇太后、皇太后、親王、親王妃、内親王、王、王妃及び女王を皇族とする」と規定している）。

そのため、例えば、「天皇殿下」とか「愛子内親王陛下」という言葉は、皇室典範上おかしい。「天皇陛下」であり、「愛子内親王殿下」だ。

(2) 摂政

以上のように、天皇の行為には、国事行為、公的行為、その他の行為がある。

そして、憲法は、国事行為の代行の制度として、摂政、国事行為の臨時代行の2つを認めている（憲法4条2項、5条）。以下、それぞれに分けて述べる。

まず、摂政に関して。

摂政は、皇室典範の定めるところにより置かれる（憲法5条）。

皇室典範によると、摂政が置かれるのは、❶天皇が成年に達しないときと（皇室典範22条は「天皇、皇太子及び皇太孫の成年は、十八年とする」と規定している。なお、その他の皇族の成年に関しては、民法4条が適用される。民法4条は「年齢二十歳をもって、成年とする」と規定している）、❷天皇が、精神・身体の重患か重大な事故により、国事行為をみずからすることができないと、皇室会議で判定されたときだ（皇室典範16条1項、16条2項）。

摂政が置かれる場合の具体例をあげると、①天皇が16歳の場合（天皇が成年に達しないときの例）、②天皇が意思表明できないほどの重大な病気の場合（精神・身体の重患の例）、③天皇の失踪・生死不明の場合や、天皇が戦時中に捕虜になった場合だ（重大な事故の例）*20。摂政に関しては、天皇に意思能力がない場合等を想定しているので、国事行為の全部が、恒久的に代行されることも想定している[*21]（皇室典範20条参照。皇室典範20条は「第十六条第二項の故障がなくなつたときは、皇室会議の議により、摂政を廃する」と規定している）。

そして、摂政は、天皇の名で、すなわち、天皇に代わって、その国事行為を行う。摂政は、憲法の定める国事行為のみを行い、国政に関する権能を有しない（憲法5条）。

なお、現行憲法下で、摂政の事例はない。

ここで、摂政に関して規定している憲法5条、皇室典範16条、17条を示しておく。

憲法5条

皇室典範の定めるところにより摂政を置くときは、摂政は、天皇の名でその国事に関する行為を行ふ。この場合には、前条第一項[*22]の規定を準用する。

皇室典範16条

1項　天皇が成年に達しないときは、摂政を置く。

2項　天皇が、精神若しくは身体の重患又は重大な事故により、国事に関する行為をみずからすることができないときは、皇室会議の議により、摂政を置く。

皇室典範17条

1項　摂政は、左の順序により、成年に達した皇族が、これに就任する。

一　皇太子又は皇太孫
二　親王及び王
三　皇后
四　皇太后
五　太皇太后
六　内親王及び女王

2項　前項第二号の場合においては、皇位継承の順序に従い、同項第六号の場合においては、皇位継承の順序に準ずる。

(3) 皇室会議

以上で、「皇室会議」という言葉が複数回出てきた。それは、後述する話の中にも出てくる。そこで、皇室会議に関して、簡単に述べておく。

皇室会議は、皇室に関する重要事項を審議決定する機関だ。

皇室会議は、議員10人で組織される（皇室典範28条1項）。皇室会議の議員10人を具体的にいうと、皇族2方、衆議院議長、衆議院副議長、参議院議長、参議院副議長、内閣総理大臣、宮内庁長官、最高裁判所長官、最高裁判所判事だ（皇室典範28条2項）。内閣総理大臣たる議員が、皇室会議の議長となる（皇室典範29条）。

そして、皇室会議の審議事項は、皇位継承の順序変更（皇室典範3条）、立后及び皇族男子の婚姻（皇室典範10条）、皇族の身分の離脱（皇室典範11条、13条、14条）、摂政の設置・廃止（皇室典範16条、20条）、摂政の順序の変更（皇室典範18条）だ。

（4）摂政と女性天皇

さて、先程述べたように、現行憲法下で、摂政の事例はない。

ただ、歴代天皇の中には、摂政が置かれた天皇もいた。過去124代のうち、摂政が置かれた天皇は38方だ。[*23]

そして、摂政の主な設置理由は様々だった。具体的にいうと、主な設置理由が、「天皇幼少」だったのは32方、[*24]「女性天皇」だったのは4方、[*25]「天皇病気」だったのは1方だ。[*26]また、主な設置理由が「不明」なのは2方だ[*27]（第109代天皇の明正天皇に関しては、摂政の主な設置理由は、「天皇幼少」と「女性天皇」だ。つまり、明正天皇を、その両方でカウントしている。女性天皇だった明正天皇は、即位時、幼年だった。そのときは、天皇幼少が、摂政の主な設置理由だった。ただ、明正天皇は、成年となった16歳以降も、摂政が置かれていた。そのときは、女性天皇だったので、摂政が置かれていたと考えられる）。[*28]

なお、一つ前の段落で述べたように、摂政の主な設置理由には「女性天皇」があった。ただ、女性天皇の全てに、摂政が置かれていたわけではない。歴代の女性天皇は10代8方、すなわち、①第33代天皇の推古天皇、②第35代天皇の皇極天皇、③第37代天皇の斉明天皇（皇極天皇が重祚）、④第41代天皇の持統天皇、⑤第43代天皇の元明天皇、⑥第44代天皇の元正天皇、⑦第46代天皇の孝謙天皇、⑧第48代天皇の称徳天皇（孝謙上皇が重祚）、⑨第109代天皇の明正天皇、⑩第117代天皇の後桜町天皇だが、②④⑤⑥⑦⑧には摂政が置かれていない。[*29]

ちなみに、現在、女性天皇は認められていない（皇室典範1条は「皇位は、皇統に属する男系の男子が、これを継承する」と規定している）。そのため、現在、当然、女性天皇を理由として、摂政が置かれることはない。また、今後、女性天皇が認められても、女性天皇を理由として、摂政が置かれることはないだろう。まず、先程示した皇室典範16条に基づくと、女性天皇を理由として、摂政を置くことはできないと考えられる。また、女性天皇を理由として、摂政を置くことができるように、皇室典範が改正されることはないだろう。理由は、次のとおりだ。政党は、政治上の主義・主張の実現を目的とする団体だ。政党がその目的を達成するためには、議会における議席を増加させることが重要だ、そして、そのためには（選挙の際の）獲得票数を増加させた方が良い。獲得票数の増加が、政党の利益だ。「女性天皇を理由として、摂政を置くことができるように、皇室典範を改正する」という政策を政党が採用すれば、女性に反発されることは容易に想像できるし、男性もそんな政策に賛成しないだろう。そのため、政党が、獲得票数の増加という自己の利益を最大化するために合理的選択をすると、そんな政策は採用しない。

ところで、以上で述べた女性天皇と天皇の退位制度に関する答弁が、国会でされたことがある。そこで、それを紹介する。1979年5月8日、第87回国会参議院内閣委員会で、真田秀夫内閣法制局長官（当時）は、次の答弁をした。「皇室典範ができましたときに、その点は後で御議論になると思いますが、女帝の制度もそうなんですが、ずいぶん議論が行われたようで、結局どうも日本の国民感情からいって陛下の御自身の意思によって退位をされるとか、あるいはまた女帝という制度はどうも国民の感情には合わないいんじゃなかろうかというような意見が多かったようで[*30]、それで現在の皇室典範のように皇位の継承は天皇が崩ぜられたときに限るというふうに書いてございますし、また女帝という制度も実は予想しておらないというのが実態でございます」。

その答弁をふまえると、天皇の退位制度を設けたり、女性天皇を認めたりするにあたっては、国民感情に合うことが重要といえる。

なお、２００４年12月27日、当時の政府は、「皇室典範に関する有識者会議」の開催を決定し、２００５年、皇室典範に関する有識者会議が17回開催された。そして、２００５年11月24日、最終回である皇室典範に関する有識者会議第17回で、小泉純一郎首相（当時）に、皇室典範に関する有識者会議の「報告書」が提出された。その「報告書」には、女性天皇に関して、次の内容がある。「古来続いてきた男系継承の重さや伝統に対する国民の様々な思いを認識しつつも、議論を重ねる中で、我が国の将来を考えると、皇位の安定的な継承を維持するためには、女性天皇・女系天皇への途を開くことが不可欠であり、広範な国民の賛同を得られるとの認識で一致するに至ったものである」[*31]。

ちなみに、先程述べたように、歴史上、女性天皇は存在したことがある。しかし、歴史上、女系天皇は存在したことがない。２０１２年3月12日、第１８０回国会参議院予算委員会で、藤村修内閣官房長官（当時）は、そのことに関して、次の答弁をした。「天皇と男性のみで血統がつながる子孫を男系子孫ということ。ここではこれ以外のつながりの場合を女系ということ。男系、女系を問わず、女子の子孫は女系となる」[*32]「かつて女性天皇が存在したことはありますが、女系天皇は存在したことがありません」。

その答弁を見るとわかるように、論理的には、男系男子、男系女子、女系男子、女系女子が存在する。そして、皇室典範1条は「皇位は、皇統に属する【男系の男子】が、これを継承する」と規定している。

女系天皇は登場するのだろうか。そして、登場するとしたら、最初の女系天皇はいつ登場するのだろうか（当たり前のことだが、何事にも、最初はある）。

なお、先程述べたように、２００５年11月24日、皇室典範に関する有識者会議の「報告書」が、小泉純一郎首相（当時）に提出された。その小泉純一郎首相（当時）は、２００６年2月7日、第１６４回国会衆議院予算委員会で、女性・女系天皇に関して、次の答弁をした。「私は、女性天皇、女系でも、認めることによって、日本の象徴であります天皇制、これが今後も安定的に継承されるためには、女性天皇、女系天皇も認めた方がいいと思っております。そういうことから各有識者にも意見を聞いた結果、そのような報告が出たものですから、その有識者の報告に沿って、国民の理解を得ながら、また各党各会派の御理解を得ながら、日本にとっての大事な天皇制、歴史と伝統を踏まえて、この天皇制というものが安定的に維持されるためには妥当ではないかな、適切ではないかなと思って、改正案を準備しているところであります」「私は、法案を出して慎重に審議していただければ、今国会（著者注：第１６４回国会）で十分大方の賛同を得られるような状況になっていくと思っております。でありますので、法案を提出いたしましたならば、【今国会中に、皆さんの御協力を得て成立できるように努力したいと思っております】」。

女性・女系天皇容認の動きが、そういう段階まで進んだことがあった、ということだ。

ただ、文仁親王妃紀子殿下のご懐妊によって、女性・女系天皇を容認するための皇室典範改正案の提出は見送られた。*33 その改正案が、２００６年1月20日～２００６年6月18日を会期とした第１６４回国会で提出されることはなかった。その後、２００６年9月6日、文仁親王妃紀子殿下が、男の子（悠仁親王殿下）をご出産された。

女性・女系天皇を容認するための皇室典範改正は見送られ、それらが容認されないまま、現在に至っている。

(5) 国事行為の臨時代行

次に、国事行為の臨時代行に関して。

憲法4条2項は「天皇は、法律の定めるところにより、その国事に関する行為を委任することができる」と規定している。そして、それに基づいて、「国事行為の臨時代行に関する法律」が設けられている。

国事行為の臨時代行に関する法律によると、委任の要件には、次のものがある。「天皇に精神・身体の疾患または事故があるときで、摂政を置くべき場合以外」(国事行為の臨時代行に関する法律2条1項)。なお、国事行為の臨時代行に関する法律2条1項の「事故」には、天皇の精神・身体の疾患を除いて、天皇の正常な国事行為の実行に妨げがある全ての場合が含まれる。*34

委任される場合の具体例をあげると、①天皇が軽い病気の場合(精神・身体の疾患の例。なお、軽い病気なので、もちろん意思表明はできる)、②天皇の外国旅行の場合だ(事故の例)。*35 期間を限定して、国事行為の全部又は一部を委任することが想定されている。国事行為を恒久的に委任することは想定されていない。病気・療養を理由とするときは、期間を「当分の間」として委任する。*36

そして、臨時代行(国事行為の臨時代行に関する法律により、国事行為を代行する者)は、天皇の名で、*37 臨時に国事行為を行う。

なお、有識者会議第2回の資料である「天皇陛下の御活動の状況及び摂政等の過去の事例」と有識者会議第6回の資料である「ヒアリングに関連する論点に係る国会答弁等について」に基づくと、現行憲法下で、国事行為の臨時代行の事例は27件であり(昭和5件、平成22件)、委任の理由は、病気・療養6件(昭和3件、平成3件)、外国旅行21件だ(昭和2件、平成19件)。また、それらの資料に基づくと、委任期間は、1か月未満が23件(昭和

4件、平成19件)、1か月以上が4件であり(昭和1件、平成3件)、最長期間は、1987年10月10日～1989年1月7日の456日だ(1989年1月7日は、昭和天皇崩御日。要するに、昭和天皇崩御の前、長期間、委任期間が続いていた、ということだ)。[*38]

ここで、国事行為の臨時代行に関して規定している国事行為の臨時代行に関する法律2条を示しておく(国事行為の臨時代行に関して規定している憲法4条2項は、先程示した。だから、ここでは、それを示さない)。

国事行為の臨時代行に関する法律2条

1項　天皇は、精神若しくは身体の疾患又は事故があるときは、摂政を置くべき場合を除き、内閣の助言と承認により、国事に関する行為を皇室典範(昭和二十二年法律第三号)第十七条の規定により摂政となる順位にあたる皇族に委任して臨時に代行させることができる。

2項　前項の場合において、同項の皇族が成年に達しないとき、又はその皇族に精神若しくは身体の疾患若しくは事故があるときは、天皇は、内閣の助言と承認により、皇室典範第十七条に定める順序に従つて、成年に達し、かつ、故障がない他の皇族に同項の委任をするものとする。

(6) 国事行為以外の公務

以上のように、国事行為に関しては、摂政・臨時代行が代行できる。

そして、国事行為以外の公務に関しては、各公務の趣旨・性格等に照らして、皇族が行うことが可能とされている。[*39]

4　天皇の退位制度と憲法改正

(1) 憲法改正手続

憲法改正に関する話をするので、ここで、憲法改正手続を簡単に示しておく。

憲法改正は、「発案」→「発議」→「承認」→「公布」という手続で行われる。

「発案」とは、憲法改正原案（憲法改正案の原案）を提出すること。議員が発案する場合、衆議院では議員100人以上、参議院では議員50人以上の賛成が必要だ。また、憲法審査会も、その会長を提出者として発案できる。

「発議」とは、国民投票にかける憲法改正案を決定すること。発議は、国会がする。そして、国会が発議をするためには、各議院の総議員の3分の2以上の賛成（「衆議院の総議員の3分の2以上の賛成」と「参議院の総議員の3分の2以上の賛成」）が必要だ。つまり、国会発議要件は、「各議院の総議員の3分の2以上の賛成」だ。

「承認」とは、国民投票で憲法改正について承認すること。国民投票で承認するためには、投票総数の過半数の賛成が必要だ。つまり、国民投票承認要件は、「投票総数の過半数の賛成」だ。なお、その「投票総数」は、憲法改正案に対する賛成投票数と反対投票数を合計した数のことだ。

「公布」とは、成立した憲法改正を、国民に表示して、周知させること。憲法改正について「承認」を経たとき、天皇は直ちに公布する。

つまり、①議員・憲法審査会が憲法改正原案を「発案」し、②それに関する審議を経て、国会が憲法改正案を「発議」し、③その憲法改正案が国民投票にかけられ、国民投票で憲法改正について「承認」された場合、④天皇が直ちに憲法改正の「公布」をする、というのが憲法改正の流れだ。

(2) 海外の制度と憲法改正

さて、以上で述べたように、2016年、天皇の退位制度は設けられておらず、天皇の退位は認められていなかった。

では、天皇の退位を認めるための方法としては、どのようなものが考えられるか。

例えば、憲法改正をして、天皇の退位制度を憲法に設けるとともに、下位の法令を整備する、という方法が考えられる。

なお、有識者会議第7回の資料の中に、「海外の主な制度及び事例の概要について」というものがある。アジア・イスラム・ヨーロッパの14か国を調査し、参考になる制度や事例のあった11か国について作成した資料が、それだ。有識者会議第7回で、事務局は、その資料に関して、次の説明をした。「退位については、憲法に根拠規定を置いている国が多い。要件としては、国王としての役割を果たすことができないといった客観要件を挙げている国が多く、本人の意思を要件としている国は少ない」。具体的にいうと、例えば、オランダは憲法27条、28条、ヨルダンは憲法28条、ブータンは憲法2条に、退位に関する規定がある。*40

そのことをふまえると、天皇の退位を認めるにあたって、憲法改正をするというのは(天皇の退位制度を憲法に設けるというのは)、そうおかしなことではない。

（3）憲法改正のコスト

以上で述べたように、天皇の退位を認めるための方法としては、憲法改正をして、天皇の退位制度を憲法に設けるとともに、下位の法令を整備する、という方法が考えられる。

ただ、憲法改正には高コスト（費用・時間・労力）がかかる。例えば、憲法改正手続には国民投票があるが、国民投票の経費は1回あたり850億円程度だ。衆議院議員総選挙の経費が1回あたり700億円程度ということをふまえると、かなり高額だ。[*41] また、憲法改正をするためには、「各議院の総議員の3分の2以上の賛成」という国会発議要件や、「投票総数の過半数の賛成」という国民投票承認要件をクリアしなければならない。憲法改正の要件は厳格であり、憲法改正は容易ではない。日本国憲法は、いわゆる硬性憲法（憲法改正に、通常の立法手続よりも厳格な手続を要求する憲法）だ。

そのため、憲法改正をせずに、法律によって、天皇の退位を認められないか、すなわち、より低いコストで、天皇の退位を認められないか、ということが問題となる。

では、憲法改正をしなくても、天皇の退位を認められるのだろうか。そのことに関する質疑応答が、2016年より前に、国会でされていた。

以下、①1978年3月16日、第84回国会参議院予算委員会における質疑応答と、②1972年4月26日、第68回国会参議院予算委員会第一分科会における質疑応答を示す。

（4）皇室典範の改正と内閣提出法律案・議員提出法律案

まず、①1978年3月16日、第84回国会参議院予算委員会における質疑応答を示す。

1978年3月16日、第84回国会参議院予算委員会で、秦豊参議院議員（当時）は、次の質問をした。「お元気な天皇で大変結構だと思いますが、お元気であればあるほどいまのうちに——退位や譲位がないんですね、皇室典範を変えなきゃならぬわけですね、法的には」。

その質問に対して、真田秀夫内閣法制局長官（当時）は、次の答弁をした。「その点もおっしゃるとおりでございます。もちろん、学説の中には、退位は憲法上できないんだという説もないこともないのですけれども、通説としては、憲法上その退位ができるかできないかは、法律である皇室典範の規定に譲っているというふうに言われておりますから、おっしゃるとおり皇室典範の改正が必要だということに相なります」。

その答弁を受けて、秦豊参議院議員（当時）は、次の質問をした。「皇室典範を改めるというのは、何か法的な妨げがございますか」。

その質問に対して、真田秀夫内閣法制局長官（当時）は、次の答弁をした。「同じく皇室典範と申しましても、明治憲法下の皇室典範は一種特別な法形式でありましたが、現在の皇室典範は通例の法律と同じように国会の議決によってつくられたものであり、国会の議決によって改正することができます。あと、どういう内容の改正をするかということにつきましては、これは政策問題でございますので、私からお答えする限りではございません」。

その答弁を受けて、秦豊参議院議員（当時）は、さらに、次の質問をした。「ならば、政府提案でも議員立法でもよろしいと、こうなるわけですね」。

その質問に対して、真田秀夫内閣法制局長官（当時）は、次の答弁をした。「おっしゃるとおりでございます」。

以上で示した真田秀夫内閣法制局長官（当時）の答弁によると、憲法改正をしなくても、天皇の退位を認められる、また、（当然といえば当然だが）皇室典範の改正は、内閣提出法律案でも、議員提出法律案でもできる。

なお、国会に提出される法律案は、内閣提出のもの（内閣提出法律案、閣法）と議員提出のもの（議員提出法律案）に大別できる。さらに、議員提出法律案は、衆議院議員提出法律案（衆法）と参議院議員提出法律案（参法）に分けられる。

(5) 天皇の退位制度と消極性

次に、②1972年4月26日、第68回国会参議院予算委員会第一分科会における質疑応答を示す。

1972年4月26日、第68回国会参議院予算委員会第一分科会で、木島則夫参議院議員（当時）は、次の質問をした。「（著者注：天皇の）退位制度は、これは憲法には抵触をしないで皇室典範を改正すれば可能であると宮内庁では解釈されているかどうか」。

その質問に対して、瓜生順良宮内庁次長（当時）は、次の答弁をした。「【何か皇室典範を改正すればそういう御退位も可能かということでございますが、純粋の法律論から言えばそうだと思います】、憲法には規定がないわけでありますから。しかし、【そういうようなことをいろいろ論議することも、いまお元気な陛下のお立場を考えますと、あまり愉快なことではないように私も思います】。外国では皇太子で五十、六十までずっと北欧あたりでは長くおいでになる例もございまするし、そういうようなことのために【ここでその問題を話題にすることも何か遠慮したいような気持ちが強い点をおくみ取りいただきたいと思います】」。

以上で示した瓜生順良宮内庁次長（当時）の答弁によると、皇室典範を改正すれば、天皇の退位は可能、ということだ。いい方をかえると、憲法改正をしなくても、天皇の退位を認められる、ということだ。

ただ、一つ前の段落のことをいいたいだけで、この質疑応答を示したわけではない。

以上で示した瓜生順良宮内庁次長（当時）の答弁には、天皇の退位制度に関する議論をすることに消極的な考え方が表れている。議論をすることにすら、消極的だ。

「平成に入った後も、政府は、天皇の退位制度を設けることに消極的だった」と先程述べたが、昭和には、そういう答弁もされていた、ということだ（1972年は昭和47年）。

(6) 天皇の退位と国の安定

なお、昭和には、天皇の退位に関して、次のような特徴的な答弁もされていた。

1952年（昭和27年）1月31日、第13回国会衆議院予算委員会で、吉田茂首相（当時）は、次の答弁をした。

「この問題は軽々に論ずべき問題でないことは、あなたも御同感であろうと存じます。私はここに一言申しますが、長くは申しませんが、今日はりつぱな日本に再建すべきときであり、再建すべき門出にあるのであります。日本民族の愛国心の象徴であり、日本国民が心から敬愛しておる【陛下が御退位というようなことがあれば、これは国の安定を害することであります。これを希望するがごとき者は、私は非国民と思うのであります】。私はあくまでも陛下がその御位においでになつて、そして新日本建設に御努力あり、また新日本建設に日本国民を導いて行かれるということの御決心あらんことを希望いたします」。

その答弁からは、天皇の退位制度を設けるべきだという意思を、全く感じない。

Ⅲ

「象徴としてのお務めについての天皇陛下のおことば」の公表とその内容

1 「東北地方太平洋沖地震に関する天皇陛下のおことば（平成23年3月16日）」

以上で述べたように、2016年、天皇の退位制度は設けられておらず、天皇の退位は認められていなかった。そういう状況下で公表されたのが、「象徴としてのお務めについての天皇陛下のおことば」だ。

そして、「象徴としてのお務めについての天皇陛下のおことば」に関しては、天皇陛下が日本語で述べられているビデオメッセージ、和文、英文が、宮内庁のウェブサイトに掲載された（ビデオメッセージは、2016年8月7日午後、皇居・御所の応接室で、撮影された。[*42]「象徴としてのお務めについての天皇陛下のおことば」の公表日である2016年8月8日の前日に、撮影されていたということだ）。

和文の見出しは「象徴としてのお務めについての天皇陛下のおことば（平成28年8月8日）」。英文の見出しは「Message from His Majesty The Emperor（August 8, 2016）」。ビデオメッセージの見出しは「象徴としてのお務めについての天皇陛下のおことば（ビデオ）（平成28年8月8日）」「Message from His Majesty The Emperor

(August 8, 2016)(video)」。

なお、2016年8月8日現在、国民に向けた天皇陛下のおことばが、ビデオメッセージで公表されたのは、2回だけだ。1回目は、2011年3月11日の東北地方太平洋沖地震のすぐ後に公表された、具体的にいうと、2011年3月16日の「東北地方太平洋沖地震に関する天皇陛下のおことば」だ。そして、2回目が、今回の「象徴としてのお務めについての天皇陛下のおことば」だ。そのことをふまえると、「象徴としてのお務めについての天皇陛下のおことば」の重要性がわかりやすいだろう。

ちなみに、「象徴としてのお務めについての天皇陛下のおことば」の文字数は、「東北地方太平洋沖地震に関する天皇陛下のおことば」の文字数の約2倍だ(前者が約1800文字、後者が約900文字)。*43

では、「象徴としてのお務めについての天皇陛下のおことば」は、どのようなものだったのか。以下、それを示す[「Message from His Majesty The Emperor (August 8, 2016)」は、参考資料として巻末に掲載しておく]。

2 「象徴としてのお務めについての天皇陛下のおことば(平成28年8月8日)」

「象徴としてのお務めについての天皇陛下のおことば」*44

戦後70年という大きな節目を過ぎ、2年後には、平成30年を迎えます。

私も80を越え、体力の面などから様々な制約を覚えることもあり、ここ数年、天皇としての自らの歩みを振り返るとともに、この先の自分の在り方や務めにつき、思いを致すようになりました。

本日は、社会の高齢化が進む中、天皇もまた高齢となった場合、どのような在り方が望ましいか、天皇という立場上、現行の皇室制度に具体的に触れることは控えながら、私が個人として、これまでに考えて来たことを話したいと思います。

即位以来、私は国事行為を行うと共に、日本国憲法下で象徴と位置づけられた天皇の望ましい在り方を、日々模索しつつ過ごして来ました。伝統の継承者として、これを守り続ける責任に深く思いを致し、更に日々新たになる日本と世界の中にあって、日本の皇室が、いかに伝統を現代に生かし、いきいきとして社会に内在し、人々の期待に応えていくかを考えつつ、今日に至っています。

そのような中、何年か前のことになりますが、2度の外科手術を受け、加えて高齢による体力の低下を覚えるようになった頃から、これから先、従来のように重い務めを果たすことが困難になった場合、どのように身を処していくことが、国にとり、国民にとり、また、私のあとを歩む皇族にとり良いことであるかにつき、考えるようになりました。既に80を越え、幸いに健康であるとは申せ、次第に進む身体の衰えを考慮する時、これまでのように、全身全霊をもって象徴の務めを果たしていくことが、難しくなるのではないかと案じています。

私が天皇の位についてから、ほぼ28年、この間《かん》私は、我が国における多くの喜びの時、また悲しみの時を、人々と共に過ごして来ました。私はこれまで天皇の務めとして、何よりもまず国民の安寧と幸せを祈ることを大切に考えて来ましたが、同時に事にあたっては、時として人々の傍らに立ち、その声に耳を傾け、思いに寄り添うことも大切なことと考えて来ました。天皇が象徴であると共に、国民統合の象徴としての役割を果たすためには、天皇が国民に、天皇という象徴の立場への理解を求めると共に、天皇もまた、自らのありように深く心し、国民に対する理解を深め、常に国民と共にある自覚を自らの内に育てる必要を感じて来ました。こうした意味において、日本の各地、とりわけ遠隔の地や島々への旅も、私は天皇の象徴的行為として、大切なものと感じて来ました。皇太子の時代も含め、これまで私が皇后と共に行《おこな》って来たほぼ全国に及ぶ旅は、国内のどこにおいても、その地域を愛し、その共同体を地道に支える市井《しせい》の人々のあることを私に認識させ、私がこの認識をもって、天皇として大切な、国民を思い、国民のために祈るという務めを、人々への深い信頼と敬愛をもってなし得たことは、幸せなことでした。

天皇の高齢化に伴う対処の仕方が、国事行為や、その象徴としての行為を限りなく縮小していくことには、無理があろうと思われます。また、天皇が未成年であったり、重病などによりその機能を果たし得なくなった場合には、天皇の行為を代行する摂政を置くことも考えられます。しかし、この場合も、天皇が十分にその立場に求められる務めを果たせぬまま、生涯の終わりに至るまで天皇であり続けることに変わりはありません。

天皇が健康を損ない、深刻な状態に立ち至った場合、これまでにも見られたように、社会が停滞し、国民の暮らしにも様々な影響が及ぶことが懸念されます。更にこれまでの皇室のしきたりとして、天皇の終焉に当たっては、重い殯《もがり》の行事が連日ほぼ2ヶ月にわたって続き、その後喪儀《そうぎ》に関連する行事が、1年間続きます。その様々な行事と、新時代に関わる諸行事が同時に進行することから、行事に関わる人々、とりわけ残される家族は、非常に厳しい状況下に置かれざるを得ません。こうした事態を避けることは出来ないものだろうかとの思いが、胸に去来することもあります。

始めにも述べましたように、憲法の下《もと》、天皇は国政に関する権能を有しません。そうした中で、このたび我が国の長い天皇の歴史を改めて振り返りつつ、これからも皇室がどのような時にも国民と共にあり、相たずさえてこの国の未来を築いていけるよう、そして象徴天皇の務めが常に途切れることなく、安定的に続いていくことをひとえに念じ、ここに私の気持ちをお話しいたしました。

国民の理解を得られることを、切に願っています。

3　内閣の関与（相談と了解）

(1)　内閣との相談

以下、「象徴としてのお務めについての天皇陛下のおことば」に関して述べる。

「象徴としてのお務めについての天皇陛下のおことば」の表明には、内閣の関与があった。以下、そのことに関する天皇陛下・文仁親王殿下（天皇陛下の第２皇男子）の御発言を示す。

まず、２０１６年12月20日、記者会見で、天皇陛下は、次のように述べられた。「8月には、天皇としての自らの歩みを振り返り、この先の在り方、務めについて、ここ数年考えてきたことを【内閣とも相談しながら表明しました】。多くの人々が耳を傾け、各々の立場で親身に考えてくれていることに、深く感謝しています」。[45]

(2) 内閣の了解

また、2016年11月22日、記者会見で、文仁親王殿下に次の質問がされた。「殿下にお伺いします。天皇陛下は8月、『象徴としての務め』についてのおことばを表明され、高齢となった天皇のあり方についてのお考えを示されました。表明に至るまでに、殿下はこうした天皇陛下のお考えをいつどのような形でお聞きになり、実際に表明されたおことばをどう受けとめられましたか。今後、天皇皇后両陛下にどのようにお過ごしになっていただきたいかというお考えもあわせてお聞かせください」。

文仁親王殿下は、その質問に対して、次のように述べられた。「今年の8月8日、天皇陛下のお気持ちの表明がありまして、当日は家族全員でその時間テレビで流れた映像を見ました。このお気持ちについて、いつ、どのような形でということですが、これは私自身、いつだったかという、はっきりしたこの時という記憶はありません。ただ、かなり以前のことだったと思います。また、どのような形というのも、何かあるときそういう機会をもって話を伺うということではなく、折々にそういう考えがあるということを伺っておりました。それで今年、陛下がそういうお気持ちを話されたわけですけれども、即位されてから、陛下は象徴というのはどのようにあるべきかということをずっと考えてこられてきたわけです。その一方で、ご自身が考えている象徴としてのお務めが、高齢になってそれが果たせなくなる時が来るだろうということも考えておられました。そのようなことから今回のお話になったわけですが、そのお気持ちをできるだけ多くの国民にも知ってもらいたいという考えを持っておられましたが、その一方でやはりこれは憲法にも関係することですし、非常に慎重な対応をしないといけないわけです。そういうことからお立場の責任もありますので、【宮内庁長官を始めごく限られた人たちで、随分そのことについて相談をされ、そして内閣の了解も得てお気持ちを表されるということに至ったと私は理解しております】。私自身としては、長い間考えてこられたことをきちんとした形で示すことができた、これは大変良かったことだと思いますし、話されるにしても様々な制限がある中で、最大限にご自身の考えを伝えられたのではないかと考えております」[*46]。

それらの御発言に基づくと、次のことがいえる。「象徴としてのお務めについての天皇陛下のおことば」の表明前に、内閣との相談、内閣の了解があった。「象徴としてのお務めについての天皇陛下のおことば」は、天皇陛下が、御自分の意思のみに基づいて、何の制約もなく、自由に、話されたものではない。

4　平成30年と退位時期（おことばの内容①）

そして、「象徴としてのお務めについての天皇陛下のおことば」の中に、次の部分がある。「2年後には、平成30年を迎えます」。

その部分に、どのような意図があったのかは判然としない。

「2年後には平成30年を迎える」という事実を、確認したに過ぎないかもしれない。

ただ、平成30年に関しては、以下の報道がされている。

まず、2016年10月、毎日新聞は、次の報道をした。「天皇陛下が宮内庁参与ら周囲に対し、『平成30（2018）年までは務めを果たしたい』などと話されていたことが分かった。陛下は生前退位の意向がにじむ今年8月のおことばの冒頭で『2年後には、平成30年を迎えます』と語っている。（中略）関係者は『陛下は10年（著者注：2010年）7月には80歳までと語っていたが、その後平成30年までは頑張りたいとおっしゃっていた』と話している」[*47]。

また、2017年1月、日本テレビは、次の報道をした。「陛下周辺の関係者への取材によると陛下は、すでに、2010年7月、相談役である『参与』を集めた参与会議で、『80歳になるまでは天皇を務めるが、高齢化の影響で務めを果たすのが難しくなる前に皇太子に〔譲位〕したい』と、はっきり表明されたことが分かっている。さらにその後の会議で『それでは平成30年までは頑張りますか』と、『退位』の具体的な時期も示唆されていたという」[*48]。

それらの報道に基づくと、2010年7月、天皇陛下は、退位時期に関して、「80歳」を意識した発言をされた（天皇陛下の80歳のお誕生日は、2013年12月23日。なお、2016年12月23日、天皇陛下は83歳のお誕生日を迎えられた）。そして、その後、天皇陛下は、退位時期に関して、「平成30年（2018年）」を意識した発言をされた。

5　高齢の天皇と退位（おことばの内容②）

(1)　高齢化率の上昇

また、「象徴としてのお務めについての天皇陛下のおことば」の中に、次の部分がある。「社会の高齢化が進む中、天皇もまた高齢となった場合、どのような在り方が望ましいか、天皇という立場上、現行の皇室制度に具体的に触れることは控えながら、私が個人として、これまでに考えて来たことを話したいと思います」。

実際、日本では、社会の高齢化が進んでいる。

1950年時点で4・9％しかなかった高齢化率（65歳以上人口割合）は、1985年には10・3％、2005年には20・2％と急上昇し、2015年には26・7％になっている（2015年10月1日現在、日本の総人口は1億2711万人であり、65歳以上の高齢者人口は3392万人だ）。

日本は、世界で最も高齢化率が高い。

しかも、日本の高齢化率は今後も上昇し、2060年には39・9％に達すると推計されている。[*49] 日本は、今後も、高齢化率に関しては、世界のトップランナーだ。

（2）平均寿命と健康寿命

また、2015年、日本の平均寿命は、男性80・79年、女性87・05年だ。[*50]

今後、日本の平均寿命はさらに延びて、2060年には、男性84・19年、女性90・93年になると見込まれている。[*51]

そのことをふまえると、後の天皇も高齢になる可能性がある。しかも、その可能性は高い。

そして、高齢になった場合、天皇が健康上の問題を抱える可能性があるし、そのような状況が長期間続く可能性もある。

もちろん、国と民間は協力して、国民の健康寿命（健康上の問題で日常生活が制限されることなく生活できる期間）の延伸に取り組んでいる。[*52] 特に、近年、iPS細胞（人工多能性幹細胞、induced pluripotent stem cell）が注目されており、それを活用した創薬や再生医療によって、健康寿命が延びることが期待されている（京都大学の山中伸弥教授は、ｉＰＳ細胞の応用研究は、健康寿命を延ばすのが目標だ、としている)。[*53]

しかし、それでも、そのような可能性があることは否定できない。

なお、２０１３年、日本の健康寿命は、男性71・19年、女性74・21年だ。日本の平均寿命・健康寿命の長さは、世界トップクラスだ。

ただ、平均寿命と健康寿命との差、すなわち、日常生活に制限がある「不健康な期間」を見ると、日本では２００１年から２０１３年にかけて、男女ともに、その期間が長くなっている。すなわち、２００１年から２０１３年にかけて、男性はその期間が８・67年から９・02年になっており、女性はその期間が12・28年から12・40年になっている。[*54]

以上で述べたことをふまえると、次のことがわかるだろう。高齢の天皇の病気や体力の低下を原因として、天皇がその務めを果たすことが困難になるという事態は、今後も起こり得る。

(３) 退位の恒久的な制度

そのため、そのような事態に備えるために、退位の恒久的な制度を設けるべきだ、と考える人がいるだろう。

実際、有識者会議で、そういう意見が表明された。具体的にいうと、有識者会議第５回で開催された有識者ヒアリングで、大石眞京都大学大学院教授は、次の発言をした。「退位を認めると申しましてもさまざまな側面がございまして、悩むところでございますが、私はある程度恒久的なものに制度改正をしたほうがいいという立場でございます。特例的な立法措置で対応するという議論もあるのですけれども、構造的に高齢を理由とする執務不能というような事態は繰り返し繰り返し起こり得るわけです。それが分かっているのに、その都度、特例を設けるというのは、やはり妥当でないと考えますし、その時々にまた発言によってまた特例ということ自体が非常に不安定で、かつ外見からは、その発言によっていろいろな制度が左右されるという印象を与えかねないので得策ではないと思います」。

ちなみに、「天皇陛下は、退位の恒久的な制度を望まれている」という報道がされていた。以下、その報道を紹介する。

まず、2016年12月、東京新聞は、次の報道をした。「天皇陛下が八月にビデオメッセージを公表する約二十日前の七月、退位について恒久制度を望む思いを、（中略）明石元紹《あかしもとつぐ》氏（八二）に電話で打ち明けていたことが、明石氏の証言で分かった。陛下は『将来を含めて譲位（退位）が可能な制度にしてほしい』と語られたという。（中略）明石氏によると、陛下は退位について『随分前から考えていた』『この問題（退位）は僕のときの問題だけではなくて、将来を含めて譲位が可能な制度にしてほしい』と話した」（なお、明石元紹氏は、天皇陛下の学友で、幼稚園に入った4歳から遊び相手だった、ということだ[55]）。

また、2017年1月、毎日新聞は、次の報道をした。「陛下は恒久的な制度による退位を望む考えを学友に明かしているが、官邸は一時、退位ではなく摂政案を検討し、現在は陛下一代の特別立法で対応しようとしているとされる[56]」。

6　象徴（おことばの内容③）

⑴　日本国の象徴・日本国民統合の象徴

また、「象徴としてのお務めについての天皇陛下のおことば」の中に、次の部分がある。「即位以来、私は国事行為を行うと共に、日本国憲法下で象徴と位置づけられた天皇の望ましい在り方を、日々模索しつつ過ごして来ました」。

その御発言のとおり、天皇は、日本国憲法下で、象徴と位置付けられている。

具体的にいうと、憲法1条は「天皇は、日本国の象徴であり日本国民統合の象徴であつて、この地位は、主権の存する日本国民の総意に基く」と規定している。

天皇は、「日本国の象徴」であり、「日本国民統合の象徴」だ。

では、「象徴」とは、どういう意味だろうか。

1979年5月8日、第87回国会参議院内閣委員会で、真田秀夫内閣法制局長官（当時）は、「象徴」の意味に関して、次の答弁をした。「象徴といいますのは、これはいままで政府が公にお答えしておりますところによりますと、そういう天皇のお姿、有形といいますか、具体的な天皇というお姿を通してその奥に日本国とあいう無形の抽象的な存在あるいは国民統合という無形の抽象的な事柄を天皇というお姿を通して国民は思い浮かべるといいますか、そこで日本国としての統一性を天皇を通して感じとると、そういう意味であろうというふうにいままでもお答え申しております」。

(2) 天皇の地位の根拠

また、憲法1条を見るとわかるように、天皇の地位の根拠は、主権者である国民の総意だ。

天皇の地位がそういうものであることをふまえると、天皇が国民の期待に応えることは重要といえる。天皇の地位の根拠になっている主権者である国民の総意を失ってしまえば、天皇の制度を安定的に維持することはできない。「天皇の制度はもう不要です。それが主権者である国民の総意です」ということになる可能性もある。

以上のことをふまえ、次のように考える人がいるかもしれない。「天皇の制度は、安定的に維持されるべきだ。そして、天皇の制度を安定的に維持するためには、天皇が、国民の期待に応え続けることが重要だ。だから、高齢の天皇は、それができなくなる前に退位し、より若い人に即位してもらうのが良い。それができなくなってから、退位するのでは遅い。また、天皇は、国民の期待に応えられるだけの公務を行うのが望ましく、国民の期待に応えられなくなるほど、公務の負担を軽減してしまうのは望ましくない。そして、国民の期待に応えられない天皇が、摂政・臨時代行を置いて、天皇であり続けるのも望ましくない。重要なのは、天皇が、(自ら、)国民の期待に応え続けることだ。ファンの期待に応えられなくなった芸能人が不要とされるのと同様、国民の期待に応えられなくなったら、天皇も不要とされてしまう。当事者である天皇が、そういう危機感をもっても、おかしくない」。

なお、1979年4月19日、第87回国会衆議院内閣委員会で、「主権の存する日本国民の総意に基く」(憲法1条)の意義に関して、質疑応答がされた。以下、その質疑応答を示す。

１９７９年４月19日、第87回国会衆議院内閣委員会で、真田秀夫内閣法制局長官（当時）は、次の答弁をした。「天皇の地位は主権の存する国民の総意に基づくと書いてございます場合のその総意というのは、一億何千万の国民の一人一人の、具体的な国民一人一人の意思というような意味ではなくて、いわゆる総意、いわゆる総体としての国民の意思ということでございますので、特定の人がその中に入っているとか入ってないとかいうようなことを実は問題にしておる条文ではないというふうに考えられます」。

その答弁を受けて、八百板正衆議院議員（当時）は、次の質問をした。「『主権（著者注：主権）の存する日本國民（著者注：国民）の総意に基く。』と、こういう一つの断定的規定なんですが、『主権の存する日本國民の総意に基く。』ということは、どこで証明され、どこでそういうことになるわけですか。国民の総意がどこで尋ねられて、どこでそうなった。こういうふうな点でどうなりますか」。

その質問に対して、真田秀夫内閣法制局長官（当時）は、次の答弁をした。「それは別に、そのときに国民投票をやったとか全国的な調査をしたというわけじゃございませんので、一体だれとだれと、あるいは何割の人が賛成したとかいうようなことを数字的に証明することは非常にむずかしいのですが、先ほど申しましたように、ここに言う総意というのは、いわゆる総体的な意思、一般的な国民の意思という意味でございますので、証明しろとおっしゃっても、それはなかなか困難であろうと思います」。

その答弁を受けて、八百板正衆議院議員（当時）は、次の質問をした。「これは憲法第一条ですから、非常に重要な問題だから、何かわからないのじゃ困るのですがね。総意に基づいてということになっているのだから、総意に基づいていないという証明もできないし、基づいているという証明もできないということになるのですか」。

その質問に対して、真田秀夫内閣法制局長官（当時）は、次の答弁をした。「いまの憲法ができますときに、これは帝国憲法の改正の形をとりましたけれども、当時の帝国議会で衆知を集めていろいろ御検討になって、そして国民の総意はここにあるのだというふうに制憲議会において御判断になった、それがこの条文の規定にあらわれておると、こういうふうに言わざるを得ないのだろうと思います」。

真田秀夫内閣法制局長官（当時）のその答弁を見ると、「主権の存する日本国民の総意に基く」の意義がわかるだろう。また、その答弁をふまえると、現在は、国会が、国民の総意がどこにあるか判断することになる。そのため、国会には、国民の総意がどこにあるか見極める責任、それを見付け出す責任がある。詳しくは後述するが、その責任が、全体会議の開催と関係している。

7　外科手術と退位時期（おことばの内容④）

(1)　2度の外科手術

また、「象徴としてのお務めについての天皇陛下のおことば」の中に、次の部分がある。「そのような中、何年か前のことになりますが、2度の外科手術を受け、加えて高齢による体力の低下を覚えるようになった頃から、これから先、従来のように重い務めを果たすことが困難になった場合、どのように身を処していくことが、国にとり、国民にとり、また、私のあとを歩む皇族にとり良いことであるかにつき、考えるようになりました」。

その御発言のとおり、天皇陛下は外科手術を2度受けられている。

1度目は、2003年1月18日の前立腺全摘出手術だ。東京大学医学部附属病院において、東京大学医学部泌尿器科と国立がんセンター泌尿器科の合同チームが、手術を行った。術者は6人、手術時間は3時間40分。なお、2003年1月16日～2003年2月18日、国事行為が皇太子殿下（天皇陛下の第1皇男子）に委任された（病気・療養を理由とする国事行為の臨時代行の例）。

2度目は、2012年2月18日の冠動脈バイパス手術だ。東京大学医学部附属病院において、東京大学医学部附属病院心臓外科と順天堂大学附属病院心臓血管外科の合同チームが、手術を行った。術者は3人、手術時間は3時間56分。なお、2012年2月17日～2012年4月10日、国事行為が皇太子殿下に委任された（病気・療養を理由とする国事行為の臨時代行の例）。*57

（2）宮内庁と安倍晋三首相・小泉純一郎首相

なお、2016年10月、沖縄タイムスは、天皇陛下の冠動脈バイパス手術に関して、次の報道をした。「天皇陛下の生前退位について、政府が2018（平成30）年の実現を想定していることが分かった。政府関係者が18日明らかにした。宮内庁関係者によると、陛下は12年に冠動脈バイパス手術を受けてまもない段階で、周囲に『平成30年までは頑張る』と話されていた」。*58

以上で述べたことを簡単にまとめると、以下のとおりだ。

2003年1月、天皇陛下が前立腺全摘出手術を受けられた。

2010年7月、天皇陛下が退位時期に関して、80歳を意識した発言をされた。

2012年2月、天皇陛下が冠動脈バイパス手術を受けられた。天皇陛下は、それからまもない段階で、周囲に平成30年（2018年）までは頑張ると話された。

2013年12月、天皇陛下が80歳のお誕生日を迎えられた。

2016年8月、「象徴としてのお務めについての天皇陛下のおことば」が公表された。

以上で示した経過を見て、いろいろ気になることがある、という人がいるだろう。例えば、2010年7月~2012年2月、あるいは、2012年2月~2016年8月、政府が具体的にどのような対応をしていたのか、気になる人はいるだろう。

2016年7月、毎日新聞は、そのことに関して、次の報道をした。「天皇の『生前退位』に関し、天皇陛下のご意向を受け、宮内庁の一部の幹部が水面下で検討を進めていたことが分かった。今年5月半ばから会合を重ねて検討が本格化。首相官邸にも連絡してすり合わせてきた。(中略)宮内庁関係者によると、検討を進めていたのは、風岡典之長官ら『オモテ』と呼ばれる同庁の官庁機構トップ2人と、『オク』と呼ばれ、陛下の私的活動も支える侍従職のトップ2人。皇室制度に詳しいOB1人が加わり、皇室制度の重要事項について検討。『4+1』会合とも呼ばれている」。*59

また、2016年12月、毎日新聞は、そのことに関して、次の報道をした。「天皇陛下の退位の意向について、風岡典之・宮内庁長官(当時)が2015年秋、官邸に対して正式に伝えていたことが明らかになった。陛下のおことば原案を文書で示し、同年12月の天皇誕生日に合わせた記者会見での公表を打診したが、官邸との調整がつかず、公表が見送られた。(中略)15年12月の公表が実現しなかった理由について宮内庁側は『宮内庁は12月で何も困らなかった。受け入れ側の態勢だ』として官邸側の事情と説明する。政権が16年夏の衆参同日選を検討していたことが背景にあると見られる。ただ、10年に陛下が意向を示してからしばらく動きがない。退位をめぐる有識者会議の関係者は『宮内庁がきちんと伝えなかった。陛下がSOSを発していたのに政治が受け止めていない』と批判する。内閣法制局の関係者は、宮内庁がおことば原案を官邸に正式提示する以前、内閣法制局側に水面下で相談があったと明かす。通常は、宮内庁が官邸に伝えた後に官邸が法制局と協議する。この関係者は『安倍晋三首相の支持層につぶされてしまうことを恐れ、正面から持ち込めなかったのだろう』と指摘する。小泉政権時代の女性・女系天皇の議論では、宮内庁と官邸の関係者が非公式に集まり勉強会を開いていたが、今回はなかった。首相を支持する保守派は女性・女系天皇に反対し、退位反対も多い。宮内庁幹部は『小泉（純一郎）さんと安倍さんでは状況が違う』と述べ、安倍政権との関係が背景にあったと示唆した」*60。

8　国事行為・公的行為の縮小（おことばの内容⑤）

(1)　人が死に至るプロセス

また、「象徴としてのお務めについての天皇陛下のおことば」の中に、次の部分がある。「天皇の高齢化に伴う対処の仕方が、国事行為や、その象徴としての行為を限りなく縮小していくことには、無理があろうと思われます」。

まず、「その象徴としての行為」は、公的行為と考えられる。天皇の行為、すなわち、国事行為、公的行為、その他の行為に関しては、先程述べた。

そして、天皇の高齢化に伴う機能の低下に、国事行為・公的行為の縮小で対応する場合、機能が急に損なわれる事情が生じない限り、機能は崩御を迎えるまで徐々に低下していくので、国事行為・公的行為を限りなく縮小していくことになる（天皇の高齢化に伴う機能の低下に、国事行為・公的行為の縮小で対応する場合であっても、高齢の天皇の機能が若干低下しただけの段階で、天皇が突然崩御すれば、国事行為・公的行為を限りなく縮小する必要はない、少し縮小しただけで済む。なお、人が死に至るプロセスには、複数のパターンがある。例えば、癌の場合、臓器不全の場合、老衰の場合、そして突然死の場合では、機能低下の経過が異なる)[*61]。

ただ、「国事行為・公的行為を限りなく縮小していくことには、無理があろうと思われます」というのが、天皇の高齢化に伴う対処に関する、天皇陛下の御見解だ。

なお、2016年11月、日本経済新聞は、次の報道をした。「宮内庁の西村泰彦次長は7日の定例記者会見で、昭和天皇と比べて増えている天皇陛下の公務について『宮内庁として大幅に減らすのは難しい』と述べた。必然的に公務が増えている状況にあると説明した。天皇陛下は8月の『お言葉』で公務削減に否定的な考えを示されたが、生前退位に慎重な専門家には公務を削減すればよいとの声もある。西村次長の説明はそうした意見に対し、現状への理解を求めたとみられる」[*62]。

その報道を見て、次のように思った人がいるかもしれない。「必然的に公務が増えている状況にあるのに、天皇は1人のまま。今上天皇は退位されるが、いつか、後の天皇が過労崩御してしまわないか不安だ」。

(2) 天皇の定年制

ところで、有識者会議第10回で開催された有識者ヒアリング(第2次)では、秋下雅弘東京大学大学院教授が、ヒアリング対象者になった。老年医学を専門とする同教授への聴取項目は、次の①②③④だ。①高齢者の身体機能の低下はどのように進行し、生活や活動へどのような影響を与えるのか、②高齢者の身体機能の低下の程度や進度は、個人によってどの程度差があるのか。個人によっては急激に悪化することもあるのか、③高齢者の概念について、過去と現在でどのように変化があるか。また、日本老年学会が75歳以上を高齢者と定義するよう提案したが、どう考えるか、④健康寿命の延伸に関する将来的な見通しと高齢者の活動への影響はどのようなものか。*63

以上で述べたことと関係するので、以下、①②③④に分けて、同教授の発言を示す。

①に関する発言は、次のとおりだ。「人によってパターンは違うけれども、維持をされている方もいれば、若いころから落ちる方もいれば、【実は多くの方々は70過ぎぐらいに落ちていかれますよ】ということです。その背景には、必ず何らかの病気があって、その病気の種類によって、その結果が違いますということになります」。

先程述べたように、2016年12月23日、天皇陛下は83歳のお誕生日を迎えられた。70歳を過ぎられたのは、10年以上前だ。

②に関する発言は、次のとおりだ。「急激に悪化するような病気というのは、例えば脳卒中などでは突然自立度が落ちる。必ずしも、そこで死に至るものではない。麻痺を残して、生命としては残る場合もありますのでそういう病気であったり、いわゆる何とか不全というような病気の方というのは、このように増悪と寛解というのを繰り返すという傾向がございます。どういう病気をお持ちかということによっても変わってくるということでございます」。

③に関する発言は、次のとおりだ。「実は先般、私が主に活動しております老年医学会から、高齢者は75歳以上ということにしたらどうだという提言をさせていただいたところでございます。いわゆる高齢者というのは65歳を呼ぶのですけれども、74歳までの方というのは、大体この10～20年の間に5～10歳若返っているとい

うのが、例えば歩く速さとか知的機能とか病気の状態からも言えるのです。医学的な考え方に基づけば、そういうことも言えるのではないかということでございます」「個人差があって、60代から健康度を落とす方もおられるわけですが、大概の方は75歳ぐらいまではお元気なので、そういう方々を高齢者というレッテルを貼るのは、やはりどうだろうというようなこともあって、75歳以上を高齢者としたほうがわかりやすいのではないかという医学的な理由から提言したということでございます」。

④に関する発言は、次のとおりだ。「健康寿命の延伸に関する将来的な見通しとか高齢者の活動への影響ということなのですが、まだもう少し延びるということは先ほどのデータからも言えると思いますが、延び続けるというわけではなくて、プラトーに達するというところもあるかもしれません。（中略）若い人のメタボなどが問題となっていると、このまま延び続けないで、どこかでむしろ短くなる可能性も懸念されるということ」。

健康寿命の延伸に関しては、先程述べた。秋下雅弘東京大学大学院教授によると、その将来的な見通しは、一つ前の段落のとおりだ。

さて、秋下雅弘東京大学大学院教授の発言をふまえると、天皇の定年制、すなわち、天皇がある年齢に達したら機械的に退位する制度の問題点がわかる。

例えば、天皇が75歳に達したら機械的に退位する制度の下では、「元気ではない65歳の天皇Aが「退位したい」という意向を持っていても、退位できない（もちろん、他の退位制度も導入することによって、その問題に対処できる）。また、その制度の場合、元気な天皇Bが「退位したくない」という意向を持っていても、天皇Bが75歳に達したとき、その意向に反して、元気な天皇Bは退位させられてしまう。簡単にいうと、人の元気さには個人差があるので、そういうことが起こり得る。

もちろん、天皇の定年制に関する問題点は、他にもある。例えば、政権与党が、74歳の天皇Cを嫌っている場合、天皇が75歳に達したら機械的に退位する制度を設け、天皇Cを退位に追い込む、ということが考えられる。つまり、天皇の定年制が、実質的な退位の強制に利用される可能性がある。

なお、天皇の定年制には、良い点もある。例えば、天皇が退位できる可能性がある場合、いつ退位できるか不明確な状況に天皇を置いてしまうと、天皇は人生設計を立てにくくなってしまう。例えば、様々な考慮要素がある退位制度の下では、天皇をそういう状況に置いてしまう。それに対し、天皇が75歳に達したら機械的に退位する制度の下では、いつ退位できるか明確なので、天皇は人生設計を立てやすい。天皇になるのは当然人間だ、だから、人生設計を立てやすい制度にするのは、とても大切なことだ。[*64]

9　天皇と摂政（おことばの内容⑥）

（1）否定的な評価と事実上の拒否

また、「象徴としてのお務めについての天皇陛下のおことば」の中に、次の部分がある。「天皇が未成年であったり、重病などによりその機能を果たし得なくなった場合には、天皇の行為を代行する摂政を置くことも考えられます。しかし、この場合も、天皇が十分にその立場に求められる務めを果たせぬまま、生涯の終わりに至るまで天皇であり続けることに変わりはありません」。

その部分で、天皇陛下は、次の評価をされている。「天皇が十分にその立場に求められる務めを果たせぬまま、生涯の終わりに至るまで天皇であり続けることに変わりはありません」。

その評価は、生涯の終わりに至るまで、摂政を置く場合の評価と考えられる。

逆に言うと、例えば、その評価は、天皇が未成年であることを理由として、その間だけ、摂政を置く場合の評価ではないと考えられる（通常、未成年の天皇は、そのうち成年になる）。その場合に関しては、「天皇が十分にその立場に求められる務めを果たせぬまま、生涯の終わりに至るまで天皇であり続けることに変わりはありません」と断言することは到底できない。以下、ここで述べたことを前提とし、天皇が成年である場合に関して述べる。

さて、天皇陛下によるその評価は、否定的な評価だ。天皇陛下は、その評価を示されることによって、事実上、摂政設置を拒否されたのだろう。天皇陛下は、摂政設置を望まれていなかったのだろう。摂政は憲法・皇室典範に規定されている制度であるが、そういうことだったのだろう。

そして、その評価の背景にあるのは、次のようなお考えだろう。「天皇が、天皇に求められる務めを十分に果たせぬまま、天皇であり続けるのは望ましくない」「天皇に求められる務めを十分に果たせる者が、天皇であるべきだ」。

なお、以上で述べたことに関して、報道がされた。以下、①天皇陛下は摂政設置を望まれていなかったということに関する報道と、②「天皇に求められる務めを十分に果たせる者が、天皇であるべきだ」というお考えに関する報道に分けて、述べる。

（2）大正天皇と昭和天皇に関する歴史

①天皇陛下は摂政設置を望まれていなかったということに関する報道を示す。

2016年12月、東京新聞は、次の報道をした。「天皇陛下とのやりとりに関する明石元紹《あかしもとつぐ》氏の主な証言内容は次の通り。（中略）陛下は『摂政を置いた方が良いという意見もあるようだが、僕は摂政という制度には賛成しない。その理由は、大正天皇のときに、昭和天皇（著者注：当時は、天皇ではなく、皇太子）が摂政になられたときに、それぞれの当事者（大正天皇と昭和天皇）として、あんまり、こころよい気持ちを持っていらっしゃらなかったと思う』と話した。陛下は『その当時、国の中に二つの意見ができて、大正天皇をお守りしたい人と摂政の昭和天皇をもり立てようとする二派ができ、意見の対立のようなものがあったと聞いている。僕は、摂政は良くないと思う』とも語った。（中略）陛下からの電話だったので内容を注意深く聞いていた」[*65]。

大正天皇に関する摂政設置事例に関して、天皇陛下は、その報道のように思われている、ということだ（なお、大正天皇に関する摂政設置事例は、天皇病気を理由とする摂政設置の例だ。また、大正天皇の第1皇男子が昭和天皇であり、昭和天皇の第1皇男子が今上天皇だ、そして、先程述べたように、今上天皇の第1皇男子が皇太子殿下だ）。

さて、その報道を見て、次のように思った人がいるかもしれない。「（大正天皇に関する摂政設置事例は、大日本帝国憲法下の事例であり、現在とかなり状況が違うと思われるが、それは置いておいて、）摂政を置いた場合に、天皇派と摂政派ができ、軋轢が生じる可能性があることはわかった。ただ、他の場合にも、同様のことは起こり得る。例えば、国事行為を委任した場合、天皇派と臨時代行派ができ、軋轢が生じる可能性がある。摂政も、国事行為の臨時代行も、国事行為の代行の制度だ。また、確かに、国事行為を恒久的に委任することは想定されていないが、結果として、その期間が長期間になる可能性はある。さらに、他の場合にも、同様のことは起こり得る。それは、天皇が退位した場合だ。天皇が退位した場合、元天皇派（退位した天皇派）と天皇派ができ、軋轢が生じる可能性がある。天皇の退位の歴史を見ても、その可能性は否定できない」。

その思いと関係する意見が、有識者会議で出ていたので、紹介する。有識者会議第3回で開催された有識者ヒアリングで、平川祐弘東京大学名誉教授は、次の発言をした。「私が甚だ理解に苦しむのは、陛下が制度としての摂政に反対されたことで、一部報道では、裕仁陛下が皇太子殿下であられた大正10年、摂政となられた状況を昭和天皇も快くみておられず、今の天皇様は皇太子としてそのことを聞きしっておられたからという理由を漏れうかがいました。大正天皇とその周辺と摂政の宮とその周辺との関係が必ずしもよくなかった。昭和天皇からそのことを伺った今の天皇が危惧されておられるというのは仮に事実だったとします。しかし、だからといって陛下のそのような個人的なお気持ちを現行の法律より優先して良いことか。それに、そもそも今の陛下がさらにご高齢になられ、新たに特別立法その他で譲位を認め上皇となられる場合も、摂政の宮を置かれる場合と、はたしてその二つから生まれる結果に違いはあるのか。上皇とその周辺と新天皇とその周辺との関係が摂政設置の場合の人間関係より良く行くかといえばその保証はないと思います。これが聴取項目⑥の天皇高齢の退位についての私の強く否定的な見方でございます」。

（3）天皇の地位とその務め

②「天皇に求められる務めを十分に果たせる者が、天皇であるべきだ」というお考えに関する報道を示す。

まず、2016年7月、NHKは、次の報道をした。「天皇陛下は、『憲法に定められた象徴としての務めを十分に果たせる者が天皇の位にあるべきだ』と考え、今後、年を重ねていくなかで、大きく公務を減らしたり代役を立てたりして天皇の位にとどまることは望まれていないということです」*66。

また、2016年12月、日本テレビは、次の報道をした。「天皇陛下は明石さん（著者注：明石元紹氏）に対し、皇太子さまに『譲位したい』という意向を告げ、『天皇は務めを果たせる人間がやるべきで譲位は合理的な考え方だ』と話されたという」[67]。

以上で述べたことをふまえると、天皇陛下は、摂政に関して、次のようにお考えなのだろう。「天皇に求められる務めを十分に果たせる者が、天皇であるべきだ。そのため、天皇が、天皇に求められる務めを十分に果たせぬまま、天皇であり続けるのは望ましくない。また、摂政を置いても、天皇が、天皇に求められる務めを十分に果たすことにはならない。だから、『摂政を置いて、天皇であり続けてください』といわれても、そういうことは望んでいない。そもそも、大正天皇に関する摂政設置事例をふまえると、すなわち、摂政設置を原因として軋轢が生じた歴史をふまえると、摂政設置には賛成できない」。

また、天皇陛下は、皇太子殿下に関して、次のようにお考えなのだろう。「皇太子は、天皇に求められる務めを十分に果たせる者だ」（先程示したように、2012年12月19日、天皇陛下は、次のように述べられた。「私が病気になったときには、昨年のように皇太子と秋篠宮が代わりを務めてくれますから、その点は何も心配はなく、心強く思っています」。その御発言では、皇太子殿下に関しても、秋篠宮殿下に関しても、「殿下」が付いていない）。

（4）世論調査と「象徴としてのお務めについての天皇陛下のおことば」

「象徴としてのお務めについての天皇陛下のおことば」が公表される直前の2016年8月6日と7日、朝日新聞は世論調査を実施した。その中に、次の質問があった。「憲法で定められている天皇の国事行為を全面的に代行する摂政という役職があります。この役職は、天皇に重大な事故があった場合などにおくことができます。今の天皇陛下のご負担を軽減するために、摂政をおくことを認めてよいと思いますか」。その質問に関する結果は、次のとおりだ。「認めてよい」73％、「そうは思わない」15％。*68

その質問に関する考え方は、分かれていた。

そういう状況下で、「象徴としてのお務めについての天皇陛下のおことば」が公表された。そして、先程述べたように、その中で、天皇陛下は、摂政設置に関して、否定的な評価を示された。天皇陛下は、その評価を示されることによって、事実上、摂政設置を拒否された、と考えられる。二つ前の段落の質問に関して、「認めてよい」と考えていた人は、それをどう思っただろうか、また、「そうは思わない」と考えていた人は、それをどう思っただろうか。

(5) 退位の自由と不就任の自由

ところで、天皇陛下の退位に関しては、第119代天皇の光格天皇の退位事例が、調査対象になっていた。

2017年1月、産経新聞は、そのことに関して、次の報道をした。「天皇陛下が約6年半前に譲位の意向を示した当初、最後に譲位した光格天皇の事例を調べるよう宮内庁側に伝えられていたことが23日、分かった。陛下が譲位の具体例に言及されていたことが判明するのは初めて。光格天皇は譲位後に権力から遠ざかっており、陛下が持たれている譲位のイメージに合致していた可能性がある。(中略)関係者の一人は『譲位後の光格天皇は、中世の後鳥羽上皇らと異なり、権力をふるっていない。譲位の直近の事例で資料が残っていることもあるが、陛下の思い描く譲位後のイメージと重なる部分もあったのではないか』と指摘する」。*69

そのことをふまえると、将来、後の天皇が、今回の件を調査対象にする可能性がある。今回の件に関しては、リアルタイムで資料をデジタル化できるし、後世に正確な資料が残っているだろう。

そのため、以上で述べた、摂政設置に関する今上天皇の評価や、その評価の背景にある今上天皇のお考えが、後の天皇に影響を与える可能性がある。それらが後の天皇に影響を与える可能性はない、とはいえない。今上天皇は歴史上初めて象徴天皇として即位されたということや、今上天皇の退位は歴史上初めての象徴天皇の退位だということをふまえると、尚更だ（前者をふまえると、今上天皇の事例は、将来にわたり、象徴天皇のモデルケースになる可能性がある）。

具体的にいうと、それらが、実質的に、後の天皇に退位を促す可能性がある。後の天皇が、今上天皇の現状と同様の状況に置かれたとき、それらをふまえて、「そろそろ、自分も退位しておいた方が良いのだろうな」と考える可能性はある。

また、様々なことが、天皇に求められる務めを十分に果たせない原因になる。天皇としての能力が低いから、生涯の終わりに至るまで、天皇に求められる務めを十分に果たせない、ということもあり得るし、やる気がないから、生涯の終わりに至るまで、天皇に求められる務めを十分に果たせない、ということもあり得る。能力も、向き不向きも、やりたいことも、人それぞれだ、そして、天皇になるのは当然人間だ（だから、高齢を理由として、体力が低下するし、病気にもなる）。

では、そういうことを理由として、後の天皇が退位の意向を示したら、どうするのだろうか。退位したいその天皇に、天皇であり続けることを強要するのだろうか、天皇の務めを果たし続けることを強要するのだろうか。それとも、その天皇の退位を認めるのだろうか。

また、現在、社会では天皇の退位が注目されているし、本書でも天皇の退位の話をしている。ただ、そもそも、「天皇になりたくない」ということもあり得る。具体的にいうと、次のとおりだ。２０１６年11月1日現在、

100歳以上の高齢者は66（千人）だ。[*70] そのことをふまえると、後の天皇が100歳以上になってもおかしくない。そして、そのとき、皇太子が80歳くらいでもおかしくない。その80歳くらいの皇太子が、次のような意向を示す可能性がある。「天皇に求められる務めを十分に果たせる者が、天皇であるべきだ。自分は、病気を抱えているわけではないが、高齢を理由として体力が低下している。そのため、天皇になっても、天皇に求められる務めを十分に果たせないと思う。だから、自分は天皇になるべきではない。天皇になるのを拒否します」。また、もっと単純に、後の皇太子が、次のような意向を示す可能性がある。「天皇に求められる務めを十分に果たせる者が、天皇であるべきだ。ただ、自分は、やる気がないから、天皇に求められる務めを十分に果たせない。だから、天皇になるのを拒否します」。現行制度は、天皇になりたくない場合は、天皇にならなくて良い、という制度ではない。すなわち、現行制度は、自由に就任拒否できる、という制度ではない。後の皇太子が、以上で述べたような意向を示したら、どうするのだろうか（ちなみに、皇太子は、皇籍を離脱することができない。また、皇室典範3条は、皇太子の就任拒否を理由として使えるものではない）。[*71]

退位・不就任に関する本人の意思を最優先するならば、退位の自由も、不就任の自由も、認めるべきだ、すなわち、天皇を退位したいときは退位でき、天皇になりたくなければならなくて良い、という制度にすべきだ。現在、天皇・憲法改正が注目されているので、いろいろ考えるには良い機会ともいえる。[*72]

ただ、退位の自由、不就任の自由を認めると、「天皇空位」という状況が生じる可能性が高くなる。その状況が生じるのをどのように思うかは、人それぞれだろうが、天皇陛下は、その状況が生じることを望んでおられないと考えられる。というのは、「象徴としてのお務めについての天皇陛下のおことば」の中に、次の部分があるからだ。「これからも皇室がどのような時にも国民と共にあり、相たずさえてこの国の未来を築いていけるよう、そして【象徴天皇の務めが常に途切れることなく、安定的に続いていくことをひとえに念じ】、ここに私の気持ちをお話しいたしました」。

なお、一つ前の段落で述べたことに関しては、次のように考える人がいるかもしれない。「天皇陛下のそのような思いよりも、その時代時代の天皇・皇太子等の意思を尊重すべきであり、退位の自由も、不就任の自由も、認めるべきだ。天皇空位という状況を生じさせないために、犠牲になる人が出てしまったら問題だ」。

(6) 女性天皇・女系天皇

ところで、二つ前の段落で述べたことに関してだが、天皇陛下が、象徴天皇の務めが常に途切れることなく、安定的に続いていくことをひとえに念じておられるということは、象徴天皇の務めが安定的に続いていかない可能性を、天皇陛下が認識しておられるということだ。実際、以下のようなことがあった。

2009年11月6日、宮内記者会から、天皇皇后両陛下に、次の質問がされた。「両陛下にお伺いします。両陛下はこの20年、常に国民と皇室の将来を案じてこられたと思いますが、皇室についてはこの先、皇族方の数が非常に少なくなり、皇位の安定的継承が難しくなる可能性があるのが現状です】。昨年末の天皇陛下のご不例の際、羽毛田信吾宮内庁長官はご心痛の原因の一つとして『私的な所見』と断った上で『皇統を始めとする諸々の問題』と発言し、皇室の将来を憂慮される天皇陛下の一面を明らかにしました。両陛下は皇室の現状、将来をどのようにお考えでしょうか。皇太子ご夫妻、秋篠宮ご夫妻を始めとする次世代の方々に期待することも交えながらお聞かせください」。

天皇陛下は、その質問に対して、次のように述べられた。「【皇位の継承という点で、皇室の現状については、質問のとおりだと思います】。皇位継承の制度にかかわることについては、国会の論議にゆだねるべきであると思いますが、将来の皇室の在り方については、皇太子とそれを支える秋篠宮の考えが尊重されることが重要と思います。二人は長年私と共に過ごしており、私を支えてくれました。天皇の在り方についても十分考えを深めてきていることと期待しています」[*73]。

さて、その質問によると、「皇位の安定的継承が難しくなる可能性がある」ということだが、皇位の安定的継承を維持するために、「女性天皇を認めるべきだ」と考える人がいるし、さらに、「女系天皇を認めるべきだ」と考える人もいる。

ちなみに、憲法は女性天皇・女系天皇を禁じていない、と政府は答弁している[*74]。また、先程述べた皇室典範に関する有識者会議の「報告書」には、憲法と女性天皇・女系天皇に関して、次の内容がある。「憲法において規定されている皇位の世襲の原則は、天皇の血統に属する者が皇位を継承することを定めたもので、男子や男系であることまでを求めるものではなく、女子や女系の皇族が皇位を継承することは憲法の上では可能であると解されている」[*75]。

10 天皇の健康・崩御（おことばの内容⑦）

(1) 健康なうちの退位

また、「象徴としてのお務めについての天皇陛下のおことば」の中に、次の部分がある。「天皇が健康を損ない、深刻な状態に立ち至った場合、これまでにも見られたように、社会が停滞し、国民の暮らしにも様々な影響が及ぶことが懸念されます。更にこれまでの皇室のしきたりとして、天皇の終焉に当たっては、重い殯の行事が連日ほぼ2ヶ月にわたって続き、その後喪儀に関連する行事が、1年間続きます。その様々な行事と、新時代に関わる諸行事が同時に進行することから、行事に関わる人々、とりわけ残される家族は、非常に厳しい状況下に置かれざるを得ません。こうした事態を避けることは出来ないものだろうかとの思いが、胸に去来することもあります」。

そうした事態を避けるためには、例えば、天皇が健康なうちに退位すれば良い。そうすれば、天皇が健康を損ない、深刻な状態に立ち至ることはないし、それを原因として、社会が停滞し、国民の暮らしに様々な影響が及ぶこともない。また、そうすれば、天皇の崩御（終焉）に関する行事と新時代に関わる諸行事が、同時に進行することもない。

そして、天皇が健康なうちに退位するためには、天皇の退位を認める必要がある。天皇の退位が認められていなければ、天皇は健康なうちに退位できない、というか、そもそも、それが認められていなければ、天皇は退位できない。

なお、天皇Aが健康なうちに退位しても、退位後、A（退位した天皇）が、健康を損ない、深刻な状態に立ち至ることはあるだろう。そして、それを原因として、国民の暮らしに様々な影響が及ぶだろう。先程述べたように、1817年の光格天皇の退位を最後に、天皇の退位は行われていない。そのため、現代において、A（退位した天皇）がそういう状態に立ち至った場合、国民の暮らしにどのような影響が及ぶかは、判然としない。ただ、そうなった場合、マスメディアで大きく報道されるだろうし、国民の暮らしに何も影響がないということはないだろう。例えば、イベント・行事を自粛する動きが広がる可能性がある。そして、そういう動きが現実のものとなれば、例えば、司会業の人は、経済的打撃を受けるだろう。

また、恒久的な天皇の退位制度がある場合でも、天皇が健康なうちに退位できるとは限らない。その制度がある場合でも、例えば、天皇が突然崩御する可能性があり、突然崩御すれば、天皇の崩御に関する行事と新時代に関わる諸行事が、同時に進行することになる。

(2) 自粛

さて、その部分に、次の内容がある。「天皇が健康を損ない、深刻な状態に立ち至った場合、【これまでにも見られたように】、社会が停滞し、国民の暮らしにも様々な影響が及ぶことが懸念されます」。

では、具体的には、これまでに、どのようなことが見られたのだろうか。以下、昭和天皇が健康を損ない、深刻な状態に立ち至ったときに関して述べる。

そのとき、テレビ番組・CMが差し替えられたり、イベント・行事を自粛する動きが全国に広がったりした。そして、イベント・行事が自粛されたことにより、経済的な打撃を受けた人・企業が存在した。例えば、お祭り用品を扱う業者が、打撃を受けたといわれている。

「自粛不況」「天皇不況」という新しい言葉が生まれた、と国会で指摘されるような状況だった〔なお、「天皇不況」という表現に対しては、田村元通商産業大臣（当時）が、強い批判をした。確かに、その表現は酷い、昭和天皇の当時の状況をふまえると、尚更だ〕。[*76]

そういう状況下で、自粛に関する政府の見解がどのようなものだったかというと、政府は、過度の自粛は好ましいものではないとしていた。例えば、1988年11月9日、第113回国会衆議院商工委員会で、田村元通商産業大臣（当時）は、そのことに関して、次の答弁をした。「政府が自粛を求めたことは一切ございません。むしろ逆でありまして、官房長官談話として、過度の自粛を戒める談話を発表しております。（中略）また、マスコミもあらゆる機会を通じて、過度の自粛というものは国民生活に悪影響を及ぼす可能性もあるから、これは慎んだ方がいいのじゃないかというキャンペーンをしているわけです。（中略）これだけ政府があるいはマスコミが自粛を自粛するように訴えても、なおかつそういう現象が出る。天皇陛下という方は何と国民の敬愛を一身に集めておられるのだろう、国民が皆陛下の御回復を心底から祈って、そして自粛をしておるのじゃなかろうか、このように私は思います」。

なお、2016年8月、東京新聞は、昭和天皇が深刻な状態に立ち至ったときの自粛ムードに関して、次の報道をした。「自粛ムードは、八八年（著者注：1988年）九月に昭和天皇が吐血したとの報道があった時点から続いており、当時皇太子だった陛下（著者注：今上天皇）は翌十月、『国民の日常生活に支障があってはならないと、私としても気にいたしております』と、当時の竹下登首相に述べた[*77]」。

その報道をふまえると、今も昔も（昭和天皇が健康を損なっていたときも）、天皇陛下は、国民の生活を気にかけてくださっている、ということがわかる。「象徴としてのお務めについての天皇陛下のおことば」には、そのような天皇陛下のお気持ちが表れている。

ところで、有識者会議第2回で、宮内庁は、次の説明をした。「昭和天皇の崩御前の御闘病の時期において、体温、脈拍数、血圧、呼吸数など、御容体に対する発表を1日に2、3回、連日行っていた理由は、明治天皇や大正天皇の崩御前における御容体の発表形式に倣ったものである」。

連日、そういう発表がされ、マスメディアがそれを伝えていたことが、自粛ムードに拍車をかけた可能性がある（そういう発表をすべきではなかった、といっているわけではない。そういう可能性がある、ということをいいたかっただけだ）。

また、有識者会議で、自粛ムードに関する意見が出ていたので、紹介する。有識者会議第4回で開催された有識者ヒアリングで、今谷明帝京大学特任教授は、次の発言をした。「昭和天皇の晩年のとき、私もよく覚えておりますが、半年間、異様な自粛期間がありまして、プロ野球でも中日が優勝したのにビールかけもしない。それが行き過ぎかどうかはございませんが、当時皇太子であった今の今上天皇自身が自粛は行き過ぎだという意味のスピーチをなさいました。ですから、今の陛下は殊更昭和天皇のときの晩年の行き過ぎ自粛を気にされておるのだろうと拝察いたします。しかし、私、再考して思いますのに、昭和天皇の場合は国民にとって特別な感慨がありまして、戦争を経てきて国民も陛下も苦労されて、戦争を通じた期間、国民と苦労をともにされたという陛下の御意思と、国民も苦労したけれども、陛下も苦労されたという特別な思いがありましてあいう特異な半年間になったのだ。現在の陛下は、もう平和時代に即位された平和時代の天皇ですから、仮にああいう御病気、御重病になったとしても国民は粛々と受け止めて、前のような昭和天皇のときのような異常な自粛騒ぎにはならないのではないかと私はひそかに考えております。これは私個人の考え方かもしれません」。

もちろん、今谷明帝京大学特任教授のその発言に、賛同できない人はいるだろう。

（3）崩御・即位に伴う主な儀式・行事

また、その部分に、次の内容がある。「これまでの【皇室のしきたりとして】、天皇の終焉に当たっては、重い殯の行事が連日ほぼ2ヶ月にわたって続き、その後喪儀に関連する行事が、1年間続きます。その様々な行事と、新時代に関わる諸行事が同時に進行することから、行事に関わる人々、とりわけ残される家族は、非常に厳しい状況下に置かれざるを得ません。こうした事態を避けることは出来ないものだろうかとの思いが、胸に去来することもあります」。

その内容を見て、次のように思った人がいるかもしれない。「行事を大幅に削減すれば良い。そうすれば、行事に関わる人々が置かれる状況が、緩和される」。

ただ、天皇陛下は行事の大幅削減を望まれていない、と考えられる。というのは、宮内庁の「今後の御陵及び御喪儀のあり方についての天皇皇后両陛下のお気持ち」に、次の内容があるからだ。「天皇陛下には、皇室の歴史の中に、御陵の営建や葬儀に関し、人々に過重な負担を課することを望まないとの考え方が古くよりあったことにかねてより思いを致しておられ、これからの御陵や御葬送全体についても、極力国民生活への影響の少ないものとすることが望ましいのではないか、とのお気持ちをお持ちであった。同時に陛下には、これまで長きに渡り【従来の皇室のしきたりはできるだけこれを変えず】、その中で今という時代の要請も入れて行動することを心がけていらっしゃり、御陵及び御喪儀のあり方についても、そのお気持ちに変わりはない」*78。

なお、「象徴としてのお務めについての天皇陛下のおことば」の中には、次の部分がある。「【伝統の継承者として、これを守り続ける責任に深く思いを致し】、更に日々新たになる日本と世界の中にあって、【日本の皇室が、いかに伝統を現代に生かし】、いきいきとして社会に内在し、人々の期待に応えていくかを考えつつ、今日に至っています」。

要するに、天皇陛下は、伝統とか、しきたりとか、そういうものを大切にされているのだろう。有識者会議第8回で、宮内庁は、そのことに関して、次の説明をした。「今上陛下は、これまでの皇室の伝統的行事及び祭祀について、昭和天皇の御代のものをほぼ全てお引き継ぎになった。また、伝統とともに現代を生きることの大切さを深く思われ、日本各地に住む人々の生活に心を寄せ、人々とともに今という時代に丁寧にかかわりつつ、象徴天皇としての一つの時代を築いてこられた」。

ところで、1989年(昭和64年)1月7日の昭和天皇の崩御を受けて、今上天皇が即位されたのだが、その際、1990年(平成2年)末までの約2年間、葬送と即位に関する一連の行事が行われた。*79 ここで、昭和天皇の崩御に伴う主な儀式・行事と、今上天皇の即位に伴う主な儀式・行事を示す。前者が表❶であり、後者が表❷だ。表❶、表❷を見ると、昭和天皇の崩御・今上天皇の即位に伴い、多くの儀式・行事が行われたことがわかるだろう。

有識者会議第4回で開催された有識者ヒアリングで、石原信雄元内閣官房副長官は、以上のことに関して、次の発言をした。「私は昭和天皇の崩御に伴う大喪の礼と今の陛下の御即位の礼と両方を担当させていただきましたけれども、そのときの陛下の御負担などを目の当たりにしまして、陛下が御高齢となられた場合に天皇が退位するということは認めるべきであると考えます」。

実際に担当した人から見ても、当時、天皇陛下の御負担は大きかったのだろう。

なお、その発言の中に出てくる大喪の礼・即位の礼に関しては、皇室典範に規定がある。具体的にいうと、皇室典範24条は「皇位の継承があったときは、即位の礼を行う」と規定し、皇室典範25条は「天皇が崩じたときは、大喪の礼を行う」と規定している。

表❶　昭和天皇の崩御に伴う主な儀式・行事一覧

年月日	名称等
1989年1月7日～ 1989年1月19日	櫬殿祗候《しんでんしこう》
1989年1月8日	御舟入
1989年1月9日	斂棺《れんかん》
1989年1月16日	櫬殿十日祭
1989年1月17日	陵所地鎮祭の儀
1989年1月19日	殯宮移御《ひんきゅういぎょ》の儀
1989年1月19日	櫬殿祓除《しんでんばつじょ》の儀
1989年1月19日～ 1989年2月24日	殯宮祗候
1989年1月20日～ 1989年2月23日	殯宮日供《ひんきゅうにっく》の儀
1989年1月20日	殯宮移御後一日祭の儀
1989年1月21日	殯宮拝礼の儀
1989年1月22日～ 1989年1月24日	殯宮一般拝礼
1989年1月25日	外交団殯宮拝礼
1989年1月26日	殯宮二十日祭の儀
1989年1月31日	追号奉告の儀
1989年2月5日	殯宮三十日祭の儀
1989年2月15日	殯宮四十日祭の儀
1989年2月21日	大喪関係ご会見（フィンランド大統領夫妻）
1989年2月22日	大喪関係ご会見（ナウル大統領、バヌアツ大統領夫妻、アイスランド大統領、ドイツ連邦共和国大統領夫妻、ギニアビサウ大統領夫妻、ザイール大統領夫妻、アイルランド大統領、ハンガリー幹部会議長）
1989年2月23日	大喪関係ご会見・お茶（ベルギー国王王妃両陛下、ヨルダン国王陛下、西サモア二世殿下、ルクセンブルク大公同妃両殿下、トンガ国王王妃両陛下、スペイン国王王妃両陛下、ブータン国王陛下、タイ皇太子殿下、モロッコ皇太子殿下、マレーシア副国王同妃両陛下、リヒテンシュタイン皇太子同妃両殿下、モナコ皇太子殿下、オマーン国王代理殿下、サウジアラビア王弟殿下、カタール王族殿下、アラブ首長国連邦王族殿下、バーレーン王族殿下）

（次頁に続く）

1989年2月23日	大喪関係ご会見（ブラジル大統領夫妻、エジプト大統領、ガンビア大統領、キプロス大統領、ミクロネシア大統領夫妻、ザンビア大統領、インド大統領夫妻、トーゴ大統領、フィリピン大統領、ガーナ評議会議長）
1989年2月23日	陵所祓除の儀
1989年2月23日	霊代奉安の儀
1989年2月24日	斂葬《れんそう》当日殯宮祭の儀
1989年2月24日	轜車発引《じしゃはついん》の儀
1989年2月24日	大喪の礼御葬列
1989年2月24日	葬場殿の儀
1989年2月24日	大喪の礼御式
1989年2月24日	大喪の礼御葬列
1989年2月24日	陵所の儀
1989年2月24日～ 1990年1月6日	権殿日供の儀
1989年2月25日～ 1990年1月6日	山陵日供の儀
1989年2月25日	各国代表とご会見・ご引見
1989年2月25日	斂葬後一日権殿祭・権殿五十日祭の儀
1989年2月25日	斂葬後一日山陵祭・山陵五十日祭の儀
1989年2月26日	各国代表とご会見・ご引見
1989年2月27日～ 1989年3月28日	山陵一般参拝
1989年2月27日	大喪関係ご引見（スリランカ前大統領夫妻、メキシコ大統領夫人、コロンビア大統領夫人）
1989年3月2日	倚廬殿《いろでん》の儀
1989年3月7日	権殿ご拝礼
1989年3月15日	昭和天皇大喪儀に参列した各国外交使節団の長及びその配偶者のための茶会
1989年4月7日	権殿ご拝礼
1989年4月16日	権殿百日祭の儀
1989年4月16日	山陵百日祭の儀
1989年4月17日	山陵起工奉告の儀
1989年5月7日	権殿ご拝礼
1989年6月7日	権殿ご拝礼

（次頁に続く）

1989年7月7日	権殿ご拝礼
1989年8月7日	権殿ご拝礼
1989年9月7日	権殿ご拝礼
1989年10月7日	権殿ご拝礼
1989年11月7日	権殿ご拝礼
1989年12月7日	権殿ご拝礼
1990年1月4日	権殿ご拝礼
1990年1月6日	山陵竣工奉告の儀
1990年1月7日	権殿一周年祭の儀
1990年1月7日	山陵一周年祭の儀
1990年1月8日	御禊《みそぎ》の儀
1990年1月8日	大祓の儀
1990年1月9日	霊代奉遷の儀ご遥拝

注：表❶は、首相官邸ウェブサイト「天皇の公務の負担軽減等に関する有識者会議（第2回）参考資料5昭和天皇の崩御に伴う主な儀式・行事一覧」1～2頁、宮内庁ウェブサイト「天皇皇后両陛下のご日程 平成元年（1月～3月）」、宮内庁ウェブサイト「天皇皇后両陛下のご日程 平成元年（4月～6月）」、宮内庁ウェブサイト「天皇皇后両陛下のご日程 平成元年（7月～9月）」、宮内庁ウェブサイト「天皇皇后両陛下のご日程 平成元年（10月～12月）」、宮内庁ウェブサイト「天皇皇后両陛下のご日程 平成2年（1月～3月）」に基づいて、筆者が作成した。

表❷ 今上天皇の即位に伴う主な儀式・行事一覧

年月日	名称等
1989年1月7日	剣璽等承継《けんじとうしょうけい》の儀
1989年1月9日	即位後朝見《そくいごちょうけん》の儀
1990年1月23日	賢所《かしこどころ》に期日奉告の儀
1990年1月23日	皇霊殿神殿に期日奉告の儀
1990年1月23日	神宮神武天皇山陵及び前四代の天皇山陵に勅使発遣の儀
1990年1月25日	神宮に奉幣の儀
1990年1月25日	神武天皇山陵及び前四代の天皇山陵に奉幣の儀
1990年2月8日	斎田点定の儀
1990年9月28日・1990年10月10日	斎田抜穂の儀 9月28日：悠紀斎田抜穂の儀 10月10日：主基斎田抜穂の儀

（次頁に続く）

1990年11月12日	即位礼当日賢所大前の儀
1990年11月12日	即位礼当日皇霊殿神殿に奉告の儀
1990年11月12日	即位礼正殿の儀
1990年11月12日	祝賀御列《しゅくがおんれつ》の儀
1990年11月12日～ 1990年11月15日	饗宴《きょうえん》の儀
1990年11月13日	園遊会
1990年11月16日	神宮に勅使発遣の儀
1990年11月18日	即位礼一般参賀
1990年11月21日	大嘗祭《だいじょうさい》前一日鎮魂の儀
1990年11月22日	大嘗祭当日神宮に奉幣の儀
1990年11月22日	大嘗祭当日賢所大御饌供進の儀
1990年11月22日	大嘗祭当日皇霊殿神殿に奉告の儀
1990年11月22日・ 1990年11月23日	大嘗宮《だいじょうきゅう》の儀 11月22日：悠紀殿供饌の儀 11月23日：主基殿供饌の儀
1990年11月24日・ 1990年11月25日	大饗《だいきょう》の儀
1990年11月27日・ 1990年11月28日	即位礼及び大嘗祭後神宮に親謁の儀 11月27日：豊受大神宮に親謁の儀 11月28日：皇大神宮に親謁の儀
1990年12月2日・ 1990年12月3日・ 1990年12月5日	即位礼及び大嘗祭後神武天皇山陵及び前四代の天皇山陵に親謁の儀 12月2日：神武天皇山陵に親謁の儀 12月2日：孝明天皇山陵に親謁の儀 12月3日：明治天皇山陵に親謁の儀 12月5日：大正天皇山陵に親謁の儀 12月5日：昭和天皇山陵に親謁の儀
1990年12月3日	茶会
1990年12月6日	即位礼及び大嘗祭後賢所に親謁の儀
1990年12月6日	即位礼及び大嘗祭後皇霊殿神殿に親謁の儀
1990年12月6日	即位礼及び大嘗祭後賢所御神楽の儀

注：表❷は、首相官邸ウェブサイト「天皇の公務の負担軽減等に関する有識者会議（第2回）参考資料6天皇陛下の即位に伴う主な儀式・行事一覧」1頁、宮内庁ウェブサイト「ご即位・大礼の主な儀式・行事」に基づいて、筆者が作成した。

11　憲法4条1項（おことばの内容⑧）

(1) 国政に関する権能

また、「象徴としてのお務めについての天皇陛下のおことば」の中に、次の部分がある。「憲法の下、天皇は国政に関する権能を有しません」。

そのことに関してだが、憲法4条1項は「【天皇は】、この憲法の定める国事に関する行為のみを行ひ、【国政に関する権能を有しない】」と規定している。

では、憲法4条1項の天皇は国政に関する権能を有しない、というのは、何を意味しているのだろうか。そのことに関する答弁があるので、紹介する。

1988年5月26日、第112回国会参議院決算委員会で、大出峻郎内閣法制局第一部長（当時）は、次の答弁をした。「憲法第四条第一項でございますが、ここでは、天皇は国政に関する権能を有しないという趣旨の規定が設けられております。直接にはこの規定は、国家機関としての天皇は、憲法に定める国事に関する行為のみを行い、国政に関与する権能を全く持たない旨を定めるものでございますが、【この規定の趣旨には、一般に天皇の行為によりまして事実上においても国政の動向に影響を及ぼすようなことがあってはならない】、こういう趣旨を含むものと解されてきているところであります」。

その答弁に基づくと、天皇の行為によって、事実上においても、国政の動向に影響を及ぼすようなことがあってはならない。

「象徴としてのお務めについての天皇陛下のおことば」の表明は、天皇の行為と考えられるが、それの表明は、事実上においても、国政の動向に影響を及ぼしていないのだろうか。国政の動向に影響を及ぼしていれば、それの表明に関しては、憲法上の問題が生じる。[*80] 現実には、それの表明はあったわけだが、それの表明がなかった場合、国政の動向は同じだっただろうか。その答弁に基づくと、国政の動向への影響の有無がポイントだ。「『象徴としてのお務めについての天皇陛下のおことば』の表明は、国政の動向に影響を及ぼした。それの表明が国政の動向に影響を及ぼすことは、表明前に十分予想できたはずだ。天皇陛下は、それの表明を自制されるべきだった」と思う人がいるかもしれない。

1964年2月17日、第46回国会衆議院予算委員会第一分科会で、高辻正巳内閣法制次長（当時）は、憲法4条1項に関して、次の答弁をした。「日本の天皇は国事に関する行為のみを行ない、国政に関する権能を有しないとございます。国事に関する行為としまして、一から十ぐらいまでの事項が掲げられておりますが、国政に関する権能を有しないということは、やはり政治に影響を及ぼすような行為につきましては、御自制になるのが憲法の上からくる精神だろうというようなことは言えると思うのでございます」。

（2）内閣の配慮

また、1990年5月17日、第118回国会衆議院予算委員会で、工藤敦夫内閣法制局長官（当時）は、憲法4条1項に関して、次の答弁をした。「憲法上天皇は『国政に関する権能を有しない。』かようにされているわけでございますから、天皇が国政に関与したのではないかとの疑いを生ずることのないように内閣としても十分配慮すべきである」。

その答弁に基づくと、天皇が国政に関与したのではないかとの疑いが生じることのないように、内閣は、十分配慮すべきだ。

そして、「象徴としてのお務めについての天皇陛下のおことば」の表明に関して、天皇陛下が国政に関与したのではないかとの疑いが生じたのは間違いない。社会に、そういう疑いは、間違いなく、生じた。

有識者会議第5回で開催された有識者ヒアリングで、園部逸夫元最高裁判所判事は、そのことに関して、次の発言をした。「今日は特に憲法4条との関係を前提にしながら私の所論を述べたいと思います。まず、本年8月8日のおことばは、憲法第4条に違反するのではないか、あるいは天皇陛下の8月8日のおことばによって制度を改正することや特別措置法を制定することについて、憲法上、疑義があるのではないかという趣旨の批判が出ております」(そういう趣旨の批判が出ている、という事実を指摘したのが、その発言だ)。

先程述べたように、「象徴としてのお務めについての天皇陛下のおことば」の表明には、内閣の関与があった。すなわち、それの表明前に、内閣との相談、内閣の了解があった。

安倍内閣は、天皇陛下が国政に関与したのではないかとの疑いが生じることのないように、十分配慮したのだろうか。

(3) 憲法4条1項と天皇・皇族

また、2006年4月14日、第164回国会衆議院内閣委員会で、柴田雅人内閣官房皇室典範改正準備室長(当時)は、憲法4条1項に関して、次の答弁をした。「憲法では天皇は国政に関する権能を有しないというふうにされておりますし、【天皇が国政に対して影響を及ぼしたと見られることがないように政府としても十分慎重な配慮をすることが政府の責任だというふうに考えております】。また、【皇族につきましても、皇位継承資格を持つ方及びその御家族であるという地位にあることから、憲法の天皇に関する規定と同じように考えるべきだというのがまず基本的なところでございます】。【皇位継承制度は、その法律である典範に定められたものでございまして、国の基本にかかわる重要な問題でありますが、これはまさに国政にかかわる事項だというふうに考えております】。そういうことを踏まえれば、【皇位継承制度のあり方に関して、皇族が国政に対して影響を及ぼしたのではないかと疑いが生ずることのないように政府は十分配慮すべきだというふうに考えております】。ちょっと説明が、順序が逆になりますけれども、皇室会議には今二名の皇族の方が入っておられますので、そういうことを踏まえてのお話でございまして、政府としては、典範の改正については、皇室会議を係らしめる制度に改めることは差し控えるべきではないかなというふうに考えております」。

その答弁に基づくと、皇位継承制度のあり方に関して、天皇・皇族が国政に対して影響を及ぼしたのではないかと疑いが生じることのないように、政府は十分配慮すべきだ、政府にはそういう責任がある。

そして、天皇の退位は、皇室典範に規定されている皇位継承の原因、皇位継承制度に関することだ。天皇の退位をどうするかということは、皇位継承制度のあり方をどうするかということだ。

そのため、今回の件についても、皇位継承制度のあり方に関して、天皇・皇族が国政に対して影響を及ぼしたのではないかと疑いが生じることのないように、政府は十分配慮すべきだった、政府にはそういう責任があった。

なお、天皇に関する考え方と皇族に関する考え方が同様なのは、以上で示したことだけではない。例えば、選挙権・被選挙権に関する考え方も同様だ。1992年4月7日、第123回国会参議院内閣委員会で、宮尾盤宮内庁次長（当時）は、天皇・皇族の選挙権・被選挙権に関して、次の答弁をした。「選挙権の問題でございますが、今御質問の中にありましたように、やはり天皇陛下というのは象徴的な立場にあられるわけでございまして、政治的な立場もこれも中立でなければならないと、こういうことが要請をされておるわけでございます。そういう意味から選挙権は持たない、また被選挙権も当然のことでありますが、そういう権利はお持ちにならない、こういうことになっております。皇族さん方も、それは考え方は同じでございまして、やはり皇室というのは天皇陛下を中心とする御一家でございますから、やはり皇族さんが被選挙権、あるいは選挙権というものをお持ちになるということは非常にいろいろな問題が出てくる、こういうことになっておるわけでございます。こういうような考え方というのは、例えば皇族さんにつきましても、当然皇族としての特権というものが片方にあるわけでございまして、例えば皇族については、男子の場合には皇位継承資格があるとか、あるいは男女を含めて、摂政あるいは国事行為の代行に御就任する資格があるとか、あるいは殿下という敬称を称せられる。品位の保持の資として、国から一定の皇族費が支給される。こういうような、片方でそういうお立場にある特別の権利というものを与えられておるわけでございまして、他方、皇族に対する制約としまして、今お話がありました、結婚について皇室会議で承認を得なければいけないとか、養子は禁止をされているとか、あるいは選挙権等がない。こういうような特権に対する制約というものがあるわけでございます。そういう意味で、これはそういう観点からそういうことになっておることを御承知願いたいと思います」。

(4) 国務大臣と首相

さて、2006年3月1日、第164回国会衆議院予算委員会第一分科会で、国務大臣（当時）が、次の答弁をした。「憲法第四条によりまして、天皇は国政に関する権能を有しないこととされていることから、天皇が国政に関与したと解されるようなことが生じないように十分慎重な配慮が求められるわけでありまして、皇位継承制度は国会で議決される法律に定められたものでありまして、まさに国政にかかわる問題である、このように認識をしております。したがって、有識者会議においては、皇位継承制度のあり方について天皇陛下や皇族方のお考えを伺うことは、天皇陛下や皇族方が国政に関与したと見られることになりかねないために、差し控えたものであるというふうに承知をしております」。

その答弁は、先程述べた皇室典範に関する有識者会議についてのものだ。そのため、その答弁に基づくと、次のことがいえる。皇位継承制度のあり方について天皇陛下・皇族方のお考えをうかがうと、天皇陛下・皇族方が国政に関与したと見られることになりかねない、そのため、皇室典範に関する有識者会議では、それをうかがうことを差し控えた。

当時は、そういう配慮がされていた。

また、その国務大臣（当時）は、同日、第１６４回国会衆議院予算委員会第一分科会で、次の答弁もした。「憲法との関係におきまして、天皇陛下あるいは皇族の方に意見をお伺いすることは、国政に関与した、このように指摘をされる危険性、可能性があるわけでありまして、むしろ皇族の方々に御迷惑をかけることにもつながるわけでありまして、そうしたことは控えるべきではないか、このように考えております」。

安倍内閣は、「象徴としてのお務めについての天皇陛下のおことば」の表明を了解した、すなわち、天皇陛下がそういう形式で意見を述べられるのを了解した。以上で示した２００６年3月1日の答弁をした国務大臣（当時）が、当時、「象徴としてのお務めについての天皇陛下のおことば」の表明を了解すべきか否かを聞かれていたら、どのように回答していただろうか。以上で示した答弁をふまえると、次のように回答していたかもしれない。「天皇陛下が国政に関与した、そのように指摘をされる危険性、可能性があり、天皇陛下にご迷惑をかけるおそれがある。だから、『象徴としてのお務めについての天皇陛下のおことば』の表明は控えるべきだ、それの表明を了解すべきではない」。

ちなみに、以上で示した2006年3月1日の答弁をした国務大臣（当時）は、安倍晋三内閣官房長官（当時）だ。安倍晋三内閣官房長官（当時）は、現在、首相になっている。

（5）天皇陛下・安倍晋三首相

先程述べたように、「象徴としてのお務めについての天皇陛下のおことば」の表明前に、内閣との相談、内閣の了解があった。

そのため、「象徴としてのお務めについての天皇陛下のおことば」の表明を、次のように評価できる。天皇陛下と内閣の間に共通見解があり、それを、「象徴としてのお務めについての天皇陛下のおことば」の形式で、天皇陛下が表明された。

そのことをふまえると、その共通見解を表明したかったのであれば、天皇陛下ではなく、内閣の側が、その共通見解を表明することもできた。もちろん、「象徴としてのお務めについての天皇陛下のおことば」とは異なる形式で。天皇陛下のおことばがなければ、天皇に関する制度にふれることはできない、なんていうことはない。

例えば、安倍晋三首相が、記者会見で、天皇陛下の公務負担の現状等について説明した上で、今後の対応に関して述べる、ということができた。過去には、安倍晋三首相が、記者会見で、安全保障政策に関して、政府の基本的方向性を示したことがある、2014年5月15日のことだ。パネル資料を使用した特徴的な記者会見だったので、覚えている人もいるだろう。

では、なぜ、「象徴としてのお務めについての天皇陛下のおことば」の表明を、安倍内閣は了解したのだろうか。すなわち、なぜ、天皇陛下が国政に関与したと指摘される危険性があることを、安倍内閣は了解したのだろうか。

「天皇陛下が国政に関与したと指摘されることになっても構わない」と思って、それの表明を了解したのであれば、安倍内閣は配慮が足りない、無責任と批判されることになるだろう。また、「安倍晋三首相が述べるより、天皇陛下におことばを表明してもらった方が、反対意見を抑えられ、必要な法律をスムーズに成立させられる」と思って、それの表明を了解したのであれば、安倍内閣は天皇陛下を政治利用したと批判されることになるだろう。[*81] もちろん、安倍内閣は、その両方の思いで、それの表明を了解したかもしれないし、逆に、そのどちらでもない思いで、それの表明を了解したかもしれない。

(6) 憲法4条1項と憲法1条

1975年11月20日、第76回国会参議院内閣委員会で、吉國一郎内閣法制局長官（当時）は、憲法4条1項と憲法1条に関して、次の答弁をした。「たとえば、表現の自由あるいは言論の自由についても、そこに当然、天皇に限って申し上げるならば、天皇が日本国の象徴であり日本国民統合の象徴である地位を持っておられるということ、また憲法第四条の国事に関する行為のみを行って国政に関する権能を有しないという規定の趣旨からいって、天皇の表現なり言論というものについては、当然制約があることはおっしゃるとおりでございます。また、【重大な政治的な論争のポイントになっているような事項について、それが是であるか非であるかということを明らかにするような行為をされるべきではない】という点もそのとおりであろうと思います」。

また、1973年5月30日、第71回国会衆議院文教委員会で、奥野誠亮文部大臣（当時）は、憲法4条1項と憲法1条に関して、次の答弁をした。「憲法には御承知のように十の事項を掲げておったように思うのでありますが、国事行為のみ行ない、国政に関する権能を有しないと示されておるわけでございます。同時に、天皇は日本国の象徴であり、かつ日本国民統合の象徴であると書かれておったように思います。そうしますと、その象徴たる地位を傷つけるようなことのないようにしなければならない。【少なくとも国論の割れている問題につきまして、いずれかに加担をするというような態度を示されているというような式の表現、これは特に慎まなければならないことではないか、こう思っておるわけでございます】」。

それらの答弁との関係で、「象徴としてのお務めについての天皇陛下のおことば」の表明は、問題を生じないのだろうか。退位に関しても、摂政設置に関しても、意見は割れていた。もちろん、真っ二つに割れていたわけではないが。

12　安倍晋三首相の発言と有識者会議（おことばの公表に対する反応①）

では、「象徴としてのお務めについての天皇陛下のおことば」の公表に関しては、どのような反応があったのだろうか。以下、①安倍晋三首相、②衆議院議長・参議院議長、③皇太子殿下、④皇后陛下に注目して、それに関して述べる（「象徴としてのお務めについての天皇陛下のおことば」の公表に関する文仁親王殿下の御発言は、先程示した。公表に至るまでの経緯、当日の状況等、様々なことが、その御発言からわかっただろう）。

①安倍晋三首相に関して。

「象徴としてのお務めについての天皇陛下のおことば」が公表されたのを受け、2016年8月8日、安倍晋三首相が記者会見を行い、次の発言をした。「本日、天皇陛下より御言葉がありました。私としては、天皇陛下が国民に向けて御発言されたということを、重く受け止めております。天皇陛下の御公務のあり方などについては、天皇陛下の御年齢や御公務の負担の現状にかんがみるとき、天皇陛下の御心労に思いを致し、どのようなことができるのか、しっかりと考えていかなければいけないと思っています」[*82]。

その発言に基づくと、次のことがいえる。天皇陛下が国民に向けて御発言されたということを、安倍晋三首相は重く受け止めた。また、安倍晋三首相は、天皇陛下の公務のあり方等については、どのようなことができるのか、しっかりと考えていかなければいけないと思っていた。

詳しくは後述するが、その発言をした安倍晋三首相は、後日、有識者会議を開催することになる。有識者会議の開催が決定したのは2016年9月23日であり、有識者会議第1回が開催されたのは2016年10月17日だ。8月に「象徴としてのお務めについての天皇陛下のおことば」公表、9月に有識者会議開催決定、10月に有識者会議第1回開催なので、迅速な動きといえるだろう。

13　衆議院議長謹話・参議院議長謹話と全体会議（おことばの公表に対する反応②）

「象徴としてのお務めについての天皇陛下のおことば」が公表されたのを受け、2016年8月8日、衆議院議長謹話・参議院議長謹話が出された（衆議院議長は大島理森衆議院議長であり、参議院議長は伊達忠一参議院議長だ）。

②衆議院議長・参議院議長に関して。

衆議院議長謹話は、次のとおりだ。「天皇陛下には、日本国及び日本国民統合の象徴として、数々の国事行為や諸外国との友好親善、宮中行事などの各般の公務に精励されておいでになりました。陛下は、常に日本国憲法下における皇室のあるべき姿をお考えになり、皇后陛下と共に、戦没者の慰霊に尽くすとともに世界の平和を祈り、また各種の災害時には、被災地を慰問し、被災された方々と膝を接して親しくお言葉をかけられるなど、国民のそばに寄り添い、国民とともに歩んでこられました。私を含めて国民はひとしくこのような両陛下の真摯なお姿や人々に向けられる慈愛に満ちたまなざしを目の当たりにし、深い感銘を受けるとともに尊敬と思慕の念を抱いているところであります。その一方で、陛下が象徴としてのお立場を第一としてお考えになり、国民に寄り添おうとする姿勢を示されることにより、御齢を重ねられるにつれてお体に負担がかかりましたことは、私といたしましては、誠に恐懼の至りであり忸怩たる思いであります。このたびの陛下からのお言葉は、立法府の長として謹んで受けとめ、思いを深く致しております。また、皇室の在り方につきましては、今後、国民各層において幅広く議論が行われ、国民を代表する国会議員には、これらの議論を受けつつ粛然とした対応をすることを望みます」[*83]。

参議院議長謹話は、次のとおりだ。「天皇陛下におかれましては、日本国及び日本国民統合の象徴として、その御即位以来、皇后陛下とともに、常に国民に寄り添い、数多ある御公務はもとより、被災地のお見舞い、戦没者の慰霊などにも、心をこめて取り組んでこられました。そのお姿に、深い敬慕の念を抱いてきたところでございます。今般、天皇陛下よりお気持ちが示されましたことを承り、その御心を謹んで受け止めております。今後、皇室の在り方について、議論が深まっていくものと思います」[*84]。

詳しくは後述するが、その謹話を出した衆議院議長・参議院議長に、衆議院副議長・参議院副議長を加えた4者が、立法府としてどのような対応をとるべきか協議を行った。その結果、2017年1月16日、天皇の退位等については、両議院合同で取り組むことを合意した。そして、その合意を受けて、後日、全体会議が開催されるなどした。

14 皇太子殿下の御発言（おことばの公表に対する反応③）

③皇太子殿下に関して。

2017年2月21日、記者会見で、皇太子殿下に次の質問がされた。「天皇陛下は昨年8月に公表された象徴の務めに対するおことばで、即位後に象徴天皇としてご自身が歩まれてきた道や、高齢となった天皇の在り方についてお考えを表明されました。表明に至るまで、殿下は天皇陛下のお考えをいつ、どのような形でお聞きになり、表明されたおことばをどのように受け止められましたか。今後、天皇、皇后両陛下にどのようにお過ごしになっていただきたいかという点もお聞かせください」。

皇太子殿下は、その質問に対して、次のように述べられた。「昨年8月8日の天皇陛下のおことばを、私は、愛知県での公務を終えた後の名古屋駅で厳粛な思いで伺いました。【天皇陛下のお考えをいつ、どのような形でお聞きしたか、というお尋ねについては、何か特別な場でそういったお話があったというわけではありませんし、私自身は折に触れて陛下のお考えを直接お聞かせいただいたり、あるいは、そのお姿やお話しぶりから推し量ることもございましたので、明確にいつどの機会にどういった形でということを申し上げるのは難しいと思います】。天皇陛下には、御即位以来、長年にわたり象徴天皇としてのお務めを果たされる中で、そのあるべき姿について真摯に模索してこられました。今回のお考えは、そうした模索と熟慮の結果を踏まえ、また、内閣を始め主な関係者とも御相談なさった上で、おまとめになられたものであろうと思います。思い返しますと、私が初めて両陛下の御公務に御一緒させていただいたのは、恐らく、私が4歳で、陛下が皇太子でいらっしゃった昭和39年の東京オリンピックではなかったかと思います。それ以来、ボーイスカウトのジャンボリー、高校総合体育大会、冬季スケート国体など、そういった行事にお連れいただきましたが、その度に、【両陛下が一つ一つの行事を大切に思われ、真摯に取り組まれるお姿を間近に拝見してまいりました。ですので、今回、陛下がおことばの中で『全身全霊をもって象徴の務めを果たしていくことが、難しくなるのではないか』と御案じになられていることに、とても心を揺さぶられましたが、同時に陛下のお気持ちがそこに至った背景につきましては十分お察し申し上げていると思います】。【私といたしましては、陛下のお考えを真摯に重く受け止めますとともに、今後私自身が活動していくのに当たって、常に心にとどめつつ務めに取り組んでまいりたいと思います】。また、両陛下の御健康を御案じ申し上げつつ、両陛下には、お身体をお大切になさり、末永くお元気でいらっしゃることを心から願っております。それとともに、これからは、御自身のためにお使いになる時間をもう少しお取りになれるとよろしいのではないかと思っています」[*85]。

皇太子殿下のその御発言に基づくと、特別な場で、天皇陛下のお考えに関する話が、皇太子殿下にあったわけではなく、皇太子殿下は、折に触れて、天皇陛下のお考えを直接お聞きしていた、ということだ。天皇陛下が退位されると、皇太子殿下が第126代天皇になられるので、特別な場でそういうお話をされているのだろう、と想像していた人もいるかもしれない。

先程示したように、どのような形で天皇陛下のお考えをお聞きになったかということに関して、文仁親王殿下は、次のように述べられた。「何かあるときそういう機会をもって話を伺うということではなく、折々にそういう考えがあるということを伺っておりました」。そのことをふまえると、皇太子殿下と文仁親王殿下は、同じように、天皇陛下のお考えをお聞きになってこられたのだろう、と考えられる。

また、天皇皇后両陛下が一つ一つの行事を大切に思われ、真摯に取り組まれるお姿を、皇太子殿下は間近に見てこられた、ということだ。そのように取り組まれてきたからこそ、天皇陛下は、「全身全霊をもって象徴の務めを果たしていくことが、難しくなるのではないか」と案じられるのだろうし、「天皇が十分にその立場に求められる務めを果たせぬまま、生涯の終わりに至るまで天皇であり続けるのは、望ましくない」とお考えになるのだろう。

そして、皇太子殿下は、天皇陛下のお考えを常に心にとどめつつ、お務めに取り組んでいかれる、ということだ。

なお、有識者会議第8回で、宮内庁は、皇太子殿下に関して、次の説明をした。「皇太子殿下は御自身で御公務をなさるのとあわせて、天皇陛下のおそばで天皇陛下のなさりようを常に見ておられ、陛下の御活動に対する御理解は十分であると考えられる」。*86

15　皇后陛下の御回答と「生前退位」(おことばの公表に対する反応④)

(1)「生前退位」という言葉

④皇后陛下に関して。

2016年、皇后陛下のお誕生日の際、宮内記者会から、皇后陛下に、次の質問がされた。「この1年も自然災害や五輪・パラリンピックなど様々な出来事がありました。8月には、天皇陛下が『象徴としての務め』についてのお気持ちを表明されました。この1年を振り返って感じられたことをお聞かせください」。

その質問に対し、皇后陛下は文書で御回答された。その中に、「象徴としてのお務めについての天皇陛下のおことば」に関して、次の内容があった。「8月に陛下の御放送があり、現在のお気持ちのにじむ内容のお話が伝えられました。私は以前より、皇室の重大な決断が行われる場合、これに関わられるのは皇位の継承に連なる方々であり、その配偶者や親族であってはならないとの思いをずっと持ち続けておりましたので、皇太子や秋篠宮ともよく御相談の上でなされたこの度の陛下の御表明も、謹んでこれを承りました。ただ、【新聞の一面に『生前退位』という大きな活字を見た時の衝撃は大きなものでした。それまで私は、歴史の書物の中でもこうした表現に接したことが一度もなかったので、一瞬驚きと共に痛みを覚えたのかもしれません】。私の感じ過ぎであったかもしれません」。*87

皇后陛下のその御回答に関しては、以下の報道がされた。

まず、2016年10月、日本経済新聞は、次の報道をした。「生前退位に関して皇后さまが『痛み』という表現を使われたことについて、宮内庁関係者は『生前という言葉の裏側にあるものを連想されたのではないか』と推し量った」[*88]。

また、2016年10月、毎日新聞は、次の報道をした。「宮内庁関係者は皇后さまの感想について『〈生前〉という言葉に接して、その裏にある〈死〉を連想されたのではないか』と話している」[*89]。

それらの報道をふまえて、本書では、原則として、「生前退位」という言葉を使用しないこととした（本書では、「生前退位」という言葉は、例外的に使用している）。そもそも、「生前退位」は退位を意味しているので、「生前」を付けない「退位」という言葉で十分だ。また、先程述べたように、天皇の崩御が皇位継承の原因であり、天皇が崩御すると、皇嗣が、即時に、法律上当然に、天皇の地位につく〔いわゆる「国王は死なず（The King never dies）」参照[*90]〕。そのため、天皇の退位があるとすれば、その時期は崩御前ということになる。だから、今回の件に関して、いちいち、「生前」を付ける必要がない。

なお、それらの報道がされた後も、「生前退位」という言葉を国会で使用している与野党の議員がいる、しかも複数（誰とはいわないが）。そのことに関して、「わざわざ『生前退位』という言葉を使用しなくても……」と思う人がいるだろう。

（2）「退位」「生前退位」「譲位」「生前譲位」「生前の退位」

さて、「生前退位」という言葉が、マスメディアで少なからず使用されるようになったきっかけは、2016

年7月13日のNHKの報道だ（本書の冒頭で言及した報道だ）。その報道で、「生前退位」という言葉が使用された。*91

なお、「生前退位」という言葉は、NHKの造語ではない。

「生前退位」という言葉は、2016年7月13日より前に、国会で使用されたことがある。

ただ、2016年7月13日より前、国会で、「生前」を付けない「退位」という言葉が度々使用されていたのに対し（使用された回数は三桁）、「生前退位」という言葉が使用された回数は少なく、その言葉は3人の議員が合計6回使用しただけだった。具体的にいうと、1983年3月18日、第98回国会参議院予算委員会で、江田五月参議院議員（当時）が1回使用し、1984年4月17日、第101回国会参議院内閣委員会で、太田淳夫参議院議員（当時）が1回使用し、1992年4月7日、第123回国会参議院内閣委員会で、三石久江参議院議員（当時）が4回使用した（なお、「生前の退位」といういい方は、2016年7月13日より前に、国会で5回だけされたことがある）。

また、帝国議会では、「生前」を付けない「退位」という言葉が度々使用されていた、しかし、「生前退位」という言葉は使用されたことがない。

以上のことをふまえると、次のことがいえる。帝国議会・国会を通して、「生前退位」という言葉を初めて使用したのは、江田五月参議院議員（当時）だ。また、2016年7月13日より前、帝国議会・国会を通して、「生前退位」という言葉は、3人の議員が合計6回使用しただけだった。それに対し、「生前」を付けない「退位」という言葉は、2016年7月13日より前、帝国議会・国会で、度々使用されたことがある。

本書では、原則として、「生前」を付けない「退位」という言葉を使用し、「生前退位」という言葉は、例外的に使用している。その背景には、以上で述べたこともある。

ちなみに、「譲位」という言葉は、2016年7月13日より前、国会で、十数回使用されたことがある。また、一応述べておくと、「生前譲位」という言葉は、2016年7月13日より前、国会で使用されたことがない（ただ、2016年10月13日、第192回国会参議院予算委員会で、三原じゅん子参議院議員が、「生前譲位」という言葉を1回使用した。帝国議会・国会を通して、「生前譲位」という言葉が使用されたのは、それが初めてだ）。

(3) 2016年8月8日と国会における議論

また、先程から述べているように、「象徴としてのお務めについての天皇陛下のおことば」が公表されたのは、2016年8月8日だ。

そして、2016年8月8日以降、「生前」を付けない「退位」という言葉、「生前退位」という言葉、「譲位」という言葉を使用して、国会で、天皇の退位に関する議論が度々されていた。

2016年8月8日より前とそれ以降で、国会における議論の状況は大きく変わった。

2016年8月8日より前、国会で、「生前」を付けない「退位」という言葉を使用して、天皇に関する発言・答弁がされたのは、2004年5月26日（第159回国会参議院憲法調査会）が最後だ。

2016年8月8日より前、国会で、「生前退位」という言葉を使用して、天皇に関する発言・答弁がされたのは、1992年4月7日（第123回国会参議院内閣委員会）が最後だ。

2016年8月8日より前、国会で、「譲位」という言葉を使用して、天皇に関する発言・答弁がされたのは、2001年3月22日（第151回国会参議院総務委員会）が最後だ。

以上のことをふまえると、2016年8月8日より前の近年（といっても10年間以上だが）、国会で、天皇の退位に関する問題が、いかに軽んじられていたか、よくわかるだろう。「象徴としてのお務めについての天皇陛下のおことば」の公表で、国会は、天皇の退位に関する問題を、はっきり思い出せたようだ。

意地悪な見方をすれば、次のように思った議員が、多数いるだけかもしれないが……「天皇の退位には、あまり関心がない。でも、今、それに関する質問をすれば、マスメディアに取り上げてもらえる可能性が高く、マスメディアに取り上げてもらえれば、知名度が上がる。そして、知名度が上がれば、再選という目標を達成しやすくなる。だから、今、それに関する質問をするのは、議員としての合理的選択だ」。

なお、2016年9月27日、第192回国会衆議院本会議で、野田佳彦衆議院議員・元首相は、次の発言をした。「去る八月八日、ビデオを通じて、天皇陛下から象徴としてのお務めについてお言葉の表明がなされました。改めて、天皇陛下が憲法に定められた象徴としての役割を全身全霊をもって果たされてきたことに深い感銘を受けました。同時に、このような異例の事態になったことは政治の不作為が最大の原因であり、私も関係者の一人として猛省しています」[*92]。

16 安倍政権と人事

(1) 適材適所の人事

ところで、「象徴としてのお務めについての天皇陛下のおことば」の表明に関しては、首相官邸が、宮内庁の対応に不満を持っていた、という報道がされた。そこで、その報道を示す。

２０１６年９月、時事通信は、次の報道をした。「宮内庁長官の風岡典之氏が（著者注：２０１６年９月）26日付で退任し、山本信一郎次長が長官に昇格、後任の次長には西村泰彦内閣危機管理監が就任する。天皇陛下のお気持ち表明に至る過程で、宮内庁の対応に不満を持った首相官邸が、人事でてこ入れを図ったようだ。宮内庁幹部の異動は春が通例で、風岡氏も当初は来年３月末まで務めるとみられていた。政府関係者は、退任が早まった理由について『お気持ち表明に関し、誰かが落とし前をつけないと駄目だ』と語った。陛下の生前退位のご意向が官邸に伝えられて以降、杉田和博官房副長官らは、退位の自由は憲法上認められていないと判断し、負担軽減策の検討を進めていた。そうした中で陛下のお気持ち表明の動きが表面化した。官邸は宮内庁に対し、『陛下が思いとどまるよう動くべきだった』（関係者）と辛口評価だ。宮内庁次長には、事務次官経験者が各省の顧問などを経て就任する例が多く、西村氏の『官邸直送』は異例。警察出身者の起用は22年ぶりで、同じく警察出身の杉田氏の意向が反映されたとの見方がもっぱらだ。西村氏は、来月から始まる『天皇の公務負担軽減等に関する有識者会議』の事務局に宮内庁を代表して参加する。ただ、官邸サイドの思惑通りに事態が進むかは不透明だ。安倍晋三首相は政府内の検討について『期限ありきではない』としているが、風岡氏は21日の記者会見で『できるだけ優先的に対応していただきたい』と述べ、ことさら検討をせかした。別の政府関係者は『人を代えたらうまくいくとは限らない』との見方を示した」[*93]。

２０１６年10月21日、第１９２回国会衆議院内閣委員会で、その報道に関して、質疑応答がされた。以下、その質疑応答を示す。

２０１６年10月21日、第１９２回国会衆議院内閣委員会で、高井崇志衆議院議員は、その報道に関して、次の質問をした。「天皇陛下の生前退位の件でございます。先日、岡田委員がかなり詳しく質疑をいたしましたので、私からは少し観点を変えて御質問いたしますが、宮内庁の長官の人事でございます。風岡長官が、九月の二十六日ですか、時事通信の配信によれば、もう事実上の更迭だ、そういう記事。政府関係者はということで、こういう会話の記事を書いています。『〔お気持ち表明に関し、誰かが落とし前をつけないと駄目だ〕と語った。』と。あるいは、『宮内庁に対し、〔陛下が思いとどまるよう動くべきだった〕』と。この政府関係者が誰かというのは聞いても仕方ありませんし、事実かということを追及してもしようがないんですが、しかし、一般的にやはり春が通例と言われる風岡長官がかわって、そして、山本次長が昇格するのはいいとして、その次長に西村内閣危機管理監が官邸から直接行くというのはかなり、極めて異例だということでありますが、この人事は一体どういう意図なんでしょうか」。

その質問に対して、菅義偉内閣官房長官は、次の答弁をした。「適材適所の人事であります」。

その答弁を受けて、高井崇志衆議院議員は、次の質問をした。「なぜこの時期だったんでしょうか」。

その質問に対して、菅義偉内閣官房長官は、次の答弁をした。「通例ですと、七十歳を迎えますと、そこでやめられるのが今までの例であります。ですから、その七十を迎えられた中で、全体のことを考えられて、そうした、御本人がやめると言っても、全体のことを考えた上で当然人事は行われる、こういうふうに思います」。

その答弁を受けて、高井崇志衆議院議員は、次の発言をした。「非常に、やはりそのタイミングといい、適材適所とおっしゃいましたが、いろいろな臆測を生む人事ではないかと思っております。この問題に限らず、菅官房長官、非常に実力ある官房長官で、私も役所の出身でございます、総務省出身なんですが、やはり官僚の皆さんは、菅さんの人事というものに非常に気を使うというんでしょうか、そういうところがあると思うんですね」。

以上で示した質疑応答・時事通信の報道を見て、「集団的自衛権行使容認の際の内閣法制局長官（内閣法制局の長）人事を思い出した」という人がいるかもしれない。

安倍政権は、集団的自衛権に関する政府の憲法解釈を堅持する立場の山本庸幸氏を内閣法制局長官から退任させ、それの見直しに前向きな小松一郎氏を内閣法制局長官に起用した。その人事は、集団的自衛権行使容認の布石といわれていた。また、従来、内閣法制局長官には、内閣法制次長（内閣法制局長官の1つ下のポスト）を昇格させるのが慣例だったが、小松一郎氏は、内閣法制次長ではなかったし、そもそも、内閣法制局での勤務経験がなかった。そのため、その人事は、異例の人事といわれていた。

そして、そういうことを背景として、小松一郎氏を起用した安倍政権に対する批判があった。ただ、もちろん、安倍政権は、その人事の正当性を主張し、適材適所の人事だとしていた。

当時、小松一郎内閣法制局長官（当時）は、次の答弁をした、2014年2月26日、第186回国会衆議院予算委員会第一分科会における答弁だ。「マスコミ等から、法制局勤務の経験がない、そういうことで、こいつは国際法はちょっとかじったかもしれないけれども国内法の知識は基本的に欠けているのではないか、そういう御批判があるということはよく認識しておりまして、それなりに私も八月以来勉強もし、努力をしているつもりでございますが、足りないところがございましたら、これからさらに努めて、職務を全うしたいというふうに考えております」。

(2) 内閣法制局

なお、先程述べたように、内閣法制局長官は、内閣法制局の長だ(内閣法制局設置法2条1項)。

そして、内閣法制局の主な職務の1つが、法律問題に関して、内閣・内閣総理大臣・各省大臣に対し意見を述べる意見事務だ(内閣法制局設置法3条3号)。内閣法制局の職務に意見事務があることをふまえ、内閣法制局の意見が、専門的意見として、政府内で最大限尊重されることが制度上予定されている。[*94]

内閣法制局がそういうものであることをふまえると、先程述べた内閣法制局長官人事の意味もわかるだろうし、内閣法制局の答弁の重要さもわかるだろう。その重要さをふまえて、本書で引用している内閣法制局の答弁を読んでもらえると幸いだ(今更ではあるが)。

ちなみに、内閣法制局の主な職務は、意見事務だけではない。閣議に付される法律案・政令案・条約案を審査する審査事務も(内閣法制局設置法3条1号)、内閣法制局の主な職務だ。

(3) 憲法と天皇の退位

ところで、時事通信のその報道に、次の部分がある。「陛下の生前退位のご意向が官邸に伝えられて以降、杉田和博官房副長官らは、退位の自由は憲法上認められていないと判断し、負担軽減策の検討を進めていた」。

そこで、以下、その報道と関係する憲法と天皇の退位に関して述べる。

先程述べたように、2016年より前、憲法改正をしなくても天皇の退位を認められる、という答弁がされていた。

「象徴としてのお務めについての天皇陛下のおことば」が公表された後、再び、そういう答弁がされた。具体的にいうと、２０１６年9月30日、第１９２回国会衆議院予算委員会で、横畠裕介内閣法制局長官は、次の答弁をした。「皇位の継承に係る事項については、いわば法律事項と解されるところでございます。したがいまして、憲法を改正しなければ、およそ退位による皇位の継承を認めることができないということではないと考えております」。

Ⅳ　有識者会議・全体会議における議論

1　有識者会議・全体会議の関係

「象徴としてのお務めについての天皇陛下のおことば」が公表された2016年8月8日から、「天皇の退位等に関する皇室典範特例法案」が閣議決定され、国会に提出された2017年5月19日までの主な経緯が、表❸だ。

表❸を見ると、その間、有識者会議と全体会議が重要な役割を果たしていた、ということがわかる（先程述べたように、本書では、前に何も付けず、ただ「有識者会議」と記載した場合は「天皇の公務の負担軽減等に関する有識者会議」を意味する、また、ただ「全体会議」と記載した場合は「天皇の退位等についての立法府の対応に関する全体会議」を意味する）。

そこで、以下、有識者会議・全体会議に関して述べる。

なお、表❸を見るとわかるように、有識者会議と全体会議は、無関係に活動していたわけではない。また、一方が活動を終了した後に（一方が最終回を迎えた後に）、他方が活動を開始した、というわけでもない。そのため、

表❸　2016年8月8日～2017年5月19日の主な経緯

年月日	出来事	有識者会議関連・立法府関連
2016年8月8日	「象徴としてのお務めについての天皇陛下のおことば」が公表された。	
2016年9月23日	政府が有識者会議の開催を決定した［有識者会議の開催・構成・庶務等に関する決定］。	有識者会議関連
2016年10月17日	有識者会議第1回が開催された［首相挨拶、座長・座長代理の選任、「皇室制度関係資料」の説明、自由討議］。	有識者会議関連
2016年10月27日	有識者会議第2回が開催された［「有識者ヒアリングの実施について」の決定、「天皇陛下の御活動の状況及び摂政等の過去の事例」の説明、自由討議］。	有識者会議関連
2016年11月7日	有識者会議第3回が開催された［有識者ヒアリング］。	有識者会議関連
2016年11月14日	有識者会議第4回が開催された［有識者ヒアリング］。	有識者会議関連
2016年11月30日	有識者会議第5回が開催された［有識者ヒアリング］。	有識者会議関連
2016年12月7日	有識者会議第6回が開催された［有識者ヒアリングで表明された意見に関して自由討議］。	有識者会議関連
2016年12月14日	有識者会議第7回が開催された［「海外の主な制度及び事例の概要について」「高齢者に関する規定例について」の説明、自由討議、特別法の制定が望ましいという認識で概ね一致］。	有識者会議関連
2017年1月11日	有識者会議第8回が開催された［自由討議、これまでの議論の総括］。	有識者会議関連
2017年1月16日	天皇の退位等については、両議院合同で取り組むことを合意した。	立法府関連
2017年1月19日	全体会議1回目が開催された［天皇の退位等についての立法府の対応に関する説明、意見聴取］。	立法府関連
2017年1月23日	有識者会議第9回が開催された［「今後の検討に向けた論点の整理」の決定、有識者会議座長が首相に「今後の検討に向けた論点の整理」を手交した］。	有識者会議関連
2017年1月24日	首相から両議院正副議長に対し、有識者会議の「今後の検討に向けた論点の整理」ついて提示があった。	有識者会議・立法府関連

（次頁に続く）

2017年1月24日	有識者会議の「今後の検討に向けた論点の整理」について、首相から提示があった旨の報告を、両議院正副議長から各政党・各会派に行い、その後、意見聴取。	有識者会議・立法府関連
2017年1月25日	全体会議2回目が開催された［内閣官房長官・内閣総務官が、有識者会議の「今後の検討に向けた論点の整理」について説明をした、その後、質疑応答］。	有識者会議・立法府関連
2017年2月7日	2017年2月13日に開催予定だった有識者会議第10回の開催の延期を、政府が発表した。両議院正副議長の下での立法府の議論に配慮したものだ。	有識者会議・立法府関連
2017年2月20日	各政党・各会派からの個別の意見聴取1回目［天皇の退位等についての立法府の対応に関して、各政党・各会派から個別に意見を聴取した］。	立法府関連
2017年3月2日	全体会議3回目が開催された［天皇の退位等についての立法府の対応に関して、意見交換］。	立法府関連
2017年3月3日	全体会議4回目が開催された［天皇の退位等についての立法府の対応に関して、意見交換］。	立法府関連
2017年3月8日	全体会議5回目が開催された［天皇の退位等についての立法府の対応に関して、意見交換］。	立法府関連
2017年3月13日	各政党・各会派からの個別の意見聴取2回目［天皇の退位等についての立法府の対応に関して、各政党・各会派から個別に意見を聴取した］。	立法府関連
2017年3月15日	全体会議6回目が開催された［「衆参正副議長による議論のとりまとめ」が提示され、その後、意見聴取］。	立法府関連
2017年3月17日	全体会議7回目が開催された［「衆参正副議長による議論のとりまとめ」を、全体会議としてのとりまとめとした］。	立法府関連
2017年3月17日	両議院正副議長が首相に、「衆参正副議長による議論のとりまとめ」と、それに対する各政党・各会派からの意見を手交した。	立法府関連
2017年3月22日	有識者会議第10回が開催された［有識者ヒアリング（第2次）］。	有識者会議関連
2017年4月4日	有識者会議第11回が開催された［有識者ヒアリング（第2次）で表明された意見に関して自由討議］。	有識者会議関連
2017年4月6日	有識者会議第12回が開催された［報告書に盛り込むべき事項に関して自由討議］。	有識者会議関連

（次頁に続く）

2017年4月13日	有識者会議第13回が開催された［「天皇の公務の負担軽減等に関する有識者会議最終報告構成(案)」に関して自由討議］。	有識者会議関連
2017年4月21日	有識者会議第14回が開催された［「最終報告」の決定、有識者会議座長が首相に「最終報告」を手交した］。	有識者会議関連
2017年4月26日	政府が「天皇の退位等に関する皇室典範特例法案骨子」を両議院正副議長に提示した。両議院正副議長が精査した後、各政党・各会派に配られた。	立法府関連
2017年5月10日	全体会議8回目が開催された［内閣官房長官・内閣総務官が、「天皇の退位等に関する皇室典範特例法案要綱」について説明をした、その後、各政党・各会派から意見聴取］。	立法府関連
2017年5月19日	「天皇の退位等に関する皇室典範特例法案」が閣議決定され、国会に提出された。	立法府関連

注：表❸は、宮内庁ウェブサイト「象徴としてのお務めについての天皇陛下のおことば」、衆議院ウェブサイト「天皇の退位等についての立法府の対応について」、参議院ウェブサイト「天皇の退位等についての立法府の対応について」、首相官邸ウェブサイト「天皇の公務の負担軽減等に関する有識者会議」、NHKウェブサイト「特設 天皇陛下 お気持ち表明」に基づいて、筆者が作成した。

有識者会議と全体会議は、別の会議ではあるが、時系列に沿って、同じ章で扱うのが望ましいと判断した。

2 有識者会議の開催

(1) 有識者会議の構成・庶務

天皇の公務の負担軽減等について、様々な専門的な知見を有する人々の意見をふまえた検討を行うため、2016年9月23日、政府は、「天皇の公務の負担軽減等に関する有識者会議」の開催を決定した。[*95]

また、有識者会議に関しては、例えば、次の①②③④も決定された。①有識者会議は、「別紙に掲げる有識者」により構成し、首相が開催する。②「別紙に掲げる有識者」は、有識者会議メンバーである次の6人。今井敬日本経済団体連合会名誉会長、小幡純子上智大学大学院法学研究科教授、清家篤慶應義塾長、御厨貴東京大学名誉教授、宮崎緑千葉商科大学国際教養学部長、山内昌之東京大学名誉教授。③有識者会議は、必要に応じて、関係者の出席を求めることができる。④有識者会議の庶務は、内閣官房において処理する。また、内閣官房は、必要に応じて、宮内庁、内閣法制局その他関係省庁の協力を求めるものとする。[*96]

なお、政府は、有識者会議の内容は行政運営上の参考に資するもの、と考えていた。[*97]有識者会議が政府の方針を決定した、というわけではない。

以下、①②④に関して、補足する。

①に関して。

有識者会議を開催したのは、首相、すなわち、安倍晋三首相だ。政府から独立した立場にある有識者が、有識者会議を開催したわけではない（見ればわかると思うが、ここでは、誰が有識者会議を構成していたか、という話はしていない。誰が有識者会議を開催したか、という話をしている）。

②に関して。

政府が有識者会議の開催を決定した2016年9月23日、午前の記者会見で、「皇室を専門に研究している人が、有識者会議メンバーにいないと思うのだが、何か意図があるのか」という趣旨の質問に対して、菅義偉内閣官房長官は「意図は全くありません」と回答した。[*98]

また、有識者会議第1回で、今井敬日本経済団体連合会名誉会長が座長に選任され、御厨貴東京大学名誉教授が座長代理に選任された。それにより、有識者会議メンバーは、座長1人、座長代理1人、その他4人となった。

④に関して。

④では、内閣官房、宮内庁、内閣法制局という名称があがっている。そして、内閣官房は、内閣の補助機関であり、首相を直接に補佐・支援する機関でもある。また、宮内庁は、皇室関係の国家事務を担っている。内閣法制局に関しては、先程述べた。内閣官房・宮内庁・内閣法制局の役割をふまえると、それらの名称が④であがっている訳を理解しやすいだろう。

(2) 「天皇の公務の負担軽減等に関する有識者会議」と「退位」「譲位」

ところで、有識者会議の名称、すなわち、「天皇の公務の負担軽減等に関する有識者会議」には、「退位」という言葉が入っていない。ただ、有識者会議において、天皇の退位に関しても議論することは、当初から予定されていた。

例えば、政府が有識者会議の開催を決定した2016年9月23日、午前の記者会見で、菅義偉内閣官房長官は、有識者会議に関して、次の発言をした。「退位の問題も含めてですね、予断を持つことなく、様々な専門的知見を有する方々のご意見、これをうかがいながら、議論をしていただけると、このように考えています」*99。

なお、2016年9月29日、奥野総一郎衆議院議員『「天皇の公務の負担軽減等に関する有識者会議」に関する質問主意書』で、菅義偉内閣官房長官のその記者会見に関して、次の質問がされた。「一の2の記者会見（著者注：2016年9月23日午前の記者会見）において官房長官が述べた『退位』の定義は何か。『譲位』とは異なるのか」。

2016年10月7日、安倍晋三首相『衆議院議員奥野総一郎君提出「天皇の公務の負担軽減等に関する有識者会議」に関する質問に対する答弁書』で、その質問に対して、次の答弁がされた。「菅内閣官房長官は、平成二十八年九月二十三日午前の記者会見において、『退位』という用語を『天皇が皇位を退くこと』という意味で用いたものである。その上で、お尋ねの『譲位』という用語は様々な文脈で用いられるものであることから、『〈譲位〉とは異なるのか』とのお尋ねについて一概にお答えすることは困難である」。

「譲位」という言葉に関して、政府はそう考えていた。

3 有識者会議第1回

(1) 有識者会議の運営

有識者会議の開催が決定されてから1か月経過していない2016年10月17日、有識者会議第1回が開催された。

有識者会議第1回では、有識者会議の運営について、次のことが決定された。①有識者会議は非公開とし、議事概要は、原則として、有識者会議終了後、メンバーの確認を経た上で、速やかに（会議後1週間めど）発言者名を付さない形で公開する。②有識者会議で配付された資料は、原則として、有識者会議終了後、直ちに公開する。③有識者会議の内容について、毎回、有識者会議終了後、座長または座長代理から記者会見を行う。*100

②に関して補足しておく。有識者会議は全14回で、最終回である有識者会議第14回は、2017年4月21日に開催された。配布資料は、最終回終了後も公開されている。ちなみに、先程述べた皇室典範に関する有識者会議に関しては、現在も、配布資料が公開されている。

（2）有識者会議の出席者

有識者会議第1回の出席者は、有識者会議メンバー6人と、政府側出席者8人だ。

有識者会議メンバー6人は、先程示した。

そこで、ここでは、有識者会議第1回の議事概要に基づいて、政府側出席者を示す。政府側出席者8人は、次のとおりだ。安倍晋三首相、菅義偉内閣官房長官、杉田和博内閣官房副長官、衛藤晟一内閣総理大臣補佐官、古谷一之内閣官房副長官補、近藤正春内閣法制次長、西村泰彦宮内庁次長、山﨑重孝内閣総務官。先程示した時事通信の報道に出てきた杉田和博内閣官房副長官、西村泰彦宮内庁次長も出席者に含まれている。西村泰彦宮内庁次長は、宮内庁からの唯一の出席者だ。また、警察庁出身の杉田和博内閣官房副長官は、3人いる内閣官房副長官のうち、事務担当の内閣官房副長官だ（他の2人は政務担当）。

なお、有識者会議第1回に限らず、有識者会議には、有識者会議メンバー6人だけが出席していたわけではない。有識者会議には、政府側からの出席者がいた。有識者会議の議事概要・議事録に基づいて、各回の政府側出席者を示すと、以下のとおりだ。

第1回・第9回の政府側出席者は、安倍晋三首相、菅義偉内閣官房長官、杉田和博内閣官房副長官、衛藤晟一内閣総理大臣補佐官、古谷一之内閣官房副長官補、近藤正春内閣法制次長、西村泰彦宮内庁次長、山﨑重孝内閣総務官。

第2回〜第8回・第10回〜第13回の政府側出席者は、杉田和博内閣官房副長官、古谷一之内閣官房副長官補、近藤正春内閣法制次長、西村泰彦宮内庁次長、山﨑重孝内閣総務官、平川薫内閣審議官。

第14回の政府側出席者は、安倍晋三首相、菅義偉内閣官房長官、杉田和博内閣官房副長官、古谷一之内閣官房副長官補、近藤正春内閣法制次長、山﨑重孝内閣総務官。[101]

政府側出席者に関して、簡単にまとめておくと、次のとおりだ。

安倍晋三首相、菅義偉内閣官房長官が出席したのは、第1回・第9回・第14回だけだ。第1回は、いうまでもなく、初回だ。第9回では、有識者会議の今井敬座長が安倍晋三首相に、「今後の検討に向けた論点の整理」を手交した。また。最終回である第14回では、今井敬座長が安倍晋三首相に、「最終報告」を手交した。要するに、安倍晋三首相、菅義偉内閣官房長官が出席したのは、そういう重要な回だけだ。

また、杉田和博内閣官房副長官、古谷一之内閣官房副長官補、近藤正春内閣法制次長、山﨑重孝内閣総務官は、全ての回に出席していた。

そして、最終回以外の回に出席したのが、西村泰彦宮内庁次長だ。

政府側出席者に関することをふまえると、今回の件で、内閣官房・宮内庁・内閣法制局が重要な役割を果たしていた、ということがわかるだろう。

（3）政府の方針とＮＨＫ紅白歌合戦

なお、有識者会議第1回では、安倍晋三首相から次の挨拶があった。「今上陛下が現在82歳と御高齢であることも踏まえ、公務の負担軽減等を図るため、どのようなことができるのか、今後、様々な専門的な知見を有する方々の御意見もしっかり伺いながら、静かに議論を進めてまいりたい。そうしたことから、今回、識見を有する有識者の皆様にお集まりいただき、御議論をお願いすることとした」「国家の基本に係る極めて重要なことがらであり、【予断を持つことなく、十分に御審議いただき、国民の皆様の様々な御意見を踏まえた提言を取りまとめていただけるよう、よろしくお願いしたい】」。

その挨拶を見るとわかるように、安倍晋三首相は、「予断を持つことなく」とか、「国民の皆様の様々な御意見を踏まえた提言」とか、発言していたわけだが、後日、「政府から会議立ち上げに際して、議論の方向性を示されたのか」という質問に対して、御厨貴東京大学名誉教授・有識者会議座長代理は、次の回答をした。「【十月の有識者会議発足の前後で、政府から特別法でという方針は出ていた。政府の会議に呼ばれることは、基本的にはその方向で議論を進めるのだと、個人的には思っていた】。私もこの問題は天皇の人権問題で、緊急避難の必要性があると感じていた。ただ、座長代理として予断なく議論をしたことは事実だ」（なお、そのインタビューの際、聞き手側から、次の指摘があった。「世論調査では、特別法よりも皇室典範改正で恒久制度化を求める声が強い」。また、ここで示した質問・回答・指摘は、2016年12月に、東京新聞で報道されたものだ）。*102

御厨貴東京大学名誉教授・有識者会議座長代理のその回答をふまえて、次のように思った人がいるかもしれない。①「有識者会議第1回の挨拶で、安倍晋三首相は『特別法で対応すべきという提言を取りまとめてください』と発言すれば良かったのに……あ、そんなことを発言したら、問題になるか。でも、政府が裏でそんな方針を出しているのも、問題だよね」、②「有識者会議は、『いろいろな意見を聞きました』という政府の実績作りの場だったのかな」、③「安倍晋三首相は、政府の方針にそった提言を、国民の様々な意見をふまえた提言のように装って、取りまとめてほしかったのかな」。

そして、有識者会議座長代理が、そういう発言をすると、国会でどういうことが起きるのかは、火を見るよりも明らかだ。批判される。

2017年1月23日、第193回国会衆議院本会議で、野田佳彦衆議院議員は、次の発言をした。「陛下のお言葉を受け、政府が設置した天皇の公務の負担軽減等に関する有識者会議の論点整理が本日中にも明らかにされるところですが、その有識者会議の座長代理は、昨年十二月、新聞社のインタビューで、十月の会議発足の前後で、政府から特別法でという方針は出ていたと答えています。有識者会議そのものが特別法という結論ありきの政府のアリバイづくりの場だと、座長代理みずから認めて進めてきたというようなもので、それはおかしいと思います。各種の世論調査では、圧倒的多数が退位を容認し、さらに国民の多くが特例法よりも典範改正による退位の恒久制度化を求めています。これを見ても、有識者会議の議論の方向性は民意から離れているのではないかと危惧いたします。思い起こしたのは、昨年のＮＨＫ紅白歌合戦の審査結果です。視聴者と会場のお客さんの投票ではいずれも白組が大きく支持されていたのに、十人そこそこの審査員の投票で、なぜか紅組が優勝しました。これには壇上の歌手たちも戸惑い、紅組司会の女優さんも何が起きたのかわからない様子でした。恐らくテレビで見た人も違和感を持ったのではないかと思います。国民の多くは、有識者会議での議論の方向性に同じような違和感を感じているのではないかと思います」。

4　一般国民として生きる自由

(1) 天皇陛下の人権

さて、先程示した御厨貴東京大学名誉教授・有識者会議座長代理の回答の中に、次の部分がある。「私もこの問題は天皇の人権問題で、緊急避難の必要性があると感じていた」。

そこで、以下、天皇の人権に注目して述べてみたい。述べるにあたって、２０１7年1月26日、第１９３回国会衆議院予算委員会における議論を示す。

２０１７年1月26日、第１９３回国会衆議院予算委員会で、細野豪志衆議院議員は、天皇陛下の人権に関して、次の質問をした。「総理、陛下（著者注：天皇陛下）の人権について最大限尊重すべきだ、この考え方についてどう思われますか」。

その質問に対して、安倍晋三首相は、次の答弁をした。「天皇陛下の御存在というのは、今申し上げましたように、特別な御存在である、そして、その中においてさまざまな制約があるのも事実でございます。確かに、今、言論の自由ということをおっしゃったわけでございますが、国民統合の象徴という立場を当然天皇陛下もよく理解をしておられます。そして、まさに、天皇になるべくしてずっと教育を受け、よき天皇となる努力をずっと長年重ねられ、そして皇太子から天皇となられたわけでございます。その中で、自己的に抑制すべきところは抑制されながら、象徴としての立ち居振る舞い、言動を見事になさってこられたんだろう、このように思うわけでございます」。

その答弁を受けて、細野豪志衆議院議員は、次の発言をした。「陛下がそういうふうに、本当にみずからの役割を全うすべく努力してこられた姿を私も拝見してきました。そこは同じです。ただ、今、総理の発言を聞いていると、陛下の人権について、できる限り尊重していくという言葉は残念ながら出なかったですね。これは私は残念だと思います。そういった部分についてやはり政治の世界も最大限配慮をして、できる限りそういったところについて、陛下がやっていただけるような環境を整える努力をもっとすべきではないかというふうに感じたということを申し上げたいと思います」。

その議論を見るとわかるように、安倍晋三首相からは、「天皇陛下の人権を最大限尊重すべきだ」という言葉は出なかった、それどころか、「天皇陛下の人権を尊重すべきだ」という言葉すら出なかった。

(2) 天皇・皇族の人権と切り札

さて、天皇の人権に関してだが、それに関しては、特別な制約がある。例えば、天皇には、選挙権、被選挙権、政党加入の自由、外国移住の自由、国籍離脱の自由が認められないし、学問の自由や表現の自由も一定の制約を受ける。皇族の人権に関しても、特別な制約はあり、例えば、先程述べたように、選挙権、被選挙権が認められない。[*103]

そういう状況であることをふまえて、次のように考える人がいるかもしれない。「天皇・皇族の人権に関しては、特別な制約がある。そのため、特別な制約から解放される手段を、すなわち、一般国民として人権を享受する手段を、天皇に認めるべきだ。いい方をかえると、天皇が、一般国民として人権を享受したいと考える場合に、それが実現できるよう、天皇に、一般国民として生きる自由を認めるべきだ。具体的にいうと、ある天皇が、一般国民として生きる自由を行使すれば、その天皇は退位し、一般国民として生きることになる。そういう意味で、天皇の一般国民として生きる自由には、天皇の退位の自由が含まれる。議員であるならば、例えば、被選挙権が認められないのは耐え難い、すなわち、立候補できないのは耐え難い、という気持ちを理解できるはずだ。もちろん、天皇には、一般国民が享受できない特権が認められている。ただ、それを理由として、天皇は、特別な制約を受け入れなければならない、というのはおかしい。特権を放棄し、特別な制約から解放される自由、すなわち、一般国民として生きる自由を天皇に認めるべきだ。『特権はあるが特別な制約もある人生、すなわち、天皇としての人生』を選んでも良いし、『特権はないが特別な制約もない人生、すなわち、一般国民としての人生』を選んでも良い。一般国民より有利に扱ってほしいという希望を叶えるわけではなく、一般国民と同じように扱ってほしいという希望を叶えるだけだから、別に問題はない。自分の人生は、自分で決定する、当たり前の話だ。一般国民として生きる自由を天皇に認めても、『天皇でありたい』と思ってもらえる環境を、国・国民が整えることができれば、一般国民として生きる自由は行使されず、天皇は天皇であり続ける。天皇の特権を強化するなり、特別な制約を緩和するなりして、そういう環境を整えれば良い。そういう環境を整えられない結果、一般国民として生きる自由が行使され、国・国民が望ましくないと考える状況が生じたら、それは、まさに、国・国民の自己責任だ。憲法4条1項等をふまえると、天皇が、自ら積極的に、自分の置かれている状況を改善するのは困難といえる。そのため、天皇に、一般国民として生きる自由という切り札を認めた方が良い。現在、天皇・憲法改正が注目されているので、いろいろ考えるには良い機会だ。なお、皇族の人権に関しても、特別な制約があることをふまえると、例えば、皇太子にも、一般国民として生きる自由を認めるべきだ」［ちなみに、皇室典範11条1項は「年齢十五年以上の内親王、王及び女王は、その意思に基き、皇室会議の議により、皇族の身分を離れる」と規定している。その条文には、「その意思に基き」とあるものの、「皇室会議の議により」という条件が付いている。また、その条項は、全ての皇族を対象にするものではない。１９８２年5月13日、第96回国会衆議院決算委員会で、山本悟宮内庁次長（当時）は、皇室典範11条1項に関して、次の答弁をした。「一項の方におきましても、御本人の意思に基づきますが、皇室会議の議により決まることでございまして、決定権はあくまで皇室会議の議でございます。御本人の意思をそのまま認めるべきなのかどうかの判定は、まさに皇室会議にかかっておるということでございます」］。

(3) 天皇の退位の自由と連合国軍最高司令官総司令部

なお、皇室典範と天皇の退位に関してだが、皇室典範の制定過程で、連合国軍最高司令官総司令部（GHQ）側は、次のような意向を示していた。「皇位継承の原因を天皇の崩御に限るのは、自然人としての天皇の自由を拘束し過ぎる。そのため、天皇の退位の自由を認めるべきだ」。もっとも、後日、連合国軍最高司令官総司令部の中に、「天皇の退位を認めると、野心的な天皇が退位し、前天皇という有利な立場を利用して、首相になるおそれがある」といった懸念が出て、退位は認めない方が良い、ということになった[*104]。「天皇の退位が、天皇・その周辺の政治権力の復活に、利用（悪用）されては困る」ということだ。

憲法・皇室典範施行時から70年以上経過し、当時とは、国民の人権意識も、社会状況も違う。天皇・皇族を巡る状況が、現在の国民の人権意識や社会状況に照らして、適切なのか、よく考えることが重要だ。そして、不適切であれば、当然、その状況を解消しなければならない。天皇・皇族の努力・忍耐の上に、あぐらをかいているようではだめだ。成年被後見人の選挙権の例もあるわけで[*105]、今存在する人権制約を、当然のもの、合理的なもの、と思い込まない方が良い。

5 有識者会議第2回

(1) 有識者ヒアリングの聴取項目

有識者会議第1回が開催された２０１６年10月17日の10日後、２０１６年10月27日、有識者会議第2回が開催された。

有識者会議第2回では、有識者ヒアリングの聴取項目、対象者、開催日程、公開について、決定された。以下、それに関して、述べる。

まず、有識者ヒアリングの聴取項目は、次の8項目に決まった。①日本国憲法における天皇の役割をどう考えるか。②①を踏まえ、天皇の国事行為や公的行為などの御公務はどうあるべきと考えるか。③天皇が御高齢となられた場合において、御負担を軽くする方法として何が考えられるか。④天皇が御高齢となられた場合において、御負担を軽くする方法として、憲法第5条に基づき、摂政を設置することについてどう考えるか。⑤天皇が御高齢となられた場合において、御負担を軽くする方法として、憲法第4条第2項に基づき、国事行為を委任することについてどう考えるか。⑥天皇が御高齢となられた場合において、天皇が退位することについてどう考えるか。⑦天皇が退位できるようにする場合、今後のどの天皇にも適用できる制度とすべきか。⑧天皇が退位した場合において、その御身位や御活動はどうあるべきと考えるか。

なお、有識者ヒアリングでは、ヒアリング対象者から20分程度意見の陳述を受け、10分程度の意見交換を行う、とされた［時間に関するその方針は、有識者会議第10回で開催された有識者ヒアリング（第2次）で踏襲された］。*106

（2）有識者ヒアリングの対象者

また、有識者ヒアリングの対象者としてあげられたのは、次の16人だ。石原信雄元内閣官房副長官、今谷明帝京大学特任教授、岩井克己ジャーナリスト、大石眞京都大学大学院教授、大原康男國學院大學名誉教授、笠原英彦慶應義塾大学教授、櫻井よしこジャーナリスト、園部逸夫元最高裁判所判事、高橋和之東京大学名誉教授、所功京都産業大学名誉教授、平川祐弘東京大学名誉教授、古川隆久日本大学教授、保阪正康ノンフィクション

作家、百地章国士舘大学大学院客員教授、八木秀次麗澤《れいたく》大学教授、渡部昇一上智大学名誉教授。

以下、有識者ヒアリングの対象者に関して、補足する。

まず、有識者ヒアリングの対象者の中に、女性は1人しかいない。有識者会議第2回では、そのことに関して、次の意見が出た。「強いて言えば、ヒアリング対象者に女性が一人しかいないことが気になるが、あまり本件について発言している女性がいないのでやむを得ないか」。

男性15人、女性1人というのは、男女比だけに注目すると、明らかに、バランスがおかしい。ただ、男女のバランスを保つためだけに、有識者ヒアリングの対象者として不適切な女性を選ぶのはおかしいので、適切な女性が他にいなかったというのであれば、やむを得ない。

また、有識者ヒアリングの対象者に、医学・健康学分野の有識者は存在しない。有識者会議第2回では、そのことに関して、次の意見が出た。「本件に関し、医学的、健康学的観点の有識者の見解も参考になると思う。今回の案件で発言されているこの分野の有識者はあまり見受けられないので難しいのかもしれないが、今後いろいろな可能性も考えてほしい」。

そういう意見があったからか、先程述べたように、有識者ヒアリング（第2次）では、老年医学を専門とする秋下雅弘東京大学大学院教授が、ヒアリング対象者になった。

そしてまた、有識者ヒアリングの対象者は有識者だ。有識者会議第2回では、そのことに関して、次の意見が出た。「一部の専門家の意見だけではなく、一般国民、特に若い層がどう思っているかについて知っておく必要があるのではないか。例えばマスコミの世論調査などをうまく使えないか」。

その意見が出された背景には、次の①②③④があったと考えられる。①専門家に支持される対応策が、一般

表❹　天皇に対する感情（2013年）

	尊敬	好感	無感情	反感
16〜29歳	17%	25%	55%	0%
30〜59歳	27%	36%	35%	0%
60歳以上	45%	37%	15%	1%
全体	34%	35%	28%	1%

注：表❹は、高橋幸市＝荒牧央「日本人の意識・40年の軌跡（2）〜第9回『日本人の意識』調査から〜」放送研究と調査2014年8月号（2014年）8〜10頁に基づいて、筆者が作成した。「尊敬」は尊敬の念をもっている、「好感」は好感をもっている、「無感情」は特に何とも感じていない、「反感」は反感をもっているだ。なお、NHKは、1973年から5年ごとに、「日本人の意識」調査を行っている［高橋幸市＝荒牧央「日本人の意識・40年の軌跡（2）〜第9回『日本人の意識』調査から〜」放送研究と調査2014年8月号（2014年）2頁、9頁］。

国民に支持されるとは限らない。②一般国民に支持されない対応策を選択してしまうと、象徴天皇制に関する一般国民の思いに、望ましくない変化を生じさせてしまうおそれがある。③若年層、中年層、高年層のうち、今後、最も長く象徴天皇制と関わっていくのは、若年層だ。④ある事柄に対する考え方が、年代によって違うのは珍しくない。

なお、④に関して補足しておくと、天皇に対する感情は、年代によって大きく違う。それを示したものが、表❹だ。

表❹を見ると、以下のことがいえる。

年代が高いほど、「尊敬」「好感」の割合が高い。

年代が低いほど、「無感情」の割合が高く、16〜29歳では55％が「無感情」だ。

先程述べたように、「一部の専門家の意見だけではなく、一般国民、特に若い層がどう思っているかについて知っておく必要があるのではないか」という意見が、有識者会議第2回で出た。その意見の「若い層」が、何歳から何歳までのことかはわからないが、表❹をふまえると、「若い層」の多くは、次のような感じかもしれない。「どう思っているか聞かれても、特に何とも思っていない。どうでも良い」。

さて、有識者ヒアリングの対象者の話に戻すと、有識者会議で座長代理を務めた御厨貴東京大学名誉教授は、2017年4月、朝日新聞のインタビューに応じた。そして、「安倍晋三首相の支持層には、退位自体への反対論が根強くありました」という指摘に関して、御厨貴東京大学名誉教授は、次の発言をした。「昨年11月のヒアリング対象者16人の顔ぶれを見た時、『右』が『過剰代表』だと思った。国民の大多数が退位に賛成していたのに、退位反対論者が多く、有識者会議のメンバー6人の中にも動揺を感じたひとがいたようだ」[*107]。

(3) 有識者ヒアリングの開催日程

有識者ヒアリングは、2016年11月7日の有識者会議第3回、2016年11月14日の有識者会議第4回、2016年11月30日の有識者会議第5回で開催されることとなった。

(4) 有識者ヒアリングの公開

有識者ヒアリングの公開については、次のことが決定された。①意見の陳述については、非公開とする。②会議終了後、直ちにヒアリング対象者の説明資料を公表するとともに、座長代理のブリーフィングを行う。③当日の議事録は、ヒアリング対象者の確認後、意見交換部分の発言者名を削除して公表する。④ヒアリング終了後の各ヒアリング対象者への取材は可とする[*108]。

有識者ヒアリングの公開についてのその方針は、有識者会議第10回で開催された有識者ヒアリング(第2次)で踏襲された。その結果、有識者会議第3回～第5回、第10回に関しては、議事録が公表されている。なお、その他の回、すなわち、第1回、第2回、第6回～第9回、第11回～第14回に関しては、議事概要が公表されている。議事概要の公表に関しては、先程述べた。

6　有識者会議第3回～第5回と有識者ヒアリング

（1）有識者会議第3回

2016年11月7日、有識者会議第3回が開催された。

有識者会議第3回では、有識者ヒアリングが開催された。ヒアリング対象者は次の5人。平川祐弘東京大学名誉教授、古川隆久日本大学教授、保阪正康ノンフィクション作家、大原康男國學院大學名誉教授、所功京都産業大学名誉教授。

（2）有識者会議第4回

2016年11月14日、有識者会議第4回が開催された。

有識者会議第4回では、有識者ヒアリングが開催された。ヒアリング対象者は次の6人。渡部昇一上智大学名誉教授、岩井克己ジャーナリスト、笠原英彦慶應義塾大学教授、櫻井よしこジャーナリスト、石原信雄元内閣官房副長官、今谷明帝京大学特任教授。

（3）有識者会議第5回

2016年11月30日、有識者会議第5回が開催された。

有識者会議第5回では、有識者ヒアリングが開催された。ヒアリング対象者は次の5人。八木秀次麗澤大学教授、百地章国士舘大学大学院客員教授、大石眞京都大学大学院教授、高橋和之東京大学名誉教授、園部逸夫元最高裁判所判事。

なお、園部逸夫元最高裁判所判事は、先程述べた皇室典範に関する有識者会議の座長代理だった。

7 有識者会議第6回

(1) 有識者ヒアリングで表明された意見に関する自由討議

2016年12月7日、有識者会議第6回が開催された。

有識者会議第6回では、有識者会議第3回〜第5回で開催された有識者ヒアリングで表明された意見に関して、自由討議がされた。

以下、有識者ヒアリングの聴取項目①〜⑧に関して述べる。なお、意見の区分、各区分の人数は、有識者会議第6回の資料である「有識者ヒアリングで表明された意見について」に従う。また、有識者ヒアリングの聴取項目①〜⑧に関して、全ての意見を紹介するのは困難なので、各区分の意見を1つずつ紹介する。ある区分に属する意見が複数ある場合は（ある区分に属する人が複数いる場合は）、重要なものをピックアップして紹介する、また、ある区分に属する意見が1つしかない場合は（ある区分に属する人が1人しかいない場合は）、それを紹介することになる。

（2）有識者ヒアリングの聴取項目①

有識者ヒアリングの聴取項目「①日本国憲法における天皇の役割をどう考えるか」に関して。

それに関しては、大きく分けて、次の3つの意見があった。❶「存在」「続くこと」「祈ること」を重視する意見、❷御活動を重視する意見、❸その他の意見。

❶「存在」「続くこと」「祈ること」を重視する意見は、平川祐弘東京大学名誉教授等5人から出された。例えば、有識者会議第3回における平川祐弘東京大学名誉教授の発言は次のとおりだ。「天皇家は続くことと祈るという聖なる役割に意味があるので、それ以上のいろいろな世俗のことを天皇の義務としての役割とお考えになられるのはいかがなものか」。

❷御活動を重視する意見は、園部逸夫元最高裁判所判事等4人から出された。例えば、有識者会議第5回における園部逸夫元最高裁判所判事の説明資料には次の内容がある。「天皇は存在されるだけでは、『天皇が象徴である』ということに多くの国民の賛同を得ることはできず、長く続くためには国民や社会の期待に添う在り方であることが必要」[*109]。

❸その他の意見は、高橋和之東京大学名誉教授等6人から出された。例えば、有識者会議第5回における高橋和之東京大学名誉教授の発言は次のとおりだ。「明治憲法における天皇が主権者であり、あるいは国家法人の最高機関であるとされ、この地位に対応した大権というものを有していたのでありますけれども、日本国憲法では、このような地位を失い、国政に関する権能を全て否定された象徴としての地位に変わったのであります」。

高橋和之東京大学名誉教授のその発言では、「国政に関する権能」に言及されている。国政に関する権能、憲法4条1項に関しては、先程述べた。また、その意見で述べられているように、大日本帝国憲法（明治憲法）

下では主権者は天皇であり、天皇は大権（実質的権限）を有していた。大日本帝国憲法下における天皇と日本国憲法（現行憲法）下における天皇は大きく違う。他にも違うことはあり、天皇の地位の根拠は、大日本帝国憲法のときは神勅、日本国憲法では主権者である国民の総意だ。*110 そして、そういうことを背景として、大日本帝国憲法の天皇の制度と日本国憲法の天皇の制度は、「天皇」という名称は同じだが、完全に別の制度だ、という見解（断絶説）がある。断絶説によると、今上天皇は第2代天皇といえる。もちろん、現実は、断絶説で動いておらず、連続説で動いている。本書も、連続説に立って、今上天皇を第125代天皇としている。*111

なお、2009年4月8日、記者会見で、天皇陛下は、大日本帝国憲法下の天皇と日本国憲法下の天皇に関して、次のように述べられた。「大日本帝国憲法下の天皇の在り方と日本国憲法下の天皇の在り方を比べれば、日本国憲法下の天皇の在り方の方が天皇の長い歴史で見た場合、伝統的な天皇の在り方に沿うものと思います」*112（具体的に、この部分が伝統的な天皇のあり方に沿う、あるいは、この部分が伝統的な天皇のあり方に沿わない、といったことを、天皇陛下が逐一ご指摘になったわけではない。だから、その御発言の背景にある天皇陛下の詳細なお考えは、わからない。そのため、ここでいいたいことは、天皇陛下がそういう御発言をされた、ということだけだ）。

（3）有識者ヒアリングの聴取項目②③

有識者ヒアリングの聴取項目「②①を踏まえ、天皇の国事行為や公的行為などの御公務はどうあるべきと考えるか」「③天皇が御高齢となられた場合において、御負担を軽くする方法として何が考えられるか」に関して。

有識者会議第6回の議事概要よると、構成員間で、ヒアリング対象者の意見をまとめた結果、基本的に、次の3点について、概ねヒアリング対象者の意見が共通していたことが確認された。❶国事行為については、憲法に基づき、今後とも内閣の助言と承認を踏まえ実施されるべき、❷公的行為については、各天皇が自らの考え方で程度、内容などを決めていけばよく、各天皇・時代によって異なってしかるべき、❸御公務等については、宮内庁が中心となって、皇族方による分担や御公務の見直しにより、負担軽減を図るべき［なお、有識者ヒアリングの聴取項目「③天皇が御高齢となられた場合において、御負担を軽くする方法として何が考えられるか」に関しては、公的行為等を縮小（削減、代行等）すべきとの意見が13人、公的行為は不要との意見が2人いた］。

ただ、有識者会議第6回で、❸に関して、次の質疑応答があった。「少しずつ公務を譲っていただくことは可能なのか」という質問に対して、宮内庁は次の説明をした。「公務の削減はこれまでも取り組んできており、これ以上の削減は困難である、また、天皇陛下は重要な務めとそうでない務めがあるとはお考えになっていない」[*113]。

その説明の前半部分やその質問から推測すると、その説明の後半部分は、次のような意味だろう（先程述べたように、有識者会議第6回に関しては、議事録ではなく、議事概要が公表されている）。「天皇陛下は、重要な務めとそうでない務めがあるとはお考えになっていない。そのため、公務のうち、重要でない務めを、削減したらどうかといわれても、削減するもの（重要でない務め）がない」「天皇陛下は、重要な務めとそうでない務めがあるとはお考えになっていない。そのため、公務のうち、重要でない務めを、譲ってはどうかといわれても、譲るもの（重要でない務め）がない」。

(4) 国民と国事行為・公的行為

また、公務の削減に関しては、有識者会議第7回で、次の指摘があった。「公務の削減は宮内庁の運用の問題ではないか」。宮内庁は、その指摘に対して、次の説明をした。「これからも御公務の見直しは考えていくが、天皇陛下の御意思と客観的な情勢からして大幅に減らすことは現時点では困難であり、特に国民の気持ちや期待に応えていくという観点からは、各種世論調査を見ても、天皇陛下の被災地へのお見舞いや外国御訪問は国民が極めて重要だと考えており、こうした部分については減らすことは無理だと考えている」。

その説明では、公務の大幅削減が現時点で困難である理由の1つとして、天皇陛下の御意思があげられている。

また、宮内庁がその説明をした有識者会議第7回の資料の中に、「国民世論の動向について」というものがある。その資料には、次の2つの質問に関する世論調査の結果が示されている。①「今の天皇陛下は次のような活動をされています。あなたはどれが重要だと思いますか。二つまでお答えください」、②「天皇陛下は8月、生前退位の意向をにじませたビデオメッセージの中で『人々の思いに寄り添うことも大切なことと考えてきました』としています。あなたは被災地訪問など国民に寄り添う活動と天皇の地位との関係についてどう思いますか」。

質問①に関する世論調査の結果が、表❺だ。また、質問②に関する世論調査の結果が、表❻だ。なお、その世論調査は、元々、2016年11月20日の東京新聞朝刊に掲載されていた。「国民世論の動向について」という資料は、東京新聞のその記事を引用している。

以下、表❺、表❻に関して述べる。

まず、表❺を見ると、次のことがわかる。

選択率が最も高いのは、「外国訪問や国賓の接待など国際親善」だ。

表❺　天皇陛下の活動とその重要性

法律の公布など国事行為	25.3%
植樹祭など行事出席や地方訪問	15.7%
被災地の見舞い	41.4%
福祉施設や高齢者施設への訪問	18.0%
外国訪問や国賓の接待など国際親善	55.8%
戦没者に対する慰霊	14.9%
宮中祭祀（さいし）	13.2%
その他	0.3%
分からない・無回答	2.7%

注：表❺は、首相官邸ウェブサイト「天皇の公務の負担軽減等に関する有識者会議（第7回）参考資料2国民世論の動向について」1頁、東京新聞朝刊 2016 年 11 月 20 日 4 頁「世論調査の詳報」に基づいて、筆者が作成した。

表❻　活動を行うのが困難になった場合と退位

活動を行うのが困難になれば退位した方がよい	77.7%
活動を行うのが困難になっても退位しなくてもよい	19.0%
分からない・無回答	3.3%

注：表❻は、首相官邸ウェブサイト「天皇の公務の負担軽減等に関する有識者会議（第7回）参考資料2国民世論の動向について」1頁、東京新聞朝刊 2016 年 11 月 20 日 4 頁「世論調査の詳報」に基づいて、筆者が作成した。

選択率が2番目に高いのは、「被災地の見舞い」だ。

選択率が3番目に高いのは、「法律の公布など国事行為」だ。

「外国訪問や国賓の接待など国際親善」「被災地の見舞い」は、公的行為だ。[*114]「法律の公布など国事行為」は、当然、国事行為だ。

要するに、国民は、憲法に規定されている国事行為よりも、そういう公的行為を天皇陛下の重要な活動と認識している、ということだ。

天皇陛下は、そういう公的行為に熱心に取り組まれてきた、また、マスメディアを通して、しばしば、国民はそういう公的行為を目にする。国民の認識が一つ前の段落のようになっている背景には、例えば、それらのことがあると考えられる。

また、表❻を見ると、次のことがわかる。

「活動を行うのが困難になれば退位した方がよい」の選択率が、「活動を行うのが困難になってても退位しなくてもよい」の選択率より、かなり高い。前者の選択率は77・7％もあり、後者の選択率はたった19・0％だ。「活動を行うのが困難になってても退位しなくてもよい。退位したければ、そうしてもよいけどね」と考えている場合は、後者を選択することになる。そのことをふまえると、国民は結構厳しい。「被災地訪問など国民に寄り添う活動あっての天皇」と思っている人が多いのだろう。

「特に国民の気持ちや期待に応えていくという観点からは、各種世論調査を見ても、天皇陛下の被災地へのお見舞いや外国御訪問は国民が極めて重要だと考えており、こうした部分については減らすことは無理だと考えている」という宮内庁の説明を先程示したが、以上で述べたことをふまえると、その説明を理解しやすいだろう。ある意味、国民の期待や考え方が、天皇陛下の退位を後押ししたのかもしれない。

(5) 有識者ヒアリングの聴取項目④

有識者ヒアリングの聴取項目「④天皇が御高齢となられた場合において、御負担を軽くする方法として、憲法第5条に基づき、摂政を設置することについてどう考えるか」に関して。

それに関しては、大きく分けて、次の3つの意見があった。❶摂政に肯定的な意見、❷摂政に否定的な意見、❸その他の意見。

❶摂政に肯定的な意見は、石原信雄元内閣官房副長官等6人から出された。例えば、有識者会議第4回にお

ける石原信雄元内閣官房副長官の発言は次のとおりだ。「私は天皇が御高齢となられた場合などで御負担を軽くする方法としては、その必要性が短期の場合には現行憲法にあります第4条第2項の規定に基づく国事行為を委任するということでいいのではないか。長期にわたるような場合は、同じく規定されております摂政の設置ということでいいのではないかと考えます」。

その発言を見るとわかるように、石原信雄元内閣官房副長官は、摂政にも、国事行為の委任にも、肯定的な意見だ。

❷摂政に否定的な意見は、園部逸夫元最高裁判所判事等8人から出された。例えば、有識者会議第5回における園部逸夫元最高裁判所判事の発言は次のとおりだ。「御高齢により摂政や臨時代行を置くことになる場合、天皇が国事行為に復帰されることは想定されないでしょうし、また、設置期間も崩御までの長期にわたることが想定され、こうした場合、先ほども意見表明で述べましたように、どなたが象徴かわかりにくくなるなど、天皇の権威が低下するおそれがあると思います」。

その発言に表れているように、園部逸夫元最高裁判所判事は、摂政にも、国事行為の委任にも、否定的な意見だ。

❸その他の意見は、高橋和之東京大学名誉教授等2人から出された。例えば、有識者会議第5回における高橋和之東京大学名誉教授の発言は次のとおりだ。「天皇がみずから行う必要がある国事行為の負担が過重であるということが判明した場合には、国事行為の一部を臨時代行に委任するということは可能であろうと思います。高齢により全てをみずから行えなくなったことを国事行為の臨時代行に関する法律の第2条1項で言っている『事故』に読み込むということは解釈上可能だと考えます。しかし、摂政を置くということは、皇室典

範16条の解釈としては無理ではないかと考えております。皇室典範は摂政を置くかどうかを天皇の意向とは無関係に皇室会議で決定するということを想定しており、天皇がどの程度国事行為を行い得るかをみずから判断し得るというような場合は想定していないと解されるからであります。ゆえに、天皇の意向に基づいて摂政を置くことができるというようにするためには、皇室典範の改正が必要であろうと思います。憲法5条はそういう皇室典範の改正をすることは禁止していないと私は解しております」。

先程、摂政設置要件や摂政が置かれる場合の具体例に関して述べた。そこで述べたことをふまえると、皇室典範16条では、現在の状態の天皇陛下に摂政を置けないと考えられる。現在の状態の天皇陛下に摂政を置くためには、それができるように、摂政設置要件を改めれば良い。

(6) 有識者ヒアリングの聴取項目⑤

有識者ヒアリングの聴取項目「⑤天皇が御高齢となられた場合において、御負担を軽くする方法として、憲法第4条第2項に基づき、国事行為を委任することについてどう考えるか」に関して。

それに関しては、大きく分けて、次の2つの意見があった。❶委任に肯定的な意見、❷委任に否定的な意見。

❶委任に肯定的な意見は、石原信雄元内閣官房副長官等8人から出された。石原信雄元内閣官房副長官の委任に肯定的な発言は、先程示した。

❷委任に否定的な意見は、園部逸夫元最高裁判所判事等4人から出された。園部逸夫元最高裁判所判事の委任に否定的な発言も、先程示した。補足しておくと、有識者会議第5回における園部逸夫元最高裁判所判事の説明資料には、国事行為の委任に関して、次の内容がある。「基本的には『摂政』設置と同様であり、御高齢と

なった天皇への御負担軽減方法としてはふさわしくないと考える」[*115]。

以上で述べたことからわかるように、摂政に関しては、否定的な意見が肯定的な意見より多く、国事行為の委任に関しては、肯定的な意見が否定的な意見より多かった。摂政も、国事行為の委任（国事行為の臨時代行）も、国事行為の代行の制度であるが、そういう結果になった。摂政に関しては、摂政設置要件をふまえると、現在の状態の天皇陛下に摂政を置くのは困難・無理という意見や、象徴や権威の二重性を心配する意見が複数あった。

(7) 有識者ヒアリングの聴取項目⑥

有識者ヒアリングの聴取項目「⑥天皇が御高齢となられた場合において、天皇が退位することについてどう考えるか」に関して。

それに関しては、大きく分けて、次の2つの意見があった。❶退位に肯定的な意見、❷退位に否定的な意見。

❶退位に肯定的な意見は、園部逸夫元最高裁判所判事等9人から出された。例えば、有識者会議第5回における園部逸夫元最高裁判所判事の発言は次のとおりだ。「象徴天皇制度を長く続けるためには、象徴に対する国民のさまざまな期待やその時々の天皇の象徴のあり方についてのお考えに対応できるよう、皇位継承原因についても崩御に限定せず、譲位という選択も可能な仕組みにすべきではないでしょうか。譲位導入に伴う懸念、つまり、強制譲位、恣意的な譲位、天皇と上皇との関係などについては、懸念を回避できるような仕組みを頭を絞って考えるべきではないかと思います」。

❷退位に否定的な意見は、平川祐弘東京大学名誉教授等7人から出された。平川祐弘東京大学名誉教授の退

位に否定的な発言は先程示した。だから、ここでは、その他の意見を示しておく。有識者会議第3回における大原康男國學院大學名誉教授の発言は次のとおりだ。「憲法制定議会で最終的に退位を認めなかったことをそのまま政府は継承いたしました。その代表的なものである、平成4年4月7日の参院内閣委員会でなされた宮尾宮内庁次長の答弁を紹介しますと、要するに退位は否定する。その理由として次の三つを挙げる。まず歴史上いろいろな弊害があった。上皇・法皇の存在。二つ目は、必ずしも天皇の自由意思に基づかない退位の強制があり得る。3番目は、恣意的な退位は現在の象徴天皇、つまり、国民の総意に基づいて天皇の地位が法的に基礎づけられている、そういう象徴天皇にそぐわない。これが政府の答弁として一貫してきている。この点の認識は最も重要でしょう」。

先程述べたように、退位した天皇が上皇・法皇などとなり、弊害が生じるおそれがある、というのが、天皇の退位制度が設けられていなかった主な理由の1つだ。有識者会議第7回で、宮内庁は、そのことに関して、次の説明をした。「上皇が実質的に政務をとった院政期は11世紀後期から13世紀前期までのわずか4代であり、年数にすると150年足らずという限られた期間であり、歴史全体を見て、上皇がいるからといって常に弊害が生じていたということではないこと、また、この限られた期間についても、当時は天皇や上皇に政治権力があった時代のことであり、現行憲法下でこうした弊害が出ることは考えられない」。

(8) 有識者ヒアリングの聴取項目⑦

有識者ヒアリングの聴取項目「⑦天皇が退位できるようにする場合、今後のどの天皇にも適用できる制度とすべきか」に関して。それに関しては、大きく分けて、次の4つの意見があった。❶皇室典範改正により退位を制度化すべきとする意見、❷皇室典範に根拠規定を置いて特別法により退位を制度化すべきとする意見、❸当面一代限りの退位を特別法で認める意見、❹皇室典範改正及び特別法の両方に否定的な意見。

❶皇室典範改正により退位を制度化すべきとする意見は、大石眞京都大学大学院教授等3人から出された。例えば、有識者会議第5回における大石眞京都大学大学院教授の説明資料には次の内容がある。「退位はどの天皇にも適用できる恒久的なものに制度改正すべきである。特例的な立法措置で対応するという議論もあるが、高齢を理由とする執務不能という事態は今後も十分に起こりうるから、そのつど特例を設けるのは妥当でない。また、特例法による場合は、皇位継承に関する規範の複合化を招き、憲法がとくに『国会の議決した皇室典範』（2条）と規定して、議会制定法という形式だけでなく単一の名称まで特定した趣旨に合致しないおそれがある（憲法5条も『皇室典範』という名称を指定している）」。*116

❷皇室典範に根拠規定を置いて特別法により退位を制度化すべきとする意見は、百地章国士舘大学大学院客員教授1人から出された。有識者会議第5回における百地章国士舘大学大学院客員教授の発言は次のとおりだ。「皇室典範に例外的な譲位をお認めするための根拠規定を置き、それに基づいて特措法を制定し、天皇の譲位をお認めする方法であります。この法律は、もちろん、今上天皇以外の天皇にも適用されることになります。（中略）まず、皇室典範の『附則』第4項に『天皇は、第4条にかかわらず、皇室典範に関する特別措置法の定めるところにより、譲位することができる』といった趣旨の規定を置きます。その上で『皇室典範に関する特別措置法』を制定し、以下の趣旨の規定を定めます。『天皇は、高齢により公務をみずからすることができないときは、その意思に基づき、皇室会議の議を経て、譲位できる。譲位があったときは、皇嗣が直ちに即位する』」。

❸当面一代限りの退位を特別法で認める意見は、園部逸夫元最高裁判所判事等5人から出された。例えば、有識者会議第5回における園部逸夫元最高裁判所判事の発言は次のとおりだ。「まず実行することは、今上陛下の譲位を実現するための対応を考えるべきで、具体的には、まず特別措置法で今上陛下の譲位を可能にし、引き続き皇室典範の改正による譲位制度導入の是非を議論すればよいのではないでしょうか」。

園部逸夫元最高裁判所判事のその発言に関しては、次のように思う人がいるだろう。「特別措置法で今上天皇の退位を可能にしたら、ひとまず解決ということにされる。そのため、それをしたら、皇室典範改正による退位制度導入について、引き続き国政の場で真剣に議論する、ということはないだろう」。*117

❹皇室典範改正及び特別法の両方に否定的な意見は、八木秀次麗澤大学教授1人から出された。有識者会議第5回における八木秀次麗澤大学教授の発言は次のとおりだ。「私の結論は、退位は避けるべきで、今上天皇の終身在位を望むということでありますが、一般に二つの方策が挙げられておりますので、その点について検討いたしたいと思います。1、皇室典範の改正で退位を実現する。これは憲法2条の規定に忠実な手法ではありますが、退位をどの天皇にも適用できる恒久制度として設けると、皇位の安定性を大きく揺るがし、皇位は不安定になる。(中略)2番目は、特別措置法で今上天皇一代に限って退位を実現するという方策についての検討であります。法律は普遍性・一般性を伴い、特定の天皇を対象にした立法は不可能である。この点を回避するためには時限立法しかあり得ないということで、そこに私が恐らく時限立法であればこういうことだろうかというのを示してございます。しかし、法は消滅するが、退位を認めた前例となる。そのため、将来の短期間での退位を排除する理由がなくなる」。

(9) 有識者ヒアリングの聴取項目⑧

有識者ヒアリングの聴取項目「⑧天皇が退位した場合において、その御身位や御活動はどうあるべきと考えるか」に関して。

それに関しては、(i)退位後の御身位・称号と、(ii)退位後の御活動に分けて、述べる。

(i)退位後の御身位・称号に関して。それに関しては、大きく分けて、次の3つの意見があった。❶太上天皇・上皇との意見、❷太上天皇・上皇という称号を用いるべきでないとの意見、❸その他の意見。

❶太上天皇・上皇との意見は、園部逸夫元最高裁判所判事等5人から出された。例えば、有識者会議第5回における園部逸夫元最高裁判所判事の説明資料には次の内容がある。「譲位後の天皇は、我が国の歴史に鑑み、『太上天皇(だいじょうてんのう。だじょうてんのう)』又は『上皇(じょうこう)』と称することがふさわしいと考える。なお、歴史の教科書等では『上皇』と記される例が多く、上皇の方が、一般的でありなじみやすいと思われる」「宮中での公式のお立場は、天皇に次ぐことになるのではないか」「敬称は、そのお立場の点からも、歴史的観点からも、『陛下』がふさわしい」[*118]。

園部逸夫元最高裁判所判事の意見に基づくと、天皇陛下は、退位後、「太上天皇」または「上皇」+「陛下」で、「太上天皇陛下」または「上皇陛下」となる。先程述べたように、皇室典範は、「陛下」「殿下」という2種類の敬称について規定している。そして、「陛下」は、天皇だけの敬称ではない(皇室典範23条1項)。

❷太上天皇・上皇という称号を用いるべきでないとの意見は、古川隆久日本大学教授1人から出された。有識者会議第3回における古川隆久日本大学教授の発言は次のとおりだ。「この私の案であれば、あくまでも高齢による引退であるべきだということですので、もう完全に引退していただくというのが事実上そういう形に

なるというのがよいだろう。これは名称に関しましても上皇ではなくて前天皇、元天皇というのを使っています」。

❸その他の意見は、高橋和之東京大学名誉教授1人から出された。有識者会議第5回における高橋和之東京大学名誉教授の発言は次のとおりだ。「憲法上、特に守るべきルールというようなものはないと私は考えております。立法政策の問題であり、皇族を離れることから、皇族にとどまり、かつ、特定の称号を定めることまで含めて、いろいろな遇し方があり得るだろうと思います」。

(ii)退位後の御活動に関して。それに関しては、大きく分けて、次の2つの意見があった。❶退位されたことを踏まえ天皇が判断との意見、❷退位後の御活動は抑制的であるべきとの意見。

❶退位されたことを踏まえ天皇が判断との意見は、園部逸夫元最高裁判所判事等3人から出された。例えば、有識者会議第5回における園部逸夫元最高裁判所判事の説明資料には次の内容がある。「象徴天皇制度において、上皇が天皇と相並び立つようなお立場になる御活動はふさわしくないと考える」「皇室を構成される方として、上皇の御活動にも非政治性、非営利性が求められると考える」「ただ、上記の制約はあるものの、そもそも、上皇となられる方がどのようにお振る舞いになるかは、御本人のお考えによるべきものであり、あらかじめ、私などがこのようにあるべきと申し上げることは事柄の性格上ふさわしくないと考える」[*119]。

❷退位後の御活動は抑制的であるべきとの意見は、石原信雄元内閣官房副長官等6人から出された。例えば、有識者会議第4回における石原信雄元内閣官房副長官の発言は次のとおりだ。「御高齢とかあるいはその他法律に定めている要件に該当した場合に天皇の意思に基づいて御退位されるわけですから、退位された天皇は、国事行為はもちろんですが、公的行為も行わないということを原則とすべきではないかと考えます」。

なお、有識者会議第8回で、宮内庁は、退位後の御活動に関して、次の説明をした。「仮に御代替わりがあった場合には、宮内庁としては、陛下が象徴としてなされてきた行為については、基本的に全て新天皇にお譲りになることになるものと整理している。したがって、象徴が二元化することはあり得ないと考えている。その後、何をなされるかは、御意思に基づいてお考えになるものと宮内庁としては考えており、第三者が強制するものではないと考えている」。

⑽ 予想の範囲

また、有識者会議第6回では、事務局が、次の説明をした。「皇室典範制定時の国会において、あらゆる場合を予想して法律に規定することには限度があることから、予想の範囲外のことが発生した場合には、もとより皇室典範も国の法律であることから、そのときに国のすべての智力を尽くして適当な法律が生まれ出る余地もあると答弁されている。[*120] また、当時皇室典範制定に関与した者が、もし予測できない事由によって退位が必要とされる事態が生じたならば、むしろ個々の場合に応ずる単行特別法を制定して、これに対処すればよいとの制定当時の考え方を述べている」。[*121]

その説明に関しては、次のように考える人がいるだろう。「高齢を背景とする引退は、世の中にいくらでもある。そのため、高齢を背景として、天皇が退位を希望することは、十分予想できた。また、今後も、高齢を背景として、天皇が退位を希望することはあり得る、それは予想の範囲外のことではない。そのため、それに対応するための、退位の恒久的な制度を設けるべきだ。あらゆる場合を想定して、退位の恒久的な制度を設けるべきだ、とはいっていない。高齢の天皇が退位を希望する度に、時間をかけて、特別法を制定するつもりなのか。その場合、天皇は高齢なので、実際に退位するまでに、何かある可能性もある。何かあったら、どうするつもりなのか」。

(11) 憲法上の問題

また、有識者会議第6回では、次の発言があった。「陛下がおっしゃったから法律をつくるというと憲法上の問題が出てくるので、手続を踏む必要があるのではないか」。

その発言に関してだが、陛下がおっしゃったから法律をつくるといわなくても、陛下がおっしゃったから法律をつくるというのが実態なら、憲法4条1項との関係で、問題が生じる。また、その発言が、次のように見えた人がいるかもしれない。「陛下がおっしゃったから法律をつくるというのが実態だが、陛下がおっしゃったから法律をつくるというと憲法上の問題が出てくるので（憲法上の問題が表面化するので、憲法上の問題を指摘されることになるので）、そういわなくて済むように、手続を踏む必要があるのではないか」（陛下がおっしゃったから法律をつくるというのが実態でないなら、陛下がおっしゃったから法律をつくるという必要がないし、捏造になるので、そんなことをいってはならない）。

なお、有識者会議第3回で開催された有識者ヒアリングで、平川祐弘東京大学名誉教授は、以上のことに関して、次の発言をした。「日本国憲法における天皇の役割についてお答えしますと、御厨様は、陛下は国民統合の象徴としての責務を、憲法に規定される国事行為だけでなく、各地で国民や国民の思いに触れる『旅』と表現され、自ら開拓してきた自負心をのぞかせたとお書きでした。日本経済新聞、8月10日。その通りと存じます。陛下の御努力はまことに有り難いが、外へ出て能動的に活動せねばならぬとは特に今の陛下に強いお考えで、その陛下御自身で拡大された天皇の役割を次の皇位継承者にも引き継がせたいご意向に見受けられます。しかし、これは今の陛下の個人的解釈による象徴天皇の役割を次の天皇に課することになるのではないかと思います。特に問題と感じますのは、その御自分で拡大解釈した責務を果たせなくなるといけないから、御自分は元気なうちに皇位を退き、次に引き継がせたいというお望みを『おことば』として発表されたことです。この個人的なお考えをビデオメッセージで述べられました。世間は感動し恐懼しましたが、異例の御発言と思います。もし世間の御同情に乗じ、そのセンチメントに流されて、それを大御心として特例法で対応するようなことがあれば、憲法違反にかなり近いのではないでしょうか。極めてよくない先例となり得るかと思います。天皇の『おことば』だから、それでスピード感を持って超法規的に近い措置をとるようなことは、マスコミや世間には受けるかもしれませんが、日本の将来のために、また、皇室の将来のためにいかがかと思います」。

8　有識者会議第7回

(1) 海外の制度・事例や高齢者に関する規定

2016年12月14日、有識者会議第7回が開催された。

有識者会議第7回では、海外の制度・事例や高齢者に関する規定について、事務局から説明があり、また、前回までの議論の内容を確認し、それをふまえた自由討議が行われた。

（2）「王冠を賭けた恋」

そして、例えば、有識者会議第7回で、事務局は、イギリスの制度に関して、次の説明をした。「イギリスには退位の一般的な制度はないが、エドワード8世が退位した際に特別法を制定している先例があるので、法理論上は可能と思われる」。

その説明に関してだが、イギリスでは、1936年12月11日、エドワード8世国王が、アメリカ人のウォリス・シンプソン氏と結婚するために、在位1年弱で退位した。「王冠を賭けた恋」として、知っている人も多いだろう。

そして、その際の特別法が、「An Act to give effect to His Majesty's declaration of abdication; and for purposes connected therewith」（Short title「His Majesty's Declaration of Abdication Act 1936」[122]、「エドワード8世国王陛下の退位宣言への効力付与等のための法律」[123]）だ。

ちなみに、日本では、皇室典範10条が「立后及び皇族男子の婚姻は、皇室会議の議を経ることを要する」と規定している。皇室典範10条の「立后」は、天皇の婚姻のことだ。[124] 要するに、天皇・皇族男子は、皇室会議において、その婚姻に賛成という結論がでないと、婚姻できない。[125]

皇室典範10条を原因として、自らが望む相手と婚姻できない天皇Aが、その婚姻を実現するために、一般国民として生きることを希望する日が、いつかくるかもしれない。

そして、天皇Aが、皇室典範10条を原因として自らが望む相手と婚姻できない、一般国民として生きることも認められない、という状況に陥ったら、天皇Aは、内閣がコントロールできない状態になり、勝手に、公の場で、自分の人生を雁字搦めにしている天皇の制度を、強く批判してしまうかもしれない。そうなったとき、天皇の制度は、維持できるのだろうか。

天皇の制度は、天皇や皇太子等を、法の鎖で雁字搦めにしないと、維持するのが難しいのかもしれない（自由に生きたい人はたくさんいる）。しかし、そういうことをしていると、あるとき、一気に崩壊するおそれがある。

なお、皇室典範10条に関しては、次のように考える人がいるかもしれない。「家族の形成に関しては、自己決定が最大限尊重されるべきだ。[*126] 皇室典範10条は、天皇・皇族男子の自己決定を軽視し過ぎだ。皇室典範10条を削除すべきだ。そして、仮に、皇室典範10条削除後、天皇の婚姻や皇族男子の婚姻によって、国民がどうしても受け入れられない状況が生じたら、皇籍を離脱させる等、その問題に対応すれば良い。憲法改正もできるし、皇室典範改正もできるのだから、対応策はいろいろ考えられる。婚姻を事前に規制するのは、やり過ぎだ」。

ちなみに、皇籍を離脱させる制度は存在し、皇室典範11条2項は「親王（皇太子及び皇太孫を除く。）、内親王、王及び女王は、前項の場合の外、やむを得ない特別の事由があるときは、皇室会議の議により、皇族の身分を離れる」と規定している。

1982年5月13日、第96回国会衆議院決算委員会で、山本悟宮内庁次長（当時）は、皇室典範11条2項に関して、次の答弁をした。「二項（著者注：皇室典範11条2項）の方は、御本人の意思にかかわらず、御本人が希望されようとされまいと、この二項というものによって、皇室会議の議があれば皇族の皇籍を離れるという規定でございまして、むしろ御本人の意思にかかわらないということが一項（著者注：皇室典範11条1項）と二項との対比によって明らかになるところでございます」。

また、1977年3月22日、第80回国会衆議院内閣委員会で、宇佐美毅宮内庁長官（当時）は、皇室典範11条2項の「やむを得ない特別の事由があるとき」に関して、次の答弁をした。「『やむを得ない特別の事由があるとき』という、その『特別の事由』ということは、皇室としての品位を非常に傷つけるとか、あるいは皇族としてその地位を保持することが不適当な事情があるというような場合を言うのであろうと思います。なお、そのうちには、皇族が非常にふえる、非常にたくさんになったというような場合には、ある程度皇位（著者注：「皇位」ではなく「皇籍」が正しいと考えられる）[*127]を離脱していただくということが考えられる場合があろうと思います。そういうようなことをいろいろ予想してできている法律だろうと思います」。

（3）世論調査の結果

また、先程述べたように、有識者会議第7回の資料の中に、「国民世論の動向について」というものがある。それには、世論調査の結果が、いろいろ掲載されている。[*128]

例えば、「摂政を置くことを認めるべきか」に関しては、5つの世論調査の結果が示されており、摂政を置くことを認めるべきという割合は、73％（2016年8月7日）、58・8％（2016年8月9日）、54・9％（2016年8月21日）、79％（2016年9月11日）、76％（2016年12月4日）だった。

また、「退位に肯定的か、否定的か」に関しては、2016年7月17日～2016年12月11日、退位に肯定的な割合が77％～94・8％で推移し、退位に否定的な割合が2・8％～15％で推移していた、ということが示されている。

そしてまた、「退位を認める場合、今後すべての天皇に認めるべきか、今上陛下限り認めるべきか」に関しては、2016年7月24日～2016年12月11日、今後すべての天皇に認めるべきとの割合が53％～77％で推移し、今上陛下限りとすべきとの割合が10％～26％で推移していた、ということが示されている。[*129]

その資料に基づくと、「退位に肯定的か、否定的か」「退位を認める場合、今後すべての天皇に認めるべきか、今上陛下限り認めるべきか」に関しては、世論はとてもわかりやすい状態にあったといえる。いい方をかえると、それらに関しては、世論が拮抗しているような状態ではなかったといえる。すなわち、世論は、「退位に肯定的」「退位を認める場合、今後すべての天皇に認めるべき」ということで、はっきりしていた。

(4) 特別法の制定

ただ、有識者会議第7回では、恒久的な制度を設けるのは困難であり、特別法の制定が望ましいという認識で概ね一致した。いい方をかえると、天皇陛下に限り退位を認めるのが望ましい、という認識で概ね一致した。

例えば、2016年12月、NHKは、そのことに関して、次の報道をした。「天皇陛下の退位などを検討する政府の有識者会議は、3回にわたる専門家からのヒアリングの結果を受けて、今月7日に続いて、14日、総理大臣官邸で会合を開き、論点整理に向けた自由討議を行いました。(中略)会議では、天皇の退位を容認する意見が大勢となったほか、法整備の在り方についても、皇室典範の改正によって恒久的な制度を設けるのは困難だとして、政府内で有力視されている特別法の制定が望ましいという認識でおおむね一致しました[*130]」。

また、2016年12月、毎日新聞は、そのことに関して、次の報道をした。「天皇陛下の退位に関する安倍晋三首相の私的諮問機関『天皇の公務の負担軽減等に関する有識者会議』(座長・今井敬経団連名誉会長)は14日、首相官邸で第7回会合を開いた。退位は容認したうえで、退位の恒久的な制度化は困難との認識で大筋一致した。来年1月にも公表する論点整理で、今回に限り退位を認める特別立法で対応するとの方向性を示す[*131]」。

先程述べたように、安倍晋三首相が有識者会議を開催し、また、2016年10月の有識者会議発足の前後で、政府から特別法でという方針が出ていた。

9　有識者会議第8回

2017年1月11日、有識者会議第8回が開催された。

有識者会議第8回では、これまでの議論が総括された。

そして、例えば、有識者会議第8回では、次の質問がされた。「摂政制度は国事行為の代理のためだけにあるものなのか」。その質問に対して、事務局は、次の説明をした。「摂政は、憲法で規定されている国事行為の法定代理であり、天皇の公的行為を摂政が事実上行うことは考えられるが、その場合でも、あくまで摂政としての行為であり、象徴としての行為とはならないと考えられる」。

その質問に関して、次のように思った人がいるかもしれない。「有識者会議第3回〜第5回で開催された有識者ヒアリングの聴取項目には、摂政に関するものがあった（『④天皇が御高齢となられた場合において、御負担を軽くする方法として、憲法第5条に基づき、摂政を設置することについてどう考えるか』）。それなのに、有識者会議『第8回』で、その質問をするの？」。

10　両議院合同で取り組むという合意

(1) 異例の対応

「象徴としてのお務めについての天皇陛下のおことば」をふまえての皇室のあり方を巡る国民的な議論が行われていることを含めた各般の状況に鑑み、両議院正副議長(大島理森衆議院議長、伊達忠一参議院議長、川端達夫衆議院副議長、郡司彰参議院副議長)が、立法府としてどのような対応をとるべきか協議を行った。その結果、2017年1月16日、天皇の退位等については、両議院合同で取り組むことを合意した。有識者会議第8回が開催された2017年1月11日の5日後のことだった。

なお、両議院正副議長が主導して、特定の法整備について検討の場を設けるのは異例だ。[*132] 天皇の退位等は、そういう異例の対応をするに値する事柄だった、ということだ。

(2) 皇室のあり方

さて、以上で、「皇室のあり方」を巡る国民的な議論にふれた。

天皇陛下・文仁親王殿下が、皇室のあり方に関して、御発言されたことがあるので、以下、それを示す。

まず、先程述べたように、2009年11月6日、天皇陛下は、次のように述べられた。「皇位継承の制度にかかわることについては、国会の論議にゆだねるべきであると思いますが、将来の皇室の在り方については、皇太子とそれを支える秋篠宮の考えが尊重されることが重要と思います」。

また、2009年11月25日、文仁親王殿下は、次のように述べられた。「皇統の問題ですけれども、これはなかなか簡単に話すということは難しいわけですけれども、皇位継承の制度自体のこと、それからその周辺にあるというか、将来的な皇室の在り方みたいなものまでも含まれるのではないかと思います。皇位継承の制度というもの自体に関しましては、これは陛下も述べられているように、国会の論議にゆだねるべきものであるというふうに私も考えます。しかし、その過程において今後の皇室の在り方ということも当然議論されることになるわけですけれども、その将来的な在り方ということについては、将来その当事者になる皇太子ほかの意見を聞くという過程も私は必要なのではないかと思っております[*133]」。

そして、2011年11月22日、文仁親王殿下は、次のように述べられた。「いわゆる皇室の制度については、皇室典範があります。制度論については、これは国会の論議に委ねることになるわけで、私が何か言うということではありませんけれども、その過程において、今後の皇室の在り方を考えるときには、何らか、私若しくは皇太子殿下の意見を聞いてもらうことがあって良いと思っております。皇太子殿下との皇室の将来の在り方について(のお話)ですけれども、今年は少し私が怠けていたところもあるかと思います。去年ほどそれについての話はしておりませんが、話合いをしたことはあります。ただ、その内容については、ここでは控えたいと思います[*134]」。

今後の皇室のあり方に関して、皇太子殿下・文仁親王殿下等の御意見をうかがうことについては、適切に対応すべきだ、「象徴としてのお務めについての天皇陛下のおことば」の表明を内閣が了解し、国会がそれを問題視していないことをふまえ。いうまでもなく、当事者の意見は、極めて大切だ。

11　全体会議1回目

(1) 出席者と参加政党・会派

そして、2017年1月16日のその合意を受けて、2017年1月19日、全体会議1回目が開催された。

出席者は、以下のとおりだ。

両議院正副議長、すなわち、大島理森衆議院議長、伊達忠一参議院議長、川端達夫衆議院副議長、郡司彰参議院副議長。自由民主党からは、二階俊博衆議院議員、林幹雄衆議院議員、吉田博美参議院議員、岡田直樹参議院議員。民進党からは、野田佳彦衆議院議員、馬淵澄夫衆議院議員、小川敏夫参議院議員、長浜博行参議院議員。公明党からは、井上義久衆議院議員、北側一雄衆議院議員、西田実仁参議院議員。日本共産党からは、穀田恵二衆議院議員、塩川鉄也衆議院議員、小池晃参議院議員、仁比聡平参議院議員。日本維新の会からは、馬場伸幸衆議院議員、遠藤敬衆議院議員、片山虎之助参議院議員、東徹参議院議員。自由党からは、玉城デニー衆議院議員。社会民主党からは、又市征治参議院議員。無所属クラブからは、松沢成文参議院議員。日本のこころからは、中野正志参議院議員。沖縄の風からは、糸数慶子参議院議員。

その出席者を見るとわかるように、全体会議には、自由民主党、民進党、公明党、日本共産党、日本維新の会、自由党、社会民主党、無所属クラブ、日本のこころ、沖縄の風が参加していた。

ここで、全体会議の出席者に関して述べておく。

全体会議は8回開催された。2017年5月10日に開催された全体会議8回目が、最終回だ。

両議院正副議長、すなわち、大島理森衆議院議長、伊達忠一参議院議長、川端達夫衆議院副議長、郡司彰参議院副議長は、全ての回に出席した。

自由民主党からの出席者は、1回目と2回目以降で全員異なる。先程述べたように、1回目の出席者は、二階俊博衆議院議員、林幹雄衆議院議員、吉田博美参議院議員、岡田直樹参議院議員だ。それに対し、2回目以降の出席者は、高村正彦衆議院議員、茂木敏充衆議院議員、愛知治郎参議院議員だ。

民進党からの出席者は、1回目から同じであり、野田佳彦衆議院議員、馬淵澄夫衆議院議員、小川敏夫参議院議員、長浜博行参議院議員だ。

公明党からの出席者も、1回目から同じであり、井上義久衆議院議員、北側一雄衆議院議員、西田実仁参議院議員だ。

日本共産党からの出席者は、1回目～4回目、6回目、8回目に関しては、穀田恵二衆議院議員、塩川鉄也衆議院議員、小池晃参議院議員、仁比聡平参議院議員の4人だ。また、5回目の出席者は、その4人のうち、仁比聡平参議院議員を除く3人だ。そしてまた、7回目の出席者は、その4人のうち、塩川鉄也衆議院議員を除く3人だ。

日本維新の会からの出席者は、1回目～3回目、5回目～8回目に関しては、馬場伸幸衆議院議員、遠藤敬衆議院議員、片山虎之助参議院議員、東徹参議院議員の4人だ。また、4回目の出席者は、その4人のうち、馬場伸幸衆議院議員を除く3人だ。

自由党からの出席者は、1回目から同じであり、玉城デニー衆議院議員だ。

社会民主党からの出席者は、1回目に関しては、又市征治参議院議員だけであり、2回目以降に関しては、同議員に照屋寛徳衆議院議員を加えた2人だ。

無所属クラブからの出席者は、1回目、3回目~8回目に関しては、松沢成文参議院議員であり、2回目に関しては、薬師寺みちよ参議院議員だ。

日本のこころからの出席者は、1回目、2回目関しては、中野正志参議院議員であり、3回目以降に関しては、中山恭子参議院議員だ。

沖縄の風からの出席者は、1回目、8回目に関しては、糸数慶子参議院議員であり、2回目~7回目に関しては、伊波洋一参議院議員だ。

そして、2回目と8回目には、政府側からの出席者がいた。その出席者は、菅義偉内閣官房長官、山﨑重孝内閣総務官、平川薫内閣審議官だ。*135 先程述べたように、その3人は有識者会議にも出席していた、特に、山﨑重孝内閣総務官は、有識者会議の全ての回に出席していた。

(2) 立法府の責任・責務

そして、全体会議1回目は、伊達忠一参議院議長の挨拶から始まった。

その後、大島理森衆議院議長が、今後のこと等に関して、説明した。

例えば、全体会議1回目で、大島理森衆議院議長は、先程述べた2017年1月16日の合意に関して、次の発言をした。「ただいま伊達議長からお話がございましたように、天皇の退位等の問題について、立法府としての対応について我々両議長、副議長で合意をした件について、皆様方に御理解を賜り、進め方についての御理解と御了承を賜りたいという思いで御参集をいただいたところでございます。それでは、趣旨あるいは方法について申し上げたいと思います。現在、昨年八月の陛下のお言葉を受けて、皇室の在り方をめぐり国民各層において幅広く議論が行われておる状況にあります。日本国憲法には、天皇の地位は『主権の存する日本国民の総意に基く。』とあります。したがって、国民の総意を見付け出すことは、国民の代表機関である立法府の重大な責務、責任であると思います。御承知のとおり、本件は、国の基本に関わる重要な問題であります。したがって、立法府を代表する立場にあり、皇室の重要事項を合議する皇室会議の議員でもある両院正副議長の伊達参議院議長、川端衆議院副議長、郡司参議院副議長及び私の四者間で協議を行ったところ、以上の問題意識を共有し、両院合同で取り組むこととし、各会派からの意見聴取の在り方については、皆さんのお手元に配付した内容で合意したところでございます」。

大島理森衆議院議長は、その発言で、合意に至るまでの背景にも言及している。そして、言及された最初の事柄は、「昨年八月の陛下のお言葉」、すなわち、「象徴としてのお務めについての天皇陛下のおことば」だ。それ以前のこと、例えば、2016年7月13日のNHKの報道（本書の冒頭で言及した報道）には、言及していない。

また、大島理森衆議院議長のその発言には、次の部分がある。「国民の総意を見付け出すことは、国民の代表機関である立法府の重大な責務、責任であると思います」。先程、1979年4月19日、第87回国会衆議院内閣委員会における真田秀夫内閣法制局長官（当時）の答弁をふまえ、「国会には、国民の総意がどこにあるか見極める責任、それを見付け出す責任がある」と述べた。それが、大島理森衆議院議長のその発言に表れている。

なお、大島理森衆議院議長のその発言でふれられている意見聴取に関してだが、その目的は、国民を代表する国会において、国民の総意を見付け出すこととされた。また、意見聴取に関しては、大島理森衆議院議長、伊達忠一参議院議長、川端達夫衆議院副議長、郡司彰参議院副議長を中心として運営するとされた。

（3）日程の目標

そして、全体会議1回目で、大島理森衆議院議長が発言したのは、それだけではない。大島理森衆議院議長は、日程の目標や、公表に関しても述べた。以下、①日程の目標、②公表に分けて述べる。

①日程の目標に関して。

まず、全体会議1回目で、大島理森衆議院議長は、日程の目標に関して、次の発言をした。「日程の目標がないと、これはそれぞれにやはりそこを目標とする政治行動が取れないと思いますので、各党、各会派の御意見を我々四名において二月中旬以降にお伺いをしたいと思っております。そして、その後、総意形成に向けて協議を行い、三月上中旬を目途にその取りまとめに努めてまいりたい、このように思っているところでございます」。

2月中旬以降に、各政党・各会派からの意見聴取、その後、総意形成に向けて協議、3月上中旬を目途に、その取りまとめ、という目標が示された。なお、その日程の「3月上中旬」は、一応の目安であり、時期ありきではない、とされた。

（4）公表

②公表に関して。

また、全体会議1回目で、大島理森衆議院議長は、公表に関して、次の発言をした。「会合の記録は速記を入れて議事録を作成し、その公表の在り方については別途協議することとしますが、当面の間、非公表といったしたいと思いますので、併せて御了承を賜りたい」。

その発言に関しては、野田佳彦衆議院議員、小池晃参議院議員、又市征治参議院議員、糸数慶子参議院議員から、公表・開示を望む意見が出た（例えば、全体会議1回目で、野田佳彦衆議院議員は、次の発言をした。「今議事録について大島議長から触れていただきました。議事録はやはり作るべきだと思うんです。この中での議論がやはり歴史的な検証に堪え得るようにしなければいけないと思いますが、若干気になりましたのは、当面の間非公表と、これはどういうことかなんです。今後の検証に堪え得るものと同時に、今まさに国民も関心を持っておりますので、この中でどういう議論が行われたかは随時公表されて国民的議論にも資するようにすべきではないのかなというのが、一つの思いとしてお伝えをさせていただきたいと思います」）。

各政党・各会派の出席者1人が発言していたことをふまえると、民進党、日本共産党、社会民主党、沖縄の風から、そういう意見が出た、ということになる。

（5）改元に関する報道

また、全体会議1回目が開催された2017年1月19日、当然、天皇陛下の退位は決定していなかった。しかし、当時、すでに、天皇陛下の退位を前提として、政府が改元の検討を始めた、というような報道がされていた。[*136]

そのため、「これから議論をするのに、そういうことがどんどん報道されるのは、いかがなものか」というような意見があった。

大島理森衆議院議長は、そのことに関して、次の発言をした。「やれ元号がどうだ、これがどうだという話が新聞に出ておりまして、私も伊達議長もあるいは両副議長も、それぞれの先生方からどうなっているんだとお叱りをいただいて、その都度に情報管理、あるいはそういう報道はけしからぬと、これは申し入れておりまして、皆さんの強い思いを改めて内閣にもお伝えを申し上げたいと、このように思います」。

(6) 意見集約

以上のように、各政党・各会派からの意見聴取のあり方等がテーマになったのが、全体会議1回目だった。なお、全体会議1回目の時点で、意見集約ができていない政党があった。先程述べたように、各政党・各会派からの意見聴取は、2月中旬以降の予定だった。そのため、全体会議1回目の時点で、意見集約ができていない政党があっても、問題は生じなかった。

12 有識者会議第9回と「今後の検討に向けた論点の整理」

(1) 「今後の検討に向けた論点の整理」

2017年1月23日、有識者会議第9回が開催された。

有識者会議第9回の資料は、「今後の検討に向けた論点の整理(案)」だ。その案は、これまでの有識者会議における議論をふまえて、作成されたものだ。

有識者会議第9回では、その案に関して、事務局から説明があった。

その後、その案のとおり決定され、今井敬座長が安倍晋三首相に、「今後の検討に向けた論点の整理」を手交した。

安倍晋三首相は、次のこと等を述べた。「論点整理においては、論点ごとに積極的意見と課題をわかりやすくまとめていただいた。この論点整理の公表により、国民の皆様の理解がより一層深まるものと期待している」。

(2)「今後の検討に向けた論点の整理」の目次

では、「今後の検討に向けた論点の整理」は、どのようなものだったのか。

「今後の検討に向けた論点の整理」の表紙をめくると、目次がある。

その目次に基づくと、「今後の検討に向けた論点の整理」の構成は、表❼のようになっている。以下、その構成にそって、話を進める。

(3)「今後の検討に向けた論点の整理」に関する説明

まず、「今後の検討に向けた論点の整理」の「はじめに」では、「今後の検討に向けた論点の整理」に関して、説明がされている。具体的には、次のとおりだ。「有識者会議は、御高齢となられた天皇の御公務の負担軽減等を図るため、どのようなことができるのか、専門家からの幅広い意見を聴取しつつ、検討を重ねてきた。この論点整理は、有識者会議におけるこれまでの議論で明らかとなった論点や課題を分かりやすく整理したものであり、これを公表することによって、国民の理解が深まることを期待するものである」。[*137]

なお、全体会議2回目で、菅義偉内閣官房長官は、「今後の検討に向けた論点の整理」に関して、次の説明

表❼　「今後の検討に向けた論点の整理」の構成

1　はじめに
2　現行制度下での負担軽減
(1)　運用による負担軽減
①国事行為の負担軽減
②公的行為の負担軽減
(2)　臨時代行制度を活用した負担軽減
3　制度改正による負担軽減
(1)　設置要件拡大による摂政設置について
(2)　退位による新天皇の即位について
①退位について
②将来の全ての天皇を対象とすべきか、今上陛下に限ったものとすべきかについて
（イ）将来の全ての天皇を対象とする場合
（ロ）今上陛下に限ったものとする場合
4　今後の検討の方向

注：表❼は、天皇の公務の負担軽減等に関する有識者会議「今後の検討に向けた論点の整理」（2017年）の目次に基づいて、筆者が作成した。

をした。「政府では、昨年の八月、天皇陛下が国民に向けてお言葉を発せられたことを重く受け止め、有識者の皆さんにお願いをして、十月以降、専門家から幅広い御意見を聴取するなどして議論を進めてまいりました。この論点整理は、天皇陛下の御公務の負担軽減等を図るための様々な方策について、論点ごとに積極的意見と課題を網羅的に取りまとめたものであり、参考にしていただければ幸いであります」。

菅義偉内閣官房長官のその発言に基づくと、次の段落のことがいえる。

まず、天皇陛下が国民に向けてお言葉（「象徴としてのお務めについての天皇陛下のおことば」）を発せられたことを、政府が重く受け止め、有識者会議が開催された。また、「今後の検討に向けた論点の整理」は、天皇陛下の公務の負担軽減等を図るための様々な方策について、論点ごとに積極的意見と課題を網羅的に取りまとめたものだ。

一つ前の段落に関して、正確にいうと、「今後の検討に向けた論点の整理」には、論点ごとに、「積極的に進めるべきとの意見」と「課題」が記載されている。

（4）国事行為の負担軽減

「今後の検討に向けた論点の整理」の「はじめに」の後は、「現行制度下での負担軽減」だ。「現行制度下での負担軽減」の中には、「運用による負担軽減」と「臨時代行制度を活用した負担軽減」という大きな区分があり、さらに、「運用による負担軽減」の中には、「国事行為の負担軽減」と「公的行為の負担軽減」という小さな区分がある（表❼）。

「現行制度下での負担軽減」では、まず、国事行為、公的行為、その他の行為に関して、簡単な説明がされている。そして、その上で、「国事行為の負担軽減」「公的行為の負担軽減」に関して、述べられている。以下、「国事行為の負担軽減」「公的行為の負担軽減」に分けて述べる。

「国事行為の負担軽減」に関して。

国事行為の負担軽減に関しては、積極的に進めるべきとの意見として、次の①が記載されている。①「国事行為の一環として行われる儀式（栄典の親授式や信任状の捧呈式など）や国事行為に関連する儀式（認証官の認証式など）については、儀式を縮減するなどの見直しを行うとともに、皇族方に分担することなどにより、負担軽減が可能ではないか」。また、国事行為の負担軽減に関しては、課題として、次のⓐが記載されている。ⓐ「国事行為の一環として行われる儀式や関連する儀式は、国事行為である御署名や御押印と密接な関係にあり、その見直しは困難なのではないか[*138]」。

なお、国事行為の負担軽減に関しては、「現行制度下での負担軽減」ということにこだわらなければ、憲法改正をして、天皇の国事行為をなくす、という選択肢がある。象徴という地位と、国家機関として国事行為を行う地位は、別のものだ。天皇は象徴だから、当然、国事行為を行わなければならない、ということではない。[139]ただ、先程述べたように、天皇陛下の公務の負担のかなりの部分が公的行為だ。そのことをふまえると、天皇の国事行為をなくすだけでは、天皇陛下の公務の負担軽減は不十分と考えられる。

(5) 公的行為の負担軽減

「公的行為の負担軽減」に関して。

公的行為の負担軽減に関しては、積極的に進めるべきとの意見として、次の①②が記載されている。①「公的行為は、義務的に行われるものではないので、天皇の意思や国民の意識を踏まえたものでなければならないという制約はあるが、負担軽減を図るため縮小することを検討すべきではないか」、②「天皇自身が行わなくても、内容によっては、皇族方が行っても意義が低下しないものもあると考えられるので、皇族方による分担を行うべきではないか」。また、公的行為の負担軽減に関しては、課題として、次の㋐が記載されている。㋐「御公務の削減や皇族方による分担は既にできるものは実施してきており、これ以上の見直しは困難なのではないか」。[140]

先程述べたように、宮内庁は、公務の削減の困難さを度々説明している。㋐は、それをふまえたものだと考えられる。

(6) 臨時代行制度を活用した負担軽減

次に、「臨時代行制度を活用した負担軽減」に関して述べる。

臨時代行制度を活用した負担軽減に関しては、積極的に進めるべきとの意見として、例えば、次の①が記載されている。①「国事行為の臨時代行制度は、天皇が高齢の場合にも適用することが可能であり、天皇の健康状態に応じて、積極的に活用することにより、御公務の負担軽減を図ることが重要ではないか」。[*141]

国事行為の委任の要件は、先程述べた。

そして、臨時代行制度を活用した負担軽減に関しては、積極的に進めるべきとの意見として、他にも、例えば、次の②が記載されている。②「一部の事務だけの代行や、短期間の代行など柔軟な運用ができるため、御代替わりに備えて徐々に御公務を皇位継承者に分担していく手法として活用でき、円滑な引継ぎに資するのではないか」。[*142]

また、臨時代行制度を活用した負担軽減に関しては、課題として、次のㇺ㋑が記載されている。㋐「臨時代行制度は、国事行為のための制度であり、今上陛下の御公務の負担のかなりの部分が公的行為であることを踏まえれば、国事行為の代理である臨時代行を設置したとしても、問題の解決にはならないのではないか」、㋑「国事行為の代行をする受任者が公的行為を事実上行うことは考えられるが、あくまで受任者としての行為であり、象徴としての行為とはならないのではないか」。[*143]

なお、㋐㋑と関係する話だが、次の(ⅰ)(ⅱ)(ⅲ)をふまえると、臨時代行制度を活用した負担軽減に関する課題としては、他にも、象徴や権威の二重性に関することをあげられる。(ⅰ)国事行為を恒久的に委任することは想定されていないが、委任期間が長期間になる可能性はある。ちなみに、昭和天皇崩御前、1987年9月22日〜1987年10月3日、1987年10月3日〜1987年10月10日、1987年10月10日〜1989年1月7日、国事行為が委任された。[*144] (ⅱ)高齢の天皇の負担軽減のために、国事行為の臨時代行を活用しても、高齢の天皇がそれまでと同じように公的行為を行うのであれば、負担軽減が不十分ではないか、という疑問が生じる。そのため、高齢の天皇の負担軽減のために、国事行為の臨時代行を活用する場合、従来、天皇が公的行為として行っていた事柄を、臨時代行が行うようになることが想定される。*145（iii）高齢の天皇の負担軽減のために、国事行為全部を委任し、それが長期間になり、かつ、従来、天皇が公的行為として行っていた事柄を、臨時代行が行う場合、天皇と臨時代行が両方とも象徴であるような感じになったり、どちらが象徴にふさわしいかわかりにくくなったり、天皇の権威が低下したりするおそれがある。

ちなみに、先程、国事行為の臨時代行に関して、園部逸夫元最高裁判所判事の次の意見を示した。「御高齢により摂政や臨時代行を置くことになる場合、天皇が国事行為に復帰されることは想定されないでしょうし、また、設置期間も崩御までの長期にわたることが想定され、こうした場合、先ほども意見表明で述べましたように、どなたが象徴かわかりにくくなるなど、天皇の権威が低下するおそれがあると思います」「基本的には『摂政』設置と同様であり、御高齢となった天皇への御負担軽減方法としてはふさわしくないと考える」。

先程述べたように、全体会議2回目における菅義偉内閣官房長官の発言に基づくと、「今後の検討に向けた論点の整理」は、天皇陛下の公務の負担軽減等を図るための様々な方策について、論点ごとに積極的意見と課題を網羅的に取りまとめたものだ。

しかし、以上で述べたことをふまえると、「今後の検討に向けた論点の整理」は、決してそういうものではない。例えば、園部逸夫元最高裁判所判事の意見にそったことが、臨時代行制度を活用した負担軽減に関する課題として、記載されていない。網羅的なものでないことは明らかだ。いい方をかえると、「今後の検討に向けた論点の整理」だけを見ても、有識者ヒアリングで表明された意見すら、全てわかるわけではない、ということだ。

(7) 設置要件拡大による摂政設置

「今後の検討に向けた論点の整理」の「現行制度下での負担軽減」の後には、「制度改正による負担軽減」がある。「制度改正による負担軽減」の中には、「設置要件拡大による摂政設置について」と「退位による新天皇の即位について」という大きな区分がある。そして、「退位による新天皇の即位について」の中には、「退位について」と「将来の全ての天皇を対象とすべきか、今上陛下に限ったものとすべきかについて」という区分があり、さらに、後者の中には、「将来の全ての天皇を対象とする場合」と「今上陛下に限ったものとする場合」という小さな区分がある(表❼)。

以下、「制度改正による負担軽減」に関して述べる。

まず、「制度改正による負担軽減」の中の「設置要件拡大による摂政設置について」に関して述べる。

「設置要件拡大による摂政設置について」では、まず、設置要件拡大による摂政設置に関して、次の説明がされている。「現行の摂政制度は、天皇に意思能力のない場合等における法定代理を規定したものであり、高齢であっても意思能力のある天皇には適用できない」「摂政によることとする場合には、現行の摂政制度を見直し、高齢の場合にも摂政を設置できるように要件を緩和する必要がある」[*146]。

そして、設置要件拡大による摂政設置に関しては、積極的に進めるべきとの意見として、例えば、次の①が記載されている。①「退位には、強制退位や恣意的退位の問題、(著者注:天皇と前天皇が併存することを原因とする)象徴や権威の二重性の問題など様々な問題があるとされている。退位ではなく摂政によることとすることが、退位の問題を回避でき、将来的にも安定的な皇位継承に資するのではないか」。ただ、摂政設置に関しても、象徴や権威の二重性の問題が指摘されている。実際、設置要件拡大による摂政設置に関しては、課題として、例えば、次の㋐が記載されている。㋐「制度上は象徴であるが象徴としての行為を行わない天皇と、制度上は象徴ではないが実質的には象徴が行う国事行為や公的行為を行う摂政とが並び立つこととなるので、国民は、天皇と摂政のどちらが象徴で、権威があるのか分かりにくくなり、象徴や権威の二重性の問題が生じるのではないか*147」。

「臨時代行制度を活用した負担軽減に関する課題としては、他にも、象徴や権威の二重性に関することをあげられる」と先程述べた。摂政も、国事行為の臨時代行も、国事行為の代行の制度だ。そのことをふまえると、国事行為の臨時代行に関して、㋐と同様の問題が生じる可能性があるということは、納得できるだろう。

なお、設置要件拡大による摂政設置に関しては、積極的に進めるべきとの意見として、他にも、次の②③が記載されている。②「（著者注：摂政は）憲法や皇室典範において予定された制度であり、設置要件を緩和したとしても、退位によるよりも、他の制度を変更する必要はあまりないのではないか」、③「憲法上、天皇は国事行為のみを行うこととされており、公的行為が行えなくなったとしても退位する必要はない。御活動に支障があるのなら、憲法上予定されている代理である摂政の設置要件を緩和して摂政を設置することが最も適当なのではないか*148」。

また、設置要件拡大による摂政設置に関しては、課題として、他にも、例えば、次の㋑㋒㋓が記載されている。㋑「長寿社会を迎えた我が国において、例えば天皇が80歳のときに摂政を設置した場合、天皇が１００歳となり、摂政である皇太子が70代になるというケースも想定される。このような長期間にわたり摂政を設置することや、摂政自身がかなりの高齢となられることは、象徴天皇の制度のあり方としてふさわしいのか」、㋒「摂政制度は、国事行為のための制度であり、今上陛下の御公務の負担のかなりの部分が公的行為であることを踏まえれば、国事行為の代理である摂政を設置したとしても、問題の解決にはならないのではないか」、㋓「憲法は国事行為の委任と摂政を規定し、現行制度ではこれを意思能力があるかどうかで区分している。高齢であっても意思能力がある天皇についてまで摂政を設置することができるようにすることは、憲法が定める摂政制度の範囲を超えるのではないか」[*149]。

先程述べたように、臨時代行制度を活用した負担軽減に関して、㋒と同様の課題があげられている。天皇陛下の公務の負担のかなりの部分が公的行為であることをふまえると、天皇陛下の公務の負担軽減に関しては、公的行為の負担をいかに軽くするかが、ポイントとなる。摂政や国事行為の臨時代行は、国事行為の代行の制度なので、設置要件を拡大して摂政を置いたり、国事行為を委任したりするだけでは、天皇陛下の公的行為の負担は軽くならない。天皇陛下の公的行為の負担を軽くするためには、公的行為として行っている事柄を、取り止めたり、（摂政・臨時代行を含む）皇族方に行ってもらったりする必要がある。

なお、設置要件拡大による摂政設置に関しては、次のような問題もある。高齢の天皇の負担軽減のために、設置要件を拡大して摂政を設置し、かつ、天皇が公的行為として行っていた事柄を、摂政が行うようになった場合、天皇の負担は大幅に軽減される。そのため、天皇には時間のゆとりができ、天皇は、音楽や研究等[*150]、様々なことに時間を使える。ただ、他人に国事行為を委ねている状態で、そういうことを心置きなく楽しめるのかという疑問があるし（個々の天皇の性格によって違うだろうが）、また、心無いマスメディアに、「他人に国事行為を委ねて自分は遊んでいる」という趣旨の批判をされてしまうかもしれない。

(8) 退位

次に、「制度改正による負担軽減」の中の「退位による新天皇の即位について」に関して述べる。

「退位による新天皇の即位について」では、まず、退位に関して、次の説明がされている。「憲法第2条は、『皇位は、世襲のものであつて、国会の議決した皇室典範の定めるところにより、これを継承する。』と規定している」「皇室典範第4条は崩御のみを皇位継承事由としており、退位を実現するには何らかの立法措置が必要である」。[*151]

そして、その説明の後に、「退位について」がある。以下、「退位について」に関して述べる。

退位に関しては、積極的に進めるべきとの意見として、例えば、次の①②③が記載されている。①「摂政や臨時代行では、公的行為を事実上行うことは考えられても、あくまで摂政や臨時代行としての行為であり、象徴としての行為ではない。今上陛下と今の時代の国民が作り上げてきた公的行為のあり方に基づく御活動を十分に行うことが困難になるかもしれないという今上陛下の御心労に鑑みれば、退位のほかには方法がないのではないか。今上陛下が退位された後は、新たな天皇の下で、その天皇と国民の間で新たな公的行為の範囲を構築していくこととなるのではないか」、②「皇太子殿下は現在56歳。これまで国事行為の臨時代行等の御公務を数多くこなされてきた。長寿社会を迎えた我が国において、このまま今上陛下が終身在位されると、例えば今上陛下が100歳になられたとき、皇太子殿下が73歳であられることが想定される。今上陛下が退位され、皇太子殿下が即位されることにより、円滑な皇位継承が行われ、象徴としての全ての御活動が途切れることなく安定的に継続されることとなるのではないか」、③「退位後の前天皇と新天皇との間で、象徴や権威の二重性の問題が生じるとの意見もあるが、それは前天皇が退位後にどのような御活動をされるかによるところが大きいので、それまでのような公的な御活動をされなければよいのではないか[*152]」。

なお、③に関しては、先程述べたように、有識者会議第8回で、宮内庁が、次の説明をした。「仮に御代替わりがあった場合には、宮内庁としては、陛下が象徴としてなされてきた行為については、基本的に全て新天皇にお譲りになることになるものと整理している」。したがって、象徴が二元化することはあり得ないと考えている」。

また、退位に関しては、課題として、例えば、次のⓐⓘⓤが記載されている。ⓐ「天皇の自由な意思に基づく退位を可能とすれば、即位後ごく短期間での退位も可能となるので、即位しないことも可能としなければ均衡が取れないのではないか。そうなれば、憲法が定める世襲制を維持することが難しくなるのではないか」、ⓘ「長期にわたり象徴であられた今上陛下が退位された場合、権威は引き続き残るので、国民は、退位後の天皇も象徴や権威ある存在として見ることとなり、二重性の問題が生じるのではないか」、ⓤ「憲法上、天皇は国事行為のみを行うこととされており、国事行為については摂政や委任といった代理制度が整備されていること、公的行為の実施が求められているわけではないことからすれば、本来退位が必要となるような場合は、想定されないのではないか[*153]」。

以下、天皇の自由意思（自由な意思）に基づく即位拒否・退位に注目して、ⓐに関して述べる（様々な要件を考慮した話をすると、きりがないので、そういう話はしない。ⓐにおいても、そういう話はされていない）。

自由意思に基づく退位を認める場合、自由意思に基づく即位拒否を認めることも、自由意思に基づく即位拒否を認めないことも、制度上、可能と考えられる。

そして、自由意思に基づく即位拒否・退位を認める場合、即位を望まないAは、即位拒否し、非天皇Aとして生きることができる。また、自由意思に基づく即位拒否は認めないが、自由意思に基づく退位は認める場合、即位を望まないAを嫌々即位させても、天皇Aは即位後短期間で退位することになるだろう（Aは嫌々即位したが、即位してみたら、案外居心地が良かったので、退位しない、という可能性もなくはない）、つまり、その場合も、結局、Aは、非天皇Aとして生きることができる。以上で述べたことによると、自由意思に基づく退位を認める場合、自由意思に基づく即位拒否を認めないことに、あまり意味はない。あまり意味がないどころか、即位後短期間で退位するときも、その即位・退位に関して、様々なコストがかかってしまう。例えば、即位後短期間で退位するときも、退位に伴う儀式・行事は行われるだろうから、そのコストがかかってしまう。

なお、自由意思に基づく即位拒否を認める場合に、自由意思に基づく退位を認めないことは、制度上、可能と考えられる。そして、自由意思に基づく即位拒否は認めるが、自由意思に基づく退位は認めないという制度にした場合、その制度の下で、50歳のときに、自由意思に基づいて即位を選択し天皇となった天皇Bは、自由意思に基づく退位ができなくても、納得しやすいだろう、自分の選択の結果だと。

もっとも、自由意思に基づく即位拒否は認めるが、自由意思に基づく退位は認めないという制度にした場合、即位に関する判断能力が十分ではない年齢で、即位することもあり得る。そういう年齢で即位した天皇に関しては、「自由意思に基づく退位ができなくても、納得しやすいだろう」とはいえない。

そうすると、即位に関する判断能力が十分といえる年齢は何歳以上か、ということが気になる。では、その年齢は何歳以上か。まず、即位と退位は表裏の関係にあるので、即位に関する判断能力が十分といえる年齢と退位に関する判断能力が十分といえる年齢は、同じと考えられる。そして、天皇に関して、皇室典範22条は「天皇、皇太子及び皇太孫の成年は、十八年とする」と規定している。そのため、18歳以上であれば、退位に関する判断能力は十分といえる。よって、即位・退位に関する判断能力が十分といえる年齢は、18歳以上と考えられる〔もちろん、他の見解も考えられるが（皇室典範11条1項、22条、民法4条参照）、本書では、この見解に基づいて、話を進める〕。

そして、そのことをふまえると、18歳以上に、自由意思に基づく即位拒否・退位を認める、ということが考えられる。また、自由意思に基づく即位拒否・退位がいつあるかわからないようでは困る、ということであれば、18歳の誕生日を迎えてから、一定期間内に、一度だけ自由意思に基づく即位拒否・退位を認める、ということが考えられる。

なお、㋐の「憲法が定める世襲制を維持することが難しくなるのではないか」という部分に関しては、次のように考える人がいるかもしれない。「憲法が定める世襲制を維持することができなくなっても構わない。自由意思に基づく即位拒否・退位を認めないというのが、おかしい。どこかのカルト教団が、教祖亡き後、その子供を無理矢理教祖にして、その教祖がやめたいといっても、やめることを許さず、『教祖様、教祖様』といって喜んでいるというのはありそうだ。しかし、日本は、カルト教団ではない。自由意思に基づく即位拒否・退位を認めるべきだ。自分の人生は自分で決定する、当たり前のことだ。もちろん、自由意思に基づく即位拒否・退位を認めた結果、天皇がいなくなる可能性はある。皇位継承資格者の全てが即位拒否する可能性は否定できない。仮に、そうなったら、天皇の制度をやめたら良い。当事者が誰もなりたくないというのであれば、天皇の制度は役割を終えた、社会に合わなくなった、ということだ。時の流れとともに社会は変化する、その結果、憲法が社会に合わなくなってしまう可能性がある、だから、憲法を変える方法が憲法にある（憲法96条）、すなわち、憲法改正が認められている。天皇の制度も社会に合わなくなったら、憲法改正をして、憲法の天皇に関する規定を削除すれば良いし、皇室典範等も廃止すれば良い。それらは、不磨の大典ではない」。

以上が、「退位について」に関することだ。

(9) 将来の全ての天皇を対象とする場合

次に、「将来の全ての天皇を対象とすべきか、今上陛下に限ったものとすべきかについて」の「将来の全ての天皇を対象とする場合」に関して述べる。

将来の全ての天皇を対象とする場合に関しては、積極的に進めるべきとの意見として、例えば、次の①が記載されている。①「今上陛下に限ったものとすることは法の一般性の原則に反するのではないか」。そして、それに関する課題として、次の㋐が記載されている。㋐「特定個人・集団を対象とした立法であっても平等原則や三権分立などの他の憲法原理に反しない限り、許されるのではないか。そもそも、憲法上の天皇の地位については、一般国民と同様に論じるべきではないのではないか[*154]」。

また、将来の全ての天皇を対象とする場合に関しては、積極的に進めるべきとの意見として、例えば、次の②が記載されている。②「強制退位を避けるためにも、天皇の意思に基づくことを要件とした退位を将来の全ての天皇が行えるようにすべきではないか」。そして、それに関する課題として、例えば、次の㋑㋒㋓が記載されている。㋑「天皇が意思表示した場合に退位できることとすると、皇室会議や国会等の別の機関が退位は望ましくないとの判断をすることは通常考えにくいのではないか。そうなれば、将来その時々の政治情勢を理由に天皇が退位するというような事態を招きかねないのではないか」、㋒「天皇の意思に基づく退位制度とした場合であっても、世論や時の政権の圧力により、不本意ながら天皇が退位の意思を表明させられるような場合も否定できないのではないか」、㊁「天皇の意思に基づく退位を可能とすれば、そもそも憲法が禁止している国政に関する権能を天皇に与えたこととなるのではないか」[*155]。

㋑を見て、次のように思った人がいるかもしれない。「天皇陛下は、『象徴としてのお務めについての天皇陛下のおことば』で、摂政設置に関して否定的な評価をされた。その評価によって、摂政設置という方法を国会等が採用することは、なくなってしまったのではないか。また、『象徴としてのお務めについての天皇陛下のおことば』には、天皇陛下の退位の願いがにじんでいた。そのため、それによって、実質的に、天皇陛下の退位が決定したのではないか、すなわち、国会等が、天皇陛下の退位は望ましくない、という判断をすることはなくなってしまったのではないか。仮に、そうだとすれば、『象徴としてのお務めについての天皇陛下のおことば』の表明は、国政の動向に極めて大きな影響を及ぼしたといえる。また、そういうことになる可能性がある以上、天皇陛下は、それの表明を自制されるべきではなかったのか、また、安倍内閣はそれの表明を了解すべきではなかったのではないか。㋑の記載をした有識者会議は、『象徴としてのお務めについての天皇陛下のおことば』の表明を、どのように考えていたのだろうか、本音では」。

㋒に関しては、天皇の意思に基づく退位制度がなくても、世論や時の政権の圧力により、不本意ながら天皇が退位の意思を表明させられる可能性はある。そして、その意思表明を端緒として、法整備がされ、その天皇が退位することになる可能性もある。

また、将来の全ての天皇を対象とする場合に関しては、積極的に進めるべきとの意見として、例えば、次の③が記載されている。③「今上陛下に限ったものとする場合、後代に通じる退位の基準や要件を明示しないこととなるので、後代様々な理由で容易に退位することが可能になるのではないか。その場合、時の政権による恣意的な運用も可能になるのではないか」。そして、それに関する課題として、例えば、次の㋔㋕が記載されている。㋔「恒久的な退位制度を作る場合、退位の要件を設ける必要がある。将来の全ての天皇を対象とした個別的・具体的要件を規定することは困難であることから、一般的・抽象的な要件を定めることになるが、その場合、時の政権の恣意的な判断が法の要件に基づくものであると正当化する根拠に使われるのではないか」、㋕「今上陛下が退位される事情を法案に詳細に書き込めば、後代恣意的に運用されることを避けることができるのではないか」[*156]。

③㋔を見るとわかるように、恒久的な退位制度を設ける場合に関しても、天皇陛下に限って退位を認める場合に関しても、時の政権が恣意的なことをするのではないか、という懸念が示されている。時の政権が恣意的なことをするのを、完全に防ぐのは困難なので、そういう懸念があるのは当然だ。時の政権が恣意的なことをするのを防ぐために、明確な基準・厳格な手続の恒久的な退位制度を設けても、その退位制度自体が変えられてしまう可能性がある。恣意的なことをする政権下で、そういうことがされてもおかしくない。

また、将来の全ての天皇を対象とする場合に関しては、積極的に進めるべきとの意見として、例えば、次の④が記載されている。④「退位の具体的な要件を定めなくても、皇室会議の議決を要件とするなど退位手続を整備することにより、恣意的な退位を避け、退位の客観性を確保することができるのではないか」。そして、それに関する課題として、例えば、次の㋖が記載されている。㋖「三権の長や天皇の親族である皇族によって構成される皇室会議に、『天皇の退位』の判断という国政に関する包括的な権能を付与することは、三権分立の原則や天皇の国政関与禁止を定める憲法の趣旨に鑑み、不適当なのではないか」[*157]。

㋓㋖を見るとわかるように、天皇の退位制度と憲法4条1項は、関係している。憲法4条1項に関しては、先程述べた。

また、将来の全ての天皇を対象とする場合に関しては、積極的に進めるべきとの意見として、例えば、次の⑤が記載されている。⑤「『象徴天皇の務めが常に途切れることなく、安定的に続いていくことをひとえに念じ』ておられる今上陛下のおことばに応えるためには、恒久的な制度とする必要があるのではないか」。そして、それに関する課題として、次の㋗が記載されている。㋗「仮に、今上陛下の御意向に沿って制度改正したということとなると、憲法の趣旨に反するのではないか」。*158

㋗に関しては、次のように思う人がいるかもしれない。「今回、天皇陛下の『退位したい』という御意向に沿って、天皇陛下の退位を認めたようにしか見えないのだけれど、今回の件は憲法の趣旨に反しないのかな」。

また、将来の全ての天皇を対象とする場合に関しては、課題として、例えば、次の㋘が記載されている。㋘「仮に、天皇の意思に基づかない退位制度とする場合、【ある年齢に達すれば機械的に退位する制度としない限り】、天皇の意向に反して天皇が退位させられることとなりかねないのではないか」。*159 ただ、天皇の意思に基づかない退位制度とする場合、ある年齢に達すれば機械的に退位する制度としても、しなくても、天皇の意向に反して天皇が退位させられることとなりかねない（それは容易にわかるだろう。具体的な事例を想定して考えれば、尚更）。

そのため、課題として記載するのであれば、㋘ではなく、次のようなことを記載すべきだ。「仮に、天皇の意思に基づかない退位制度とする場合、天皇の意向に反して天皇が退位させられることとなりかねないのではないか」（㋘をふまえ、「～のではないか」という表現にした）。

以上のように、㋘はおかしい。㋘は「ある年齢に達すれば機械的に退位する制度としない限り、」という部分が余計だ。

なお、㋘と同様の記載は、「今後の検討に向けた論点の整理」に複数箇所ある。つまり、残念ながら、「今後の検討に向けた論点の整理」には、おかしい箇所が複数ある。

⑽ 今上陛下に限ったものとする場合

次に、「将来の全ての天皇を対象とすべきか、今上陛下に限ったものとすべきかについて」の「今上陛下に限ったものとする場合」に関して述べる。

今上陛下に限ったものとする場合に関しては、積極的に進めるべきとの意見として、例えば、次の①が記載されている。①「今回は今上陛下の御状況を受け止めて例外的に退位していただくこととし、仮に将来退位について考えるべき状況が生じた場合においては、退位の是非について、そのときに、皇位継承者との年齢差や皇室の状況、国民の意識や社会情勢などを踏まえ、国会等において判断することが、国民の意思を最も的確に反映したものになるのではないか」。そして、それに関する課題として、次の㋐が記載されている。㋐「今上陛下に限ったものとする場合、後代に通じる退位の基準や要件を明示しないこととなるので、後代様々な理由で容易に退位することが可能になるのではないか。その場合、時の政権による恣意的な運用も可能になるのではないか」。*160

①は、悪くいえば、無責任、将来の人に丸投げということだ。

ところで、世論調査をふまえると、天皇の退位制度に関しては、「将来の全ての天皇を対象とすべき」という意見の方が、「今上陛下に限ったものとすべき」という意見より、はるかに多い。先程示した有識者会議第

7回の資料である「国民世論の動向について」にも、そのことが表れている。また、そもそも、（どの程度かはわからないが）有識者会議が、国民世論の動向を重要と思っていたから、その資料を作成したと思われる。

そのことをふまえると、今上陛下に限ったものとする場合に関しては、課題として、次のようなことをあげられる。「世論調査をふまえると、世論の大勢は、将来の全ての天皇を対象とした恒久的な退位制度を望んでいる。今上陛下に限って退位を認めるということで良いのか」「国民は、将来の全ての天皇を対象とした恒久的な退位制度を望んでいるのではないか。今上陛下に限って退位を認めるということで良いのか」。

しかし、「今後の検討に向けた論点の整理」には、そういう趣旨のことは記載されていない。「今後の検討に向けた論点の整理」には、国民の意識・考えに言及した部分が複数あるにもかかわらず（例えば、「国民はこのような御活動こそが今上陛下の御姿であると認識し深く敬愛し、感謝しているのではないか」「国民はその御心労を理解し、また、共感し、今上陛下の御負担を軽減するためにはどのようなことができるのかについて考えているのではないか」[*161]）。

なお、先程示したように、2017年1月、毎日新聞は、次の報道をした。「陛下は恒久的な制度による退位を望む考えを学友に明かしているが、官邸は一時、退位ではなく摂政案を検討し、現在は陛下一代の特別立法で対応しようとしているとされる」。

以上のことをふまえ、次のように思う人がいるかもしれない。「天皇陛下に限って退位を認めるというのが、安倍政権の方針だった。有識者会議は、その安倍政権にとって都合が悪い世論を、『今後の検討に向けた論点の整理』に掲載しなかったのかな。そういえば、有識者会議を開催していたのは、安倍晋三首相だよね」。

ちなみに、2017年1月、毎日新聞は、「今後の検討に向けた論点の整理」に関して、次の報道をした。「安倍晋三首相の私的諮問機関『天皇の公務の負担軽減等に関する有識者会議』が23日、論点整理を公表した。天皇陛下の退位に関して、一代限りで認める案と将来の天皇にも適用する案について利点と課題を併記したが、一代限りの特別立法で対応する政府方針に沿った内容になった」。*162

また、2017年4月、時事通信は、「今後の検討に向けた論点の整理」に関して、次の報道をした。「陛下の退位の意向が表面化した昨年7月、政府は首相の意向を背景に『一代限りの特例』とする対処方針を既に固めていた。この方針は、その後の有識者会議の議論や国会での与野党協議でも貫かれてきた。今年1月に有識者会議が公表した『論点整理』は特定の結論は明示しなかったものの、現行制度の根幹を変える恒久制度化に数多くの課題があることを指摘し、政府方針の理論武装を担った」。*163

(11) 今後の検討の方向

そして、「今後の検討に向けた論点の整理」の最終頁にあるのが、「今後の検討の方向」だ。

そこには、今後の検討の方向に関して、次の記載がある。「【有識者会議においては、論点整理に対する国会や世論の動向等も参考にしながら、更に議論を深めていく必要がある】。その際には、長寿社会に的確に対応するための医学的見地からの検討も必要であり、さらに、退位後のお立場や称号、御活動のあり方などのその他の課題についても検討する必要がある」。*164

その記載の中には、「運用による負担軽減」という言葉も、「臨時代行」という言葉も、「摂政」という言葉も入っていないが、「退位」という言葉は入っている。

そこに、有識者会議の考えが表れているともいえる。

⑿ 有識者会議第10回の日程

なお、有識者会議第10回は、２０１７年2月13日に開催することになった。

以上が、有識者会議第９回に関してだ。

⒀ 安倍晋三首相・両議院正副議長と「今後の検討に向けた論点の整理」

有識者会議第９回が開催された２０１７年1月23日の翌日、２０１７年1月24日、安倍晋三首相から両議院正副議長に対し、「今後の検討に向けた論点の整理」ついて提示があった。

そして、同日、「今後の検討に向けた論点の整理」について、安倍晋三首相から提示があった旨の報告を、両議院正副議長から各政党・各会派に行った。２０１７年1月25日に、「今後の検討に向けた論点の整理」に関して、政府から説明を受けることになった。

13 全体会議2回目

⑴ 「今後の検討に向けた論点の整理」に関する説明

２０１７年1月25日、全体会議2回目が開催された。

全体会議２回目は、伊達忠一参議院議長の挨拶から始まった。

その後、「今後の検討に向けた論点の整理」に関して、菅義偉内閣官房長官が簡単に説明し、山﨑重孝内閣総務官が詳しく説明した（詳しく説明したといっても、実質的には、「今後の検討に向けた論点の整理」を要約して、読み上げただけだが)。

(2)「天皇の公務の負担軽減等に関する有識者会議」という名称の理由

そして、その説明の後、質問を受け付けるということになり、民進党の野田佳彦衆議院議員と社会民主党の又市征治参議院議員が、発言・質問をした。

例えば、民進党の野田佳彦衆議院議員は、「今後の検討に向けた論点の整理」の「課題」の整理の仕方に疑問・問題を感じたようで、次の発言をした。「課題をよく見ていかないと、随分整理の仕方として偏ってきているのではないのかなというようなことがありますので、これはこの後よく吟味をしていきたいというふうに思います」。

また、民進党の野田佳彦衆議院議員は、有識者会議の名称に関して、次の質問をした。「基本的なことからなんですが、この有識者会議の名称なんですよね、『天皇の公務の負担軽減等に関する有識者会議』。この立法府の場は、たしか天皇の退位に関する意見交換会、『退位等』ですよね。私は、八月八日のメッセージは、むしろ『退位等』でくくる方が受け止めとしては正しくて、公務負担等というのは少し本質から離れたところではないのか。『等』に本当は入るところなのに、なぜ公務負担という名称を付けたのかがちょっとよく分からないので、教えていただければと思います」。

その質問に対して、菅義偉内閣官房長官は、次の回答をした。「有識者会議の名称でありますけれども、天皇陛下があのようなお言葉を発せられました。政府としては重く受け止めて、これから対応するについて、陛下の国事行為、やはり御高齢で、そういう中から発せられた、そういう考え方の下で、やはり御高齢の天皇陛下のことについて、まず私どもは政府として考えるべきだと、そういう形の中でこのような名称は付けさせていただきました」。
以上が、全体会議2回目に関してだ。

(3) 有識者会議第10回の開催延期

先程述べたように、有識者会議第10回は、2017年2月13日に開催予定だった。ただ、全体会議2回目の開催後、2017年2月7日、政府は、有識者会議第10回の開催延期を発表した。両議院正副議長の下での立法府の議論に配慮したものだ。

2017年2月、時事通信は、そのことに関して、次の報道をした。「政府は7日、天皇陛下の退位をめぐる『天皇の公務の負担軽減等に関する有識者会議』(座長・今井敬経団連名誉会長)について、13日に予定されていた次回会合を延期すると発表した。衆参両院の正副議長の下で行われる国会論議に配慮したものだ。次回は3月15日に開く方向で調整を進める(著者注：なお、有識者会議第10回は、実際には、2017年3月15日ではなく、2017年3月22日に開催された)」。*165

14 各政党・各会派からの個別の意見聴取1回目

(1) 個別の意見聴取1回目の出席者

2017年2月20日、天皇の退位等についての立法府の対応に関して、各政党・各会派から個別に意見を聴取した(全体会議が開催されたわけではない。全体会議3回目が開催されたのは、2017年3月2日だ)。

出席者は、全体会議3回目の出席者と同じだ。[166] 全体会議の出席者に関しては、先程述べた。

以下、各政党・各会派提出資料に基づいて、各政党・各会派の意見を簡単にまとめたものを示す。具体的には、自由民主党、民進党、公明党、日本共産党、日本維新の会、自由党、社会民主党、無所属クラブ、日本のこころ、沖縄の風の意見を簡単にまとめる。なお、各政党・各会派提出資料の分量は、様々だった。例えば、自由民主党の提出資料は1頁、民進党の提出資料は10頁（概要版2頁を含む）だった。

（2）自由民主党の意見①

自由民主党の意見を簡単にまとめると、以下のとおりだ。

退位について対応する必要がある。

そして、退位については、次の2つの場合が考えられる。①将来の全ての天皇を対象とする場合、②今上陛下一代限りとする場合。

まず、①将来の全ての天皇を対象とする場合に関しては、適切な要件の設定が極めて困難である等の問題がある。また、②今上陛下一代限りとする場合に関しては、今回、要件を設定しないこととすると、今後、恣意的に運用されるのではないか、といった課題がある。②今上陛下一代限りとする場合、それが将来の先例になることは否定できないが、その時点の状況を的確にふまえた慎重な判断と立法手続によって、恣意的運用は十分回避可能であり、むしろ、その時点の国民の総意が反映されると考えられる。

以上のような観点から、現時点において、天皇の退位は今上陛下一代に限った対応とすることが望ましいと考えられる。

その際、憲法・皇室典範と今回の立法措置の関係を明確にする必要がある。また、立法にあたっては、今回の対応の趣旨や必要となる手続の明記等、法案の内容への十分な配慮を求める。

今後の高齢化社会の進展と安定的な皇位継承は、直面する天皇の退位に対応した上で、別途、慎重に検討すべき課題と考えられる。*167

以上が、自由民主党の意見を簡単にまとめたものだ。

ちなみに、全体会議1回目で、自由民主党の二階俊博衆議院議員は、次の発言をした。「自民党においても党内に確かにいろんな議論があることは大体御理解いただいておると思います。党の総務会においても相当の活発な意見がありました」。

その発言からわかるように、自由民主党内には、いろいろな意見があった。例えば、2017年1月31日、自由民主党の石破茂衆議院議員は、次の意見を公表した。「ご生前のご譲位は認めるべきであり、これを今上陛下ご一代に限るのではなく、恒久的なものとして皇室典範に定めるべきである」*168。

以上のように、自由民主党内にはいろいろな意見があったが、同党の意見は先程示したようなものとなった。

(3) 民進党の意見①

民進党の意見を簡単にまとめると、以下のとおりだ。

天皇の退位を認めるべきだ。

そして、退位の制度化を図る際には、恒久的な制度として皇室典範を改正する方法と、今上天皇一代限りで退位を認める特例法による対応があるが、恒久的な皇室典範改正によるべきだ。

理由としてあげられたのは、例えば、以下のことだ。

憲法は、憲法規範を具体化する場合に、下位規範である法律に委任している。その場合、「法律の定めるところにより」「法律でこれを定める」とし、あくまで「法律」とのみ言及するだけで、委任先がいかに基幹的な法律であっても、ある特定の法律名をあげて、委任することはない（憲法10条、17条、27条、44条参照）。

ただ、皇位の継承については、「皇室典範の定めるところにより」（憲法2条）とし、「皇室典範」という法律名を名指ししている。また、憲法1章「天皇」の中でも、国事行為の委任については、「法律の定めるところにより」（憲法4条2項）としており、憲法は、明確に、委任先を、「法律」と「皇室典範」で書き分けている。

内閣法制局は、一貫して、法形式的には、皇室典範は、通常の法律となんら異ならないとしているが、法規範のレベルが違うからという理由で憲法が委任先を書き分けるのであればともかく、法形式・法効力でまったく同等であるにもかかわらず、委任先を書き分けているということは、効力関係なしに、「皇室典範」という名前の法規範を委任先として名指ししている、ということだ。

すなわち、憲法は、皇位の継承に関する事項は、一般的な「法律」ではなく、「皇室典範」によることを要請している。したがって、皇室典範によらない、特例法によって天皇の退位を認めることは、憲法の要請に反し、退位に違憲の疑いを生じさせるとの指摘もある。そのため、皇位継承の中核的問題である天皇陛下の退位に関する事項は、特例法によることなく、皇室典範の改正によるべきだ。憲法41条が要請する法律の一般性の原則の点からも、特例法による対処には問題がある。

また、皇室典範の中に特例法の根拠規定を設ければよいとの議論もあるが、形式的に「皇室典範」を改正しても、実質的には特例法に全面的に委ねることとなり、憲法2条の趣旨を潜脱する。

そしてまた、天皇陛下は、おことばで、「象徴天皇の務めが常に途切れることなく、安定的に続いていくことをひとえに念じ」と述べられている。天皇陛下は、皇位継承を安定的に行うことの重要性を問いかけておられる。単に今上天皇一代限りの対処を行うことは、安定的な皇位継承という問いかけの本質から外れるものだ。以上のように、民進党は、恒久的な皇室典範改正によるべきとした。そして、具体的には、以下のようにすべきとした。

皇室典範4条（民進党案）

天皇が退位し、又は崩じたときは、皇嗣が直ちに即位する。

皇室典範4条の2（民進党案）

天皇は、皇嗣が成年に達しているときは、その意思に基き、皇室会議の議により、退位することができる。

なお、女性皇族が結婚後も皇族の身分を保持し、当該女性皇族を当主とする宮家の創設が可能となるよう[*169]皇室典範を改正すべきだ。また、皇位継承資格について、女性や女系の皇族に拡大することについても、国民的な議論を喚起していくべきだ[*170]。

以上が、民進党の意見を簡単にまとめたものだ。

さて、民進党の意見は、憲法2条に言及している。そこで、以下、憲法2条に関して述べる。

憲法2条は「皇位は、世襲のものであつて、【法律の定めるところにより】、これを継承する」とは規定していない。先程示したように、憲法2条は「皇位は、世襲のものであつて、【国会の議決した皇室典範の定めるところにより】、これを継承する」と規定している。

そのため、天皇の退位を認めるにあたっては、皇室典範（昭和22年法律第3号）を改正する必要があるのではないか、という疑問が生じる。

そのことに関する答弁書があるので、ここで、紹介する。２０１６年10月7日、安倍晋三首相『衆議院議員奥野総一郎君提出「天皇の公務の負担軽減等に関する有識者会議」に関する質問に対する答弁書』には、次の内容がある。「あくまでも一般論として純粋の法律論をお答えすれば、憲法第二条は、『皇位は、世襲のもの』とするほかは、皇位の継承に係る事項については、【『国会の議決した皇室典範』すなわち法律】で適切に定めるべきであるということを規定しているものと解される。その上で、皇室典範（昭和二十二年法律第三号）第四条において、『天皇が崩じたときは、皇嗣が、直ちに即位する』と規定し、崩御のみを皇位の継承の事由として定めているところであり、お尋ねの『退位』を皇位の継承の事由とするか否かは、御指摘の憲法第一条を始めとする憲法の規定の趣旨等を踏まえて、立法の問題として検討されるべき事項であると考えられる。また、一般に、ある法律の特例や特則を別の法律で規定することは法制上可能であることを踏まえると、憲法第二条に規定する『皇室典範』には、現行の皇室典範のみならず、その特例や特則を定める別法も含み得ると考えられる」。

その答弁書に基づくと、「国会の議決した皇室典範の定めるところにより」（憲法2条）は「法律の定めるところにより」と同義であり、[*171]また、皇室典範（昭和22年法律第3号）を改正しなくても、天皇の退位を認められる。

なお、有識者会議第5回で開催された有識者ヒアリングで、高橋和之東京大学名誉教授は、憲法2条に関して、次の発言をした。「憲法2条は、皇位の継承は、国会の議決した皇室典範の定めるところにより行うと定めておりますけれども、【この趣旨は、皇位の継承を定める皇室典範が戦前のそれのように、憲法と並ぶ最高規範ではなくて、憲法の下にある法律だということにあると解されてまいりました】。この点を重視した解釈をすれば、【憲法は皇室典範という単一法典で定めることを要求しているのではなく、法律で定めることを要求しているにすぎないと解することができます】」。

(4) 公明党の意見①

公明党の意見を簡単にまとめると、以下のとおりだ。

将来の全ての天皇を対象とすることに関しては、次の①②③の問題がある。①将来の全ての天皇を対象とする退位制度にしようとすると、皇室典範の改正が必要となる。ただ、将来にわたる退位の要件を、一般的に規定することは極めて困難だ。②皇位の継承について、「天皇の退位の意思」や「皇室会議の議を経ること」を要件とすることは、天皇の国政関与の禁止(憲法4条1項)や三権分立の原則との関係から、憲法上の疑義があるといわざるを得ない。③天皇の意思にかかわらず、天皇の年齢等によって退位を認めるのは、退位の強制の弊害が生じることも懸念される。

今上陛下一代限りの「皇位継承に関する特例法」とするのが適切と考える。一代限りの特例法とすることによって、国会において、その時代時代の国民の意識、社会状況、天皇の年齢と皇位継承者の年齢、皇室の状況等をふまえ、法律案として慎重に審議できる。ただし、特例法とはいえ、重要な先例になるので、将来のことも視野に入れた法整備にしなければならず、今上陛下の退位を認める事情等を法文上明らかにする必要がある。

なお、女性宮家の創設等、安定した天皇、皇室制度のあり方については、今後の検討課題とする。*172

以上が、公明党の意見を簡単にまとめたものだ。

与党である自由民主党・公明党は、将来の全ての天皇を対象とする退位制度を設けるべきという立場にたたないという点で、一致していた。

(5) 日本共産党の意見①

日本共産党の意見を簡単にまとめると、以下のとおりだ。

個人の尊厳という日本国憲法の最も根本の精神に照らして考えるなら、一人の方に、どんなに高齢になっても仕事を続けるよう求めるという現在のあり方には、改革が必要。退位を認めるべきだ。

また、高齢というのは誰にでも訪れるもので、現天皇だけの特別な事情ではない。そのため、皇室典範の改正で対応するのが筋だと考える。

なお、天皇の退位について、過去の事例に遡る議論があるが、日本国憲法の定める「象徴」たる天皇の地位に最初からついたのは現天皇だけだ。現憲法の定める「天皇」の制度の問題として議論すべきだ。*173

(6) 日本維新の会の意見①

日本維新の会の意見を簡単にまとめると、以下のとおりだ。

皇室典範に根拠を設け、一代限りの譲位を可能とする特例法を制定すべきだ。

その理由は、次のとおりだ。①超高齢化社会を迎え、憲法や皇室典範の制定時に想定できなかった問題が生じている。今後、天皇陛下も皇嗣も高齢のままという不安定な状態が生じうることに鑑み、崩御の場合以外にも皇位継承が可能な制度とすべきだ。②今後のあらゆる状況を予想した恒久的な譲位要件を定めることは困難。その時々の状況を反映できる法形式が望ましい。また、天皇が日本国民統合の象徴であることから、国民の意思を反映できるようにすべきだ。③憲法2条は「皇位は、世襲のものであつて、国会の議決した皇室典範の定めるところにより、これを継承する」と規定している。そのため、皇室典範に根拠を置くことで、憲法違反の疑いのない制度とすべきだ。[*174]

(7) 自由党の意見①

自由党の意見を簡単にまとめると、以下のとおりだ。

天皇の生前退位については慎重であるべきで、本来、予てより活用されてきた摂政を置かれることが望ましい。しかしながら、先の陛下のお言葉を踏まえると、徒に議論に時間をかけず、立法府は国民的な合意を得る努力をすべきと考える。ただし、これには将来の天皇制の安定のためにも、その都度の法改正ではなく、皇室典範の改正で対処すべきであり、同時に、女性宮家の創設等、基本的な議論を深めるべきだ。[*175]

以上が、自由党の意見を簡単にまとめたものだ。

自由党は、摂政設置が望ましいとした上で、「しかしながら～」と続けている。ただ、「退位を認めるべきだ」「退位について対応する必要がある」といったことは、自由党の提出資料には、明記されていない。そこが特徴的だ（なお、二つ前の段落で示したように、自由党の提出資料には、次の部分がある。「先の陛下のお言葉を踏まえると、徒に議論に時間をかけず、立法府は国民的な合意を得る努力をすべき」。それに対し、全体会議3回目で、自由党の玉城デニー衆議院議員は、次の発言をした。「さきの陛下のお言葉を踏まえると、いたずらに議論に時間をかけず、退位そのほかについては、立法府は国民的な合意を得る努力をすべき」。前者と後者の内容の違いは、「退位そのほかについては、」という部分があるか否かだ）。

また、「将来の天皇制の安定のためにも、その都度の法改正ではなく、皇室典範の改正で対処すべき」という自由党の意見・考え方が、後々、自由党の動きに顕著に表れることになる。

（8）社会民主党の意見①

社会民主党の意見を簡単にまとめると、以下のとおりだ。

天皇の人権という観点から、天皇の退位を認めるべきだ。皇室典範に退位の規定がないことから、高齢になられても天皇としての重い負担を負い続けなければならないが、憲法18条に照らし、皇室典範は違憲という指摘もある。

また、今上天皇のみに限定するのではなく、将来の全ての天皇を対象とする一般的な恒久制度として考えるべきだ。天皇の人権の観点からは、一代限りとする必然性はない。また、退位を今上天皇に限ったものとすることは、退位の事由が今上天皇の個人的な特別な事情に起因するということになり、適切とはいえない。例えば、高齢化による職務遂行困難は、将来の全ての天皇にも該当する可能性がある。そうであれば、将来の全ての天皇においても適用される制度として考えるべきだ。

また、特別法ではなく、皇室典範の改正によるべきだ。憲法4条2項が「天皇は、法律の定めるところにより、その国事に関する行為を委任することができる」と規定しているように、憲法には「法律」に委任している条項が多数みられる。それに対し、憲法2条は「皇位は、世襲のものであつて、国会の議決した皇室典範の定めるところにより、これを継承する」と規定し、あえて特定の法律名を指定している。憲法は、天皇の退位に関する法制化については、皇室典範の改正で一般的な基準と手続を定めるよう要請していると認められる。皇室典範の改正によらない特別法は、皇室典範によるとする憲法の重みを無視することになりかねない。

そして、闇法ではなく、国民を代表する衆参両院の合意によって、実現を目指すべきだ。

なお、女性・女系天皇については、世論の多くも支持しており、皇位継承資格者を男系男子に限ることは、合理的根拠もなく、国際的にも民主主義の見地からも問題がある。皇位継承は、憲法の原則に則り、象徴天皇の皇位継承として解決されるべきだ。女性・女系天皇を積極的に認めるべきだ。今後とも引き続き、女性・女系天皇、女性宮家等の論点についても議論を行っていくことを要請する。[*176]

以上が、社会民主党の意見を簡単にまとめたものだ。

さて、社会民主党の意見は、憲法18条、闇法に言及している。そこで、以下、①憲法18条、②闇法に関して述べる。

①憲法18条に関して。

憲法18条は「何人も、いかなる奴隷的拘束も受けない。又、犯罪に因る処罰の場合を除いては、その意に反する苦役に服させられない」と規定している。そして、憲法18条の「奴隷的拘束」とは、奴隷のように人間の尊厳を否定するような人の身体に対する拘束状態のことだ、また、「意に反する苦役」とは、本人の意思に反して強制される多少とも苦痛を伴う労役のことだ。[*177]

さて、憲法18条との関係で、皇室典範に問題はあるのだろうか。

なお、2016年10月、朝日新聞は、憲法18条に関して、次の報道をした。「1946年11月、（中略）（著者注：大正天皇の第4皇男子で、昭和天皇の末弟で、天皇陛下の叔父である）三笠宮さまは『新憲法と皇室典範改正法案要綱

〔案〕』と題する意見書を提出。『〔死〕以外に譲位の道を開かないことは新憲法第十八条の〔何人も、いかなる奴隷的拘束も受けない〕という精神に反しはしないか?』と主張。天皇が皇室会議に対して譲位を発議できるとの規定を加えるよう提案した。翌12月、天皇の譲位を認めない皇室典範改正案について『ふにおちない点もある』などと発言し、朝日新聞などに掲載された。『自由意志による譲位を認めていない、つまり天皇は死なれなければその地位を去ることができないわけだが、たとえ百年に一度ぐらいとしても真にやむをえない事情が起きることを予想すれば必要最小限の基本的人権としての譲位を考えた方がよいと思っている』と語っている[*178]。

②閣法に関して。

社会民主党は、「閣法ではなく、国民を代表する衆参両院の合意によって、実現を目指すべき」という意見だ。先程述べたように、閣法とは内閣提出法律案のことであり、国会に提出される法律案は内閣提出法律案と議員提出法律案に大別できる。そのため、社会民主党は、内閣提出法律案ではなく、議員提出法律案で実現を目指すべき、という意見だ。要するに、社会民主党は、天皇の退位制度は、議員立法で実現すべき、という意見だ。

実際、2017年1月26日の記者会見で、社会民主党の吉田忠智党首は、「国民の代表である国会の中で議員立法として今回の法制化をすべき」と述べた[*179]。

なお、社会民主党の議員ではなく、民進党の議員であるが、岡田克也衆議院議員は、2017年3月8日、第193回国会衆議院内閣委員会で、今回の件に関して、次の発言をした。「私は、今、閣法でなければならないという理由はない、むしろ、国会でしっかりまとまるのであれば、議員立法の方が立法府としてふさわしいのではないかという意見を持っております。少なくとも、閣法でなければならないというのは、私は立法府に対する行政の越権ではないかというふうに思うわけです」。

議員提出法律案でやるか、内閣提出法律案でやるか、ということも、今回の件に関する論点だった。

（9） 無所属クラブの意見①

無所属クラブの意見を簡単にまとめると、以下のとおりだ。

皇室典範を改正し、恒久的な退位制度を定めるべきだ。理由は、次のとおりだ。①憲法2条は「皇位は…皇室典範の定めるところにより、これを継承する」と規定している。皇室典範によらず、法律で規定することは、憲法違反の疑義を招き、立憲主義に反することになり好ましくない。②各種メディアの世論調査で、国民の6割以上が、恒久的な制度導入を求めている。「天皇は、日本国の象徴であり…この地位は、主権の存する日本国民の総意に基く」（憲法1条）とあるように、国民の多数意見を尊重すべきだ。③天皇陛下のお言葉で、「象徴天皇の務めが常に途切れることなく、安定的に続いていくことをひとえに念じ」と、制度としての継続性を求めている。

以上のように、無所属クラブは、恒久的な退位制度を定めるべきとした。そして、具体的には、以下のような案を示した。

皇室典範4条（無所属クラブ案）

1項　天皇が崩じたときは、皇嗣が、直ちに即位する。

2項　前項の規定にかかわらず、〔一定の条件の下で〕天皇は退位することができる。

なお、その案の〔一定の条件〕は、「高齢または病気のために、公務を自ら遂行することができない」という客観的条件、「天皇の意思のものである」といった主観的条件、「皇室会議の議を経ること」といった条件だ。また、「国会の議決」を条件に加えることも、検討しても良いのではないか。

そして、仮に、特別措置法によって、一代限りの退位を認めるという立法措置をとることになった場合でも、皇室典範の「附則」に根拠規定を置いた上で、特別措置法を制定し、それによって、例外的退位を認めるという立法措置を図るべきだ。そうしなければ、憲法違反の疑義を免れない。[*180]

以上が、無所属クラブの意見を簡単にまとめたものだ。

さて、無所属クラブの意見は、附則に言及している。そこで、以下、附則に関して述べる。

法律は、「本則」と「附則」から構成される。そして、本則には、本体的部分となる実質的な定めが置かれる。また、附則には、本則に定められた事項に付随して必要となる事項（例えば、その法律の施行期日）が定められる。[*181]

皇室典範にも、附則がある。

無所属クラブは、その附則に根拠規定を置くという案を出した。

なお、本則に根拠規定を置くということもあり得る。

⑽ 日本のこころの意見①

日本のこころの意見を簡単にまとめると、以下のとおりだ。

皇室典範の附則に例外的な譲位を認める根拠規定を置き、それに基づいて特別措置法を制定し、今上陛下の譲位を実現できるようにしては如何かと考えている。

憲法2条は「皇位は、世襲のものであつて、国会の議決した皇室典範の定めるところにより、これを継承する」と規定しており、皇室典範の定めが必要となるが、例外といえる個々の場合について、直ちに皇室典範の本則に書き込むことには慎重であるべきだ。[*182]

(11) 沖縄の風の意見①

沖縄の風の意見を簡単にまとめると、以下のとおりだ。

憲法との整合性からも、天皇自身の意思に沿い、明白な要件、慎重な手続、国民的合意の下、退位を実現すべきだ。

法律の形式は、一代限りの特例法ではなく、恒久的な適用のあり得る一般法とすべきだ。8月8日の「おことば」で、「私のあとを歩む皇族にとり良いことであるか」と、一代限りではなく、恒久的な制度化の必要性を示唆されている。また、一代限りの制度を先例としてしまうと、退位について、時の政治権力がその都度の政治情勢によって恣意的に判断することが可能となる。

退位の法形式は、皇室典範の改正によるべきだ。

そして、天皇の「地位は、主権の存する日本国民の総意に基く」(憲法1条)ことから、皇室典範の改正にあたっては、なるべく広く国民の同意が得られるよう、国会における採決も全会一致を目指すべきだ。

なお、女性・女系天皇を容認し、女性宮家の制度創設に向けて議論すべきだ。[*183]

以上が、沖縄の風の意見を簡単にまとめたものだ。

そして、以上で述べたように、沖縄の風は、憲法1条をふまえ、[*184]国会における採決も全会一致を目指すべきだ、としていた。

2016年10月19日、第192回国会衆議院内閣委員会における議論で、その意見と類似する考え方が示された。以下、その議論を示す。

2016年10月19日、第192回国会衆議院内閣委員会で、民進党の岡田克也衆議院議員は、憲法1条に関して、次の質問をした。「天皇は日本国の象徴であって日本国民統合の象徴である、この地位は主権の存する日本国民の総意に基づくとされている以上、私は、この生前退位の問題を中心とする、政府の言う公務の御負担軽減の問題について、できる限り与野党で合意形成ができることが望ましいというふうに思います。法案も、賛否がなるべく分かれないような形ができればいいなというふうに考えるわけですけれども、そういう基本認識、官房長官はどういうふうにお持ちでしょうか」。

その質問に対して、菅義偉内閣官房長官は、次の答弁をした。「政府としても、今岡田委員から御発言がありました、そうしたことが一番望ましいというふうに考えております」。

民進党の岡田克也衆議院議員はもちろん、政府もそういう認識だった、ということだ。

ちなみに、全体会議の議論を見ると、立法府において合意形成がなされるよう、努力・配慮している政党・会派の様子が伝わってくる。

(12) 女性宮家・女性天皇・女系天皇と自由民主党

以上が、各政党・各会派の意見を簡単にまとめたものだ。

それを見ると予想できるだろうが、以後、全体会議における主な議題は、天皇の退位に関することだ。例えば、

①将来の全ての天皇を対象とする退位制度を設けるか、今上天皇に限って退位を認めるか、②退位を認めるにあたって、皇室典範の改正、特例法の制定をどうするか。

天皇陛下の公務の負担軽減のために、設置要件を拡大して摂政を設置するという選択肢等は、実質的に、消えた。

また、複数の政党・会派が、提出資料で、女性宮家、女性・女系天皇に言及した（そのこともふまえ、本書では、女性宮家、女性・女系天皇に関して、簡単に述べる）。

女性宮家創設、女性・女系天皇容認に、積極的な政党は間違いなく存在する。

ちなみに、自由民主党の提出資料には、「女性宮家」「女性天皇」「女系天皇」という言葉はないが、最近、自由民主党総裁でもある安倍晋三首相やその政権に関して、以下の報道がされた。

まず、2017年5月、毎日新聞は、次の報道をした。「安倍政権は女性天皇や、父方が皇族でない女系天皇に消極的だ。世論との食い違いが際立っている」[*185]。

また、2017年5月、東京新聞は、次の報道をした。「安倍晋三首相は女性宮家の創設には消極的だ。背景には女性・女系天皇の容認につながると警戒する保守層の声がある」[*186]（2013年1月30日、第183回国会衆議院本会議で、安倍晋三首相は、女性宮家に関して、次の答弁をした。「野田前内閣が検討を進めていたいわゆる女性宮家の問題については、改めて慎重な対応が必要と考えます」）。

そしてまた、2017年5月、BBCは、次の報道をした。「日本の現指導者である安倍晋三氏は国の誇りや伝統、愛国主義についてよく言及する保守派だ。『安倍首相は日本を女性が輝ける社会にしたいとよく話しているが、首相が属する右寄りの派閥は間違いなく女性天皇容認のための皇室典範改正に反対するだろう』とルオフ教授は語る。（中略）世論は女性天皇を支持している。（中略）世論に対し、政府の考えがずれていることになりかねない」（なお、その報道で出てくる「ルオフ教授」は、米ポートランド州立大学日本研究センター長で、日本の皇室に詳しいケネス・ルオフ教授だ）。*187

安倍晋三首相・安倍政権に関しては、そういう報道がされているわけだが、最近、自由民主党の議員から、女性宮家・女性天皇・女系天皇に関して、以下のような意見が出た。

まず、2016年8月、産経新聞は、女性天皇に関して、次の報道をした。「自民党の二階俊博幹事長は25日のBS朝日番組の収録で『女性尊重の時代に、天皇陛下だけ〔そうならない〕というのは時代遅れだ。そうと決まれば国民には違和感はないと思う』と述べ、女性天皇を容認する考えを示した。現在の自民党幹部が女性天皇の容認に言及したのは初めてで、今後議論が活発化する可能性がある。二階氏は番組収録後、記者団に対し『トップが女性の国もいくつかある。何の問題も生じていない』と指摘」。*188

女性天皇を認めることに関しては、賛成派が反対派より、はるかに多い。そのことをふまえると、女性天皇を認めていない皇室典範1条を、時代錯誤の規定と思っている人は、少なくないだろう。

また、2017年6月8日、第193回国会衆議院憲法審査会で、自由民主党の船田元衆議院議員は、女性宮家・女性天皇・女系天皇に関して、次の発言をした。「皇位継承に対する私の考え方は、あるいは決して我が自由民主党内のメーンストリームではないかもしれませんが、お話をしたいと思います。男系男子をもとしました皇位継承の有資格者は、戦後の旧宮家の皇籍離脱（著者注：1947年10月14日、内廷皇族及び秩父、高松及び三笠のいわゆる3直宮を除く11宮家51方が皇族の身分を離れた）*189 なども手伝って、極めて少数になりつつあり、皇族の危機ではないか、このようにも認識をしております。そうした中で、旧宮家の復活という議論もございますが、七十年間も皇族を離れた一般の方々が戻るという話になりまして、なじみがないということもあり、また、旧宮家の方々の中には、覚悟を持たれている方はそう多くはないと仄聞をしております。そういう意味では、旧宮家の復活あるいは養子という形は現実的な手段ではないと考えております。女性宮家の創設という議論もあります。この点につきましては、まず、現在の象徴天皇の職務を周囲が手助けするという点におきましては、大変有効な手段であると認識をしております。さらに、過去、八人十代の女性天皇が存在したということに鑑みて、将来の女性天皇に道を開くという点では、私自身は賛成であります。さらに、女性天皇のお子様、これは男女を問わずでありますが、天皇になるという女系天皇の考え方でありますが、これはさまざまな議論がありますけれども、百二十五代にわたり男系が続いてきたという重い歴史を崩すことはちゅうちょしなければなりませんけれども、さらに、それ以上に、天皇家そのものの世襲が途切れるという最悪の事態との比較において、これを議論する余地はあるのではないか、このように考えております」。

そして、２０１７年1月31日、自由民主党の石破茂衆議院議員は、女系天皇に関して、次の意見を公表した。「今回の論点整理を見る限り、この点ついてはほとんど触れられていないが、このまま推移すれば将来皇族は悠仁親王殿下ただお一人になってしまう可能性も否定できず、先送りすることなく今回、生前のご譲位と併せて早急に制度を整備すべきものである。先帝陛下が明確に側室制度を峻拒なさって以降、男系男子のみで皇位を継承し続けることは不可能にほぼ等しく、これから目を背けてはならない。旧宮家の復活も一案ではあるが、皇籍を離れて一般国民として長くその人生を送ってきた方を皇位継承者とすることの妥当性には疑問なしとしない。皇室が途絶えてしまうことは、我が日本国の国体そのものの滅失を意味するものであると考え、男系男子による皇位継承を基本としつつも、女系天皇の可能性も敢えて追求し、早急に解を求めるべきものと思料する」。*190

女系天皇を認めることに関しては、賛成派が反対派より、はるかに多い。そのことに基づくと、女系天皇の可能性を追求するのはおかしなことではない、それを追求しない方がおかしい。有権者と議員の関係は、本人と代理人の関係だ。[*191] 代理人は、本人の意向を尊重すべきだ。

以上で述べたことをふまえると、自由民主党総裁に誰がなるかで、女性宮家・女性天皇・女系天皇に関する同党の立場が、大きく変わる可能性がある。

15 生殖補助医療と男系男子

なお、三つ前の段落で示した石破茂衆議院議員の意見を見て、次のように思った人がいるかもしれない。「先帝陛下が明確に側室制度を峻拒なさって以降、男系男子のみで皇位を継承し続けることは不可能にほぼ等しいのか。なるほど。そうすると、男系男子のみで皇位を継承し続けるために、側室という方法を採用することが考えられる。でも、現在の日本社会に、側室は合わないから、その方法を採用するのはダメだ。ただ、今している話のポイントは、側室がいるか否かではなくて、子供を産んでくれる人が複数いるか否かだ。そのことをふまえると、代理懐胎を日本できちんと制度化して、広く利用できるようにすれば、男系男子のみで皇位を継承し続けるのは、そう難しくないとも思える。もちろん、代理懐胎にも複数の種類があるわけだが、[*192] 例えば、天皇・皇后の受精卵を皇后以外の女性の子宮に移植する、ということであれば、血筋的には問題ない。当たり前のことだが、男系男子のみで皇位を継承し続けるために、代理懐胎を広く認める、といった話をしているわけではない。そもそも、日本人が、日本より医療水準が低い途上国を含め、海外で代理懐胎を利用している、という現在の状況に問題意識がある。具体的にいうと、代理懐胎による妊娠・出産のリスクを、日本人が、（場合によってはお金の力で、）海外の女性に負わせているのは、いかがなものか、日本できちんと制度化して広く利用できるようにすれば、そういう事例が減るのではないか、といった問題意識だ。男系男子のみでの皇位継承に関する話は、ちょっとしたおまけの話だ」。

男系男子のみで皇位を継承し続けるために、生殖補助医療等を駆使して、人間を誕生させることに関し、どのように考えるか、ということが、後日、広く社会で注目される可能性がある。そして、後日、実際に、それが注目されたとき、次のように考える人がいるかもしれない。「男系男子による皇位継承という制度を、支障なく機能させるためのパーツを造るみたいだから、嫌だ」（一応述べておくと、「男系男子のみで皇位を継承し続けるため」という目的に限った話をしている。それ以外の目的に関する話は、全くしていない）。

16　全体会議3回目

(1) 総理府設置法の制定等に伴う関係法令の整理等に関する法律1条

2017年3月2日、全体会議3回目が開催された。

全体会議3回目では、天皇の退位等についての立法府の対応に関して、意見交換が行われた。

例えば、全体会議3回目で、自由民主党の高村正彦衆議院議員は、同党の方針に関して、次の発言をした。「我が党の考え方でありますが、今上陛下の退位については、将来の予見可能性や要件の設定が困難であると考えることから、特例法による対応が適切と考えますが、これは必ずしも将来の天皇の退位を否定しているものではありません。その時点時点での状況を的確に踏まえて判断すべきものと考えているということであります。皇室典範と特例法の関係でありますが、憲法第二条において、皇位の継承は、『皇室典範の定めるところにより。』と規定されております。現行憲法下において、皇室典範も法律の一つであって*193、この規定は、法律の定めるところによりと同義であるというのが内閣法制局の一貫した考え方でありますが、確認的に、皇室典範と今回の特例法の関係を明確にするための規定を皇室典範に置くことによって対応する用意が我が党としてはございます。立法の手続等については、天皇にかかわるさまざまな法律の施行に責任を有し、全体を総合的に取りまとめる立場にある政府に対し、閣法として法案を速やかに作成し、国会に提出するように要請をいたします。法案提出後は、今国会において速やかに成立させるのがいいと考えております」。

その発言に基づくと、以下のことがいえる。

まず、自由民主党は、閣法、すなわち、内閣提出法律案でやるべき、という意見だ。

また、退位に関する自由民主党の立場は、次のとおりだ。天皇陛下の退位に関しては、特例法による対応が適切と考えるが、確認的に、皇室典範と今回の特例法の関係を明確にするための規定を、皇室典範に置く用意がある（そういう規定を皇室典範に置くためには、当然、皇室典範の改正が必要だ）。

要するに、自由民主党は、次のような案を示した、ということだ。「特例法を制定して、今上天皇に限って退位を認める。ただし、皇室典範を改正して、皇室典範と今回の特例法の関係を明確にするための規定を、皇室典範に置く」。

以下、その案に関して述べる。

皇室典範を改正せず、特例法を制定して、退位を認めることに関しては、憲法2条との関係で、問題が指摘されていた（憲法2条は「皇位は、世襲のものであつて、国会の議決した皇室典範の定めるところにより、これを継承する」と規定している）。すなわち、皇室典範を改正せず、特例法を制定して、退位を認めるのは、違憲だ、あるいは、違憲の疑いがある、という指摘があった。皇室典範を改正し、皇室典範と今回の特例法の関係を明確にするための規定を、皇室典範に置くことによって、そういう指摘を受けないようにしよう、という狙いがその案にはあった。

全体会議4回目で、自由民主党の高村正彦衆議院議員は、そのことに関して、次の発言をした。「こちらも、特例法は憲法違反の疑義があるということを、一部そういう主張があることは私も知っていますが、内閣法制局が一貫して言ってきたこととは違うということであります。ただ、それを、だから一切つなぎも必要ないなどと言うつもりはなくて、どういう書き方をするかはこれからのことでありますが、皇室典範と一体のものですよというようなつなぎを書くとすると、それは附則に書かれると。そして、これも皇室典範という、恐らく、今、皇室典範そのものを改正しないと憲法違反だと言っている憲法学者も、そういうことにしてその疑義は解消されると私は思っております」。

なお、自由民主党のその案によると、「皇室典範を改正して、将来の全ての天皇を対象とする退位制度を設けるべきだ」という主張の政党は、今上天皇に限って退位を認めるという点で譲歩することになるが、皇室典範改正という実績を得られる。

「法律の一種に過ぎない皇室典範の改正の実績を得られることに、何の意味があるのか」と思った人がいるかもしれない。以下、そのことに関して述べる。

先程述べたように、皇室典範は1947年に施行された。そして、皇室典範改正は1949年にされただけだ。具体的にいうと、「総理府設置法の制定等に伴う関係法令の整理等に関する法律」1条によって、「宮内府」が「宮内庁」に改められた。

総理府設置法の制定等に伴う関係法令の整理等に関する法律1条

皇室典範（昭和二十二年法律第三号）の一部を次のように改正する。

第二十八条第二項及び第三十条第六項中「宮内府」を「宮内庁」に改める。

そういう形式的な改正が1949年にされたに過ぎないので、今回、天皇の退位に関して、皇室典範が改正されるとなれば、大きな意味があるといえるし、皇室典範のさらなる改正への第一歩になるともいえる。皇室典範改正という実績を得られることには、そういう意味がある。

そして、以上のような皇室典範の改正状況をふまえると、皇室典範のある規定を時代錯誤と思う人がいるのは、驚くようなことではない。

(2) 皇室典範12条と女性宮家創設

また、全体会議3回目で、民進党の長浜博行参議院議員は、女性宮家創設に関して、次の発言をした。「現在、皇室を構成している方は十九名、未成年の愛子様と悠仁様以外に十七名の方が成年に達しておられます。このうち、未婚女性が七名おり、現在の制度では、一般人と結婚すると皇室を離脱することになっているため、今後、皇族の人数が減っていくことは必至であります。こうした状況に鑑み、野田内閣の論点整理も踏まえ、皇室の永続的な活動に資するため、女性宮家の創設が可能となる皇室典範の改正を求めているわけでございます。今回、もし仮に、天皇の退位を中心とする法制度の改正が中心となるにしても、女性宮家の創設などの議論を行う道筋をつくること、そのための場を国会につくるべきことを強調したいと思っております」。

その発言は、皇室典範12条と関係する。そこで、以下、皇室典範12条に関して述べる。

皇室典範12条は「皇族女子は、天皇及び皇族以外の者と婚姻したときは、皇族の身分を離れる」と規定している。*194 そのため、今後、未婚の女性皇族が、一般男性との婚姻を機に、皇籍を離脱し、皇族数が減少していくことが予想される。皇族数が減少すると、皇室の現在のような活動を維持するのが困難になる*195（2017年9月3日、眞子内親王殿下のご婚約が内定した。眞子内親王殿下がご結婚される際にも、皇室典範12条が適用される。そこで、それに関連して、皇族数の減少が注目されている、以前から予想されていたことが、現実になっていくという意味で*196）。

そして、先程述べた皇室典範に関する有識者会議の「報告書」には、皇室典範12条に関して、次の内容がある。

「女性天皇や女系の天皇を可能とすることは、社会の変化に対応しながら、多くの国民が支持する象徴天皇の制度の安定的継続を可能とする上で、大きな意義を有するものである。このような意義に照らし、今後における皇位継承資格については、女子や女系の皇族に拡大することが適当である。女性天皇や女系の天皇はその正統性に疑問が生じるという見解もあるが、現在の象徴天皇の制度においては、皇統による皇位継承が維持され、幅広い国民の積極的な支持が得られる制度である限り、正統性が揺らぐことはない。なお、皇位継承資格を女子に拡大した場合、皇族女子は、婚姻後も皇室にとどまり、その配偶者も皇族の身分を有することとする必要がある。女性天皇や皇族女子が配偶者を皇室に迎えることについては、性別による固有の難しさがあるとは必ずしも考えないが、初めてのことであるがゆえに、配偶者の役割や活動への配慮などを含め、適切な環境が整えられる必要がある」[197]。

先程述べたように、その報告書は、小泉純一郎首相（当時）に提出された。つまり、その報告書は、自由民主党が与党の時のものだ。

また、野田内閣の時、すなわち、野田佳彦首相（当時）の時、2012年10月5日、内閣官房は、皇室典範12条に関して、「皇室制度に関する有識者ヒアリングを踏まえた論点整理」を公表した。その論点整理には、次の内容がある。「象徴天皇制度の下で、皇族数の減少にも一定の歯止めをかけ、皇室の御活動の維持を確かなものとするためには、女性皇族が一般男性と婚姻後も皇族の身分を保持しうることとする制度改正について検討を進めるべきであると考えるが、配偶者や子について皇族の身分を付与するかどうかで、I―A案（著者注：配偶者及び子に皇族としての身分を付与する案）とI―B案（著者注：配偶者及び子に皇族としての身分を付与しない案）の二つの選択肢がある。それぞれ長所、短所があり、更なる検討が必要である」[198]。

一つ前の段落で述べたように、「皇室制度に関する有識者ヒアリングを踏まえた論点整理」は、野田佳彦首相（当時）の時に公表された。つまり、それは、非自民政権の時のもの、すなわち、自由民主党が野党の時のものだ。

なお、その野田佳彦首相（当時）は、現在、民進党の野田佳彦衆議院議員になっているのだが、同議員は、2016年9月27日、第192回国会衆議院本会議で、女性宮家に関して、次の発言をした。「野田内閣において皇室制度に関する有識者のヒアリングを行い、女性宮家創設を柱とする論点整理をまとめました」。

その野田佳彦衆議院議員が、民進党の議員として全体会議や意見聴取に出席していたこともあってか、民進党は、全体会議等で、女性宮家創設に関する主張を積極的にしていた。

例えば、全体会議3回目で、民進党の野田佳彦衆議院議員は、次の発言をした。「これでほぼ一巡が終わって、質問のやりとりをしながら、例えば皇位継承の安定性をどうするかについては、我々は女性宮家創設がいいと思っていますが、旧宮家の復活というアイデアもありましたよね。そういうアイデアはあるねと。だけれども、問題は、大事なのは、例えば女性宮家の創設だったら、結婚適齢期の皇族方が七名いらっしゃることを鑑みると、五年、十年かける話ではないんです。一年、二年とか次の国会までに決めるとかなどを含めて、その具体論に言及されない政党もありましたけれども、いつまでにどこで決めるという目安、慎重にというお言葉もありましたけれども、私は、可及的速やかに検討して結論を得るとか、そこまでの合意をせめて毎回一つずつぐらいはクリアしていくような運びが望ましいと思いますので、そこはぜひ御留意をいただくというかお願いをしたいというふうに思います」。

その発言をふまえると、野田佳彦衆議院議員が望んでいるスケジュール感がわかる。女性宮家創設に関することが停滞している間に、未婚の女性皇族が存在しなくなってしまうことを、野田佳彦衆議院議員は懸念しているのだろう。女性宮家創設反対派が、未婚の女性皇族が存在しなくなるのをじっと待つ、という戦略に出ることを、もしかしたら、野田佳彦衆議院議員は警戒しているのかもしれない。

(3) 旧宮家の皇籍復帰

また、全体会議3回目で、無所属クラブの松沢成文参議院議員は、皇位継承の安定性に関して、次の発言をした。「皇位継承の安定性についてですが、まず、譲位制を認めるということも安定性につながっていくと思います。ただ、皇族全体の人数がどんどん減ってきております。一つの考え方は、女性宮家、女系天皇、女性天皇という形にはなるかと思いますが、私どもは、日本の天皇制の最大のよき伝統というのは、国としての国柄を守ってきた伝統というのは、やはり男系男子の伝統ではないか、万世一系を守るということは我々はこれからも守っていくべきだと考えておりまして、そのためにはむしろ、戦後廃止された旧宮家の皇族への復帰というようなことも議論をしていくべきではないかと思います」。

また、全体会議3回目で、日本のこころの中山恭子参議院議員は、皇位継承の安定性に関して、次の発言をした。「日本が持つ天皇制について、皇位継承を安定的にこれからも続けていくのが私たちの役割であろうと考えております。私どもも、今の段階で、この伝統を変えるとか変更するとか、もちろんここでとどめてはいけないわけでございまして、男系男子の御皇室の伝統をいかにしてつないでいくのか、真剣に考えていく必要があると考えております。先ほど松沢委員からもお話がありましたが、宮家の復帰ということについても、十一宮家の復帰についても検討していく必要があると考えております」。

松沢成文参議院議員・中山恭子参議院議員の発言は、旧宮家の皇籍復帰に関するものだ。また、両議員とも、男系男子の伝統を大切に思っているようだ〔先程述べたように、歴史上、女性天皇（男系女子）は存在したことがある〕[*199]。旧宮家の皇籍復帰に関しては、2017年1月26日、第193回国会衆議院予算委員会で、議論がされた。以下、その議論を示す。

2017年1月26日、第193回国会衆議院予算委員会で、細野豪志衆議院議員は、次の質問をした。「総理、かつて総理はこういう発言をされていますね。男系を維持するために、希望する旧宮家の皇籍復帰もしくは養子、このやり方を総理御自身が発表されていますが、こういう考えを今でも持っておられるんですか」。

その質問に対して、安倍晋三首相は、次の答弁をした。「これは総理大臣に就任する前の話でありますが、【一つの選択肢としてそれはあり得るのではないか、こう考えていたわけでございます】。と同時に、これは制度として考えることと、非常に個別具体的に考えていくことにもつながっていくわけでございまして、それぞれ対象者の方々がいわば宮家におられるわけでございます、女王の方々がおられるわけでございまして、そういう方々、まさにその方々の未来が決まっていくということにもつながっていくわけでございます。ですから、これは制度として考えていくことではあるわけでございますが、その制度をつくっても、これは全く絵に描いた餅にならないようにしなければいけないわけでございますし、そもそも、私が今申し上げたことについても、では果たしてその対象者がどこも希望というか、全てから拒否されるということもこれはあり得るわけでございます。いずれにいたしましても、安定的な皇位継承につきましては、今私の考え方を述べることは差し控えさせていただきたいと思います。【これも含めて御議論を今後いただければ、また検討していきたい】、このように考えているところでございます」。

その答弁を受けて、細野豪志衆議院議員は、次の発言をした。「正直言って今の総理の答弁は、私は聞いてちょっとびっくりしましたね。一つの選択肢ですか。すなわち、皇太子殿下、秋篠宮殿下、この宮家の御家族については、我々も非常によく拝見をしておりますし、大変親しみを持っています。ほかにも幾つか宮家がありますから、大事な役割を担っていただいていますが、国民的にいうと、やはりこのお二人の御家族ということになると思うんですね。今、総理が一つの選択肢とおっしゃった。それ以外の宮家の復活や、また、そういう御家系で、男系だということだけを理由に養子に迎える、そんなことをやった瞬間に国民の気持ちは天皇家から急激に離れると思いますよ。国民が親しみを持たない方に陛下になっていただいて、今、この現代において天皇制度はもちますか」。

その議論を見るとわかるように、安倍晋三首相は、一つの選択肢として、旧宮家の皇籍復帰はあり得るのではないか、と考えていた。

なお、先程述べた皇室典範に関する有識者会議の「報告書」は、旧宮家の皇籍復帰に関して、採用することは極めて困難という見解を示していた。具体的には、次のとおりだ。「男系男子という要件を維持しようとする観点から、そのための当面の方法として、昭和22年に皇籍を離れたいわゆる旧皇族やその男系男子子孫を皇族とする方策を主張する見解があるが、これについては、上に述べた、男系男子による安定的な皇位継承自体が困難になっているという問題に加え、以下のように、【国民の理解と支持、安定性、伝統のいずれの視点から見ても問題点があり】、採用することは極めて困難である」[*200]。

そして、「国民の理解と支持、安定性、伝統のいずれの視点から見ても問題点」があるということだが、問題点としては、例えば、次のようなことが示されていた。①旧皇族は、既に60年近く一般国民として過ごしており、また、今上天皇との共通の祖先は約600年前の室町時代まで遡る遠い血筋の方々だ。そのため、それらの方々を広く国民が皇族として受け入れられるか懸念される。皇族として親しまれていることが過去のどの時代よりも重要な意味を持つ象徴天皇の制度の下では、このような方策について、国民の理解・支持を得ることは難しいと考えられる。②制度の運用如何によっては、当事者に皇族となることを事実上強制したり、当事者以外の第三者が影響を及ぼしたりすることになりかねない。③いったん皇族の身分を離れた者が再度皇族となったり、もともと皇族でなかった者が皇族になったりすることは、これまでの歴史の中で極めて異例なことであり、さらに、そのような者が皇位についたのは平安時代の2例しかない［この2例は、短期間の皇籍離脱であり、また、天皇の近親者（皇子）であった点等で、いわゆる旧皇族の事例とは異なる］[*201]。

さて、以上で述べたように、旧宮家の皇籍復帰に関しては、国民の理解・支持が得られないのではないか、という懸念がある。2017年5月、西日本新聞は、そのことに関して、次の報道をした。「共同通信社は1日、郵送方式で4月中旬までに実施した皇室に関する世論調査の結果をまとめた。（中略）『女性天皇』に賛成したのは86％に上った一方、女性天皇と母方に天皇の血筋を引く『女系天皇』のいずれにも賛成したのは59％だった。女性宮家創設には62％が賛成で、反対は35％だった。（中略）安倍晋三首相は、皇位を安定的に継承する方策として、戦後に皇籍を離れた『旧宮家（旧皇族）』の復帰が選択肢になり得るとの考えを示したことがある。だが、旧皇族の復帰に賛成したのは22％にとどまり、反対は72％に上った」。[*202] なお、女性天皇・女系天皇に関する結果を具体的に示しておくと、㋐「女性天皇」「女系天皇」のいずれも賛成59％、㋑「女性天皇」は賛成だが「女系天皇」は反対27％、㋒「女性天皇」は反対だが「女系天皇」は賛成3％、㋓「女性天皇」「女系天皇」のいずれも反対9％、㋔「無回答」2％だった。[*203] そのため、「女性天皇」賛成は86％、「女系天皇」賛成は62％、ということになる。

その報道に基づくと、旧宮家の皇籍復帰は、現状、国民の理解・支持を得られていない。また、女性・女系天皇に関しては、賛成が反対よりかなり多い、特に、女性天皇に関しては。国民の多くは、男系男子（皇室典範1条）に、大した価値を見出していないのだろう。また、その世論調査の結果をふまえると、遅かれ早かれ、女性天皇は認められることになるだろう。女性天皇賛成派が、女性天皇容認を争点にして解散総選挙、ということもあるかもしれない。

(4) 新聞社への対応

全体会議3回目の最後の方で、大島理森衆議院議長が、新聞社への対応に関して、次の発言をした。「最後に、お願いでございますが、多分、各党の皆様方の御発言を各新聞社が待ち構えておられて、どのように発言しましたかというお答えをされると思います。これは議事録でもっていずれオープンになるとはいえ、きょうは、各党がそれぞれにおっしゃったことを的確にお話をいただき、評価というんでしょうか、俺はこう言ったけれども相手はこう言って、ここはお互いに納得したと思うとか、そういうところまで言われるとなかなかこれはあれでございますから、そこは、それぞれ自分たちのお話しされたことを的確にお話ししていただいた上で、私ども、最後に取りまとめてお話をさせていただきますが、評価はきょうはいたしません」。

要するに、政党Aは、政党Aが主張したことや、他党からの質問に対して政党Aが回答したことを、新聞社に話してくれて構わない、ただ、政党Aは、政党Bが政党Aの主張を聞いて納得したと思うというようなことを、新聞社に話すのは控えてください、ということだ。

大島理森衆議院議長が、そういうお願いをした理由は、明確にはわからない。大島理森衆議院議長は、理由に関して、「そういうところまで言われるとなかなかこれはあれでございますから」と発言しただけだ。ただ、おそらく、不正確な内容の報道がされたり、全体会議に参加している各政党・各会派内でトラブルが生じたり、全体会議に参加している政党・会派間に不協和音が生じたりするのを防ぐために、大島理森衆議院議長は、そういうお願いをしたのだろう。

そのお願いからは、大島理森衆議院議長が、合意形成にむけて、相当気を配っていたことがうかがえる。

17　全体会議4回目

(1)　日本国憲法2条と大日本帝国憲法2条

２０１７年3月3日、全体会議4回目が開催された。

全体会議4回目では、天皇の退位等についての立法府の対応に関して、意見交換が行われた。

例えば、全体会議4回目で、公明党の北側一雄衆議院議員は、憲法2条の解釈に関して、次の発言をした。「これも御承知のとおりでございますけれども、明治憲法での皇室典範と日本国憲法下での皇室典範、これは全く根本的に性格が異なるというふうに私も考えております。明治憲法二条では、『皇位ハ皇室典範ノ定ムル所ニ依リ』『継承ス』と書いてございます。日本国憲法二条では、『皇位は、』『国会の議決した皇室典範の定めるところにより、これを継承する。』と。文言だけ見ますと、皇位の継承については皇室典範の定めるところにより継承するんだというところでは明治憲法でも日本国憲法でも同様なんですね、ある意味引き継いでいるんです。ただ、根本的に違うのは、先ほど申し上げましたが、『国会の議決した皇室典範』というところが根本的に違うところです。明治憲法下での皇室典範というのは、先ほどもお話がありましたとおり、これは宮務法でございまして、天皇が皇族会議及び枢密顧問に諮詢して勅定する、天皇陛下自らが定める、こういう法律の構成になっておりまして、議会の関与というのは一切ないという性格でした。日本国憲法下の皇室典範は、そうではなくて『国会の議決した』と書いているところが、ここが最大の眼目でして、要するに一般の法律なんですよと。一般の法律と同様、議会で皇位の継承のことについては決めていくんですよというふうに書いているところが根本的な違いだというふうに理解をしておりますす。恐らく先ほどのお話と余り違わない理解をしておるのかなと思うんです。ポイントはそこにあるわけでして、皇室典範という名前に、憲法二条には『国会の議決した皇室典範』と書いていますが、皇室典範という題名の法律によることを求めているのではないと思います。そういう形式的な話をしているんじゃなくて、国会の議決した法律で決めていくんです。ここに眼目があるわけでして、この皇室典範という文字に形式的に拘泥する必要はないというふうに私は考えております。したがって、特例法とはいうものの、それは実質的にはこの憲法二条で言う皇室典範の一部になってくるわけでして、特例法だからおかしいという理屈にはならないんだろうと思っております」。

大日本帝国憲法2条は「皇位ハ【皇室典範ノ定ムル所ニ依リ】皇男子孫之ヲ継承ス」と規定していた。

それに対し、日本国憲法2条は「皇位は、世襲のものであつて、【国会の議決した皇室典範の定めるところにより】、これを継承する」と規定している。

大日本帝国憲法2条と日本国憲法2条は、皇位は皇室典範の定めるところにより継承する、という点で似ているが、日本国憲法2条は、ただ、「皇室典範の定めるところにより」と規定しているわけではない。日本国憲法2条は、「国会の議決した」「皇室典範の定めるところにより」と規定している。大日本帝国憲法2条には、「国会の議決した」に相当する部分がない（大日本帝国憲法のときは、旧皇室典範だったわけだが、旧皇室典範は、次のようなものだった。①大日本帝国憲法と並ぶもの、②制定・改正に帝国議会の関与はない、③皇室に関する諸法の根本法と位置付けられる）。*204

日本国憲法2条の「国会の議決した」には、大きな意味があるといえる［皇室自律主義（皇室のことは皇室自らが決定し、国民がそれに関与することは許さないという原則）は否定された］。*205

連合国軍最高司令官総司令部側の要求があり、議論を経て、日本国憲法2条に「国会の議決した」が入っている。*206

(2) 憲法上の疑義

また、全体会議4回目で、公明党の北側一雄衆議院議員は、次の発言をした。「皇位の継承について、天皇の退位の意思や、また三権の長や皇族によって構成されます皇室会議の議を経ることを要件とすることは、天皇の国政関与の禁止や、また三権分立の原則との関係から、憲法上の疑義があると思います」。その後、全体会議4回目で、公明党と同じく与党である自由民主党の茂木敏充衆議院議員は、次の発言をした。「憲法上の疑義がないものを作るべきである」。*207

北側一雄衆議院議員・茂木敏充衆議院議員のそれらの発言、すなわち、与党の議員のそれらの発言を組み合わせると、天皇の退位の意思に関しては、次のことがいえる。「天皇の（退位の）意思を要件とすべきではない」。ただ、それ（「天皇の意思を要件とすべきではない」）とは異なる考え方もあった。

例えば、まず、先程示したように、民進党案の皇室典範4条の2は、次のとおりだ。「天皇は、皇嗣が成年に達しているときは、その意思に基き、皇室会議の議により、退位することができる」。それを見ると、民進党は、「天皇の意思を要件とすべきではない」と考えていなかったことがわかる。また、例えば、全体会議5回目で、社会民主党の又市征治参議院議員は、次の発言をした。「私どもは、（中略）退位の要件を三点挙げております。一つは、高齢または疾患により執務が困難になった場合、二つ目に、天皇の御意思、三つ目に、皇室会議の議決、国民の総意を代表する国会の承認ということを挙げておりまして、ここで最終的に決定するのであれば、これは憲法に抵触をするということにはならない、このように考えております」。又市征治参議院議員のその発言をふまえると、社会民主党も、「天皇の意思を要件とすべきではない」と考えていなかったことがわかる。

ちなみに、一つ前の段落で示した民進党案の皇室典範4条の2は、「その意思に基き」「皇室会議の議により」という点が、皇室典範11条1項と同じだ（先程述べたように、皇室典範11条1項は「年齢十五年以上の内親王、王及び女王は、その意思に基き、皇室会議の議により、皇族の身分を離れる」と規定している）。

なお、有識者会議第5回における園部逸夫元最高裁判所判事の説明資料には、退位の要件に関して、次の記載がある（有識者ヒアリングの聴取項目「⑥天皇が御高齢となられた場合において、天皇が退位することについてどう考えるか」「⑦天皇が退位できるようにする場合、今後のどの天皇にも適用できる制度とすべきか」についての記載だ）。「譲位を制度化する場合は、天皇に譲位の御意思があることを要件とし、御意思の確認の手続き・方法等を明確に定めることが必要」「譲位を制度化する場合は、天皇の御意思に加えて客観的な譲位の要件を定め、手続き（例えば、皇室会議の議決、国会の議決）を定めることが必要」[*208]「天皇が御高齢となられた場合において、天皇がその御意思により譲位することが出来るようにすることは望ましく、今上陛下に限らず、今後の天皇にも適用できる制度とすることに反対するものではない。（中略）他方、譲位の条件を一般化して法律に書き込み制度とすることについては、『天皇の御意思によること』は明確な要件であり譲位の要件として容易に規定できるが、『恣意的な退位を回避する』ことを譲位の要件として定めることについては、御年齢や御体調など客観的な条件をつけることで恣意性の回避は可能になるが、その書き方には工夫が必要であり、また手続きの在り方についても議論をすべきであり、検討に時間がかかることが懸念される」[*209]。

また、先程示したように、有識者会議第5回で開催された有識者ヒアリングで、百地章国士舘大学大学院客員教授は、次の発言をした。「『皇室典範に関する特別措置法』を制定し、以下の趣旨の規定を定めます。『天皇は、高齢により公務をみずからすることができないときは、その意思に基づき、皇室会議の議を経て、譲位できる。譲位があったときは、皇嗣が直ちに即位する』」。

18 全体会議5回目

(1) つなぎと本則・附則

2017年3月8日、全体会議5回目が開催された。

全体会議5回目では、天皇の退位等についての立法府の対応に関して、意見交換が行われた。

例えば、全体会議5回目で、自由民主党の茂木敏充衆議院議員は、次の発言をした。「皇室典範と特例法の関係につきましても、それぞれ法律ではある、しかし、それをつなぐという場合につきましては、附則で書くのが一般的なやり方だ。ただ、確認的に、きちんとその附則には入れさせていただく、こういったことについても申し上げたところであります」。

その発言は、皇室典範と今回の特例法のつなぎ（皇室典範と今回の特例法の関係を明確にするための規定）を、附則に書く、というものだ。

それに対し、全体会議5回目で、日本維新の会の片山虎之助参議院議員は、次の発言をした。「我々は、もう何度も繰り返しませんが、特例法でいくべきだ、こういう考えでございますが、憲法に皇室典範が定めるとはっきり書いている以上、やはり皇室典範とのつなぎをきっちりした方が国民も安心すると思うんですね。法的には別に根拠がなくても、それぞれ法律ですし、いろいろな考え方があると思うんですが、やはり皇室典範に書くと。書く場合に、普通は附則なんですよ、こういう場合は。附則なんですが、私は、これは場合によっては本則でもいい、事が重大ですから。本則で書き得るという余地もあるので、それである程度の妥協というのか、まとめができるのなら検討すべきではなかろうかと思っております」。

その発言は、皇室典範と今回の特例法のつなぎを、本則に書いても良い、というものだ。

以上のことからわかるように、皇室典範と今回の特例法のつなぎを、附則に書くという選択肢も、本則に書くという選択肢もあった。

(2) 国民の総意と天皇の退位・皇位の安定的継承

また、全体会議5回目の最後の方で、大島理森衆議院議長が、次の発言をした。「退位そして皇室の今後の安定的継承、これらは、私は、やはり基本的に、憲法の第一章にありますように、国民の総意に基づく天皇の地位ということを考えると、そこをきちっと押さえておくことが大事だと思います。押さえ方はいろいろあると思うんです。押さえ方はあると思いますが、今お答えできるのはもうそのことしかございません。それ以上踏み込むと、またいろいろ評価みたいなものになってきますので」。

「天皇は、日本国の象徴であり日本国民統合の象徴であつて、この地位は、主権の存する日本国民の総意に基く」という憲法1条をふまえると、天皇の退位や皇位の安定的継承といった天皇の地位に関わることについては、世論の支持が得られる対応をすべきだ。

19　各政党・各会派からの個別の意見聴取2回目

(1) 個別の意見聴取2回目の出席者

2017年3月13日、天皇の退位等についての立法府の対応に関して、各政党・各会派から個別に意見を聴取した。個別の意見聴取は、2回目だ（全体会議が開催されたわけではない。全体会議6回目が開催されたのは、2017年3月15日だ。なお、先程述べたように、個別の意見聴取1回目は、2017年2月20日に実施された）。出席者は、個別の意見聴取1回目の出席者と同じだ、つまり、全体会議3回目の出席者と同じだ。*210 全体会議の出席者に関しては、先程述べた。

以下、各政党・各会派提出資料に基づいて、各政党・各会派の意見を簡単にまとめたものを示す。具体的には、自由民主党、民進党、公明党の意見を簡単にまとめる（個別の意見聴取2回目に関しては、各政党・各会派提出資料として公表されているのは、自由民主党、民進党、公明党のものだけだ。なお、提出資料の分量は異なり、自由民主党・公明党の提出資料は1頁、民進党の提出資料は4頁だった）。

(2) 自由民主党の意見②

自由民主党の意見を簡単にまとめると、以下のとおりだ。

自由民主党は、まず、法案に盛り込むべき主要項目として、次のことをあげた。①今上陛下の退位に係る御事情（今上陛下に係るご事情、国民の思い、皇太子殿下について）、②退位と皇嗣の即位、③退位に伴い必要となる事項（退位後の今上陛下の御身位、敬称等）、④皇室典範との関係（確認的に皇室典範と特例法の関係を明確にするため、「特例法は、皇室典範と一体を成すものである」旨の規定を皇室典範附則に置く）。

また、自由民主党は、「天皇の退位の問題への対応の後、政府には安定的な皇位継承等の課題の検討を遅滞なく進めることを求める」とした。*211

（3）民進党の意見②

民進党の意見を簡単にまとめると、以下のとおりだ。

民進党は、まず、全体会議における各政党・各会派の共通認識として、次のことをあげた。❶昨年8月8日の天皇陛下のおことばを、重く受け止めていること。象徴天皇として、国民の声に耳を傾け、思いに寄り添ってきた陛下のお考えとお務めは、広く国民の共感を得ていること。❷「退位を認めるべき」という考え方は、主権の存する国民の総意として受け止めるべきであり、そのための立法措置は、今国会中に講ずべきこと。❸女性宮家創設も含めた、皇位継承の安定性の確保についての議論を先送りせずに、しっかりと進めていく必要があること。❹今上天皇の退位が将来の先例となることを踏まえ、適切な法形式をとるべきこと。❺退位の法制度化について、天皇陛下の御意思を忖度し、強制退位が行われる余地を排除すべきであること。*212 ❻退位の法制度化について、憲法上の疑義が生じることは避けるべきであること。❼退位に至る様々な事情を法律に書き込む必要があるという点では、歩み寄りが見られていること。

また、民進党は、天皇の退位等に係る法案に記すべき基本項目として、次のことをあげた。①天皇の退位について（例えば、一定の要件の下に天皇が退位できるものとすること。その要件は、今上天皇陛下に限らず、将来の天皇にも適用されること。憲法、皇室典範との関係につき明確な位置付けが示され、違憲の疑義が払拭されること）、②退位した天皇の呼称等、③皇嗣の呼称等、④その他［例えば、皇嗣が皇位と共に受けた物の贈与税に係る相続税法改正（著者注：相続税法は、相続税・贈与税に関して規定している。贈与税は、相続税の補完税という性格をもっている）］。

そして、民進党は、要求項目として、例えば、次のことをあげた。退位の法整備後には、政府における検討状況等も把握しつつ、女性宮家創設も含めた、皇位の安定的継承についての国会議論を速やかに開始し、1年を目途に結論を示すこと。[*213]

（4）公明党の意見②

公明党の意見を簡単にまとめると、以下のとおりだ。

公明党は、まず、特例法に盛り込むべき内容として、次のことをあげた。①今上陛下の退位に至る事情等（今上陛下の象徴天皇としてのご活動と国民からの敬愛、今上陛下・皇太子殿下のご近況等）、②退位と皇位継承、③退位後の典範上の地位、敬称、退位後の処遇等の特例規定。

また、公明党は、皇室典範附則の例として、次のことを示した。「『天皇陛下の退位等に関する皇室典範特例法（仮称・法律名）』はこの法律と一体をなすものである」。なお、公明党は、そのような附則を設けるのは、念のため、憲法2条違反との疑義を排除するため、としていた。

そして、公明党は、「象徴天皇制、皇室制度のあり方に、一義的に責任を有するのは内閣」「女性宮家の創設等について、内閣において検討を開始されるべき」とした。[*214]

20　全体会議6回目と「衆参正副議長による議論のとりまとめ」

(1)「衆参正副議長による議論のとりまとめ」の提示と意見聴取

2017年3月15日、全体会議6回目が開催された。

全体会議6回目では、両議院正副議長が各政党・各会派に、「『天皇の退位等についての立法府の対応』に関する衆参正副議長による議論のとりまとめ」を提示した、そして、その後、各政党・各会派から意見を聴取した（以下、本書では、前に何も付けず、ただ「衆参正副議長による議論のとりまとめ」と記載した場合は、「『天皇の退位等についての立法府の対応』に関する衆参正副議長による議論のとりまとめ」を意味する）。

なお、「衆参正副議長による議論のとりまとめ」は、これまでの議論をふまえ、両議院正副議長がとりまとめたものだ。

そして、全体会議6回目は、伊達忠一参議院議長の挨拶から始まった。

その後、大島理森衆議院議長が、「衆参正副議長による議論のとりまとめ」を読み上げた。

では、「衆参正副議長による議論のとりまとめ」は、どのようなものだったのか。以下、それを示す。

(2)「衆参正副議長による議論のとりまとめ」

「『天皇の退位等についての立法府の対応』に関する衆参正副議長による議論のとりまとめ」*215

1．はじめに――立法府の主体的な取組の必要性

「天皇の退位等」に関する問題を議論するに当たって、各政党・各会派は、象徴天皇制を定める日本国憲法を基本として、国民代表機関たる立法府の主体的な取組が必要であるとの認識で一致し、我々四者（著者注：大島理森衆議院議長、伊達忠一参議院議長、川端達夫衆議院副議長、郡司彰参議院副議長）に対し、「立法府の総意」をとりまとめるべく、御下命をいただいた。

2．今上天皇の「おことば」及び退位・皇位継承の安定性に関する共通認識

その上で、各政党・各会派におかれては、ともに真摯に議論を重ねていただき、その結果として、次の諸点については、共通認識となったところである。

① 昨年8月8日の今上天皇の「おことば」（著者注：「象徴としてのお務めについての天皇陛下のおことば」）を重く受け止めていること。

② 今上天皇が、現行憲法にふさわしい象徴天皇の在り方として、積極的に国民の声に耳を傾け、思いに寄り添うことが必要であると考えて行ってこられた象徴としての行為は、国民の幅広い共感を受けていること。

このことを踏まえ、かつ、今上天皇が御高齢になられ、これまでのように御活動を行うことに困難を感じておられる状況において、上記の「おことば」以降、退位を認めることについて広く国民の理解が得られており、立法府としても、今上天皇が退位することができるように立法措置を講ずること。

③ 上記②の象徴天皇の在り方を今後とも堅持していく上で、安定的な皇位継承が必要であり、政府にお

いては、そのための方策について速やかに検討を加えるべきであること。

3. 皇室典範の改正の必要性とその概要

（1） さらに、各政党・各会派においては、以上の共通認識を前提に、今回の天皇の退位及びこれに伴う皇位の継承に係る法整備に当たっては、憲法上の疑義が生ずることがないようにすべきであるとの観点から、皇室典範の改正が必要であるという点で一致したところである。

（2） その具体的な書き方については、「天皇の退位については皇室典範の本則に規定すべきである」との強い主張もあったが、我々四者としては、そのような主張の趣旨をも十分に踏まえながら、①国民の意思を代表する国会が退位等の問題について明確に責任を持って、その都度、判断するべきこと、②これにより、象徴天皇制が国民の総意に基づくものとして一層国民の理解と共感を得ることにつながること等といった観点から、皇室典範の附則に特例法と皇室典範の関係を示す規定を置いた上で、これに基づく退位の具体的措置等については、皇室典範の特例法であることを示す題名の法律（以下単に「特例法」という。）で規定するのがよいと考えた次第である。

具体的には、皇室典範の附則に、次のような趣旨の規定を置き、この下で特例法を定めるものとすることが考えられるのではないか。

この法律の特例として天皇の退位について定める天皇の退位等に関する皇室典範特例法（平成29年法律第　号）は、この法律と一体をなすものである。

この規定により、①憲法第2条違反との疑義が払拭されること、②退位は例外的措置であること、③将来の天皇の退位の際の先例となり得ることが、明らかになるものと考えられる。

4. 特例法の概要

特例法においては、以下のような趣旨の規定を置くことが適当ではないか。

(1) 今上天皇の退位に至る事情等に関する規定に盛り込むべき事項

① 今上天皇の象徴天皇としての御活動と国民からの敬愛

昨年8月8日の「おことば」は、国民の間で広く深い敬愛をもって受け止められていること。また、今上天皇は、在位28年余の間、象徴としての行為を大切にしてこられ、これに対する国民の幅広い共感を受けていること。

② 今上天皇・皇太子の現況等

今上天皇が高齢であること。皇太子は、今上天皇が即位された年齢を越え（著者注：今上天皇は55歳で即位された、皇太子殿下のお誕生日は1960年2月23日であり、すでに、55歳を越えておられる）、長年、国事行為の臨時代行等を務めてこられたこと。

③ 今上天皇の「おことば」とその発表以降の退位に関する国民の理解と共感

今上天皇の退位については、従来のようにお務めを果たすことに困難を感じておられる状況において、昨年8月8日の「おことば」が発表されて以降、そのお気持ちが広く国民に理解され、共感が形成されていること。立法府においても、その必要性が共通認識となっていること。

(2)今上天皇の退位とこれに伴う皇位継承に関する規定

※今上天皇の退位の時期の決定手続における皇室会議の関与の在り方については、国会における法案審議等を踏まえ、各政党・各会派間において協議を行い、附帯決議に盛り込むこと等を含めて結論を得るよう努力するものとする。

(3)退位後の天皇の御身位、敬称、待遇等及び皇嗣に係る事項に関する特例規定

退位後の今上天皇の補佐体制その他の退位に伴う諸事項(宮内庁法、皇室経済法等)の法整備を含む。

※「退位した天皇の呼称など」「皇嗣の呼称など」及び「その他」に関する項目(別紙参照)*216については、上記の法整備に係る検討項目の中に含まれている。

以上のような法形式をとることにより、国権の最高機関たる国会が、特例法の制定を通じて、その都度、諸事情を勘案し、退位の是非に関する国民の受け止め方を踏まえて判断することが可能となり、恣意的な退位や強制的な退位を避けることができることとなる一方、これが先例となって、将来の天皇の退位の際の考慮事情としても機能し得るものと考える。

5. 安定的な皇位継承を確保するための方策についての検討及び国会報告について

安定的な皇位継承を確保するための女性宮家の創設等については、政府において、今般の「皇室典範の附則の改正」及び「特例法」の施行後速やかに検討すべきとの点において各政党・各会派の共通認識に至っていたが、その検討結果の国会報告の時期については、「明示することは困難である」とする主張と「1年を目途とすべきである」とする主張があり、国会における法案審議等を踏まえ、各政党・各会派間において協議を行い、附帯決議に盛り込むこと等を含めて合意を得るよう努力していただきたい。

6．おわりに――政府に対する要請

各政党・各会派においては、いずれも「退位に係る立法措置は今国会で成立させるべき」との思いを共有している。

したがって、政府においては、以上に述べた「立法府の総意」を厳粛に受け止め、直ちに法律案の立案に着手し、誠実に立案作業を行うとともに、法律案の骨子を事前に各政党・各会派に説明しつつ、法律案の要綱が出来上がった段階において、当該要綱を「全体会議」に提示していただき、そこで確認を経た後、速やかに国会に提出することを強く求めるものである。

(3)「衆参正副議長による議論のとりまとめ」と女性宮家の創設・旧宮家の皇籍復帰

大島理森衆議院議長が「衆参正副議長による議論のとりまとめ」を読み上げた後、各政党・各会派から意見を聴取した。

そして、「衆参正副議長による議論のとりまとめ」の「5．安定的な皇位継承を確保するための方策についての検討及び国会報告について」に関して、意見が複数出た。

例えば、全体会議6回目で、無所属クラブの松沢成文参議院議員は、旧宮家の皇籍復帰に関して、次の発言をした。「『安定的な皇位継承を確保するための女性宮家の創設等』に含まれているとは思うんですが、私どもは、天皇制の存続に関して、やはり男系男子の天皇家を継ぐべきだということで、もしこれを具体的にやるのであれば、できれば、この女性宮家の創設やあるいは旧宮家の復帰などについて、あと、ここも入れていただかないと、これは天皇制を今後どうするかという根幹の大きなところなので、もし御配慮をいただけたらありがたいというふうに思います」。

また、全体会議6回目で、日本のこころの中山恭子参議院議員は、旧宮家の皇籍復帰に関して、次の発言をした。「『皇位継承を確保するための女性宮家の創設等』という、女性宮家の創設というものを例示するのであれば、やはり、そのもっと根本にあります旧宮家の復帰ということが並列として述べられないといけないと考えています。（中略）女性宮家の創設というのを例示するか、または、皇位継承の確保についてはと例示せずにいただくか、どちらかをお考えいただきたいと思っております」。

全体会議6回目で、大島理森衆議院議長は、松沢成文参議院議員・中山恭子参議院議員のその発言に関して、次の発言をした。「昔の宮家を復帰させるとかそういう問題は、この『等』の中で読んでいただきたい。率直に申し上げて、今のような御主張を明確に出されたのは中山さんのところと松沢さんのところでございまして、それを総意としてここに書くというのはちょっと抵抗がございます。だから、『等』の中に、そういうものもいずれ御議論いただきたいものだ、こういうふうに御理解をいただきたい、このように思います」。

要するに、「衆参正副議長による議論のとりまとめ」では、旧宮家の皇籍復帰は、女性宮家の創設と同列には扱われなかった（「衆参正副議長による議論のとりまとめ」に、女性宮家の創設は明記されたが、旧宮家の皇籍復帰は明記されなかった）、また、それらを同列に扱うことは明確に拒否されていた、ということだ。

なお、西日本新聞が報道した共同通信社の世論調査の結果に関して、先程述べた。それをふまえると、「『衆参正副議長による議論のとりまとめ』の『5．安定的な皇位継承を確保するための方策についての検討及び国会報告について』に、旧宮家の皇籍復帰を明記するくらいなら、女性天皇・女系天皇の容認を明記してほしい」という国民が多数存在するだろう。

（4）結論

また、全体会議6回目の最後の方で、公明党の北側一雄衆議院議員は、「衆参正副議長による議論のとりまとめ」に関して、次の質問をした。「念のための確認ですが、これは『議論の取りまとめ』という文章になっているんですが、きょうの段階では案ですか」。

その質問に対して、大島理森衆議院議長は、次の発言をした。「いいえ、これは四者の結論でございます」。

その発言に対して、公明党の北側一雄衆議院議員は、次の質問（発言？）をした。「結論ですか」。

その質問に対して、大島理森衆議院議長は、次の発言をした。「ええ。四者の結論として考えてください。皆様方、各党持ち帰って、金曜日（著者注：2017年3月17日）というときになって初めて全体の取りまとめというふうに考えております」。

「衆参正副議長による議論のとりまとめ」を各政党・各会派に持ち帰って、検討し、2017年3月17日に、また全体会議を開催する、ということで、全体会議6回目は終わった。

21　全体会議7回目と「衆参正副議長による議論のとりまとめ」

(1)「衆参正副議長による議論のとりまとめ」と意見聴取

2017年3月17日、全体会議7回目が開催された。

全体会議7回目では、まず、「衆参正副議長による議論のとりまとめ」に関して、各政党・各会派から意見を聴取した。以下、自由民主党、民進党、公明党、日本共産党、日本維新の会、自由党、社会民主党、無所属クラブ、日本のこころ、沖縄の風の意見に関して述べる。なお、民進党、日本共産党、日本維新の会、自由党、社会民主党、無所属クラブ、日本のこころは、「衆参正副議長による議論のとりまとめ」に対する意見を示した文書を出した。

(2)自由民主党の意見③

自由民主党の意見に関して述べる。

全体会議7回目で、自由民主党の高村正彦衆議院議員は、次の発言をした。「自由民主党としては全く異存がございません」。

なお、全体会議6回目で、自由民主党の茂木敏充衆議院議員は、「衆参正副議長による議論のとりまとめ」に関して、次の発言をした。「大変すばらしい取りまとめを行っていただいたと思っております。(中略)一言一句、一つ一つの言葉について、(中略)言い始めたら、それは、どこを直したいというのは全ての政党があると思います。しかし、これはいい形で私は全体の意見を反映させていただいたと」。

それらの発言に基づくと、「衆参正副議長による議論のとりまとめ」は、自由民主党にとって、満足度の高いものになっていたようだ。

また、茂木敏充衆議院議員のその発言からわかるように、「『衆参正副議長による議論のとりまとめ』を了承した政党は、そのとりまとめに対していいたいことが全くない（そのとりまとめに完全に満足している）」ということではない。

(3) 民進党の意見③

民進党の意見に関して述べる。

全体会議7回目で、民進党の野田佳彦衆議院議員は、次の発言をした。「党内の手続としては常任幹事会を開きましてお諮りをいたしましたところ、最終的にこの『とりまとめ』を了承をするということを決定をさせていただきましたことをここに改めて表明をさせていただきたいというふうに思います」。

また、先程述べたように、民進党は、「衆参正副議長による議論のとりまとめ」に対する意見を示した文書を出した。その文書に記載された意見は、例えば、次の段落のようなものだ。
①「皇室典範の一部を改正する法律案」と「天皇の退位等に関する皇室典範特例法（平成29年法律第　号）」は、別法案として提出されるべきだ。②皇室典範附則案として、「この法律の特例として天皇の退位について定める天皇の退位等に関する皇室典範特例法（平成29年法律第　号）は、この法律と一体をなすものである」と提示されているが、その附則により、退位が事実上恒久的に制度化されたものと理解する。③退位は例外的措置とい

う立場には立たない。④特例法に盛り込まれた事情は、将来の天皇の退位の際の考慮事情として、事実上要件化されたものと理解する。⑤必ずしも退位の時期の決定手続に限らず、皇室会議の関与を積極的に検討すべきと考える。⑥女性宮家の創設等については、国会において議論を開始すべきであり、1年を目途に結論を示すべきだ。*217

先程示した個別の意見聴取1回目における民進党の意見をふまえると、「衆参正副議長による議論のとりまとめ」に対して、民進党がそういう意見を出した訳を、理解しやすくなるだろう。

なお、「衆参正副議長による議論のとりまとめ」に、女性宮家の創設が明記されたことに関しては、民進党が、熱心に主張した甲斐があったといえる。

全体会議6回目で、民進党の馬淵澄夫衆議院議員は、「衆参正副議長による議論のとりまとめ」と女性宮家の創設に関して、次の発言をした。「私どもが主張をしてまいりました女性宮家の創設等について、この取り組みについての記述をしていただきましたことは心から感謝申し上げます」。

(4) 公明党の意見③

公明党の意見に関して述べる。

全体会議7回目で、公明党の井上義久衆議院議員は、次の発言をした。「私どもといたしまして、この『とりまとめ』につきまして党内で議論をさせていただきましたけれども、このとおりで結構でございます」。

公明党は自由民主党とともに与党だし、退位についての対応に関して、自由民主党・公明党は足並みをそろえているといえる状況だった。そのため、公明党の意見がそうなるのは、不思議ではない。

なお、全体会議では、自由民主党・公明党が民進党と意見を戦わせる場面が、度々あった。

(5) 日本共産党の意見②

日本共産党の意見に関して述べる。

全体会議7回目で、日本共産党の小池晃参議院議員は、次の発言をした。「天皇退位の立法化に当たって、その立法理由が退位を認めることについて広く国民の理解が得られているということに置かれるのであれば、憲法に照らして適合的であり、了としたいというふうに思います。同時に、『とりまとめ』には私ども幾つかの問題点を感じておりまして、それは今日文書でお配りいただいているとおりであります」。

小池晃参議院議員のその発言によると、日本共産党は、「衆参正副議長による議論のとりまとめ」に関して、いくつか問題点を感じている、ということだ。そして、先程述べたように、日本共産党は、「衆参正副議長による議論のとりまとめ」に対する意見を示した文書を出した。その文書に記載された意見は、例えば、次の段落のようなものだ。

①「おことば」を「重く受け止めている」とあるが、政治の側が「重く受け止めて」立法措置をとるとなると、憲法に背いた政治的権能の行使ということになりかねず、不適切であり、同意できない。天皇の発言は「理解できる」とした上で、政治の責任において退位を立法化すべきだ。②「特例法の概要」では、立法理由について、「共通認識」で述べられている「退位を認めることについての国民の理解」ではなく、「お気持ちが広く国民に理解され、共感が形成されていること」になっている。この表現も、憲法に背いた政治的権能の行使ということになりかねず、不適切だ。③「象徴としての行為は、国民の幅広い共感を受けている」等、「象徴としての行

為」の全てを肯定的に評価する記述があるが、そうした評価には同意できない。また、退位を立法化する際に、そうした評価を法律に書き込む必要がない[*218]。

①②は、憲法4条1項に関するものだ。憲法4条1項に関しては、先程述べた。また、③は、天皇の公的行為に関するものだ。後述する「天皇の退位等に関する皇室典範特例法案に対する修正案」に関する話と重なるので、ここでは、この程度にしておく。

(6) 日本維新の会の意見②

日本維新の会の意見に関して述べる。

全体会議7回目で、日本維新の会の片山虎之助参議院議員は、次の発言をした。「今回の『とりまとめ』につきましては、我が党の主張についてはおおむね入れていただきまして、基本的には賛成でございます」(先程述べたように、日本維新の会は、「衆参正副議長による議論のとりまとめ」に対する意見を示した文書を出した。その文書に、この発言と同趣旨の内容がある[*219])。

また、全体会議7回目で、同議員は、次の発言もした。「そういう場(著者注:皇室に係るその他の諸問題の議論をする場)をつくることに正副議長さん中心になって取りまとめいただいて、是非国会でそういう場を置いていただきたいと、こういうふうに思います」。

(7) 自由党の意見②

自由党の意見に関して述べる。

全体会議7回目で、自由党の玉城デニー衆議院議員は、次の発言をした。「議長案については、昨年八月八日の天皇陛下のおことばをそんたくしているとは言えず、また、陛下のおことばを受けた国民の総意に十分寄り添うものになっていないのではないかと自由党は考えております」（全体会議6回目で、同議員は、同趣旨の発言をした）。

その後、全体会議7回目で、同議員は、次の発言をした。「自由党は了とできないということを添えておきたいと思います」。

「了とできない」ということで、自由党の意見は、特徴的だった。

なお、全体会議7回目で、同議員は、次の発言もした。「今後、開かれた議論の場を国会に設けて、女性宮家の創設を含む皇室典範の改正の議論も進め、今国会中に成案を得るよう努めるべきである」（先程述べたように、自由党は、「衆参正副議長による議論のとりまとめ」に対する意見を示した文書を出した。その文書に、以上で示した玉城デニー衆議院議員の発言と同趣旨の内容がある）。*220

(8) 社会民主党の意見②

社会民主党の意見に関して述べる。

全体会議7回目で、社会民主党の又市征治参議院議員は、次の発言をした。「この一致点を見出すべく各党・各会派の御努力があり、それを受け止めていただいて両院の正副議長さん方に取りまとめをいただいた、この点は、前回も申し上げましたが、大筋了解をしたい、このことで我が党も見解をまとめさせていただきました。

なお、中身とすれば小異を残して大同に付いたという格好でしょうから、法案審議などの場で幾らかそうした更に突っ込むべき問題は議論をさせていただきたい」。

なお、先程述べたように、社会民主党は、「衆参正副議長による議論のとりまとめ」に対する意見を示した文書を出した。その文書に記載された意見は、例えば、次の段落のようなものだ。

①将来の全ての天皇に適用される制度とすべきだ。ただ、今上天皇一代限りと主張する政党も「これが将来の先例となる」と認めているので、あえてこだわらない。②特例法を主張する政党も、「皇室典範と特例法が一体のものであるという『つなぎ』を附則に書く」としているので、違憲の疑いは解消されると理解する。③制度として安定的な皇位継承とする観点から、「退位の要件」を明確にすべきとしてきたが、「退位に至る事情を書き込む」ことで事実上担保できればかまわない。④憲法2条は「皇位は、世襲のものであつて、国会の議決した皇室典範の定めるところにより、これを継承する」と規定しているだけで、男女の区別、男系女系の区別をしていない。皇位の安定的継承のため、今後も引き続き、女性天皇、女性宮家等についても議論を行っていくことを要請する。⑤立法府が国民の総意をまとめ、合意した内容の立法事項を政府に委任することは否定しない。*221

(9) 無所属クラブの意見②

無所属クラブの意見に関して述べる。

全体会議7回目で、無所属クラブの松沢成文参議院議員は、次の発言をした。「私たちとしても、両院の正副議長にまとめていただいたこの方針に賛同をいたします」。

なお、先程述べたように、無所属クラブは、「衆参正副議長による議論のとりまとめ」に対する意見を示した文書を出した。その文書に記載された意見は、例えば、次の段落のようなものだ。

①特例法は、今上陛下の退位に対応するものだ。その目的に沿う有効期間を付した時限立法とすべきだ。②女性宮家の創設に加え、旧宮家の皇籍復帰も明記して、双方の議論を含め、速やかに検討を進めることが必要だ[*222]（②は「5．安定的な皇位継承を確保するための方策についての検討及び国会報告について」に関する意見）。

⑩　日本のこころの意見②

日本のこころの意見に関して述べる。

全体会議7回目で、日本のこころの中山恭子参議院議員は、次の発言をした。「憲法違反にならない形で、皇室典範の附則を通して特例法で今上陛下の御退位につながる方向で進めるという、この考え方につきましては、私ども、元々そのように考えていたところでございまして、大変有り難いことですし、この形で政府側も進めていただけたら有り難いことだと考えております。そこは全く問題ございません」。

なお、先程述べたように、日本のこころは、「衆参正副議長による議論のとりまとめ」に対する意見を示した文書を出した。その文書に記載された意見は、例えば、次の段落のようなものだ。

「衆参正副議長による議論のとりまとめ」の「5．安定的な皇位継承を確保するための方策についての検討及び国会報告について」の中に、次の部分がある。「安定的な皇位継承を確保するための女性宮家の創設等についてては」。その部分を修正して、「安定的な皇位継承の確保についてては」にしてほしい[*223]。

⑾ 沖縄の風の意見②

沖縄の風の意見に関して述べる。

全体会議7回目で、沖縄の風の伊波洋一参議院議員は、次の発言をした。「沖縄の風として、『〔天皇の退位等についての立法府の対応〕に関する衆参正副議長による議論のとりまとめ』に異存はありません。（中略）あわせて、沖縄の風も小会派ながら議論に参加できましたことを皆様に感謝申し上げます」。

⑿ 全体会議としてのとりまとめ

「衆参正副議長による議論のとりまとめ」に関して、各政党・各会派から意見を聴取した後、「衆参正副議長による議論のとりまとめ」を、全体会議としてのとりまとめとすることで了承した。*224

⒀ 「衆参正副議長による議論のとりまとめ」の手交

その後、同日（２０１７年３月17日）、両議院正副議長が安倍晋三首相に、「衆参正副議長による議論のとりまとめ」と、それに対する各政党・各会派からの意見を手交した。

２０１７年３月、日本経済新聞は、そのことに関して、次の報道をした。「天皇陛下の退位を巡り、衆参両院の正副議長は17日、今の天皇の退位を可能にする特例法制定を促す国会提言を安倍晋三首相に手渡した。首相は『立法府の総意を厳粛に受け止め、直ちに法案の立案にとりかかりたい』と表明。『速やかに法案を国会に提出するよう全力を尽くしたい』と述べた*225」。

22　有識者会議第10回と有識者ヒアリング（第2次）

（1）有識者ヒアリング（第2次）の対象者

全体会議7回目が開催され、また、両議院正副議長が安倍晋三首相に「衆参正副議長による議論のとりまとめ」を手交した2017年3月17日の5日後、2017年3月22日、有識者会議第10回が開催された。

有識者会議第10回では、有識者ヒアリング（第2次）が開催された。

ヒアリング対象者は次の4人だ。秋下雅弘東京大学大学院教授、本郷恵子東京大学史料編纂所教授、君塚直隆関東学院大学教授、新田均皇學館《こうがっかん》大学現代日本社会学部長。

なお、秋下雅弘東京大学大学院教授に関しては、先程述べた。そのため、ここでは、同教授に関することを除いて、述べる。

（2）有識者ヒアリング（第2次）の聴取項目と「天皇の退位等に関する有識者会議」

本郷恵子東京大学史料編纂所教授等3人への聴取項目は、次の9項目だ。①退位した天皇及び后の称号はどのようなものが適当か。②退位した天皇の敬称はどのようなものが適当か。③退位した天皇が、重祚すること、摂政に就任すること、皇室会議の議員に就任することについてどう考えるか。④退位した天皇の葬儀は、天皇として崩御した場合と同様、大喪の礼として行うべきか。⑤退位した天皇を葬る所は、天皇同様「陵」とするべきか。⑥退位した天皇を補佐する機関は、どのようなものが適当か。⑦退位した天皇に係る費用は、どのようなものが適当か。⑧仮に今上陛下が退位される場合、直系主義をとる現行皇室典範のもとでは、皇太子（皇嗣たる皇子）が存在しないことになるが、皇嗣は皇太子とすべきかどうか。また、その者に係る費用や補佐する機関についてどう考えるべきか。⑨上記のほか、仮に天皇が退位する場合に検討すべき事項として他にどのようなものがあるか。*226

有識者ヒアリング（第2次）の聴取項目は、天皇陛下の退位の実現を強く意識したものになっていた。以上で述べたことからわかるように、有識者ヒアリング（第2次）が開催された2017年3月22日の段階で、天皇陛下の退位を認めるべきか、天皇陛下に摂政を置くべきか、といったことを聴取項目にしても、意味がない。有識者会議は、第10回以降、2017年3月17日に両議院正副議長が安倍晋三首相に手交した「衆参正副議長による議論のとりまとめ」をふまえたものになっていた。そういう意味で、有識者会議第1回〜第9回と有識者会議第10回以降は、異なる。

実際、有識者会議の「最終報告」には、次の内容がある。「本年3月には、『「天皇の退位等についての立法府の対応」に関する衆参正副議長による議論のとりまとめ』が政府に伝えられた。この中で、今上陛下の退位を可能とするための立法措置として、皇室典範（昭和22年法律第3号）の附則に特例法と皇室典範の関係を示す規定を置くこととされた。退位の具体的措置等については、皇室典範の特例法であることを示す題名の法律で規定することとされるとともに、天皇の退位に関連して検討を要する主な法律の規定が示された。安倍晋三内閣総理大臣からは、『厳粛に受け止め、直ちに法案の立案に取りかかり、速やかに法案を国会に提出するよう、全力を尽くしたい』との発言があった。当会議においては、この発言を踏まえ、今上陛下の退位が実現した場合におけるお立場や称号等の残された法律上の措置を要する課題等について、本年3月以降、専門家からの意見も伺いながら、議論を進めてきた」[*227]。

有識者会議第10回以降、「天皇の公務の負担軽減等に関する有識者会議」は、実質的に、「天皇の退位等に関する有識者会議」になっていた。

有識者会議第10回で開催された有識者ヒアリング（第2次）で表明された意見に関しては、適宜、後述する。

23 有識者会議第11回〜第14回と「最終報告」

(1) 有識者会議第11回

2017年4月4日、有識者会議第11回が開催された。

有識者会議第11回では、有識者会議第10回で開催された有識者ヒアリング（第2次）で表明された意見に関して、自由討議がされた。

(2) 有識者会議第12回

2017年4月6日、有識者会議第12回が開催された。

有識者会議第12回では、報告書に盛り込むべき事項に関して、自由討議がされた。

（3）有識者会議第13回

２０１７年４月13日、有識者会議第13回が開催された。

有識者会議第13回では、「天皇の公務の負担軽減等に関する有識者会議最終報告構成（案）」に関して、自由討議がされた。

（4）有識者会議第14回

２０１７年４月21日、有識者会議の最終回である有識者会議第14回が開催された。

有識者会議第14回では、「最終報告（案）」に関して、事務局から説明があった。「最終報告（案）」は、これまでの有識者会議における議論をふまえ、作成されたものだ。

その後、構成員がその説明に関して発言し、また、安倍晋三首相も、例えば、次の発言をした。「この問題については、皆様方にまさに常識を生かしていただき、あるいは専門家の皆様方の学識の上に専門的な御議論をいただいた上で、このように取りまとめていただいた」。

そして、「最終報告（案）」のとおり、決定することとなった。

その後、有識者会議の今井敬座長が、挨拶し、安倍晋三首相に「最終報告」を手交した。最後に、安倍晋三首相が挨拶し、有識者会議は終了した。

なお、有識者会議の「最終報告」の内容に関しては、適宜、後述する。また、有識者会議第11回～第13回の内容のうち、重要なものは、「最終報告」でふれられている。

24　全体会議8回目と「天皇の退位等に関する皇室典範特例法案要綱」

(1)「天皇の退位等に関する皇室典範特例法案要綱」

2017年5月10日、全体会議の最終回である全体会議8回目が開催された。

全体会議8回目では、「天皇の退位等に関する皇室典範特例法案要綱」が、「衆参正副議長による議論のとりまとめ」に沿ったものであることを確認するため、菅義偉内閣官房長官・山﨑重孝内閣総務官から説明を聴取した、そして、その後、各政党・各会派から意見を聴取した(「天皇の退位等に関する皇室典範特例法案要綱」は、参考資料として巻末に掲載しておく)。

以下、具体的に述べる。

(2)「天皇の退位等に関する皇室典範特例法案骨子」

全体会議8回目は、伊達忠一参議院議長の挨拶から始まった。その中で、同議長は、次の発言をした。「本件については、【去る三月十七日、立法府の総意を取りまとめ】、内閣に提示いたしました。その後、内閣において法律案の立案に着手し、【去る四月二十六日、法律案の骨子が提示されました】。我々四者といたしまして、その骨子を精査したところ、四者としては取りまとめに沿ったものと判断をし、同日、各政党・各会派の皆さん方にお配りをさせていただいたところでございます。【本日は、天皇の退位等に関する皇室典範特例法案の要綱等について、菅官房長官と山﨑内閣総務官から御説明をいただきたいと思っております】」。

伊達忠一参議院議長のその発言を見るとわかるように、全体会議8回目開催の前、2017年4月26日、「法律案（の）骨子」、すなわち、「特例法案骨子」、具体的にいうと、「天皇の退位等に関する皇室典範特例法案骨子」が提示された（「天皇の退位等に関する皇室典範特例法案骨子」は、参考資料として巻末に掲載しておく）。

ただ、その「特例法案骨子」の案、すなわち、「特例法案骨子案」に関して、問題が生じていた（「特例法案骨子案」は、参考資料として巻末に掲載しておく）。

その問題というのは、「衆参正副議長による議論のとりまとめ」と異なる点が、「特例法案骨子案」にある、という問題だ。2017年4月、読売新聞は、そのことに関して、次の報道をした。「自民、公明、民進の3党は17日、政府が検討している天皇陛下の退位を実現する特例法案の骨子について、非公式の協議を始めた。衆参両院の正副議長が各党協議を経て3月にまとめた『議論のとりまとめ』と異なる表現が協議の焦点となる。自民党の茂木政調会長と公明党の北側一雄副代表、民進党の馬淵澄夫・党皇位検討委員会事務局長が17日、国会内で会談し、茂木氏が政府がまとめた法案の骨子案を説明した」。[*228]

では、「衆参正副議長による議論のとりまとめ」と「特例法案骨子案」には、どのような違いがあったのだろうか。以下、①特例法の題名案、②皇室典範の附則案、③「おことば」「お気持ち」「ご心労」の有無に分けて、述べる。

（3） 特例法の題名案

①特例法の題名案に関して。

先程示したように、「衆参正副議長による議論のとりまとめ」では、特例法の題名案は「天皇の退位【等】に関する皇室典範特例法」だった。

それに対し、「特例法案骨子案」では、特例法の題名案は「天皇【陛下】の退位に関する皇室典範特例法」だった。

「特例法案骨子案」では、「陛下」が追加され、「等」が除去されていた。

「陛下」の追加に関していうと、「衆参正副議長による議論のとりまとめ」は、「天皇」と一般化していたが、「特例法案骨子案」は、「天皇」「陛下」とし、天皇陛下一代限りの退位だということを強調していた。

民進党は、その「陛下」の削除を求めた。

そのことに関して、2017年4月、中日新聞は、次の報道をした。「天皇陛下の退位を実現する特例法案を巡り、与党が示した骨子案について民進党が十九日、与党に修正を求めた。『天皇陛下の退位に関する皇室典範特例法』とした法案名の『天皇陛下』を『天皇』に変更するよう主張。（中略）法案名を巡り、国会見解は『天皇』を使用。政府、与党は『天皇陛下』と明記し、陛下一代限りであることを明確にする狙い。民進党側は、皇室典範を抜本改正し退位制度の恒久化を主張してきた経緯を踏まえ、受け入れられないと判断した」[229]。

その後、「特例法案骨子」では、特例法の題名案は、「天皇の退位等に関する皇室典範特例法」となった。「天皇」「陛下」は「天皇」となり、また、「特例法案骨子案」で除去されていた「等」は復活した[230]（民進党は、「等」の復活を提案していた）[231]。「特例法案骨子」では、特例法の題名案は、「衆参正副議長による議論のとりまとめ」に沿ったものとなった。

要するに、特例法の題名案は、「衆参正副議長による議論のとりまとめ」では「天皇の退位等に関する皇室典範特例法」だったが、「特例法案骨子案」では「天皇陛下の退位に関する皇室典範特例法」とされた、ただ、結局、

「特例法案骨子」で「天皇の退位等に関する皇室典範特例法」に戻った。

以上のことに関して、2017年6月、NHKは、次の報道をした。「法律の名称も、国会が示した案に対して、政府が、いまの陛下が対象であることを明確にしようと『陛下』の文字を付け加えることを提案。各党合意が壊れる寸前までいき、結局、政府側が譲歩する一幕もありました」[*232]。

なお、政府が、「陛下」の追加を提案した背景には、安倍晋三首相の意向があった。2017年4月、時事通信は、そのことに関して、次の報道をした。「陛下の退位の意向が表面化した昨年7月、政府は首相の意向を背景に『一代限りの特例』とする対処方針を既に固めていた。（中略）3月の国会提言取りまとめの段階で、首相は一代限りの措置であることを明確に示すため、対象として『今上天皇』の文言を入れるよう求めていたが、野党との合意を優先する自民党の高村正彦副総裁の説得を受け諦めた経緯がある。ところが、首相が断念したはずの『今上天皇』は、政府が今週、自民党を通じて民進党に示した特例法の骨子案で事実上復活した。国会提言では今後の先例ともなり得ると解釈できる法案名の『天皇』が、骨子案では今の陛下を指す『天皇陛下』に変わっていたのだ。（中略）『一代限りと明確にするため（陛下）は譲れない。首相の強いこだわりだ』。首相周辺はこう明かした」[*233]。

一つ前の段落と二つ前の段落で示した報道に基づくと、次のことがいえる。安倍晋三首相の強いこだわりを原因として、各党合意が壊れる寸前までいっていた、ただ、政府側（安倍晋三首相側）が譲歩し、実際に各党合意を壊すことはしなかった。

政府側が譲歩していなかったら、怒号が飛び交うなか、「天皇陛下の退位に関する皇室典範特例法案」が強行採決される[*234]、という事態になっていたかもしれない。「そんなことにならなくて良かった」と思う人は、少なくないだろう。

（4）皇室典範の附則案

先程示したように、「衆参正副議長による議論のとりまとめ」では、皇室典範の附則案は、次のとおりだ。

「【この法律（著者注：皇室典範）の特例として天皇の退位について定める】天皇の退位等に関する皇室典範特例法（平成29年法律第　号）は、この法律と一体をなすものである」。

それに対し、「特例法案骨子案」では、皇室典範の附則案は、次のとおりだ。「天皇陛下の退位に関する皇室典範特例法（平成29年法律第　号）は、この法律と一体を成すものである」。

「特例法案骨子案」では、「この法律の特例として天皇の退位について定める」が除去されていた。

２０１７年4月、朝日新聞は、そのことに関して、次の報道をした。「骨子案は『皇室典範特例法は、この法律と一体を成すものである』と記したが、与野党合意ではこの前に『この法律の特例として天皇の退位について定める』との文言があった。削除された部分は、民進党が『退位の先例化と解釈できる』と、最もこだわった部分だった」[*235]。

その後、「特例法案骨子」には、次の記載がされた。「皇室典範の附則に、【皇室典範の特例として天皇の退位について定める】天皇の退位等に関する皇室典範特例法は、皇室典範と一体を成すものである旨の規定を新設するものとする」。

その記載を見るとわかるように、「特例法案骨子」では、「この法律の特例として天皇の退位について定める」

が（実質的に）復活した。皇室典範の附則案に関して、「特例法案骨子」は、「衆参正副議長による議論のとりまとめ」に沿うものだった。

(5)「おことば」「お気持ち」「ご心労」の有無

③「おことば」「お気持ち」「ご心労」の有無に関して。

先程示したように、「衆参正副議長による議論のとりまとめ」では、今上天皇の退位に至る事情等に関する規定に盛り込むべき事項として、次のことがあげられていた。「昨年8月8日の『【おことば】』が発表されて以降、その【お気持ち】が広く国民に理解され、共感が形成されている」。

それに対し、「特例法案骨子案」では、天皇陛下の退位に至る事情として、次のことがあげられていた。「国民は、（中略）天皇陛下の【ご心労】を理解し、これに共感している」。

「特例法案骨子案」には、「おことば」「お気持ち」という文言がなく、「ご心労」という文言があった。

民進党は、「おことば」にふれることや、「ご心労」を「お気持ち」に修正することを要求した。[*236]

その後、「特例法案骨子」には、次の記載がされた。「国民は、（中略）天皇陛下の【お気持ち】を理解し、これに共感している」。

「特例法案骨子」では、先程示した「ご心労」は「お気持ち」に修正された。しかし、「特例法案骨子」には、「おことば」という文言はなかった。民進党は、「おことば」にふれないことを受け入れた。[*237]

なお、政府は、「おことば」にふれると、憲法4条1項に関して、憲法上の問題が生じるおそれがあると考えていた。以下、そのことに関する報道を示す。

まず、2017年4月、毎日新聞は、次の報道をした。「骨子案は『退位に至る事情』で、『国民は陛下のご心労を理解、共感している』と記したが、天皇の国政関与を禁じる憲法を考慮し、昨年8月のおことばには触れていない[*238]」。

また、2017年4月、日本経済新聞は、次の報道をした。「骨子案は『お言葉』には言及せず、『お気持ち』は『心労』に置き換えられた。『お言葉』に触れると『天皇は国政に関する権能を有しない』と定めた憲法4条に抵触しかねないためだ[*239]」。

(6) 「衆参正副議長による議論のとりまとめ」と「特例法案骨子案」

以上のように、「特例法案骨子案」には、「衆参正副議長による議論のとりまとめ」と異なる点があった。

なお、先程述べたように、全体会議6回目で、自由民主党の茂木敏充衆議院議員は、「衆参正副議長による議論のとりまとめ」に関して、次の発言をした。「大変すばらしい取りまとめを行っていただいたと思っております」。また、先程述べたように、全体会議7回目で、自由民主党の高村正彦衆議院議員は、「衆参正副議長による議論のとりまとめ」に関して、次の発言をした。「自由民主党としては全く異存がございません」。そしてまた、先程述べたように、安倍晋三首相は、「衆参正副議長による議論のとりまとめ」に関して、次の発言をした。「【厳粛に受け止め】、直ちに法案の立案に取りかかり、速やかに法案を国会に提出するよう、全力を尽くしたい」。安倍晋三首相は自由民主党総裁であり、高村正彦衆議院議員は自由民主党副総裁だ。

「特例法案骨子案」に関しては、野党から反発の声が上がっていたわけだが[*240]、一つ前の段落で述べたことをふまえると、そういう声が上がるのは、当たり前といえる。

また、先程述べたように、「特例法案骨子」が提示されたのは、2017年4月26日だ。その2日前の2017年4月24日の出来事に関して、2017年4月、毎日新聞は、次の報道をした。「公明党の井上義久幹事長は24日、国会内であった政府・与党連絡会議で特例法案について『立法府の考えを基本にしてほしい。国民の総意を見いだす立法府の努力の結果だ』と述べ、政府案を国会見解に沿って修正するよう求めた」*241。与党内からも、そういう求めがあった、ということだ。

(7)「特例法案骨子案」→「特例法案骨子」→「特例法案要綱」

以上のように、「特例法案骨子案」に関する協議を経て、「特例法案骨子」ができた、すなわち、「天皇の退位等に関する皇室典範特例法案骨子」ができた。それが、2017年4月26日、提示された。

その後、2017年5月10日、全体会議8回目では、「天皇の退位等に関する皇室典範特例法案要綱」に関して、説明がされた。

全体会議8回目で、山﨑重孝内閣総務官は、「天皇の退位等に関する皇室典範特例法案骨子」と「天皇の退位等に関する皇室典範特例法案要綱」の関係に関して、次の発言をした。「骨子と要綱でございますが、取りまとめが非常に詳しくお取りまとめいただきましたので、骨子の段階で、実は今回の要綱に入っているもののほとんどを入れております。そういった意味で、今回の要綱は、骨子をより法律に近い形でお示ししているということでございます」。

（8）「天皇の退位等に関する皇室典範特例法案要綱」に対する各政党・各会派の意見

さて、「特例法案骨子案」「特例法案骨子」の話から離れて、全体会議8回目自体の話に戻る。

先程述べたように、全体会議8回目は、伊達忠一参議院議長の挨拶から始まった。その後、菅義偉内閣官房長官・山﨑重孝内閣総務官が、「天皇の退位等に関する皇室典範特例法案要綱」に関して、説明をした。そして、その説明後、各政党・各会派から意見を聴取した。以下、自由民主党、民進党、公明党、日本共産党、日本維新の会、自由党、社会民主党、無所属クラブ、日本のこころ、沖縄の風の意見に関して述べる。この日の意見は、あっさりしたものが多かった。

まず、全体会議8回目で、自由民主党の茂木敏充衆議院議員は、次の発言をした。「本日の全体会議は、これまで取りまとめをいただいた手順の中で、法案の要綱の確認をする場とされておりまして、自民党として、本日政府より提出、説明のありましたこの特例法案の要綱、三月十七日の衆参正副議長によります各党・会派の議論の取りまとめに沿ったものであることを確認させていただきます」。

なお、茂木敏充衆議院議員のその発言で、手順に言及されている。それに関してだが、先程示したように、「衆参正副議長による議論のとりまとめ」の「6．おわりに——政府に対する要請」には、次の内容がある。「政府においては、以上に述べた『立法府の総意』を厳粛に受け止め、直ちに法律案の立案に着手し、誠実に立案作業を行うとともに、法律案の骨子を事前に各政党・各会派に説明しつつ、法律案の要綱が出来上がった段階において、当該要綱を『全体会議』に提示していただき、そこで確認を経た後、速やかに国会に提出することを強く求めるものである」。

その内容を見るとわかるように、全体会議8回目は、特例法案を国会に提出する直前の段階だった。

また、全体会議8回目で、民進党の野田佳彦衆議院議員は、次の発言をした。「十党派が議論をして、そして議長、副議長のもとで取りまとめた考え方に即して要綱をつくっていただいたものということで、評価をさせていただきたいというふうに思います。法案の骨格にかかわる部分は、この全体会議で何回か議論をしてまいりましたが、その後、有識者会議を再開されて新たに加わった中身もありますので、それはよくこの後、精査をしながら、今後の国会で議論していきたいと思います」。

また、全体会議8回目で、公明党の北側一雄衆議院議員は、次の発言をした。「議長、副議長のもとで取りまとめられました取りまとめに沿った要綱であるというふうに理解をしております。これをもとに、党内に持ち帰りたいというふうに思っております」。

また、全体会議8回目で、日本共産党の小池晃参議院議員は、次の発言をした。「前回、(中略) 衆参正副議長の取りまとめについての意見表明で、我々は、天皇退位の立法化に当たって三点申し上げました。一つは、あくまで政治の責任において退位を立法化すべきであって、お言葉を重く受けとめて立法措置をとるというようなことになると、憲法に背いた政治的権能の行使となりかねない。それから二つ目に、立法趣旨について、天皇のお気持ちが広く国民に理解され、共感が形成されているという表現になると、これは憲法規定に背くことになりかねない。それから三点目に、天皇の象徴としての行為の全てを肯定的に評価することには同意できない、そうした評価を法律に書き込むことは必要がない。その三点を申し上げました。私どもは、天皇退位の立法は、憲法に照らして適合的なものでなければならないと考えておりますし、政府においては、こうした立場で対応していくべきだということを改めて述べておきたいというふうに思います。憲法の規定に照らして、私どもとしても、よく吟味をしていきたいというふうに考えます」。

また、全体会議8回目で、日本維新の会の片山虎之助参議院議員は、次の発言をした。「要綱につきましては特に異議はございませんが、一応持ち帰らせていただいて、精査させていただきます」。

また、全体会議8回目で、自由党の玉城デニー衆議院議員は、次の発言をした。「まず、取りまとめとそれから要綱については、御苦労に対しては敬意を表したいと思いますが、自由党は、かねてからの主張どおり、しっかりその主張を述べさせていただきたいと思います。その上で、あえて二点お話をさせていただくと、陛下の八月八日のお言葉は、陛下お一人の問題ではないということも強調されておられたと思います。ですから、皇統の安定性、それからこの失効規定にある、第四条の規定による皇位の継承があったときはこの法律はないということになると*242、一代限りのものであるということは陛下は望んでおられなかったはずということを踏まえて、意見を付しておきたいと思います」。

また、全体会議8回目で、社会民主党の又市征治参議院議員は、次の発言をした。「衆参両院議長のもとで十党会派が参加をして議論の取りまとめをいただきました。それにほぼ沿ったものだということで衆参両院の議長、副議長で御判断をいただいた、そのことを我々としては了としたい、このように思っております」。

また、全体会議8回目で、無所属クラブの松沢成文参議院議員は、次の発言をした。「正副議長に取りまとめていただいた案をよく反映した形で政府案要綱をつくっていただきまして、感謝申し上げます。我々も、方針はおおむね了であります」。

また、全体会議8回目で、日本のこころの中山恭子参議院議員は、次の発言をした。「持ち帰りましてもう一度しっかり読みますけれども、非常にきちんとまとめられた法案であると考えて感謝しております」。

そして、全体会議8回目で、沖縄の風の糸数慶子参議院議員は、次の発言をした。「両議院の議長、副議長初め、関係者の皆さんでこれだけ取りまとめていただいたことに関しましては感謝申し上げたいと思います。（中略）私どもも、持ち帰らせていただきまして、再度会派で議論させていただきたいと思います。ありがとうございました」。

以上で示した発言を見て、次のような印象を受けた人がいるだろう。「日本共産党・自由党は、『天皇の退位等に関する皇室典範特例法案要綱』に対して、いいたいことが多そうだな」。

実際、そうだったようで、後日、日本共産党・自由党は、特徴的な活動をする。その活動に関しては、後述する。

（9） 全体会議の終了

全体会議8回目の最後に、大島理森衆議院議長・伊達忠一参議院議長が、閉会の挨拶をして、全体会議は終了した。例えば、大島理森衆議院議長は、次の発言をした。「本年の一月十九日から全体会議を開き、本日まで、全体会議を八回、各政党・各会派からの個別の意見聴取を二回と、議論を積み重ねてまいりました。その間、各政党・各会派の皆様方におかれましては、本件に対して真摯に取り組んでいただき、かつ、非常に見識の高い御所見を賜ったことに心から感謝を申し上げますとともに、皆様方の御努力に改めて深く敬意を表したいと思います。また、内閣におかれましては、我々の提示した取りまとめ、すなわち立法府の総意を厳粛に受けとめ、取りまとめに沿った法律案の立案作業を進めていただいたことに、国会を代表して御礼を申し上げたいと思います」。

(10) 「天皇の退位等に関する皇室典範特例法案」の閣議決定・提出

なお、全体会議8回目で、菅義偉内閣官房長官は、閣議決定の日程に関して、次の発言をした。「この法案の時期でありますけれども、きょう、こうして要綱について説明をさせていただきました。こうした段取りをとらせていただきながら、御理解を得られればということがこれは当然前提でありますけれども、政府としては、五月十九日を閣議決定、一つの目安に考えておるところであります」。

その発言のとおり、後日、2017年5月19日、天皇の退位等に関する皇室典範特例法案が、閣議決定された。そして、同日、同法案が、国会に提出された。

なお、天皇の退位等に関する皇室典範特例法案の提出理由は、次のとおりだ。「皇室典範第四条の規定の特例として、天皇陛下の退位及び皇嗣の即位を実現するとともに、天皇陛下の退位後の地位その他の退位に伴い必要となる事項について所要の措置を講ずる必要がある。これが、この法律案を提出する理由である」。

25 宮内庁と報道機関

ところで、天皇の退位等に関する皇室典範特例法案が、閣議決定され、国会に提出された2017年5月19日の4日後、2017年5月23日、読売新聞が、天皇陛下に関して、次の報道をした。「政府の『天皇の公務の負担軽減等に関する有識者会議』のヒアリングで『天皇は祈っているだけでよい』などの意見が出たことに、天皇陛下が強い不満を漏らされたと毎日新聞が報じた記事について、宮内庁の西村泰彦次長は22日の記者会見で『陛下が発言された事実はない』と否定した。記事は21日付朝刊1面に掲載。さらに、有識者会議の議論が一代限りで退位を実現する方向で進んだことについて、陛下が『一代限りでは自分のわがままと思われるのでよくない』と発言し、制度化の実現を求められたなどと報じた。陛下の考えは同庁側関係者を通じ、首相官邸に伝えられたとも報じたが、西村次長は『陛下が（報道されたような）発言をされた事実はない。宮内庁が内閣に（そうした考えを）報告したこともなく、報道は極めて遺憾だ』と述べた。毎日新聞社長室広報担当は『十分な取材にもとづいて報道しております』とコメントした」。*243

読売新聞のその報道が言及している毎日新聞の記事は、毎日新聞朝刊2017年5月21日の「公務否定 陛下『ショック』」という記事だ。

読売新聞のその報道を見て、どのように思うかは、人それぞれだろう。宮内庁を信じる人もいるだろうし、毎日新聞を信じる人もいるだろうし、どちらを信じたら良いかわからない人もいるだろう。

なお、（読売新聞のその記事にあるように、）宮内庁の西村泰彦次長が、すでに記者会見で否定したので、宮内庁は、同庁ウェブサイトの「皇室関連報道について」「過去の皇室関連報道について」というページに、現在、毎日新聞のその記事に対する指摘を掲載していないし、掲載する予定もないということだ。*244 その不掲載を原因として、いろいろ想像してしまう人がいるかもしれないが、不掲載の理由としては、そういうことがあげられている（「皇室関連報道について」「過去の皇室関連報道について」に関しては、宮内庁が次の説明をしている。「最近の報道の中には、事実と異なる記事や誤った事実を前提にして書かれた記事が多々見られます。このことにより、事実でないことが事実として受け止められ、広く社会一般に誤った認識が生ずることが懸念されます。このため、あまりにも事実と異なる報道がなされたり、更にはその誤った報道を前提として議論が展開されているような場合には、必要に応じ宮内庁として、正確な事実関係を指摘することといたしました」。*245 その説明だけをふまえると、「皇室関連報道について」「過去の皇室関連報道について」というページに、毎日新聞のその記事に対する指摘が掲載されても良さそうだ）。

ちなみに、本書の冒頭で述べたように、２０１６年7月13日夜、ＮＨＫは、「天皇陛下が退位の意向を宮内庁の関係者に示されている」という趣旨の報道をした、そして、宮内庁は、速やかに、その報道内容を否定した。ただ、「８月８日の天皇陛下によるお気持ちの表明で、報道内容は裏付けられた」とされ、「『天皇陛下〈生前退位〉の意向』のスクープ」は、２０１６年度の新聞協会賞受賞作になった。*246 ＮＨＫのその報道に対する指摘も、現在、宮内庁ウェブサイトの「皇室関連報道について」「過去の皇室関連報道について」というページに、掲載されていない。

Ⅴ　天皇の退位等に関する皇室典範特例法と附帯決議

1　天皇の退位等に関する皇室典範特例法の公布までの経緯

先程述べたように、２０１７年5月19日に閣議決定された天皇の退位等に関する皇室典範特例法案は、同日、国会に提出された。その２０１７年5月19日から、天皇の退位等に関する皇室典範特例法の公布までの主な経緯が、表❽だ。

2　天皇の退位等に関する皇室典範特例法案の概要

では、天皇の退位等に関する皇室典範特例法案が国会に提出されてから成立するまでの間、どのような議論が国会で行われていたのだろうか。

まず、衆議院における議論に関して述べる。

表❽　2017年5月19日～2017年6月16日の主な経緯

2017年5月19日	天皇の退位等に関する皇室典範特例法案が、閣議決定され、国会に提出された。
2017年6月1日	天皇の退位等に関する皇室典範特例法案が、衆議院議院運営委員会で可決された。
2017年6月2日	天皇の退位等に関する皇室典範特例法案が、衆議院本会議で可決された。
2017年6月7日	天皇の退位等に関する皇室典範特例法案が、参議院天皇の退位等に関する皇室典範特例法案特別委員会で可決された。
2017年6月9日	天皇の退位等に関する皇室典範特例法案が、参議院本会議で可決、成立した。
2017年6月16日	天皇の退位等に関する皇室典範特例法が、公布された。

注：表❽は、内閣法制局ウェブサイト「天皇の退位等に関する皇室典範特例法案の提出理由（第193回国会）」、衆議院ウェブサイト「議案名『天皇の退位等に関する皇室典範特例法案』の審議経過情報」に基づいて、筆者が作成した。

２０１７年６月１日、第１９３回国会衆議院議院運営委員会で、菅義偉内閣官房長官は、天皇の退位等に関する皇室典範特例法案の概要に関して、次の答弁をした。「法律案の内容について、その概要を御説明申し上げます。第一に、天皇は、この法律の施行の日限り、退位し、皇嗣が直ちに即位することとしております。この法律の施行の日は、公布の日から起算して三年を超えない範囲内において政令で定める日としており、その政令を定めるに当たっては、内閣総理大臣は、あらかじめ、皇室会議の意見を聴かなければならないこととしております。第二に、退位した天皇は、上皇とし、上皇に関しては、皇室典範に定める事項については、天皇または皇族の例によることとしております。第三に、上皇の后は、上皇后とし、上皇后に関しては、皇室典範に定める事項については、皇太后の例によることとしております。第四に、上皇及び上皇后の日常の費用等には内廷費を充てることとし、上皇に関する事務を遂行するため、宮内庁に、上皇職並びに上皇侍従長及び上皇侍従次長を置くこととしております。第五に、天皇の退位に伴い皇嗣となった皇族に関しては、皇室典範に定める事項については、皇太子の例によることとしております。また、当該皇族の皇族費は定額の三倍に増額することとし、当該皇族に関する事務を遂行するため、宮内庁に、皇嗣職及び皇嗣職大夫を置くこととしております。第六に、皇室典範の附則に、皇室典範の特例として天皇の退位について定める天皇の退位等に関する皇室典範特例法は、皇室典範と一体を成すものである旨の規定を新設することとしております。このほか、これらに関連いたしまして、所要の規定の整備を行うこととしております」（これは、天皇の退位等に関する皇室典範特例法の概要でもある）。

さて、菅義偉内閣官房長官がその答弁をしたのは、衆議院議院運営委員会だ。皇室制度を扱うのは、本来、内閣委員会だが、天皇の退位等に関する皇室典範特例法案は、衆議院では、議院運営委員会で審議された。衆議院議院運営委員会に委員を出していない自由党・社会民主党も、自由民主党の枠を使って出席した。[*247]

2017年5月、時事通信は、以上のことに関して、次の報道をした。「天皇陛下の退位を可能にするため政府が19日に国会に提出する特例法案が、衆院は議院運営委員会で、参院は特別委員会でそれぞれ審議されることが決まった。与野党が16日合意した。与党は当初、衆参とも内閣委員会で審議する方針だったが、少数会派への配慮を求める民進党に譲歩した。衆院では自民党の竹下亘、民進党の山井和則両国対委員長が電話で会談し、『正副議長が同席する権威ある議運委が良い』との認識で一致。議運委に委員を出せない少数野党には、自民党が委員のさしかえに応じる異例の対応を取る。審議入りは、皇位の安定継承に関する付帯決議の内容で合意した後とすることも確認した。一方、参院議運委は理事会で、全会派が参加する特別委を設置することを決めた。自民党の吉田博美参院幹事長は記者会見で『非常に重い法案なので、全会派が参加できる委員会をつくることが大事だ』と説明した」。[*248]

時事通信のその報道からわかるように、天皇の退位等に関する皇室典範特例法案は、参議院では、特別委員会で審議された。具体的にいうと、同法案は、参議院では、「天皇の退位等に関する皇室典範特例法案特別委員会」で審議された。その特別委員会は、天皇の退位等に関する皇室典範特例法案を審査するために、設置された、その特別委員会の名称に、それが表れている。

3　特例法とした理由

(1) 特例法と恒久法

また、2017年6月1日、第193回国会衆議院議院運営委員会で、特例法とした理由に関して、質疑応答がされた。以下、その質疑応答を示す。

2017年6月1日、第193回国会衆議院議院運営委員会で、茂木敏充衆議院議員は、次の質問をした。「今回の天皇陛下の退位等に関する議論の過程では、将来の全ての天皇を対象とする恒久法という意見も一部にありました。しかし、日本国憲法で、『天皇は、この憲法の定める国事に関する行為のみを行ひ、国政に関する権能を有しない。』とされている第四条一項と天皇の意思との関係については慎重な対応が求められること、また、退位の具体的な要件設定について、例えば年齢や職務遂行能力を要件とする場合の問題点など、適切な要件の設定は極めて困難であると考えられます。この点も含め、今回、法形式を今上陛下を対象とした特例法とした理由について、改めてお尋ねいたします」。

その質問に対して、菅義偉内閣官房長官は、次の答弁をした。「政府としては、天皇の意思を退位の要件とすることは、天皇の政治的権能の行使を禁止する憲法第四条第一項との関係から問題があると考えます。また、将来の政治社会情勢、国民の意識等は変化し得るものである、そのことを踏まえるならば、これらを全て網羅して退位に係る具体的な要件を定めることは困難であると考えます。また、衆参正副議長の議論の取りまとめにおいては、国権の最高機関たる国会が、特例法の制定を通じて、その都度、諸事情を勘案し、退位の是非に関する国民の受けとめ方を踏まえて判断するとされているものと承知をしております。政府においては、これらの点を踏まえて、天皇陛下の退位を実現するための特例法案を立案したものであります」。

その答弁を見るとわかるように、政府は、「天皇の意思を退位の要件とすることは、天皇の政治的権能の行使を禁止する憲法4条1項との関係から問題がある」と考えていた。なお、先程述べたように、天皇の意思を退位の要件とするのを認める意見もある。

また、菅義偉内閣官房長官のその答弁に関して、次のように思う人がいるかもしれない。「将来の政治社会情勢、国民の意識等が変化し得るのは、当たり前のことで、天皇の退位に関してだけではない。そして、通常、状況が変化した結果、ある法律に問題が生じたら、その法律を改正したり、新法を制定したりして、それに対応する。そのため、天皇の退位に関しては、現在最善と思われる具体的な要件を設定した恒久法を設け、後年、その法律に問題が生じたら、その時点で、それに対応するために、法改正等をすれば良い。例えば、A歳を基準とする天皇の定年制を設けた場合に、後日、基準となっている年齢A歳に関して問題が生じたら、そのとき、その問題に対応し、B歳を基準とする天皇の定年制に改めれば良い。将来の政治社会情勢、国民の意識等が変化し得ることは、恒久法を制定しないことには、つながらない」。

（2）皇室典範3条と皇位継承順序の変更

なお、皇室典範3条は「皇嗣（著者注：皇位継承順位が第1位の皇族）に、精神若しくは身体の不治の重患があり、又は重大な事故があるときは、皇室会議の議により、前条に定める順序に従つて、皇位継承の順序を変えることができる」と規定している。要するに、皇嗣は、皇室典範3条に基づいて、皇位継承順序を後順位にされてしまう可能性がある。[*249]

また、皇室典範3条の「重大な事故があるとき」に関しては、次のような答弁がされている。「具体的なことはそう正確には予想できません」「結局、皇室会議の自由なるといいますか、物の道理を弁えての自由なる判断によって解決せられるものと思っております」[*250]「強いて仮想的に申しまするならば、まだ皇嗣の時代、天皇の御地位と何としても調和することのできないような、道徳的な問題でもあったとかいう場合には、仮想的ではありますが之に入り得るものではないかと考えて居るのであります」[*251]。

そういう皇室典範3条をふまえ（一つ前の段落と二つ前の段落で述べたことをふまえ）、退位制度に関する皇室典範の現状に関して、疑問を持つ人がいるだろうし、逆に、退位制度に関する皇室典範の現状をふまえ、皇室典範3条に関して、疑問を持つ人がいるだろう。簡単にいうと、例えば、そういう皇室典範3条をふまえ（一つ前の段落と二つ前の段落で述べたことをふまえ）、次のような疑問を持つ人がいるだろう。「天皇に不治の重患があるときに、天皇が退位できる制度が、皇室典範に必要ではないか。退位制度に関する皇室典範の現状に関しては、問題があるのではないか」「天皇の地位と調和し得ない道徳的な問題がある天皇を、退位させられる制度が、皇室典範に必要ではないか。退位制度に関する皇室典範の現状に関しては、問題があるのではないか」。また、逆に、退位制度に関する皇室典範の現状をふまえ、次のような疑問を持つ人がいるだろう。「国事行為の代行の制度があるのだから、皇嗣に不治の重患があっても、皇位継承順序の変更なんかせず、即位してもらうべきではないか。皇室典範3条に関しては、問題があるのではないか」「天皇の地位と調和し得ない道徳的な問題がある皇嗣であっても、皇位継承順序の変更なんかせず、即位してもらうべきではないか。天皇の地位と調和し得ない道徳的な問題がある天皇であっても、許容するのが（退位させられる制度がないのが）皇室典範なのだから。皇室典範3条に関しては、問題があるのではないか」。

要するに、退位制度に関する皇室典範の現状と皇室典範3条に関して、「制度的なバランスの悪さがあるのではないか」という疑問を持つ人がいるだろう。[*252]

また、天皇の退位の要件を適切に定めるのが困難という主張に、皇室典範3条をふまえ、疑問を感じる人がいるだろう。天皇の退位は、重要な事項だ。ただ、皇位継承順序の変更も、重要な事項だ。皇位継承順序の変更は、誰が天皇になるかに直結する。その皇位継承順序の変更に関する条文が、皇室典範3条であり、同条は先程述べたようなものだ。皇位継承順序の変更に関しては、条文があり、要件が定められているのに、天皇の退位の要件を適切に定めるのは、そんなに困難なのだろうか（恒久的な退位制度を設けることに反対するために、「天皇の退位の要件を適切に定めるのは困難」と主張している人はいないと思うが……）。[*253] 皇室典範3条をふまえて、天皇の退位の要件を考え、定めれば良いのではないか。

4 先例

また、2017年6月1日、第193回国会衆議院議院運営委員会で、菅義偉内閣官房長官は、天皇の退位等に関する皇室典範特例法案に関して、次の答弁をした。「このたびの衆参の両正副議長の議論の取りまとめにおいては、特例法に、今上天皇の退位に至る事情として、一つ、象徴天皇としての御活動と国民からの敬愛、二点目、今上天皇、皇太子の現況等、三点、退位に関する国民の理解と共感を盛り込むこととして、このような法形式をとることにより、国権の最高機関たる国会が、特例法の制定を通じて、その都度、諸事情を勘案し、退位の是非に関する国民の受けとめ方を踏まえて判断をすることが可能となり、恣意的な退位や強制的な退位を避けることができることとなる、また一方において、【これが先例となって、将来の天皇の退位の際の考慮事情としても機能し得るものと考える、このようにされております。政府としても、この議論の取りまとめを厳粛に受けとめまして、その内容を忠実に反映させて法案を立案したものであります。この法案の作成に至るプロセスや、その中で整理された基本的な考え方については、将来の先例となり得るものというふうに考えています】」。

菅義偉内閣官房長官のその答弁に基づくと、天皇の退位等に関する皇室典範特例法案の作成に至るプロセスや、その中で整理された基本的な考え方については、将来の先例となり得る。

5　国民の理解が得られているか

また、2017年6月1日、第193回国会衆議院議院運営委員会で、菅義偉内閣官房長官は、国民の理解に関して、次の答弁をした。「この法案（著者注：天皇の退位等に関する皇室典範特例法案）により天皇陛下の退位を実現することは、議論の取りまとめにあるとおり、広く国民の理解が得られている、このように考えております」。

ところで、２０１７年５月、東京新聞は、世論調査に関して、次の報道をした。「共同通信社は一日、郵送方式で四月中旬までに実施した皇室に関する世論調査の結果をまとめた。天皇陛下の退位を巡る法整備の在り方について『皇室典範改正で今後の天皇も退位可能にすべきだ』と答えたのが68％に上り、『特例法で一代に限って認めるべきだ』の25％を大幅に上回った。『退位を認めるべきではない』は４％にとどまった。」[＊254]

天皇の退位等に関する皇室典範特例法案は、天皇陛下に限って退位を認めるものだ。そのため、その報道をふまえて、「この法案により天皇陛下の退位を実現することは、議論の取りまとめにあるとおり、広く国民の理解が得られている、このように考えております」という菅義偉内閣官房長官の答弁に、違和感を覚える人はいるだろう。その報道によると、「特例法で一代に限って認めるべきだ」は、たったの25％なのだから。

有識者会議第７回の資料である「国民世論の動向について」に基づいて、先程、次のことを述べた。「世論は、『退位に肯定的』『退位を認める場合、今後すべての天皇に認めるべき』ということで、はっきりしていた」。

有識者会議第７回は、２０１６年12月14日に開催されたわけだが、その後も、そういう世論は同じだった、ということだ。

２０１７年６月７日、第１９３回国会参議院天皇の退位等に関する皇室典範特例法案特別委員会で、西田実仁参議院議員は、次の発言をした。「昨年の陛下のお言葉を発せられて以降実施されました主な報道機関による世論調査では、大抵、六割以上の国民の皆様は、退位について、今の天皇陛下だけに認める特例法ではなく、今後の全ての天皇に認める制度改正を望んでおられる姿がございました。しかし、今回の法改正におきましては、皇室典範の特例法という形を取り、今の天皇陛下のみを対象として退位をお認めをするという法案となっております」。

その発言をした西田実仁参議院議員は、野党の議員ではない。同議員は、先程述べたように、与党である公明党の議員だ。

6　天皇の退位等に関する皇室典範特例法案1条と附帯決議

(1) 退位の意向

また、2017年6月1日、第193回国会衆議院議院運営委員会で、天皇の退位等に関する皇室典範特例法案1条に関して、質疑応答がされた。以下、天皇の退位等に関する皇室典範特例法案1条を示した上で、その質疑応答に関して述べる。

天皇の退位等に関する皇室典範特例法案1条（趣旨）

この法律は、天皇陛下が、昭和六十四年一月七日の御即位以来二十八年を超える長期にわたり、国事行為のほか、全国各地への御訪問、被災地のお見舞いをはじめとする象徴としての公的な御活動に精励してこられた中、八十三歳と御高齢になられ、今後これらの御活動を天皇として自ら続けられることが困難となることを深く案じておられること、これに対し、国民は、御高齢に至るまでこれらの御活動に精励されている天皇陛下を深く敬愛し、この天皇陛下のお気持ちを理解し、これに共感していること、さらに、皇嗣である皇太子殿下は、五十七歳となられ、これまで国事行為の臨時代行等の御公務に長期にわたり精勤されておられることという現下の状況に鑑み、皇室典範（昭和二十二年法律第三号）第四条の規定の特例として、天皇陛下の退位及び皇嗣の即位を実現するとともに、天皇陛下の退位後の地位その他の退位に伴い必要となる事項を定めるものとする。

２０１７年6月1日、第１９３回国会衆議院議院運営委員会で、塩川鉄也衆議院議員は、天皇の退位等に関する皇室典範特例法案1条に関して、次の質問をした。「今回の特例法案の第一条は、なぜこの退位法案をつくるのか、立法に至る事情を書いております。今回の立法が、昨年八月八日の天皇のお言葉を契機としていることは事実ですが、この点について、政府は、お言葉という文言を使用しませんでしたが、これは、お言葉に基づき立法することとすれば、憲法第四条第一項に違反するおそれがあるからですと説明をしております。そこで、お尋ねいたしますが、お言葉に基づいて立法することとすれば、憲法第四条第一項に違反するおそれがあるというのはどういうことか、御説明をお願いいたします」。

その質問に対して、菅義偉内閣官房長官は、次の答弁をした。「憲法の第四条第一項は、『天皇は、この憲法の定める国事に関する行為のみを行ひ、国政に関する権能を有しない。』と、天皇の政治的権能の行使を禁止する旨を規定いたしております。【昨年八月の天皇陛下のお言葉は、これまでの御活動を天皇として自ら続けられることが困難となるというお気持ちを国民に向けて発せられたものであり、退位の意向を示されたものではなく、天皇の政治的権能の行使に当たらないと考えております】。しかしながら、昨年八月の天皇陛下のお言葉を今回の立法の直接の端緒として位置づけた場合には、天皇の政治的権能の行使を禁止する憲法第四条第一項に違反するおそれがあると考えます。したがって、そのような疑念が生じないよう、趣旨規定の中でお言葉という文言を使用しないこととしたのであります」。

その答弁に対して、塩川鉄也衆議院議員は、次の質問をした。「お言葉を端緒とすると憲法違反のおそれがあるという御説明でした。法案には、御高齢になられ、御活動を続けられることが困難となることを深く案じておられると昨年八月のお言葉の内容を引いた上で、この天皇陛下のお気持ちを国民が理解し、共感し云々と書いております。お言葉を端緒とするとだめだけれども、お言葉の内容を書くのはいいということなのか。これは実質的には同じことではないのか。どのように整理しておられるのかについてお尋ねをいたします」。

その質問に対して、菅義偉内閣官房長官は、次の答弁をした。「繰り返しになりますけれども、【昨年八月の天皇陛下のお言葉は、これまでの御活動を天皇として自ら続けられることが困難というお気持ちを国民に発せられたものであり、退位の意向を示されたものではなく、天皇の政治的権能の行使には当たらないと考えます】。また、【国民がこの天皇陛下のお気持ちを理解し、これに共感しているという現状は、この天皇陛下のお気持ちに対する国民の受けとめであり、天皇陛下のお言葉と直接関係するものではないと考えております】。加えて、政府としては、国民的な議論が高まったことを踏まえて、予断を持つことなく検討を開始し、衆参両院正副議長による議論の取りまとめを受けて、今回の法案を立案し、提出したものであります。こうしたことを踏まえれば、憲法第四条第一項に違反するものとは考えておらず、また、この法案の趣旨規定の中で天皇陛下のお気持ちや国民の受けとめという現状を記載することによって憲法上の問題はない、このように考えます」（なお、この答弁において、菅義偉内閣官房長官は、「天皇陛下のお言葉と関係するものではない」と答弁せず、「天皇陛下のお言葉と直接関係するものではない」と答弁した。菅義偉内閣官房長官は、２０１７年６月７日、第１９３回国会参議院天皇の退位等に関する皇室典範特例法案特別委員会で、それと同様の答弁をしたので、「直接」という言葉を、意識的に入れたといえる。[255]「天皇陛下のお言葉と関係するものではない」と「天皇陛下のお言葉と直接関係するものではない」の意味が異なるということは、わかるだろう)。

その答弁に対して、塩川鉄也衆議院議員は、次の発言をした。「お言葉を端緒とすると憲法違反のおそれがあるが、お言葉の内容を引用するという形についてはそうではないということでは、国民から見れば非常にわかりにくい内容だと言わざるを得ません。実質的には同じことなのではないのか。天皇は政治的権能を持たない、政治に関与しないという原則を貫くなら、天皇陛下のお気持ちを云々するという、こういう表現については適切ではないと思います。天皇の退位を実現する理由については、高齢となり活動を続けるのは困難となるであろうという客観的な事実に基づき、天皇の退位について国民が理解を示しているということに立法事実を置くべきだと考えます。【その点で、法案の修正が必要だと考えております】」。

さて、菅義偉内閣官房長官は、以上で示した答弁の中で、次のことを述べた。「昨年八月の天皇陛下のお言葉は、これまでの御活動を天皇として自ら続けられることが困難となるというお気持ちを国民に向けて発せられたもの」。

ただ、「昨年八月の天皇陛下のお言葉」の内容、すなわち、「象徴としてのお務めについての天皇陛下のおことば」の内容は、そのようなお気持ちだけではない。「象徴としてのお務めについての天皇陛下のおことば」を見れば、それは明らかだ。

先程述べたように、「象徴としてのお務めについての天皇陛下のおことば」の中で、天皇陛下は、①国事行為・公的行為の縮小に関して述べられたり、②摂政設置に関して述べられたり、③天皇が健康を損ない、深刻な状態に立ち至った場合の影響に関して述べられたり、④天皇崩御の際に、残される家族が置かれる状況に関して述べられたりしている。

そういう「象徴としてのお務めについての天皇陛下のおことば」が公表された翌日、２０１６年8月9日、新聞各紙の1面には、以下の言葉が、大きく掲載された。


朝日新聞「天皇陛下 お気持ち表明」「退位の願い にじむ」「象徴の務め 難しくなるのでは」。

読売新聞「天皇陛下 生前退位を示唆」「象徴の務め困難に」「高齢・手術で『体力低下』」。

日本経済新聞「天皇陛下 生前退位を示唆」「象徴の務め難しくなる」「衰え考慮 お気持ち表明」。

毎日新聞「退位意向 強くにじむ」「象徴の務め難しく」「公務縮小、摂政に否定的」。

中日新聞「生前退位 思い表明」「天皇陛下 健康を考慮」「全身全霊で象徴の務め 果たせるか案じる」。

東京新聞「生前退位 強いお気持ち」「天皇陛下が表明」「全身全霊での象徴の務め、難しくなるのでは」。

京都新聞「天皇陛下、退位へ思い」「象徴の務め 難しくなる」「政府、法整備検討へ」。

西日本新聞「陛下、退位の意向示唆」「象徴の務め案じ」「82歳、衰えを考慮」。

河北新報「天皇陛下 生前退位に思い」「象徴の務め『難しく』」「お気持ち表明、体力の制約言及」。

沖縄タイムス「象徴の務め 難しくなる」「天皇陛下 退位へ強い思い」「82歳 衰え考慮」。

産経新聞「生前退位 強いご意向」「天皇陛下『象徴としての務め 難しくなる』」「摂政には否定的」。

The Japan Times「Emperor hints at desire to abdicate」。

International New York Times「Emperor of Japan hints at retirement」。*256

「象徴としてのお務めについての天皇陛下のおことば」では、「退位」という言葉は使用されていないが、以上のような感じの報道で一色だった。「象徴としてのお務めについての天皇陛下のおことば」は、そういうものだった、ということだ。

そのため、「象徴としてのお務めについての天皇陛下のおことば」の公表から時間は経過しているが、現在でも、「『象徴としてのお務めについての天皇陛下のおことば』で、天皇陛下は、実質的に、退位の意向を示された」と思っている人がいるだろう。また、退位を可能にするためには、法整備が必要ということをふまえ、「『象徴としてのお務めについての天皇陛下のおことば』で、天皇陛下は、実質的に、退位を可能にするための法整備を希望された」と思っている人もいるだろう。

菅義偉内閣官房長官は、以上で示した答弁の中で、「昨年八月の天皇陛下のお言葉は、これまでの御活動を天皇として自ら続けられることが困難となるというお気持ちを国民に向けて発せられたものであり、退位の意向を示されたものでなく、天皇の政治的権能の行使に当たらないと考えております」と述べているが、それに関して、疑問を持つ人はいるだろう。

なお、一般論だが、明示されていないことは何も伝わらない、というわけではない。例えば、選択肢として㋐㋑㋒㋓㋔があり、Aがそれを認識している場合、㋔を望んでいるBが、㋔を望んでいると明示的にいわなくても、㋐㋑㋒㋓には否定的とわかることをいったり、さらに、㋔を望んでいると示唆したりすれば、AはBが㋔を望んでいるとわかる、天皇の退位等に関する皇室典範特例法が成立した2017年に注目された言葉でいえば、AはBが㋔を望んでいると忖度できる。いい方をかえると、Bは、自分が㋔を望んでいることを、それを明示せずに、Aに伝えられる。さて、「象徴としてのお務めについての天皇陛下のおことば」は、そういうものになっていなかったのだろうか。

2016年8月、（後日、有識者会議の座長代理に選任されることになる）御厨貴東京大学名誉教授は、「象徴としてのお務めについての天皇陛下のおことば」に関して、次の発言をした。「陛下はご自身の高齢化への対処法として、公務の負担軽減や摂政を置くことを明確に否定された。かなり強い退位宣言だと読める。柔らかな言葉を選び慎重な言い方ではあるが、陛下の決意がはっきり示された[*257]」。

（2）国政の動向への影響

また、以上で示した菅義偉内閣官房長官の答弁、天皇の退位等に関する皇室典範特例法案1条に基づくと、次の①→②→③という流れがわかる。①「象徴としてのお務めについての天皇陛下のおことば」で、天皇陛下が、お気持ちを国民に向けて発せられ、②国民が、この天皇陛下のお気持ちを理解し、これに共感し[*258]、③②のような状況にも鑑み、天皇の退位等に関する皇室典範特例法は、天皇陛下の退位の実現などをする（なお、先程述べたように、天皇の退位等に関する皇室典範特例法案の提出理由は、次のとおりだ。「皇室典範第四条の規定の特例として、天皇陛下の退位及び皇嗣の即位を実現するとともに、天皇陛下の退位後の地位その他の退位に伴い必要となる事項について所要の措置を講ずる必要がある。これが、この法律案を提出する理由である」）。

先程述べたように、憲法4条1項に関する政府の従来の見解は、天皇の行為によって、事実上においても、国政の動向に影響を及ぼすようなことがあってはならない、というものだ。

「象徴としてのお務めについての天皇陛下のおことば」の表明は、天皇の行為と考えられるが、①→②→③という流れをふまえた場合、それの表明は、事実上においても、国政の動向に影響を及ぼしていないのだろうか。

影響を及ぼしたのであれば、政府の従来の見解によると、「象徴としてのお務めについての天皇陛下のおことば」の表明は、憲法4条1項との関係で、問題が生じる。

一応述べておくと、直接的に影響を及ぼしたか否かという話はしていないし、重大な影響を及ぼしたか否かという話もしていない。

2017年6月1日、第193回国会衆議院議院運営委員会で、横畠裕介内閣法制局長官は、憲法4条1項に関して、次の答弁をした。「天皇が国事行為以外にいわゆる【公的行為を行うことは憲法の否定するところではありません】し、また、私人としての行為をすることも当然でありますが、【それらの行為を通じて国政に事実上影響を及ぼすようなことがあってはならない】ということであります。このことの反面として、政治の側からは、いわゆる天皇の政治利用は禁じられているものと理解しております。このように天皇と政治を分離するということは、国民主権を前提とする象徴天皇制を安定的に維持する上での基礎となっているものと理解されます」。

横畠裕介内閣法制局長官のその答弁でも、直接的か否か、重大か否か、ということは問題になっていない。すなわち、「間接的であれば、国政に影響を及ぼしても良い」とはしていないし、「重大な影響でなければ、国政に影響を及ぼしても良い」ともしていない。

なお、横畠裕介内閣法制局長官のその答弁に表れているが、公的行為を行うことは、憲法上禁止されていない。*259 ただ、公的行為を行うことは、憲法上禁止されていないが、望ましいことではない、という考え方も、論理的にはあり得る。

2017年6月1日、第193回国会衆議院議院運営委員会で、菅義偉内閣官房長官は、公的行為に関して、次の答弁をした。「公的行為については、憲法上、明文の根拠はありませんが、自然人として行う事実行為のうち、象徴としての地位に基づく公的な立場で行われるものであると考えています。【象徴としての地位にある天皇陛下が公的行為として国民に寄り添う御活動に精励されていることは、大変ありがたいものであると感じています】」。

(3) 天皇の退位等に関する皇室典範特例法案に対する修正案

また、天皇の退位等に関する皇室典範特例法案に対しては、塩川鉄也衆議院議員から、日本共産党提案による修正案、すなわち、「天皇の退位等に関する皇室典範特例法案に対する修正案」が提出された。提出日は、2017年6月1日。では、その修正案は、どのようなものだったのか。以下、それを示す。

天皇の退位等に関する皇室典範特例法案に対する修正案

天皇の退位等に関する皇室典範特例法案の一部を次のように修正する。

第一条中「国事行為のほか、全国各地への御訪問、被災地のお見舞いをはじめとする」及び「の公的な」を削り、「ことを深く案じておられる」を「であろう」に、「この天皇陛下のお気持ちを理解し、これに共感して」を「天皇陛下の退位について理解を示して」に改める。

天皇の退位等に関する皇室典範特例法案に対する修正案を見るとわかるように、その修正案は、天皇の退位等に関する皇室典範特例法案1条を修正するものだ。ただ、その修正案だけを見ても、よくわからない、という人がいるかもしれない。そこで、以下、仮に、その修正案に基づいて修正したら、天皇の退位等に関する皇室典範特例法案1条がどうなるか、ということを示す。

天皇の退位等に関する皇室典範特例法案1条（修正案に基づく修正後）

この法律は、天皇陛下が、昭和六十四年一月七日の御即位以来二十八年を超える長期にわたり、象徴として御活動に精励してこられた中、八十三歳と御高齢になられ、今後これらの御活動を天皇として自ら続けられることが困難となるであろうこと、これに対し、国民は、御高齢に至るまでこれらの御活動に精励されている天皇陛下を深く敬愛し、天皇陛下の退位について理解を示していること、さらに、皇嗣である皇太子殿下は、五十七歳となられ、これまで国事行為の臨時代行等の御公務に長期にわたり精勤されておられることという現下の状況に鑑み、皇室典範（昭和二十二年法律第三号）第四条の規定の特例として、天皇陛下の退位及び皇嗣の即位を実現するとともに、天皇陛下の退位後の地位その他の退位に伴い必要となる事項を定めるものとする。

では、天皇の退位等に関する皇室典範特例法案に対する修正案の提案理由は、どのようなものだったのか。2017年6月1日、第193回国会衆議院議院運営委員会で、塩川鉄也衆議院議員は、その修正案の提案理由に関して、次の発言をした。「私は、日本共産党を代表して、天皇の退位等に関する皇室典範特例法案に対する修正案の趣旨を説明いたします。天皇の退位を認めるための立法に当たって重要なことは、その条文を憲法の規定に適合するものとすべきだということです。日本国憲法は、象徴という天皇の地位は、主権の存する日本国民の総意に基づくと規定し、天皇は、この憲法の定める国事行為のみを行い、国政に関する権能を有しないと規定しています。この憲法規定に照らして、法案第一条の趣旨規定には幾つかの問題点があります。第一に、退位を実現する理由について、御活動を続けることが困難となることを深く案じておられると天皇自身の懸念の内容に触れ、この天皇陛下のお気持ちに対する国民の理解と共感に言及しています。政府は、天皇陛下のお言葉に基づき立法することとすれば、憲法第四条第一項に違反するおそれがあるとの見解を示してきました。法案は、お言葉という文言は使っていませんが、間接的ではあっても、天皇の意思を法律に盛り込むことになりかねません。こうした部分は不適切であり、削除すべきです。立法事実は、天皇の退位について国民が理解を示していることとするものです。第二に、天皇の象徴としての公的な御活動に言及した部分は削除すべきです。いわゆる天皇の公的行為については、時の政府による政治利用が問題となってきたものであります。[*260]象徴としての公的活動の全てを肯定的に評価する記述は問題であり、退位の立法に当たって、そうした記述を書き込むべきではないし、またその必要もないと考えます。以上が、修正案の提案理由です」[*261]。

塩川鉄也衆議院議員のその発言の後、天皇の退位等に関する皇室典範特例法案に対する修正案について採決され、起立少数で、その修正案は否決された。つまり、その修正案は、賛成少数で否決された（賛成の場合は、起立する）。

続いて、天皇の退位等に関する皇室典範特例法案について採決され、起立総員（全会一致）で可決された。なお、修正案を否決された日本共産党は賛成に回った。また、自由党は、採決前に退席していた。

その自由党に関してだが、2017年6月1日、第193回国会衆議院議院運営委員会で、採決前、玉城デニー衆議院議員は、次の発言をした。「本来であれば、恒久的な制度を設けるための皇室典範の改正が私ども自由党は必要と考えております」。

（4）天皇の退位等に関する皇室典範特例法案に対する附帯決議

そして、天皇の退位等に関する皇室典範特例法案が可決された後、さらに、「天皇の退位等に関する皇室典範特例法案に対する附帯決議案」が、起立総員で採択された。その附帯決議は、以下のとおりだ。

天皇の退位等に関する皇室典範特例法案に対する附帯決議

一　政府は、安定的な皇位継承を確保するための諸課題、女性宮家の創設等について、皇族方の御年齢からしても先延ばしすることはできない重要な課題であることに鑑み、本法施行後速やかに、皇族方の御事情等を踏まえ、全体として整合性が取れるよう検討を行い、その結果を、速やかに国会に報告すること。

二　一の報告を受けた場合においては、国会は、安定的な皇位継承を確保するための方策について、「立法府の総意」が取りまとめられるよう検討を行うものとすること。

三　政府は、本法施行に伴い元号を改める場合においては、改元に伴って国民生活に支障が生ずることがないようにするとともに、本法施行に関連するその他の各般の措置の実施に当たっては、広く国民の理解が得られるものとなるよう、万全の配慮を行うこと。

２０１７年６月１日、第１９３回国会衆議院議院運営委員会で、菅義偉内閣官房長官は、その附帯決議に関して、次の答弁をした。「ただいま御決議をいただきました附帯決議につきましては、その趣旨を尊重してまいりたいと存じます」。

なお、附帯決議には法的効力がない。ただ、国会と内閣の関係をふまえると、政治的には、政府は、附帯決議に従うべきだし、附帯決議を守るべきと考えられる。*262

また、その附帯決議には、女性宮家の創設は明記されているが、女性・女系天皇の容認や、旧宮家の皇籍復帰は、明記されていない。

そして、その附帯決議は、女性宮家の創設等に関して、「政府は、（中略）本法施行後速やかに、（中略）検討を行い、その結果を、速やかに国会に報告すること」としているが、施行前には何もしない、ということではない。2017年6月1日、第193回国会衆議院議院運営委員会で、菅義偉内閣官房長官は、そのことに関して、次の答弁をした。「女性宮家の創設など、皇室制度に関して各種の議論があることは当然承知をしており、これまで、議論の経緯を十分検証するなど、検討を行ってきたところであります。ですから、今、野田政権の際のことについても、私ども、もちろん検証をいたしております。政府としては、衆参正副議長の議論の取りまとめを受けた各政党各会派間の協議を踏まえ、これまでの議論の経緯を十分検証しつつ、【法施行後の具体的な検討に向けて適切に対応してまいりたいと思います】」。

また、元号法2項は「元号は、皇位の継承があった場合に限り改める」と規定している。天皇陛下が退位され、皇太子殿下が即位されるのに伴い、元号が改められる。そういうことを背景として、その附帯決議は、元号に関して言及している。

ちなみに、「平成」は247番目の元号なので、次の元号は248番目ということになる。

7 衆議院本会議における採決

２０１７年６月２日、第１９３回国会衆議院本会議で、天皇の退位等に関する皇室典範特例法案が、起立多数で可決された。

２０１７年６月、東京新聞は、そのことに関して、次の報道をした。「天皇陛下の退位を実現する特例法案は二日の衆院本会議で自民、民進、公明、共産、日本維新の会、社民各党などの賛成多数により可決された。七日に参院特別委員会で審議入りし、九日に成立する見通し。採決では、自由党のほか、民進党の枝野幸男前幹事長らが棄権。無所属の亀井静香元金融担当相のほか、上西小百合、武藤貴也両氏の計三人が反対した」[*263]。

8 法案の名称と「退位」「譲位」

次に、参議院における議論に関して述べる。

まず、２０１７年６月７日、第１９３回国会参議院天皇の退位等に関する皇室典範特例法案特別委員会で、法案の名称に関して、質疑応答がされた。以下、その質疑応答を示す。

２０１７年６月７日、第１９３回国会参議院天皇の退位等に関する皇室典範特例法案特別委員会で、愛知治郎参議院議員は、次の質問をした。「今回の法案の名称について質問をいたします。今回の特例法では、『天皇の退位等』とされております。本来は譲位とすべきではないかという国民の声も聞かれますが、退位とした理由を伺いたいと存じます」。

その質問に対して、菅義偉内閣官房長官は、次の答弁をした。「衆参正副議長の議論の取りまとめにおいては、『今上天皇が退位することができるように立法措置を講ずること。』とされ、法案の名称についても天皇の退位等に関する皇室典範特例法と明示されております。また、今回の皇位の継承は、天皇陛下がその意思により皇位を譲るというものではなく、この特例法の直接の効果として行われるものであります。以上を踏まえると、政府としても、このことを的確に表す用語としては譲位ではなく退位という用語が適切である、このように考えています」。

その質疑応答に基づくと、政府は、「譲位」ではなく「退位」という用語が適切と考え、「天皇の退位等に関する皇室典範特例法」という名称にした。そして、その理由は、次の①②だ。①「衆参正副議長による議論のとりまとめ」で、「退位」という用語が使用されていること、②今回の皇位の継承は、天皇陛下がその意思により皇位を譲るものではなく、この特例法の直接の効果として行われるものだということ。

そういうことで、天皇の退位等に関する皇室典範特例法案では、「譲位」という文言は、全く使用されていない。

天皇の退位等に関する皇室典範特例法は、「皇室典範第4条の規定の特例として、天皇陛下の【退位】及び皇嗣の即位を実現するとともに、天皇陛下の【退位】後の地位その他の【退位】に伴い必要となる事項を定めるもの」だ（天皇の退位等に関する皇室典範特例法案1条）。

以上のことからわかるように、正確性を要求される文書では、「天皇の譲位について定める天皇の退位等に関する皇室典範特例法」なんていうことは、書かない方が良い（一応述べておくと、「譲位」という言葉自体に問題があるとはいっていない。見ればわかると思うが）。

9　検討するにあたっての方針

また、2017年6月7日、第193回国会参議院天皇の退位等に関する皇室典範特例法案特別委員会で、退位後の天皇の立場等を検討するにあたっての方針に関して、質疑応答がされた。以下、その質疑応答を示す。

2017年6月7日、第193回国会参議院天皇の退位等に関する皇室典範特例法案特別委員会で、愛知治郎参議院議員は、次の質問をした。「本法案では、退位後の天皇陛下の新たな称号として上皇、天皇陛下と常に御活動を共にされてこられた皇后陛下の称号として上皇后、敬称については陛下とすることとなっております。また、天皇陛下の退位後は、皇位継承、摂政、臨時代行就任、皇室会議議員就任などについては資格を有しないこととなっております。そこで、どのような方針で本法案に規定した退位後の陛下のお立場、敬称等について検討を行ったかという点について伺いたいと存じます」。

その質問に対して、菅義偉内閣官房長官は、次の答弁をした。「退位後の天皇のお立場等の在り方については、我が国の皇室の制度が長い歴史と伝統を有することを十分に踏まえること、憲法における象徴としての天皇の地位に鑑み、国民の理解と支持が得られるものとすること、また、従来から退位の弊害として指摘されている象徴や権威の二重性を回避すること、こうしたことに留意しつつ、退位後のお立場等が国民に広く受け入れられるものとなるよう検討を行いました。このような考え方による検討の結果、上皇及び上皇后の称号や陛下の敬称などがふさわしいものであると、このように判断をいたしました」。

菅義偉内閣官房長官のその答弁に基づくと、①皇室の制度が長い歴史と伝統を有することを十分にふまえる、②憲法における象徴としての天皇の地位に鑑み、国民の理解・支持が得られるものとする、③象徴や権威の二重性を回避する、といったことに留意しつつ、退位後の立場等が国民に広く受け入れられるものとなるよう、検討が行われた。*264

皇室の歴史・伝統だけを重視して、検討が行われたわけではない、ということだ。

10 女性宮家・女性天皇・女系天皇に関する安倍政権の方針

また、2017年6月7日、第193回国会参議院天皇の退位等に関する皇室典範特例法案特別委員会で、女性宮家・女性天皇・女系天皇に関して、質疑応答がされた。以下、その質疑応答を示す。

2017年6月7日、第193回国会参議院天皇の退位等に関する皇室典範特例法案特別委員会で、片山虎之助参議院議員は、次の質問をした。「衆議院の段階なんですが、附帯決議で女性宮家創設が大変議論になったんです。我が党でも大議論ですよ。しかし、我が党は、今後、国民動向の具合を見ながら中立的にこれから議論して答えを出していきますけれども、皇位継承と女性宮家創設はつながない方がいいですよ。だから、女性宮家はどうかで、これは大きい議論ですよね。だから、これは皇位の継承とはつながずに独立した議論として大いに議論していくこと、こういうことが一つ必要だと思いますね。その方が分かりやすいし、議論が進みやすい。それから、もっと大きい、女性天皇、女系天皇は、これは一番冒頭に言った我が国の統治機構の根幹をどう変えるかという議論で、これは国民にいっぱい議論があるんですよ。それは丁寧に国民世論の形成を図らないと、これはもう大騒動になるおそれがありますわね。今は世界的に女性強いですけどね、それこそいろんな関係を見ながらしっかりと議論していただきたいと思いますが、いかがですか」。

その質問に対して、菅義偉内閣官房長官は、次の答弁をした。「女性皇族の婚姻等による皇族数の減少に係る問題については、皇族方の御年齢からしても先に延ばすことはできない重要な課題であるというふうに受け止めております。そのための方策についてはいろいろな考え方や意見があって、国民のコンセンサスを得るためには、十分な分析、検討と慎重な手続が必要だというふうに思っています。政府として、衆参正副議長の議論の取りまとめを受けた各政党各会派の協議を踏まえた上で、国民世論の動向に留意しつつ、ここは適切に検討していきたいというふうに思います。それと、【女性・女系天皇、こうしたことについては、政府としては、現状で男系男子というものでありますので、そこはしっかり引き継いでいきたいと思います】」。

その質疑応答を見るとわかるように、菅義偉内閣官房長官は、次の答弁をした。「女性・女系天皇、こうしたことについては、政府としては、現状で男系男子というものでありますので、そこはしっかり引き継いでいきたいと思います」。

要するに、安倍政権は、女系天皇を認めないし、女性天皇も認めない、ということだ。

先程述べたように、女性天皇を認めることに関しては、賛成派が反対派より、はるかに多い。女性天皇が認められていれば、女性が即位するのに、女性天皇が認められていないので、男性が即位した、ということが実際に起こったら、国民は、どう思うのだろうか。実際に起こったことを見て、次のように思う国民が出るかもしれない。「日本国の象徴であり日本国民統合の象徴である天皇は、差別の象徴でもある」。

なお、女性宮家創設についての安倍政権の明確な方針は、菅義偉内閣官房長官のその答弁からはわからない。

ただ、①与党が当初提示していた附帯決議案には、「衆参正副議長による議論のとりまとめ」に記載されていた「女性宮家の創設」が明記されていなかった。[*265] そのことや、②先程示した天皇の退位等に関する皇室典範特例法案に対する附帯決議の一に、明確な期限が記載されていないこと、③安倍晋三首相が②を望んだこと、[*266] ④先程述べたように、2013年1月30日、第183回国会衆議院本会議で、安倍晋三首相が、「野田前内閣が検討を進めていたいわゆる女性宮家の問題については、改めて慎重な対応が必要と考えます」と答弁したことをふまえ、「安倍政権が、女性宮家創設に向けて、積極的に動くとは考えにくい」と思う人がいるかもしれない。

もちろん、以上で示した片山虎之助参議院議員と菅義偉内閣官房長官の質疑応答を見て、次のように思う人がいるかもしれない。「安倍政権は、女性宮家創設に向け、積極的に動くにあたって、女性宮家創設と女性・女系天皇容認を切り離した」[*267]。

11　参議院天皇の退位等に関する皇室典範特例法案特別委員会における採決

2017年6月7日、第193回国会参議院天皇の退位等に関する皇室典範特例法案特別委員会で、採決がされ、天皇の退位等に関する皇室典範特例法案は、全会一致で可決された。なお、自由党は退席していた。

その後、天皇の退位等に関する皇室典範特例法案に対する附帯決議案が、賛成多数で採択された。その附帯決議は、2017年6月1日、第193回国会衆議院議院運営委員会で採択された附帯決議（先程示した附帯決議）と同じ内容だ。また、2017年6月7日に採択されたその附帯決議に関して、同日、第193回国会参議院天皇の退位等に関する皇室典範特例法案特別委員会で、菅義偉内閣官房長官は、次の答弁をした。「ただいま御決議をいただきました附帯決議につきましては、その趣旨を尊重してまいりたいと存じます」。

2017年6月、テレビ朝日は、以上のことに関して、次の報道をした。「天皇陛下の退位に関する特例法案が、参議院の特別委員会で可決されました。今週中に成立する見通しです。委員会で菅官房長官は、『譲位』ではなく『退位』という言葉を使った理由について、『天皇陛下の意思により、皇位を譲るのではないことを的確に表す』と説明しました。これは天皇の政治への関与を禁じた憲法の規定に配慮したものです。法案は全会一致で可決されました。一方で付帯決議を巡っては、野党の要求を受け入れる形で『女性宮家』の創設を検討すると盛り込まれたことに反発して、自民党の有村治子議員が反対に回りました」[*268]。

12 参議院本会議における採決と安倍晋三首相

そして、2017年6月9日、第193回国会参議院本会議で、天皇の退位等に関する皇室典範特例法案が、全会一致で可決され、成立した。

2017年6月、NHKは、そのことに関して、次の報道をした。「天皇陛下の退位に向けた特例法案は、9日開かれた参議院本会議で採決が行われた結果、特例法は、委員会での採決と同様に退席した自由党を除く全会一致で可決され、成立しました」[*269]。

その報道のとおり、自由党は退席したわけだが、その自由党に関して、産経新聞は、2017年6月、次の報道をした。「政党で唯一、棄権した自由党の森裕子参院会長は皇室典範改正による譲位の恒久制度化を改めて主張し、棄権理由については記者団に『全会一致の成立が望ましいので退席した』と説明した」。[*270]

以上のように、天皇の退位等に関する皇室典範特例法は、2017年6月9日、成立した。そして、同日、同法の成立を受け、安倍晋三首相は、次の発言をした。「先ほど、『天皇の退位等に関する皇室典範特例法』が成立いたしました。本法の重要性に鑑み、衆参両院の議長、副議長に御尽力をいただき、また、各会派の皆様の御協力をいただき、静謐（せいひつ）な環境の中で速やかに成立させていただいたことに対しまして感謝申し上げ、改めて敬意を表したいと思います。光格天皇以来、実に200年ぶりに退位を実現するものであり、この問題が国家の基本、そして長い歴史、未来に関わる重要な課題であることを改めて実感いたしました。政府としては、国会における御議論、そして委員会の附帯決議を尊重しながら、遺漏なきようしっかりと施行に向けて準備を進めてまいります[*271]」。

また、同日、安定的な皇位の継承に関する質問に対して、安倍晋三首相は、次の発言をした。「安定的な皇位の継承は非常に重要な課題であります。政府としては附帯決議を尊重して検討を進めてまいります[*272]」。

2017年6月16日、天皇の退位等に関する皇室典範特例法が、公布された。

13　天皇の退位等に関する皇室典範特例法1条

では、天皇の退位等に関する皇室典範特例法は、どのようなものなのか。同法は、本則5か条、附則11か条で構成されている。以下、同法に関して述べる（「天皇の退位等に関する皇室典範特例法」は、参考資料として巻末に掲載しておく）。

まず、天皇の退位等に関する皇室典範特例法1条に関して述べる。

天皇の退位等に関する皇室典範特例法1条（趣旨）

この法律は、天皇陛下が、昭和六十四年一月七日の御即位以来二十八年を超える長期にわたり、国事行為のほか、全国各地への御訪問、被災地のお見舞いをはじめとする象徴としての公的な御活動に精励してこられた中、八十三歳と御高齢になられ、今後これらの御活動を天皇として自ら続けられることが困難となることを深く案じておられること、これに対し、国民は、御高齢に至るまでこれらの御活動に精励されている天皇陛下を深く敬愛し、この天皇陛下のお気持ちを理解し、これに共感していること、さらに、皇嗣である皇太子殿下は、五十七歳となられ、これまで国事行為の臨時代行等の御公務に長期にわたり精勤されておられることという現下の状況に鑑み、皇室典範（昭和二十二年法律第三号）第四条の規定の特例として、天皇陛下の退位及び皇嗣の即位を実現するとともに、天皇陛下の退位後の地位その他の退位に伴い必要となる事項を定めるものとする。

まず、天皇の退位等に関する皇室典範特例法1条では、次の①②③の立法事実があげられている。①天皇陛下が、昭和64年1月7日の御即位以来28年を超える長期にわたり、国事行為のほか、全国各地への御訪問、被災地のお見舞いをはじめとする象徴としての公的な御活動に精励してこられた中、83歳と御高齢になられ、今後これらの御活動を天皇として自ら続けられることが困難となることを深く案じておられること、②これに対し、国民は、御高齢に至るまでこれらの御活動に精励されている天皇陛下を深く敬愛し、この天皇陛下のお気持ちを理解し、これに共感していること、③さらに、皇嗣である皇太子殿下は、57歳となられ、これまで国事行為の臨時代行等の御公務に長期にわたり精勤されておられること。

要するに、今回は、事実①②③があって、退位を認める、ということだ。

そのため、例えば、後年、天皇Aが、即位後短期間で退位しようとしても、その退位が認められない可能性がある。すなわち、「平成の天皇に関して、退位を認めた先例はあります。しかし、平成の天皇に関して、即位後短期間での退位を認めたわけではありません（①）。そして、即位後短期間での退位を認めると、天皇の制度を安定的に維持するのが困難になります、それは望ましくありません。そのため、天皇Aが希望している即位後短期間での退位を、認めることはできません」ということになる可能性がある。今回、退位を認めた先例はできるが、将来、即位後短期間での退位を排除する理由がなくなる、とはいえない。

また、例えば、後年、皇太子が未成年であり、新天皇が未成年となる場合に、天皇Bが退位しようとしても、その退位が認められない可能性がある。すなわち、「平成の天皇に関して、退位を認めた先例はあります。しかし、平成の天皇に関して、皇太子が未成年であり、新天皇が未成年となる場合の退位を認めたわけではありません（③）。そして、その場合の退位を認めると、新天皇の即位に伴い摂政を置くことになります（皇室典範16条1項、22条）、それは望ましくありません。そのため、天皇Bが希望しているその場合の退位を、認めることはできません」ということになる可能性がある。[*273]

ところで、天皇の退位等に関する皇室典範特例法1条には、天皇陛下が83歳と御高齢になられたことが明記されている。実際に退位されるとき、天皇陛下は、さらに御高齢になっておられる。有識者会議第7回で、宮内庁は、そのことに関して、すなわち、天皇の年齢・退位に関して、次の説明をした。「直近で譲位されたのは

1817年の第119代光格天皇であり、これまで58方が譲位をされており、このうち上皇となられたのは55方である（中略）、譲位の年齢を見ると、30歳未満は全体の43％、40歳未満は全体の71％、50歳を超えて譲位された例は6方しかおらず、圧倒的に若いうちに譲位されている」。宮内庁のその説明に基づくと、天皇陛下のような年齢で退位するのは、歴史的に見て、珍しいことといえる。

また、「皇室典範（昭和二十二年法律第三号）第四条の規定の特例として、天皇陛下の退位及び皇嗣の即位を実現するとともに、天皇陛下の退位後の地位その他の退位に伴い必要となる事項を定めるものとする」（天皇の退位等に関する皇室典範特例法1条）という規定を見るとわかるように、天皇の退位等に関する皇室典範特例法は、退位に関しては、天皇陛下の退位を実現するものだ。

2017年6月1日、第193回国会衆議院議院運営委員会で、菅義偉内閣官房長官は、そのことに関して、次の答弁をした。「衆参正副議長の議論の取りまとめにおいては、今上天皇が退位することができるように立法措置を講ずることを各政党各会派の共通認識とするとともに、特例法に今上天皇の退位に至る事情等に関する規定を置くことが適当であるとされております。政府においては、この議論の取りまとめを厳粛に受けとめ、その内容を忠実に反映させ、退位に至る御事情等を第一条に規定し、天皇陛下の退位を実現するための特例法案を立案したものであります」。

14　天皇の退位等に関する皇室典範特例法2条

天皇の退位等に関する皇室典範特例法2条に関して述べる。

天皇の退位等に関する皇室典範特例法2条（天皇の退位及び皇嗣の即位）
天皇は、この法律の施行の日限り、退位し、皇嗣が、直ちに即位する。

天皇は、この法律の施行の日限り、退位し、皇嗣が、直ちに即位する（天皇の退位等に関する皇室典範特例法2条）。皇嗣が直ちに即位するのは、天皇が崩御した場合と同じだ（皇室典範4条参照）。

そして、「天皇は、この法律の施行の日限り、退位し」ということだが、天皇の退位等に関する皇室典範特例法附則1条が、施行期日に関して、規定している。天皇の退位等に関する皇室典範特例法附則1条は、以下のとおりだ。

天皇の退位等に関する皇室典範特例法附則1条（施行期日）
1項　この法律は、公布の日から起算して三年を超えない範囲内において政令で定める日から施行する。ただし、第一条並びに次項、次条、附則第八条及び附則第九条の規定は公布の日から、附則第十条及び第十一条の規定はこの法律の施行の日の翌日から施行する。
2項　前項の政令を定めるに当たっては、内閣総理大臣は、あらかじめ、皇室会議の意見を聴かなければならない。*274

公布の日から起算して3年を超えない範囲内において政令で定める日から施行する、というのが原則だ（天皇の退位等に関する皇室典範特例法附則1条1項）。そして、その政令を定めるにあたっては、首相は、あらかじめ、皇室会議の意見を聴かなければならない（天皇の退位等に関する皇室典範特例法附則1条2項）。

天皇の退位等に関する皇室典範特例法附則1条1項の「ただし」の後は、次の①②が書かれている。

①天皇の退位等に関する皇室典範特例法1条、天皇の退位等に関する皇室典範特例法附則1条2項、2条、8条、9条の規定は、公布の日から施行するということ。

天皇の退位等に関する皇室典範特例法1条、天皇の退位等に関する皇室典範特例法附則1条2項に関しては、先程述べた。また、天皇の退位等に関する皇室典範特例法附則2条は、この法律の失効に関する規定だ。また、天皇の退位等に関する皇室典範特例法附則8条は、意見公募手続等の適用除外に関する規定だ。そして、天皇の退位等に関する皇室典範特例法附則9条は、政令への委任に関する規定であり、「この法律に定めるもののほか、この法律の施行に関し必要な事項は、政令で定める」と規定している。

②天皇の退位等に関する皇室典範特例法附則10条、11条の規定は、この法律の施行の日の翌日から施行するということ、すなわち、退位の日の翌日から施行するということ。

天皇の退位等に関する皇室典範特例法附則10条は、「国民の祝日に関する法律」の一部改正についての規定だ。具体的にいうと、同条は、「国民の祝日」である「天皇誕生日」（国民の祝日に関する法律2条）を12月23日（天皇陛下のお誕生日）から、2月23日（皇太子殿下のお誕生日）に修正する規定だ。天皇陛下が退位されると、皇太子殿下が即位されるので、そういう修正がされる。また、天皇の退位等に関する皇室典範特例法附則11条は、「宮内庁法」の一部改正に関する規定だ。

なお、先程述べたように、天皇の退位等に関する皇室典範特例法は、２０１７年6月16日に公布された。そのため、東京オリンピック〔第32回オリンピック競技大会（２０２０／東京）、Games of the XXXII Olympiad〕や東京パラリンピック〔東京２０２０パラリンピック競技大会、Tokyo 2020 Paralympic Games〕の開催時、今上天皇はすでに退位されている（東京オリンピックの開催日程は２０２０年７月24日〜８月９日、東京パラリンピックの開催日程は２０２０年８月25日〜９月６日だ。そのとき、すでに、２０１７年６月16日から３年を超えた時間が、経過している）。

また、２０１７年６月１日、第１９３回国会衆議院議院運営委員会で、菅義偉内閣官房長官は、天皇の退位等に関する皇室典範特例法附則１条の背景に関して、次の答弁をした。「皇位の継承事由を崩御に限定しております現在の皇室典範は、制度上、退位を予定しておらず、天皇陛下の退位は、今回の法案によって初めて実現をされるものであります。したがって、退位に向けた各方面との調整は法案成立後に開始すべきものであります。その上で、天皇陛下の退位は憲政史上初めての事柄であり、退位に向けて準備が必要となる事項は、退位後の補佐組織の編成、退位後のお住まい、これに伴う予算、退位に伴う元号の改正など、多岐にわたることとなるものと考えられます。これらは法案成立後に具体的な検討、準備が開始をされるものであることからすれば、【これらの検討、準備にどれだけの期間が必要であるのかを現時点において判断することは困難であるというふうに思います】。また、退位日となる法律の施行日を定めるに当たっては、改元等による国民生活への影響等も考慮しなければならないことも事実であると思います。政府としては、これらの事情を踏まえ、法律上、退位日を意味する法律の施行日を政令で定めることとした上で、当該政令を定めるに当たり、国民生活や皇室の事情に関して高い識見を有する皇室会議の意見を聴かなければならないこととしたものであります。いずれにしろ、政府としては、宮内庁を中心に、それぞれの所管省庁が十分に連携をとりつつ、適切に検討を進め、天皇陛下の円滑な退位が遅滞することなく実施されるように最善を尽くしてまいりたいと思います」。

また、一つ前の段落で示した答弁では、退位の儀式に関して明示的に述べられていないが、２０１７年6月7日、第１９３回国会参議院天皇の退位等に関する皇室典範特例法案特別委員会で、菅義偉内閣官房長官は、次の答弁をした。「今、退位は憲政史上初めてということで申し上げました。退位に関する儀式等については、やはりこの法案成立後に、退位に至るまでの具体的な手順、こうしたものを検討して整理をしていく中で適切に検討してまいりたいというふうに思います」。退位の儀式は、どのようなものになるのだろうか。

以上のことに関して、２０１７年6月、朝日新聞は、次の報道をした。「天皇陛下の退位を実現する『天皇の退位等に関する皇室典範特例法』が9日、参院本会議で全会一致で可決、成立した。明治以降で初めての退位が今後3年のうちに実現する。これを受け、【政府は退位日について、２０１８年12月下旬のほか19年3月末も選択肢として本格検討に入った】。今後、国民生活への影響や宮内庁の意見も踏まえて最終判断する」。[*275]

また、２０１７年6月、ＮＨＫは、次の報道をした。「江戸時代の光格天皇のとき以来、およそ２００年ぶりに、天皇の退位に伴う儀式が行われる見込みです。皇位の継承を天皇の崩御に限った明治以降では初めてのケースとなり、平安時代の儀式書『貞観儀式』などを参考に時代に合った儀式の内容が検討されることになりそうです。あわせて、退位の儀式を国事行為である国の儀式として行うのか、皇室の行事とするのかも検討されることになります」。[*276]

15　天皇の退位等に関する皇室典範特例法3条

⑴　上皇

天皇の退位等に関する皇室典範特例法3条に関して述べる。

天皇の退位等に関する皇室典範特例法3条（上皇）
1項　前条の規定により退位した天皇は、上皇とする。
2項　上皇の敬称は、陛下とする。
3項　上皇の身分に関する事項の登録、喪儀及び陵墓については、天皇の例による。
4項　上皇に関しては、前二項に規定する事項を除き、皇室典範（第二条、第二十八条第二項及び第三項並びに第三十条第二項を除く。）に定める事項については、皇族の例による。

退位した天皇は「上皇」となる（天皇の退位等に関する皇室典範特例法3条1項）。

２０１７年6月1日、第１９３回国会衆議院議院運営委員会で、菅義偉内閣官房長官は、退位後の天皇の称号を上皇とした理由に関して、次の答弁をした。「退位後の天皇の称号については、歴史上、退位後の天皇の称号として上皇が広く国民に受け入れられ、定着したものであることや、象徴や権威の二重性を回避する観点から、現行憲法のもとにおいて象徴天皇であった方をあらわす新たな称号として、上皇とするものであります」。

なお、世の中には、退位した天皇は「太上天皇」とするのが良い、という意見もあった。[*277]

全体会議8回目で、山崎重孝内閣総務官は、太上天皇ではなく上皇とした理由に関して、次の発言をした。「なぜ上皇なのか、太上天皇ではないかという話なんですが、私どもの議論といたしまして、日本国憲法で国民統合の象徴というふうになっております天皇というのが、日本国憲法上、実は一番重視されているものである、そのときに、二重の権威とか二重の象徴というのがあってはいけないだろうと。そうすると、天皇という文言を用いますと、しかも、太上というのは天皇の上だという意味になります。[*278]そういった意味で、太上天皇というお言葉は適当ではないのではないか。そこで、これまで、退位された天皇陛下に対して上皇という言葉が通常使われておりましたが、太上天皇の略ということではなくて、新憲法のもとで、日本国憲法のもとで、退位された天皇をあらわす新しい言葉として上皇というものを用いたらどうかという議論でございます」。

また、「太上天皇」に関して、有識者会議の「最終報告」は、新天皇との関係で、象徴・権威の二重性の問題を回避する必要があることをふまえると、退位後の天皇の称号に「天皇」という文言が含まれることは、別々の「天皇」が並び立つかのような印象を与えるので、避けるのが望ましいとしていた。そして、その「最終報告」は、「前天皇」「先の天皇」のような呼称に関しても、「天皇」という文言が含まれること等を理由として、避けるのが望ましいとし、結論としては、（「天皇」という文言を含んでいない）「上皇」が適当としていた。[*279]

(2) 陛下

また、上皇の敬称は「陛下」となる（天皇の退位等に関する皇室典範特例法3条2項）。

先程述べたように、皇室典範は、「陛下」「殿下」という2種類の敬称について規定している。上皇の敬称は、そのうち、殿下ではなく、陛下となった。

有識者会議の「最終報告」は、次の①②との整合を図るため、退位後の天皇及びその后の敬称は「陛下」とするのが適当、としていた。①天皇・皇后の敬称は「陛下」、②崩御された先々代・先代の天皇の后である太皇太后・皇太后の敬称も「陛下」。*280

(3) 天皇の例による

また、上皇の身分に関する事項の登録、喪儀及び陵墓については、天皇の例による(天皇の退位等に関する皇室典範特例法3条3項)。

「天皇の例による」ということだが、「例による」とは、どういうことか。「例による」は、天皇の退位等に関する皇室典範特例法の中に、度々出てくる。1985年12月10日、第103回国会衆議院内閣委員会で、大森政輔内閣法制局第二部長(当時)は、「例による」に関して、次の答弁をした。「一般的に申し上げますと、『例による』という用語につきましては、広くある制度または一連の法令の規定を、原則としてそのまま包括的に同種の事項に当てはめようとする場合に用いるのが例でございます」。

要するに、「例による」というのは、同じように取扱う、ということだ。

だから、「天皇の例による」というのは、天皇と同じように取扱う、ということだ。

そのことをふまえて、以下、「上皇の身分に関する事項の登録、喪儀及び陵墓については、天皇の例による」ということに関して述べる。

まず、皇室典範26条は「天皇及び皇族の身分に関する事項は、これを皇統譜に登録する」と規定している。「天皇の例による」ということなので、上皇の身分に関する事項も、皇統譜に登録される。なお、皇統譜は、天皇・皇族の身分に関する事項を登録する帳簿だ（天皇・皇族には戸籍法が適用されない）。[*281] 大統譜と皇族譜がある。大統譜は、天皇・皇后・太皇太后・皇太后の身分に関する事項を登録するものだ。皇族譜は、その他の皇族の身分に関する事項を登録するものだ。[*282]

また、皇室典範25条は「天皇が崩じたときは、大喪の礼を行う」と規定している。喪儀は、天皇の場合、大喪の礼が行われる。「天皇の例による」ということなので、上皇の場合も、大喪の礼が行われる。2017年6月7日、第193回国会参議院天皇の退位等に関する皇室典範特例法案特別委員会で、菅義偉内閣官房長官は、上皇が崩じた際の大喪の礼のあり方に関して、次の答弁をした。「上皇が崩じた際の大喪の礼の在り方については、昭和天皇の大喪の礼の具体的な内容が閣議決定等で定められている、こうしたことに鑑みて、国民の意識や社会情勢を含め、その時々の様々な事情を総合的に勘案し、適切に検討してまいりたいと思います」。なお、有識者会議の「最終報告」は、歴史上、退位後の天皇の喪儀は、同時代の天皇のそれと概ね同等だったということ等を理由として、退位後の天皇に関しても、大喪の礼を行うのが適当、としていた。[*283]

そして、皇室典範27条は「天皇、皇后、太皇太后及び皇太后を葬る所を陵、その他の皇族を葬る所を墓とし、陵及び墓に関する事項は、これを陵籍及び墓籍に登録する」と規定している。要するに、皇室典範は、葬る所に関して、「陵」「墓」という2種類を規定している。そして、天皇を葬る所は「陵」だ。「天皇の例による」ということなので、上皇を葬る所も「陵」だ。有識者会議の「最終報告」は、次の①②を背景として、退位後の天皇及びその后を葬る所は、「陵」とするのが適当、としていた。①歴代天皇を葬る所は、退位の有無にかかわらず、例外なく「陵」と称している、②皇室典範は、皇后、太皇太后、皇太后を葬る所を「陵」としている。[*284]

なお、有識者会議第10回で開催された有識者ヒアリング（第2次）で、本郷恵子東京大学史料編纂所教授は、有識者ヒアリング（第2次）の聴取項目「④退位した天皇の葬儀は、天皇として崩御した場合と同様、大喪の礼として行うべきか」「⑤退位した天皇を葬る所は、天皇同様『陵』とするべきか」に関して、次の発言をした。「御葬儀とお墓の問題です。これはもう天皇と同様の待遇とするべきだと思います。天皇を経験した方が儀礼上、現任天皇より低い待遇を受ける、例えば宮家並みにするというようなことは考えられない」。

ちなみに、上皇に関して、「天皇の例による」という規定は、天皇の退位等に関する皇室典範特例法附則4条1項にも存在し、例えば、刑法の名誉に対する罪に係る告訴について、天皇の例による、としている（天皇の退位等に関する皇室典範特例法附則4条1項1号、刑法232条2項。刑法232条2項は「告訴をすることができる者が天皇、皇后、太皇太后、皇太后又は皇嗣であるときは内閣総理大臣が、外国の君主又は大統領であるときはその国の代表者がそれぞれ代わって告訴を行う」と規定している）。[*285] また、検察審査員の職務についても、天皇の例による、としている、具体的にいうと、上皇は天皇と同じく検察審査員の職務に就けない（天皇の退位等に関する皇室典範特例法附則4条1項1号、検察審査会法6条1号。検察審査会法6条本文は「次に掲げる者は、検察審査員の職務に就くことができない」と規定し、検察審査会法6条1号は「天皇、皇后、太皇太后、皇太后及び皇嗣」と規定している）。

（4）皇族の例による

そして、先程示したように、天皇の退位等に関する皇室典範特例法3条4項は「上皇に関しては、前二項に規定する事項を除き、皇室典範（第二条、第二十八条第二項及び第三項並びに第三十条第二項を除く。）に定める事項については、皇族の例による」と規定している。同条同項の「前二項」とは、天皇の退位等に関する皇室典範特例法3条2項、3条3項のことだ（なお、上皇に関して、「皇族の例による」という規定は、天皇の退位等に関する皇室典範特例法附則4条2項にも存在し、警察法等に関係する。ちなみに、警察法29条2項は「皇宮警察本部は、天皇及び皇后、皇太子その他の皇族の護衛、皇居及び御所の警備その他の皇宮警察に関する事務をつかさどる」と規定している）。

天皇の退位等に関する皇室典範特例法3条3項が「天皇の例による」という規定なのに対し、同法3条4項は「皇族の例による」という規定だ。「例による」に関しては、先程述べた。だから、ここで繰り返すことはしない。

そして、天皇の退位等に関する皇室典範特例法3条4項が、括弧書きで除くとしているのは、皇位継承資格・皇室会議の議員資格に関する事項を除くという意味だ。簡単にいうと、上皇は、皇位継承資格を有しないし、皇室会議の議員資格も有しない、すなわち、重祚できないし、皇室会議の議員に就任できない、ということだ。

なお、有識者会議の「最終報告」は、天皇自身による公務の継続が将来的に困難になるという状況をふまえて、退位を実現するのであれば、退位後の天皇が再度皇位に就くことは、退位理由と矛盾するので、退位後の天皇は、皇位継承資格を有しないのが適当、としていた。[*286] ちなみに、歴史上、天皇に関して、重祚の事例は2例だけであり、男性天皇に関しては、重祚の事例はない。要するに、歴史上、重祚の事例は女性天皇に関する2例だけであり、それは、先程述べた皇極天皇・斉明天皇に関する事例と孝謙天皇・称徳天皇に関する事例だ。

また、有識者会議の「最終報告」は、天皇自身による公務の継続が将来的に困難になるという状況をふまえて、退位を実現するのであれば、退位後の天皇が特別の制度的役割を担うのは退位理由と矛盾し、また、象徴・権威の二重性の問題が生じるおそれがあるので、退位後の天皇は、皇室会議の議員資格を有しないのが適当、としていた。[*287]

(5) 小型無人機等の飛行の禁止と上皇の御所

また、「国会議事堂、内閣総理大臣官邸その他の国の重要な施設等、外国公館等及び原子力事業所の周辺地域の上空における小型無人機等の飛行の禁止に関する法律」は、対象施設周辺地域の上空における小型無人機等の飛行を禁止している（同法8条1項）。同法は、国会議事堂、内閣総理大臣官邸その他の国の重要な施設等、外国公館等及び原子力事業所の周辺地域の上空における小型無人機等の飛行を禁止することにより、これらの施設に対する危険を未然に防止し、もって国政の中枢機能等及び良好な国際関係の維持並びに公共の安全の確保に資することを目的としている（同法1条）。

同法2条は定義規定であり、同法2条1項が、同法における「対象施設」を定義している。

そして、同法2条1項本文が「この法律において『対象施設』とは、次に掲げる施設をいう」と規定した上で、同法2条1項1号ホは「皇居及び御所であって東京都港区元赤坂二丁目に所在するもの」と規定している。

上皇の御所は、同法の規定の適用については、同法2条1項1号ホに掲げる施設とみなされる。具体的にいうと、天皇の退位等に関する皇室典範特例法附則4条3項は「【上皇の御所】は、国会議事堂、内閣総理大臣官邸その他の国の重要な施設等、外国公館等及び原子力事業所の周辺地域の上空における小型無人機等の飛行の禁止に関する法律（平成二十八年法律第九号）の規定の適用については、同法第二条第一項第一号ホに掲げる施設とみなす」*288と規定している。

(6) 上皇職・上皇侍従長・上皇侍従次長

また、上皇に関する事務を遂行するため、宮内庁に、上皇職を置く（天皇の退位等に関する皇室典範特例法附則11条）。すなわち、宮内庁に、上皇職という部局をつくる。

そして、上皇職に、上皇侍従長・上皇侍従次長を置く。上皇侍従長・上皇侍従次長は、国家公務員法2条に規定する特別職とする。上皇侍従長の任免は、天皇が認証し、また、上皇侍従長は、上皇の側近に奉仕し、命を受け、上皇職の事務を掌理する。上皇侍従次長は、命を受け、上皇侍従長を助け、上皇職の事務を整理する（天皇の退位等に関する皇室典範特例法附則11条）。

16 天皇の退位等に関する皇室典範特例法4条

(1) 上皇后と皇太后

天皇の退位等に関する皇室典範特例法4条に関して述べる。

天皇の退位等に関する皇室典範特例法4条（上皇后）

1項　上皇の后は、上皇后とする。

2項　上皇后に関しては、皇室典範に定める事項については、皇太后の例による。

上皇の后は「上皇后」となる（天皇の退位等に関する皇室典範特例法4条1項）。「上皇」の「后」で「上皇后」だ。「皇后」の「上」という意味での「上皇后」ではない。

２０１７年6月1日、第１９３回国会衆議院議院運営委員会で、菅義偉内閣官房長官は、退位後の天皇の后の称号を上皇后とした理由に関して、次の答弁をした。「退位後の天皇の后の称号については、旧皇室典範以降、未亡人との意味合いを帯びた称号として受けとめられるようになった皇太后ではなく、天皇陛下と常に御活動をともにされてきた皇后陛下にふさわしい称号となるように、上皇という新たな称号と一対になる称号として、上皇后とすることにしたものであります」。

なお、有識者会議の「最終報告」は、退位後の天皇の后は「上皇后」とするのが適当、としていた。そして、それに関しては、次の①②③④⑤⑥のような説明がされていた。①天皇の退位後、その后は、歴史上、様々な称され方をしており、称号に関する統一された考え方が存在するわけではない。[*289] ②皇室典範は、先代の皇后に当たる方の称号として、「皇太后」という称号を規定している。「皇太后」という称号は、近代より前、特段、未亡人という意味合いを有していたわけではなかった。しかし、旧皇室典範の制定以降、皇位継承の原因が崩御に限られたので、「皇太后」という称号は、崩御した先代の天皇の后、すなわち、未亡人という意味合いを帯びるようになった。実際、皇室典範制定時に官報（１９４７年1月16日）に掲載された英訳で、「皇太后」は「the Empress Dowager（未亡人）」とされている。[*290] ③そういう背景をふまえつつ、現代における退位後の天皇の后の称号を考える場合、「皇太后」という称号は、退位後の天皇の配偶者であることが分かりにくく、また、常に御夫妻として御活動を重ねられてきた天皇皇后両陛下に係る称号としてふさわしいものなのか疑問がある。④退位後の天皇の称号は「上皇」が適当。そのことをふまえると、天皇陛下と常に御活動を共にされてきた皇后陛下にふさわしい称号は、「上皇」という称号と一対になる称号。⑤皇室典範・皇室経済法は、天皇・男性皇族との婚姻によって皇族の身分を取得した女性皇族の称号を、天皇・男性皇族の称号と、その配偶者であることを表す文字（后、妃）を組み合わせたものにしている。例えば、「皇后」「皇太子妃」「親王妃」。⑥⑤をふまえると、退位後の天皇の后の称号は、退位後の天皇の称号と、その配偶者であることを表す文字を組み合わせた称号である「上皇后」が適当。[*291]

なお、「上皇后」という称号は、歴史上、使用されたことがない。[*292]

有識者ヒアリング（第2次）［有識者会議第3回〜第5回で開催された有識者ヒアリングと、有識者会議第10回で開催された有識者ヒアリング（第2次）］では、「皇太后」という称号が有力だった。[*293]

ただ、有識者会議第10回で開催された有識者ヒアリング（第2次）で、本郷恵子東京大学史料編纂所教授は、次の発言をした。「皇后の称号、上皇のお后の称号ですけれども、これは難しいと思います。前近代においては結婚の形態も違いますし、内親王の扱いも違いますので、皇室に関わる女性の扱いが現代とは全く違う。ですから、天皇と上皇の配偶、お連れ合いの扱いには一定した基準が見られないという問題がございます。女性に対する最上位の待遇で院に準ずるものとして、女院というのもあるのですが、ただ、現在使用するのはなじまないであろうと思います。私もこれがよろしいのではないかとはなかなか言えないのですが、現行使われている皇太后であろうかというぐらいでクエスチョンをつけておきました。ただ、現在使われている皇太后という称号は崩御した天皇の皇后ですから、単独の存在、お一人の存在です。それに対して、例えば現在の天皇が御退位の後、御夫婦としての単位を重視するのであれば、現行の皇太后とはお立場が異なることになりますより適当な称号があれば、ぜひそちらを検討していただきたいと思います」。

（2）皇太后の例による

また、上皇后に関しては、皇室典範に定める事項については、皇太后の例による（天皇の退位等に関する皇室典範特例法4条2項）。

「例による」に関しては、先程述べた。そこで、上皇と上皇后に関して、異なる点と同じ点を1つずつ簡単に述べておく。まず、異なる点に関して。先程、上皇は皇室会議の議員に就任できない、と述べた。それに対し、上皇后は、皇太后と同じく、皇室会議の議員に就任できる。有識者会議の「最終報告」には、そのことに関して、次のような記載がある。皇室典範上、皇后、太皇太后、皇太后を含む全ての成年皇族が、皇室会議の議員資格を有する。そのことに鑑みれば、退位後の天皇の后については、皇室会議の議員に就任することを妨げないとするのが適当[*294]。次に、同じ点に関して。先程述べたように、上皇の敬称は「陛下」となる。そして、皇室典範23条1項は「天皇、皇后、太皇太后及び皇太后の敬称は、陛下とする」と規定している。上皇后に関しては、皇室典範に定める事項については、「皇太后の例による」ということなので、上皇后の敬称は、皇太后と同じく「陛下」となる。

天皇陛下・皇后陛下は、上皇陛下・上皇后陛下となられる、ということだ。

なお、上皇・上皇后の日常の費用等には内廷費をあてる（天皇の退位等に関する皇室典範特例法附則4条1項2号、5条2号、皇室経済法4条1項）。ちなみに、現在、内廷費は、年3億2400万円だ〔皇室経済法施行法7条、皇室経済法4条1項。なお、ここで示した額は、改定される可能性がある。2017年4月3日、第193回国会参議院決算委員会で、西村泰彦宮内庁次長は、次の答弁をした。「内廷費、皇族費の定額改定の手続につきましては、皇室経済法において定められております。まず、皇室経済会議は、定額について変更の必要があると認めるときには、これに関する意見を内閣に提出しなければならないとされております（著者注：皇室経済法4条3項、6条9項）。さらに、皇室経済会議の意見の提出があったときには、内閣はその内容をなるべく速やかに国会に報告しなければならないとされております（著者注：皇室経済法4条4項、6条9項）。皇室経済会議の決議を経た後、内閣が皇室経済法施行法の改正法案の閣議決定と国会提出を行い、国会における御審議を経て法案が成立し、公布、施行されることで定額改定が実施されることになっております。過去にもこうした手続を踏まえまして定額が改定されたことがございます」」。

また、2017年6月7日、第193回国会参議院天皇の退位等に関する皇室典範特例法案特別委員会で、菅義偉内閣官房長官は、上皇・上皇后の御活動に関して、次の答弁をした。「宮内庁からは、陛下が象徴としてなされてきたその行為については、基本的に全て新天皇にお譲りになられるものと理解をしているとの見解が示されており、このような整理が適切であると考えます。その上で、上皇、上皇后としての御活動については、宮内庁において新たなお立場を踏まえて十分な検討を行い、個別に御相談申し上げながら決めていくことになると、このように考えております」。上皇・上皇后の御活動は、どのようなものになるのだろうか。

ちなみに、上皇后に関して、「皇太后の例による」という規定は、天皇の退位等に関する皇室典範特例法附則5条にも存在し、例えば、刑法の名誉に対する罪に係る告訴について、皇太后の例による、としている（天皇の退位等に関する皇室典範特例法附則5条1号、刑法232条2項。刑法232条2項は「告訴をすることができる者が天皇、皇后、太皇太后、皇太后又は皇嗣であるときは内閣総理大臣が、外国の君主又は大統領であるときはその国の代表者がそれぞれ代わって告訴を行う」と規定している）。また、検察審査員の職務についても、皇太后の例による、としている、具体的にいうと、上皇后は皇太后と同じく検察審査員の職務に就けない（天皇の退位等に関する皇室典範特例法附則5条1号、検察審査会法6条1号。検察審査会法6条本文は「次に掲げる者は、検察審査員の職務に就くことができない」と規定し、検察審査会法6条1号は「天皇、皇后、太皇太后、皇太后及び皇嗣」と規定している)。

17 天皇の退位等に関する皇室典範特例法5条

(1) 皇嗣・皇太子

天皇の退位等に関する皇室典範特例法5条に関して述べる。

天皇の退位等に関する皇室典範特例法5条(皇位継承後の皇嗣)

第二条の規定による皇位の継承に伴い皇嗣となった皇族に関しては、皇室典範に定める事項については、皇太子の例による。

天皇の退位等に関する皇室典範特例法5条の「第二条」は、同法2条のことだ、当たり前のことではあるが。同法2条に関しては、先程述べた。

天皇陛下が退位された場合、皇太子殿下が即位され、文仁親王殿下が皇嗣となられる。

そして、皇室典範8条は「皇嗣たる皇子を皇太子という。皇太子のないときは、皇嗣たる皇孫を皇太孫という」と規定している。皇室典範8条の「皇嗣たる皇子」は、その時々に現に皇位にある天皇の子であって、皇位継承順位が第1位の皇族のことだ。[*295] 文仁親王殿下が皇嗣となられたとき、文仁親王殿下は、そのときの天皇(現在の皇太子殿下)の弟なので、皇室典範8条の「皇子」に当たらず、「皇太子」とはならない(皇室典範上、皇嗣たる天皇の弟については、特段の称号はない)。

もちろん、皇室典範改正等をして、文仁親王殿下を皇太子とすることも考えられるが[296]、今回、そういうことはされない。

では、なぜ、文仁親王殿下は、皇太子とされないのだろうか。

２０１７年６月１日、第１９３回国会衆議院議院運営委員会で、そのことに関して、質疑応答がされた。以下、その質疑応答を示す。

２０１７年６月１日、第１９３回国会衆議院議院運営委員会で、遠藤敬衆議院議員は、次の質問をした。「天皇陛下の退位が実現した際の秋篠宮殿下のお立場についてお伺いをします。今回、新天皇陛下が即位された後においては、秋篠宮殿下が次期皇位継承者となられることから、秋篠宮殿下を皇太子とすることも考えられたと思いますが、法案においては、秋篠宮殿下を皇太子とは位置づけておられません。そのようになった理由についてお伺いをしたいと思います」。

その質問に対して、山﨑重孝内閣官房皇室典範改正準備室長は、次の答弁をした。「お答え申し上げます。天皇陛下の退位後における文仁親王殿下のお立場につきましては、秋篠宮家が三十年近く国民に広く親しまれてきた中、皇太子とすると、内廷皇族となり、独立の宮家として存続しないこととなることを踏まえれば、内廷皇族には位置づけず、秋篠宮家の当主としてのお立場を維持していただくことが適当である、そういうことから、皇太子となっていただかないこととしたものでございます。なお、文仁親王殿下には、皇位継承順位第一位の皇族である皇嗣としての御活動の拡大等が見込まれることから、それにふさわしいお立場となるよう、事務をつかさどる組織や予算などについて法律上措置を講じているところでございます」。

ただ、2017年5月、毎日新聞は、そのことに関して、次の報道をした。「天皇陛下の退位が実現し、皇太子さまが即位された場合に皇位継承順位1位となる秋篠宮さまについて『皇太子』の称号が見送られた背景に、秋篠宮さまの意向があったことが明らかになった。（中略）政府関係者によると、秋篠宮さまは周囲に、自身が皇太子として育てられていないことを理由に、皇太子の称号に難色を示したという」[*297]。

背景はさておき、天皇陛下が退位され、皇太子殿下が即位されたとき、文仁親王殿下は皇嗣となられるが、皇太子とはなられず、皇太子不在となる[*298]。

そして、天皇の退位等に関する皇室典範特例法5条によると、同法2条の規定による皇位の継承に伴い皇嗣となった皇族に関しては、皇室典範に定める事項については、皇太子の例による。そのため、例えば、同法2条の規定による皇位の継承に伴い皇嗣となった皇族は、皇太子と同様、皇籍を離脱することができない。

（2）皇族費

天皇の退位等に関する皇室典範特例法2条の規定による皇位の継承に伴い皇嗣となった皇族に関しては、皇族費の年額を、定額の3倍に増額する（天皇の退位等に関する皇室典範特例法附則6条1項）。具体的にいうと、定額は3050万円なので（皇室経済法施行法8条）、その3倍の9150万円となる。

なお、全体会議8回目で、山﨑重孝内閣総務官は、3倍の根拠に関して、次の発言をした。「皇嗣に関しましては、皇太子殿下になられないということで、内廷皇族ではないことになりまして、皇族費で経費を賄うことになります。ですが、今回の御身位に伴いまして、現在のように皇族費の年額を現在の定額の三倍にする。この三倍の根拠は、現在の皇室経済法に、摂政になられた場合、皇族費は定額の三倍にするという規定がございますので、この規定を持ってきております。参考までに、定額は三千五十万円でございまして、三倍にいたしますと九千百五十万円でございます」。

山﨑重孝内閣総務官のその発言に関して補足しておくと、皇室経済法6条4項は「摂政たる皇族に対しては、その在任中は、定額の三倍に相当する額の金額とする」と規定している。天皇の退位等に関する皇室典範特例法2条の規定による皇位の継承に伴い皇嗣となった皇族と摂政の違いに着目して、「その規定を持ってきたのは適切なのか」という疑問を持つ人がいるかもしれない。

(3) 小型無人機等の飛行の禁止と皇嗣の御在所

天皇の退位等に関する皇室典範特例法附則6条2項は「附則第四条第三項の規定は、第二条の規定による皇位の継承に伴い皇嗣となった皇族の御在所について準用する」と規定している。その規定が言及している同法附則4条3項は、先程示した。

そして、同法附則4条3項の規定は、同法2条の規定による皇位の継承に伴い皇嗣となった皇族の御在所について、「準用する」ということなので、観念上、次の規定が成立する。「【第二条の規定による皇位の継承に伴い皇嗣となった皇族の御在所】は、国会議事堂、内閣総理大臣官邸その他の国の重要な施設等、外国公館等及び原子力事業所の周辺地域の上空における小型無人機等の飛行の禁止に関する法律（平成二十八年法律第九号）の規定の適用については、同法第二条第一項第一号ホに掲げる施設とみなす」（【 】内の文言が、先程示した天皇の退位等に関する皇室典範特例法附則4条3項と異なる）。

（4）相続税と贈与税

皇室経済法7条は「皇位とともに伝わるべき由緒ある物は、皇位とともに、皇嗣が、これを受ける」と規定している。例えば、三種の神器（鏡・剣・璽）や宮中三殿（賢所・皇霊殿・神殿）が、「皇位とともに伝わるべき由緒ある物」（皇室経済法7条）に当たる。1989年6月14日、第114回国会衆議院法務委員会で、宮尾盤宮内庁次長（当時）は、そのことに関して、次の答弁をした。「『皇位とともに伝わるべき由緒ある物』といたしましては、いわゆる三種の神器とか宮中三殿とか壺切御剣あるいは東山御文庫の収蔵物等のものがこれに当たるのではないかというふうに考えております」[*299]。

そして、その皇室経済法7条に関する規定が、相続税法に存在する。具体的にいうと、相続税法12条1項本文が「次に掲げる財産の価額は、相続税の課税価格に算入しない」と規定した上で、相続税法12条1項1号は「皇室経済法（昭和二十二年法律第四号）第七条（皇位に伴う由緒ある物）の規定により皇位とともに皇嗣が受けた物」と規定している。要するに、皇室経済法7条の規定により皇位とともに皇嗣が受けた物については、相続税は非課税だ。1989年6月14日、第114回国会衆議院法務委員会で、野村興児大蔵省主税局税制第三課長（当時）は、そのことに関して、次の答弁をした。「ただいま宮内庁の方から御答弁ございましたように、皇室の相続税課税につきましては、相続税法第十二条に非課税財産を規定しているところでございます。その第一号は、先ほどお話しございましたとおり、『皇室経済法第七条の規定により皇位とともに皇嗣が受けた物』、すなわち『皇位とともに伝わるべき由緒ある物』、これにつきましては非課税の取り扱いとなっているわけでございます。ただ、したがって、その他の財産、例えますれば有価証券や預金、こういったようなものは一般私人の財産と同様の性質を持つと考えられますので課税対象となっているわけでございます。既に昭和天皇におかれましては、過去、貞明皇后あるいは秩父宮の各御相続に際しまして、相続税の納税申告をいただいているところでございます」。

相続税法のそれらの規定と類似する規定が、天皇の退位等に関する皇室典範特例法に存在する。具体的にいうと、天皇の退位等に関する皇室典範特例法附則7条1項は「第二条の規定により皇位の継承があった場合において皇室経済法第七条の規定により皇位とともに皇嗣が受けた物については、贈与税を課さない」と規定している。つまり、天皇の退位等に関する皇室典範特例法附則7条1項は、贈与税の非課税に関して、規定している［なお、天皇の退位等に関する皇室典範特例法附則7条2項は「前項の規定により贈与税を課さないこととされた物については、相続税法（昭和二十五年法律第七十三号）第十九条第一項の規定は、適用しない」と規定している］。

全体会議8回目で、山﨑重孝内閣総務官は、贈与税の非課税に関して、次の発言をした。「三種の神器等、皇位継承に伴って引き継ぐものがございます。現在は崩御されたときだけに引き継ぎますので、相続税の非課税だけが書いてございます。今回は贈与になりますので、贈与税を課さないというものを書いてございます」。

なお、有識者会議の「最終報告」は、退位に伴う場合であっても、皇位継承に伴う由緒物の承継であることに変わりはないので、相続の場合と同様に、由緒物に対する贈与税も非課税とするのが適当、としていた。*300

(5) 皇嗣職・皇嗣職大夫

天皇の退位等に関する皇室典範特例法2条の規定による皇位の継承に伴い皇嗣となった皇族に関する事務を遂行するため、宮内庁に、皇嗣職を置く。皇嗣職が置かれている間は、東宮職を置かない（天皇の退位等に関する皇室典範特例法附則11条。なお、東宮職に関して、宮内庁法6条は「東宮職においては、皇太子に関する事務をつかさどる」と規定している）。

そして、皇嗣職に、皇嗣職大夫を置く。皇嗣職大夫は、国家公務員法2条に規定する特別職とする。皇嗣職大夫は、命を受け、皇嗣職の事務を掌理する（天皇の退位等に関する皇室典範特例法附則11条）。

有識者会議の「最終報告」には、以上のことに関して、次のような記載がある。皇嗣となられる文仁親王殿下については、現在の皇太子殿下と同様に、皇位継承順位第1位というお立場に伴う御活動の拡大等が見込まれる。そこで、東宮職に相当するような組織として、新たに皇嗣職を設け、また、皇嗣職の長として、東宮職の長である東宮大夫に相当する皇嗣職大夫を置くのが適当。*301

18　天皇の退位等に関する皇室典範特例法附則2条

天皇の退位等に関する皇室典範特例法附則2条に関して述べる（「17天皇の退位等に関する皇室典範特例法5条」の次が、「18天皇の退位等に関する皇室典範特例法附則1条」ではなく、「18天皇の退位等に関する皇室典範特例法附則2条」になっているので、一応述べておくと、天皇の退位等に関する皇室典範特例法附則1条に関しては、先程述べた。そのため、同条に関しては、独立した形では述べない。天皇の退位等に関する皇室典範特例法に関しては、同法の本則・附則の全ての条項について述べるので、以下、いちいち、同様の指摘はしない）。

天皇の退位等に関する皇室典範特例法附則2条（この法律の失効）

この法律は、この法律の施行の日以前に皇室典範第四条の規定による皇位の継承があったときは、その効力を失う。

この法律の施行の日以前に、皇室典範4条の規定による皇位の継承があったときは、すなわち、天皇陛下が崩御されたときは、この法律は効力を失う（天皇の退位等に関する皇室典範特例法附則2条）。

19　天皇の退位等に関する皇室典範特例法附則3条

天皇の退位等に関する皇室典範特例法附則3条に関して述べる。

天皇の退位等に関する皇室典範特例法附則3条（皇室典範の一部改正）

皇室典範の一部を次のように改正する。

附則に次の一項を加える。

この法律の特例として天皇の退位について定める天皇の退位等に関する皇室典範特例法（平成二十九年法律第六十三号）は、この法律と一体を成すものである。

天皇の退位等に関する皇室典範特例法附則3条は、天皇の退位等に関する皇室典範特例法と皇室典範のつなぎに関する規定だ。

先程述べた「この法律の特例として天皇の退位について定める」という文言が、天皇の退位等に関する皇室典範特例法附則3条に、しっかり入っている。

　2017年6月1日、第193回国会衆議院議院運営委員会で、菅義偉内閣官房長官は、天皇の退位等に関する皇室典範特例法附則3条と憲法2条に関して、次の答弁をした。「政府においては、憲法第二条は、皇位継承については法律で定めるべきことを規定したものであり、一般的に、ある法律の特例を別の法律で規定することは可能であることを踏まえると、憲法第二条の『皇室典範』には現行の皇室典範の特例を定める特例法も含み得ると考えております。一方で、憲法第二条の『皇室典範』は、昭和二十二年法律第三号の皇室典範に限られるという意見があることも事実であります。これらを踏まえ、衆参正副議長の議論の取りまとめにおいては、憲法上の疑義が生ずることがないようにすべきであるという観点から、皇室典範の附則に特例法と皇室典範の関係を示す規定を置くことによって、憲法第二条違反との疑義が払拭されることが明らかになるものと考えられるとされたものである、このように承知しています。政府としては、この議論の取りまとめを厳粛に受けとめ、その内容を忠実に反映させた法案を立案したものであり、皇室典範の附則を新設する、『一体を成す』との規定により、憲法第二条違反との疑義は生ずることはない、このように考えます」。

　また、2017年6月7日、第193回国会参議院天皇の退位等に関する皇室典範特例法案特別委員会で、菅義偉内閣官房長官は、天皇の退位等に関する皇室典範特例法附則3条と皇室典範改正に関して、次の答弁をした。「皇室典範は、旧憲法下の帝国議会において成立をし、昭和二十二年に公布されて以後、昭和二十四年に行われた宮内府を宮内庁に改める法改正を除き、一度も改正をされていないものと承知しています。今回の法案は、附則第三条の改正規定により、皇室典範の附則に、『この法律の特例として天皇の退位について定める天皇の退位等に関する皇室典範特例法は、この法律と一体を成すものである。』と規定を置くものであります。

皇室典範の制定後、その改正は宮内府を宮内庁に改めるものしか存在をしないために、新たな規定を設ける内容の法改正は今回が初めてであります」。

そしてまた、2017年6月6日、第193回国会参議院外交防衛委員会で、「一体を成す」という規定に関して、質疑応答がされた。以下、その質疑応答を示す。

2017年6月6日、第193回国会参議院外交防衛委員会で、小西洋之参議院議員は、次の質問をした。「内閣法制局に伺いたいんですけれども、一般論としてのあれで結構なんですが、まず前提として、我が国の法制度全体についての質問ということなんですけれども、今参議院に送られてきております天皇の退位等に関する皇室典範特例法案の中に、『この法律の特例として天皇の退位について定める天皇の退位等に関する皇室典範特例法は、この法律と一体を成すものである。』という規定がございます。内閣法制局が閣法として審査されたものでございますけれども、一般に、ある法規範とある法規範、あるいは今の答弁、この協定の附属書というものが法規範であるかどうかというのはまたちょっと別論があろうかと思いますけれども、一般に、ある法令といいますか、法令と法令を一体と成すとしているような用例は、我が国の法体系、憲法以下の法体系、何が具体的にありますでしょうか」。

その質問に対して、横畠裕介内閣法制局長官は、次の答弁をした。「ものではなくて、お尋ねの規範について、一体を成すという規定の例といたしましては、国内法でいいますと、憲法第九十六条第二項に憲法改正についての規定がございまして、国民の承認を経たときは、『天皇は、国民の名で、この憲法と一体を成すものとして、直ちにこれを公布する。』という規定の例がございます」（なお、憲法96条1項は「この憲法の改正は、各議院の総議員の三分の二以上の賛成で、国会が、これを発議し、国民に提案してその承認を経なければならない。この承認には、特別の国民投票又は国会の定める選挙の際行はれる投票において、その過半数の賛成を必要とする」と規定し、また、憲法96条2項は「憲法改正について前項の承認を経たときは、天皇は、国民の名で、この憲法と【一体を成す】ものとして、直ちにこれを公布する」と規定している）。

その答弁を受けて、小西洋之参議院議員は、次の質問をした。「今答弁いただいた憲法九十六条と先ほど外務省から答弁いただいた条約に関する附属書、この二つ以外に、我が国の法体系の中である法規範あるいは法令等が、二つのものが一体を成すとされている用例、法制局が御存じのもの、ありますでしょうか、ほかに」。

その質問に対して、横畠裕介内閣法制局長官は、次の答弁をした。「条約等については多数あると承知しておりますけれども、国内法令におきましては、なぜかといいますと、一体を成すという確認をわざわざするという規定を置く必要性という問題があると思いまして、実際にそのような規定を置いている例というのは、現行法で承知している限りでは先ほどの憲法でございます」[*302]。

20　天皇の退位等に関する皇室典範特例法附則8条

(1)　意見公募手続等の適用除外

天皇の退位等に関する皇室典範特例法附則8条に関して述べる。

天皇の退位等に関する皇室典範特例法附則8条（意見公募手続等の適用除外）

次に掲げる政令を定める行為については、行政手続法（平成五年法律第八十八号）第六章の規定は、適用しない。

一　第二条の規定による皇位の継承に伴う元号法（昭和五十四年法律第四十三号）第一項の規定に基づく政令[*303]

二　附則第四条第一項第二号及び第二項、附則第五条第二号並びに次条の規定に基づく政令

天皇の退位等に関する皇室典範特例法附則8条は、行政手続法6章に関する規定だ。（天皇の退位等に関する皇室典範特例法附則8条本文）。

行政手続法6章は、意見公募手続等に関して規定している。

意見公募手続というのは、いわゆるパブリックコメント（パブコメ）だ。パブリックコメントは、国の行政機関が、政令・省令等を定めようとする際に、事前に、広く一般から意見を募り、その意見を考慮することによって、行政運営の公正さの確保と透明性の向上を図り、国民の権利利益の保護に役立てることを目的としている。[*304]

では、どのような理由で、天皇の退位等に関する皇室典範特例法附則8条は、行政手続法6章の規定を適用しない、としているのだろうか。

全体会議8回目で、山﨑重孝内閣総務官は、そのことに関して、次の発言をした。「パブコメの適用除外でございます。（中略）（一）とございまして、これは元号法に基づく政令、元号を定める政令でございます。パブコメの場合、政府案をそのままパブコメにかけまして御意見をいただくようになっていますが、実際上、一つの元号案を決めて、政令案をお示しして、それに対して異論があるというものを新たな元号としてお迎えするという話も適当でないだろうということでございます。それから、（二）のところは、この法律に基づく政令に

つきましてパブコメ除外が書いてございます。国民の権利義務に直接かかわるものではないという考え方でございます」。

山崎重孝内閣総務官のその発言を見るとわかるように、天皇の退位等に関する皇室典範特例法附則8条1号と2号で、適用除外の理由が異なる。

(2) 元号と一般的国民投票

ところで、国民の意見に関して、次のように思っている人がいるかもしれない。「元号に関して、国民投票を実施してほしい。ニュージーランドでは、2015年と2016年に、国旗変更に関して、国民投票が実施された」。

今回、元号に関して、一般的国民投票(憲法改正以外の国政上の重要問題を案件とする国民投票)が実施されることはなさそうだが、1978年、政府は、諮問的な一般的国民投票なら、憲法上容認されるとした。[*305] 憲法学の多数説も同様の見解だ。なお、世論調査によると、一般的国民投票の導入に賛成する意見が圧倒的に多い。[*306] また、「憲法改正国民投票(憲法96条1項)の際、国民は適切に判断できる。しかし、一般的国民投票の際、国民は適切に判断できない」なんていうことはないだろう。

Ⅵ　おわりに

本書では、❶「象徴としてのお務めについての天皇陛下のおことば」の公表・内容、❷有識者会議・全体会議における議論、❸第193回国会衆議院議院運営委員会における議論、❹第193回国会参議院天皇の退位等に関する皇室典範特例法案特別委員会における議論、❺天皇の退位等に関する皇室典範特例法の内容等に関して、述べた。そして、それらに関して述べるにあたっては、過去の国会・帝国議会における議論、答弁書等をふまえた。

本書で述べたことをふまえ、様々なことを思った人がいるだろう。

例えば、①天皇の退位制度に関して、次のように思った人がいるかもしれない。「天皇の定年制、すなわち、天皇がある年齢に達したら機械的に退位する制度を、皇室典範に設けるべきだ」「天皇に不治の重患があるときに、天皇が退位できる制度を、皇室典範に設けるべきだ」「天皇の地位と調和し得ない道徳的な問題がある天皇を、退位させられる制度を、皇室典範に設けるべきだ」。また、②天皇の地位と自己決定に関して、次のように思った人がいるかもしれない。「退位の自由を認めるべきだ」「不就任の自由を認めるべきだ」「一般国民として生きる自由を認めるべきだ」。そしてまた、③憲法4条1項に関して、次のように思った人がいるかもしれない。「憲法4条1項、その解釈を原因として、天皇の意見の表明が過度に制約され、天皇の人権に関する問題が表面化しにくくなっている。その状況を改善すべきだ」「今回、退位に関する天皇陛下の御発言（とされるもの）が、マスメディアで報道されていた。その報道をふまえると、天皇が、最終的にマスメディアで報道されることを想定して、すなわち、マスメディアを通して政治に影響を与えようと思って、周囲の人に様々なことを話す可能性があるといえる。そのような場合に関しては、考えるべきことがいろいろありそうだ」。

天皇陛下の退位に関しては、それを実現する天皇の退位等に関する皇室典範特例法が成立した。ただ、本書で述べたことをふまえるとわかるように、天皇・皇族に関しては、考えるべきことが、まだまだたくさんある。

そういうことについての詳細な検討は別の機会にすることとし、天皇の退位等に関する皇室典範特例法に基づく天皇陛下の退位・皇嗣の即位が円滑に実施されること、また、国民の多くが賛同する方法によって、皇族の数が適切に保たれること[*307]、皇位が安定的に継承されていくことを祈りつつ、本書を終わる。

あとがき――憲法と天皇陛下・安倍晋三首相

本書を執筆するにあたっては、出版社側から、資料を充実させる、資料集にするという方針が提示されていた。あとがきも、その方針に沿ったものにする。

本文で述べたように、天皇の退位に関しては、憲法との関係で考えるべきことが多々ある。また、「在任中に憲法改正を成し遂げたい」という趣旨の安倍晋三首相の答弁等*308を背景として、近年、憲法が注目されている。

そこで、憲法に関する天皇陛下の御発言と安倍晋三衆議院議員の発言を示す（安倍晋三衆議院議員は、現在、首相になっている）。

まず、2013年12月18日、記者会見で、天皇陛下は、憲法に関して、次の御発言をされた。「戦後、連合国軍の占領下にあった日本は、平和と民主主義を、守るべき大切なものとして、日本国憲法を作り、様々な改革を行って、今日の日本を築きました。戦争で荒廃した国土を立て直し、かつ、改善していくために当時の我が国の人々の払った努力に対し、深い感謝の気持ちを抱いています。また、当時の知日派の米国人の協力も忘れてはならないことと思います。戦後60年を超す歳月を経、今日、日本には東日本大震災のような大きな災害に対しても、人と人との絆《きずな》を大切にし、冷静に事に対処し、復興に向かって尽力する人々が育っていることを、本当に心強く思っています*309」。

また、2000年5月11日、第147回国会衆議院憲法調査会で、安倍晋三衆議院議員は、憲法に関して、次の発言をした。「制定過程についてでありますが、この制定過程については、公布されたのが昭和二十一年、終戦の次の年でありますから、まさに全く占領下にある。終戦の次の年であれば、これはだれが考えたって、大きな強制の中でこの憲法の制定が行われたというのは本当に常識なんだろう[*310]、私はこういうふうに思っております。その中で、しかし、結果としてできた憲法がよければいいじゃないかという議論があることも事実であります。しかし、私は、占領中にできた、そのことはハーグ条約等に違反しているということもありますが[*311]、それよりも、やはりこれは私たち日本人の精神に大きな影響を、この五十年間に結果として及ぼしているんではないか、このように思います。強制のもとで、ほとんどアメリカのニューディーラーと言われる人たちの手によってできた憲法を私たちが最高法として抱いているということが、日本人にとって、心理に大きな、精神に悪い影響を及ぼしているんだろう、私はこのように思います[*312]」。

以上で示した天皇陛下の御発言と安倍晋三衆議院議員の発言を、どのように受け止めるかは、人それぞれだろうが、憲法に関して考える際の参考になれば幸いだ。

さて、専門書・教科書を多数刊行されている昭和堂から、前著に続き、本書を出版でき、嬉しく思っている。

そして、本書の出版にあたっては、同社の越道京子氏にとてもお世話になっている。

今後も、もちろん、多くの方々に、協力していただくことになる。

そのような多くの協力に感謝しつつ、あとがきを終わる。

２０１７年９月３日　飯田泰士

注釈

1　重要な報道なので、具体的に示しておく。２０１６年7月13日夜、ＮＨＫは、天皇陛下に関して、次の報道をした。「天皇陛下が、天皇の位を生前に皇太子さまに譲る『生前退位』の意向を宮内庁の関係者に示されていることが分かりました。数年内の譲位を望まれているということで、天皇陛下自身が広く内外にお気持ちを表わす方向で調整が進められています。天皇陛下は、82歳と高齢となった今も、憲法に規定された国事行為をはじめ数多くの公務を続けられています。そうしたなか、天皇の位を生前に皇太子さまに譲る『生前退位』の意向を宮内庁の関係者に示されていることが分かりました。天皇陛下は、『憲法に定められた象徴としての務めを十分に果たせる者が天皇の位にあるべきだ』と考え、今後、年を重ねていくなかで、大きく公務を減らしたり代役を立てたりして天皇の位にとどまることは望まれていないということです。こうした意向は、皇后さまをはじめ皇太子さまや秋篠宮さまも受け入れられているということです。天皇陛下は、数年内の譲位を望まれているということで、天皇陛下自身が広く内外にお気持ちを表わす方向で調整が進められています。これについて関係者の1人は、『天皇陛下は、象徴としての立場から直接的な表現は避けられるかも知れないが、ご自身のお気持ちがにじみ出たものになるだろう』と話しています。海外では、3年前、皇室とも親交の深いオランダの女王（著者注：ベアトリックス女王）やローマ法王（著者注：ベネディクト16世）などが相次いで退位を表明して注目を集めました。日本でも、昭和天皇まで１２４代の天皇のうち、半数近くが生前に皇位を譲っていますが、明治時代以降、天皇の譲位はなくされ、江戸時代後期の光格天皇を最後におよそ２００年間、譲位は行われていません。皇室制度を定めた『皇室典範』に天皇の退位の規定はなく、天皇陛下の意向は、皇室典範の改正なども含めた国民的な議論につながっていくものとみられます」［ＮＨＫウェブサイト「天皇陛下『生前退位』の意向示される」］。

なお、２０１６年9月7日、日本新聞協会は、２０１６年度の新聞協会賞5件を発表した。その中に、次のものがあった。「天皇陛下『生前退位』の意向」のスクープ（日本放送協会報道局社会部副部長橋口和人）。

授賞理由は、次のとおりだ。「日本放送協会（著者注：ＮＨＫ）は、天皇陛下が生前退位の意向を宮内庁関係者に示し、お気持ちを広く内外に表明する方向で調整が進められていることを、平成28年7月13日の番組で特報した。皇室典範の改正のみならず、現代にふさわしい皇室像や憲法改正をめぐる国民的議論を提起し、報道機関の存在意義を知らしめた。8月8日の天皇陛下によるお気持ちの表明で、報道内容は裏付けられた。国内外に与えた衝撃は大きく、皇室制度の歴史的転換点となり得るスクープとして高く評価され、新聞協会賞に値する」［日本新聞協会ウェブサイト「新聞協会賞受賞作」］。本文で述べるように、宮内庁には速やかに報道内容を否定されてしまったが、後日、そういう形できちんと評価されたということだ。

2　２０１６年7月14日、朝日新聞は、宮内庁高官の発言に関して、次の報道をした。「宮内庁の山本信一郎次長は13日夜、ＮＨＫが最初に生前退位について報じた後に宮内庁内で報道陣の取材に応じ、『報道されたような事実は一切ない』と述べた。さらに『（天皇陛下は）制度的なことについては憲法上のお立場からお話をこれまで差し控えてこられた』とも話した。宮内庁の風岡典之長官も報道陣の取材に対し、『次長が言ったことがすべて』とした」［朝日新聞朝刊2016年7月14日1頁「宮内庁次長は否定」］。

なお、前掲＊1の日本新聞協会に関する記載を参照。

3　衆議院調査局「各委員会所管事項の動向――第192回国会（臨時会）における課題等」（2016年）11頁、衆議院調査局「各委員会所管事項の動向――第193回国会（常会）における課題等」（2017年）12頁、井田敦彦「天皇の退位をめぐる主な議論」調査と情報943号（2017年）1頁。

4　第119代天皇の光格天皇は、1817年、皇太子恵仁親王に譲位し、1840年に崩御した［米田雄介『歴代天皇・年号事典』（吉川弘文館、2003年）327〜328頁、首相官邸ウェブサイト「天皇の公務の負担軽減等に関する有識者会議（第2回）参考資料4退位した天皇の退位理由一覧」7頁］。

5　奥平康弘「明治皇室典範に関する一研究――『天皇の退位』をめぐって」神奈川法学36巻2号（2003年）153頁。

なお、「即位」と「践祚」の関係に関しては、園部逸夫『皇室法概論――皇室制度の法理と運用』（第一法規、2002年）451〜452頁参照。

6　①1984年4月3日、第101回国会衆議院内閣委員会議録第5号11頁、山本悟宮内庁次長（当時）答弁、②1991年3月11日、第120回国会衆議院予算委員会第一分科会議録第1号11〜12頁、宮尾盤宮内庁次長（当時）答弁、③1992年4月7日、第123回国会参議院内閣委員会会議録第4号14頁、宮尾盤宮内庁次長（当時）答弁、④2001年11月21日、第153回国会参議院共生社会に関する調査会会議録第3号18頁、羽毛田信吾宮内庁次長（当時）答弁参照。

また、憲法1条、2条に注目して、天皇の退位制度が設けられなかった理由を説明する答弁がある。具体的には、1959年2月6日、第31回国会衆議院内閣委員会で、林修三法制局長官（当時）は、次の答弁をした。「ただいまの問題は、非常に重要な問題であると思います。これは御承知の通りに、新憲法が当時の帝国議会において審議された際に、あるいは現行の皇室典範が法律案として議会で審議された際にも、非常に議論されたところでございまして、いろいろの角度から御議論があったわけであります。しかし当時の政府として、皇室典範にこういう制度を認めなかった理由としては、次のようなことがいわれております。現在の憲法は、もちろん皇位継承のことにつきましては法律に規定を譲っております。法律である程度のことは書き得る範囲のことがあるはずでございます。しかしこれは憲法第一条が、天皇は日本国の象徴とし、それからその地位が日本国民の総意に基くということの規定、それから第二条に皇位は世襲のものである。こういう規定と離れて、ただいまの問題を議論することはできないと私は思うわけであります。なるほど新憲法によって人間天皇としての地位はできましたけれども、しかしそれだからといって、一般の人と同じようにこれを扱うわけにはもちろんいかない。やはりこの象徴たる地位、あるいは国民の総意に基くこの地位というものと相いれない範囲におけるもの、そこに制約があることは当然だと思うわけであります。これはやはり皇位というものは世襲のものである。それから古来ずっと一つの系統で受け継がれてきているということと、それからそこに天皇が過去においてはもちろん譲位ということはあったわけでございます。そういうことはありましたけれども、ただいま申し上げたような御地位、それからこの天皇のそういう象徴たる地位から考えまして、御自分の発意でその地位を退かれるということは、やはりその地位と矛盾するのではないか、これはやはり幾多過去の例からいっても、いろいろ弊害があったこともございます。これは一言で申しまして、天皇には私なく、すべて公事であるという考え方も一部にあるわけであります。やはり公けの御地位でございますので、それを自発的な御意思でどうこうするということは、やはり非常に考うべきことである。そういうような結論から、皇室典範のときに、退位制は認めなかったのであるということを、当時の金森国務大臣はるるとして述べておられます。この問題は、実は皇室典範の審議されたときの帝国議会においては、皇室典範の論議の半分ぐらいを占めております。そういうことで政府案が通過したような関係であります。その当時における政府側の見解は、ただいま直ちに変更するほどの理由は私はないと思っております。従いまして今、受田先生のおっしゃったようなことも確かに一つの議論としてはあることと思いますけれども、軽々にこれはきめられない、かように考えております」。

7　天皇の公務の負担軽減等に関する有識者会議「今後の検討に向けた論点の整理」(２０１７年)11頁、首相官邸ウェブサイト「天皇の公務の負担軽減等に関する有識者会議(第2回)資料２天皇陛下の御活動の状況及び摂政等の過去の事例」16頁。

退位した天皇を具体的に示すと、次のとおりだ。第35代天皇の皇極天皇、第41代天皇の持統天皇、第43代天皇の元明天皇、第44代天皇の元正天皇、第45代天皇の聖武天皇、第46代天皇の孝謙天皇、第47代天皇の淳仁天皇、第49代天皇の光仁天皇、第51代天皇の平城天皇、第52代天皇の嵯峨天皇、第53代天皇の淳和天皇、第56代天皇の清和天皇、第57代天皇の陽成天皇、第59代天皇の宇多天皇、第60代天皇の醍醐天皇、第61代天皇の朱雀天皇、第63代天皇の冷泉天皇、第64代天皇の円融天皇、第65代天皇の花山天皇、第66代天皇の一条天皇、第67代天皇の三条天皇、第69代天皇の後朱雀天皇、第71代天皇の後三条天皇、第72代天皇の白河天皇、第74代天皇の鳥羽天皇、第75代天皇の崇徳天皇、第77代天皇の後白河天皇、第78代天皇の二条天皇、第79代天皇の六条天皇、第80代天皇の高倉天皇、第82代天皇の後鳥羽天皇、第83代天皇の土御門天皇、第84代天皇の順徳天皇、第85代天皇の仲恭天皇、第86代天皇の後堀河天皇、第88代天皇の後嵯峨天皇、第89代天皇の後深草天皇、第90代天皇の亀山天皇、第91代天皇の後宇多天皇、第92代天皇の伏見天皇、第93代天皇の後伏見天皇、第95代天皇の花園天皇、第96代天皇の後醍醐天皇、第98代天皇の長慶天皇、第99代天皇の後亀山天皇、第１００代天皇の後小松天皇、第１０２代天皇の後花園天皇、第１０６代天皇の正親町天皇、第１０７代天皇の後陽成天皇、第１０８代天皇の後水尾天皇、第１０９代天皇の明正天皇、第

111代天皇の後西天皇、第112代天皇の霊元天皇、第113代天皇の東山天皇、第114代天皇の中御門天皇、第115代天皇の桜町天皇、第117代天皇の後桜町天皇、第119代天皇の光格天皇［首相官邸・前掲＊4、1～7頁］。

8　645年、中大兄皇子らが蘇我氏本家を滅ぼして、大化改新に着手したのを機に、皇極天皇は、弟の軽皇子に譲位した。第36代天皇は、孝徳天皇［米田・前掲＊4、80～81頁、首相官邸・前掲＊4、1頁］。

9　米田・前掲＊4、108～111頁、123～126頁、173～177頁、首相官邸・前掲＊4、1頁、3頁。

10　首相官邸ウェブサイト「天皇の公務の負担軽減等に関する有識者会議（第6回）資料2ヒアリングに関連する論点に係る国会答弁等について」1頁。

1973年6月19日、第71回国会衆議院内閣委員会で、吉國一郎内閣法制局長官（当時）は、国事行為を行う地位に関して、次の答弁をした。「象徴という地位と、天皇の国家機関として国事に関する行為を行なわれる地位は、また別なものでございます」「御質疑の趣旨は、天皇が象徴という地位にあられることによって、その象徴という地位に基づいて当然ある機能を要請するものであるかどうかという点にあるかと思いますが、天皇が象徴たる地位にあられるということ、そのことが憲法第一条に規定するところでございまして、先ほども申し上げましたように、第四条以下にございますような国事に関する行為を行なわれる天皇の地位というものは、象徴であるから当然に出てくる権能ではない。これは一つの国家機関、天皇も国家の機関としてその国事に関する行為を行なわれるという、別個の地位であるということでございます」。

1975年3月14日、第75回国会衆議院内閣委員会で、角田礼次郎内閣法制局第一部長（当時）は、天皇の行為に関して、次の答弁をした。「公的行為については、御指摘のように、これまでいろいろな機会に御説明申し上げているところでございますが、この際、改めて政府の見解を申し上げたいと思います。憲法上、天皇が国家機関として行為をされるその場合としては、憲法の定めるいわゆる国事行為に限るということは、憲法の四条二項、六条及び第七条に明記されているところでありまして、このことについては明らかであろうと思います。ただいま申し上げたのは、天皇が国家機関として行為をされる場合のことについてのことでございますが、憲法というのは、言うまでもなく国の国家構造というものを決めている基本法でございますから、わが国におきましては立法、行政、司法の三権についてそれぞれ決めていると同時に、天皇という特別の地位を持っておられる方も広い意味の国家構造の一部として国事行為を行われる、これが国家機関としての天皇の地位であろうと思います。そういう意味で、その点については憲法の性質からいって明文の規定があるわけでございます。ところが、これも言うまでもないことかと思いますが、天皇は国家機関としてそういう行為をされると同時に、自然人としていろいろ御行動になるわけであります。ところが自然人として御行動になる場合には、まず私人として、全く純粋の私人としての御行動があることは当然であろうと思います。ところが一方において、天皇は憲法第一条によって日本国の象徴であり、日本国民統合の象徴であるという地位を持っておられます。そこで天皇が自然人として行動される場合においても、その象徴としてのお立場というものからにじみ出てくるところの御行動というものが、全くの私人として御行動になる場合と違いがある、こういう認識に私どもは立っているわけであります。そこで、天皇の御行為としては憲法上の国事行為、それから象徴としての地位を反映しての公的な行為、それから全く純然たる私的な行為、この三種類が挙げられる、私どもこれを三分説というふうに申し上げているわけであります」。

11　２０１６年12月16日、安倍晋三首相『衆議院議員石関貴史君提出天皇陛下のご公務に関する質問に対する答弁書』には、天皇の行為に関して、次の内容がある。「天皇の行為は、国家機関としての行為である国事行為、自然人としての事実行為のうち象徴としての地位に基づいて公的な立場で行われる公的行為及び公的行為以外の自然人としての事実行為であるその他の行為に分類される。その上で、国事行為は、憲法第四条第二項、第六条及び第七条に規定する行為であり、公的行為には、新年一般参賀へのお出ましや全国戦没者追悼式への御臨席等がある。その他の行為には、宮中祭祀を行われることや生物学御研究等があり、宮中祭祀には、歳旦祭や新嘗祭等がある」。

何が国事行為かということに関しては、争いがある〔野中俊彦ほか『憲法Ⅰ』（有斐閣、第5版、２０１２年）１２３頁〕。

12　天皇の公務の負担軽減等に関する有識者会議・前掲＊7、2頁。

13　首相官邸・前掲＊10、1頁。

１９９０年5月17日、第１１８回国会衆議院予算委員会で、工藤敦夫内閣法制局長官（当時）は、公的行為に関して、次の答弁をした。「天皇の行為には国事行為、公的行為及びこれらのいずれにも当たらない行為、こういう三つがあるということでございます。いわゆる天皇の公的行為というのは、憲法に定める国事行為以外の行為で、天皇が象徴としての地位に基づいて公的な立場で行われるものをいう、こういうことでございます。で、天皇の公的行為、今憲法上の位置づけという御質問でございますが、憲法上明文の根拠はないけれども、そういう意味で象徴たる地位にある天皇の行為、こういうことで当然認められるところである、かようにお答えしてきているところでございます。また、天皇の公的行為というのは今申し上げましたように国事行為ではございませんので、国事行為の場合にはいわゆる憲法に言う内閣の助言と承認が必要であるということになっておりますが、天皇の公的行為の場合にはそこで言う内閣の助言と承認は必要ではない。また、あくまで天皇の御意思をもととして行われるべきものではございますが、当然内閣としても、これが憲法の趣旨に沿って行われる、かように配慮することがその責任であると考えております。それから、若干、限界といいますか、そういう意味のことのお尋ねもあったと思いますが、天皇の公的行為というのは、今申し上げましたような立場で、いわゆる象徴というお立場からの公的性格を有する行為でございます。そういう意味では、国事行為におきますと同様に国政に関する権能が含まれてはならない、すなわち政治的な意味を持つとかあるいは政治的な影響を持つものが含まれてはならないということ、これが第一でございます。第二が、その行為が象徴たる性格に反するものであってはならない。第三に、その行為につきましては内閣が責任を負うものでなければならない。かようなことであろうと思います。内閣が責任を負うという点につきましては、その行為に係る事務の処理が行政に属すると考えられますので、憲法六十五条によりまして行政権の主体とされる内閣がそれについて責任を負うべきことであろう、かようにこれまでもお答えしておりますし、お答え申し上げたい、かように思います」。

14　天皇の公務の負担軽減等に関する有識者会議・前掲＊7、3頁には、次の内容がある。「今上陛下の御公務の負担のかなりの部分が公的行為である」。

２０１６年11月16日、横田耕一九州大学名誉教授は、国事行為・公的行為・「象徴としてのお務めについての天皇陛下のおことば」に関して、次の発言をした。「国事行為というのは、専ら、ご存じのとおり、ほとんど判子を押すこと、署名することです。判子は今は侍従が押していますから、大した苦労ではないわけです。従いまして、この大変忙しいこういう時代に、天皇の体を考えて、公務を減らさなければいけないというならば、天皇に公的行為を遠慮していただく。これが一番スムーズに問題が片づく形です」「内閣総理大臣の任命式あたりはまだ説明できないわけではございませんが、一般参賀とか、外国の公式訪問とか、あるいは国体への出席とか、植樹祭への出席とか、そういうさまざまな公的な行為、国事行為では直ちに説明できない、そういう行為を天皇は実際には行っています。やっているわけです。これをどのようにみるべきかということが、まさに天皇の『お言葉』をみる場合の基本になります。この前の天皇の『お言葉』は、国事行為が大変ということをおっしゃっているわけではなく、国事行為以外のこういう行為が大変だということを言っているわけで、こういう行為を一体どう位置づけるか」［日本記者クラブ「『生前退位を考える』①『生前退位』問題は、天皇の意思で政治が動いており憲法上問題あり――横田耕一九州大学名誉教授」（２０１６年）7頁、10頁］。

15　天皇の公務の負担軽減等に関する有識者会議・前掲＊7、2頁。

有識者会議第6回で、事務局は、次の説明をした。「（著者注：宮中祭祀は、）政教分離原則があるという前提の中で、現在はその他の行為に分類されており、公的行為ではない」。

16　宮内庁ウェブサイト「天皇陛下お誕生日に際し（平成24年）」。

17　首相官邸ウェブサイト「天皇の公務の負担軽減等に関する有識者会議（第1回）参考資料4憲法における天皇に関する主な国会答弁等」18頁、首相官邸ウェブサイト「天皇の公務の負担軽減等に関する有識者会議（第1回）資料3皇室制度関係資料」20頁。

18　２０１７年2月22日、第１９３回国会衆議院予算委員会第一分科会議録第1号40頁、西村泰彦宮内庁次長答弁。前掲＊14参照。

19　首相官邸・前掲＊7、3頁、8頁。

本文で述べたように、２００４年以降、天皇皇后両陛下の御活動については、累次の見直しが行われてきている。

有識者会議第2回で、そのことに関して、次の質問がされた。

「御活動の見直し事例に関し、皇太子殿下、秋篠宮殿下等にお譲りになるという形の見直しと、お取りやめになるという見直しの両方があるが、どのような基準によるものなのか」。その質問に対して、宮内庁は、次の説明をした。「特段の基準等はない」。

また、有識者会議第2回で、そのことに関して、次の質問もされた。「御活動の見直しに関し、お譲りになるものとお取りやめになるものと両方あるが、お取りやめになるというときの判断は、陛下の御年齢とは関係なくお取りやめになるという判断だったのか、代替わりしたときには復活するということか」。その質問に対して、宮内庁は、次の説明をした。「お取りやめになったものについては、復活を予定していないと思われる」。

20 首相官邸ウェブサイト「天皇の公務の負担軽減等に関する有識者会議（第1回）資料3皇室制度関係資料」16頁。

1979年4月11日、第87回国会衆議院内閣委員会で、山本悟宮内庁次長（当時）は、摂政に関して、次の答弁をした。「摂政の設置につきまして、ただいま先生がお読みになりましたような規定の中に『重大な事故』の場合が入っていることはそのとおりでございますが、この『重大な事故』というのは、結局、国事に関する行為を天皇みずからがすることができない程度の故障ということになってくるわけでございます。どんなことが想定されるかということは、非常に希有のことでございまして、なかなか具体に申し上げにくいのでございますが、同じような御質問が前にあったときがございまして、そのときに当時の宮内庁長官が申し上げました答えを引かしていただきますれば、たとえば天皇の失踪とか生死の不明、いい例ではございませんが、そのとき言われましたのは、たとえば戦時中に捕虜になるというような場合が考えられるがというようなことを当時の宮内庁長官がお答えを申している例がございまして、具体の例としては、もちろんいまだかつてないわけでございますので、きわめて希有の例としてそういうような御答弁を申し上げたということを申し上げておきたいと思います」［1972年3月30日、第68回国会衆議院内閣委員会議録第6号14頁、宇佐美毅宮内庁長官（当時）答弁参照］。

1980年2月21日、第91回国会衆議院内閣委員会で、富田朝彦宮内庁長官（当時）は、摂政に関して、次の答弁をした。「摂政についてのお尋ねでございますが、（中略）非常に一般的なあれを考えますと、そういう天皇の意思能力というものが、みずからのことをいろいろ決し得ないというような状態が現出しましたときに、制度としては摂政を置く、こういうことだと存じます」。

21 首相官邸・前掲＊10、2頁。

22 「前条第一項」は、憲法4条1項だ。そして、憲法4条1項は「天皇は、この憲法の定める国事に関する行為のみを行ひ、国政に関する権能を有しない」と規定している。

23 首相官邸・前掲＊7、10頁。

24 摂政の主な設置理由が「天皇幼少」だった32方を具体的に示すと、次のとおりだ。第57代天皇の陽成天皇、第61代天皇の朱雀天皇、第64代天皇の円融天皇、第66代天皇の一条天皇、第68代天皇の後一条天皇、第73代天皇の堀河天皇、第74代天皇の鳥羽天皇、第75代天皇の崇徳天皇、第76代天皇の近衛天皇、第79代天皇の六条天皇、第80代天皇の高倉天皇、第81代天皇の安徳天皇、第82代天皇の後鳥羽天皇、第83代天皇の土御門天皇、第85代天皇の仲恭天皇、第86代天皇の後堀河天皇、第87代天皇の四条天皇、第89代天皇の後深草天皇、第91代天皇の後宇多天皇、第93代天皇の後伏見天皇、第95代天皇の花園天皇、第100代天皇の後小松天皇、第102代天皇の後花園天皇、第109代天皇の明正天皇、第110代天皇の後光明天皇、第112代天皇の霊元天皇、第113代天皇の東山天皇、第114代天皇の中御門天皇、第116代天皇の桃園天皇、第118代天皇の後桃園天皇、第119代天皇の光格天皇、第122代天皇の明治天皇［首相官邸・前掲＊7、10~11頁、首相官邸ウェブサイト「天皇の公務の負担軽減等に関する有識者会議（第2回）参考資料2摂政設置事例一覧表」1~4頁］。

25 摂政の主な設置理由が「女性天皇」だった4方を具体的に示すと、次のとおりだ。第33代天皇の推古天皇、第37代天皇の斉明天皇、第109代天皇の明正天皇、第117代天皇の後桜町天皇［首相官邸・前掲＊7、10~11頁、首相官邸・前掲＊24、1頁、3~4頁］。

26 摂政の主な設置理由が「天皇病気」だった1方は、第123代天皇の大正天皇だ［首相官邸・前掲＊7、10~11頁、首相官邸・前掲＊24、4頁］。

27 摂政の主な設置理由が「不明」な2方は、第40代天皇の天武天皇と第56代天皇の清和天皇だ［首相官邸・前掲＊7、10~11頁、首相官邸・前掲＊24、1頁］。

28 首相官邸・前掲＊7、10頁。

29 首相官邸ウェブサイト「皇室典範に関する有識者会議（第3回）資料3歴代の女性天皇について」1頁、首相官邸・前掲＊7、10頁。
なお、歴代の女性天皇は、全て男系であり、寡婦か未婚だ［首相官邸・同＊29、1頁］。男系（と女系）に関しては、本文で後述する。

30 1946年12月16日、第91回帝国議会貴族院本会議で、幣原喜重郎国務大臣（当時）は、天皇の退位に関して、次の答弁をした。「天皇御退位の餘地をあらしめるやうな必要はないかと云ふ御尋であります、申す迄もなく天皇の御地位は國民の總意に基くものでありますから、其の御退位の問題も當然國民の總意に基くものであると申さなければなりませぬ、今日國民の總意は斯かる御退位の制度を望んでないものと考へて居ります、是は或は佐々木博士と我々とは意見が違ふかも知れませぬが、私等は左様に思つて居るのであります、從つて本案には天皇御退位の規定を設けなかつたのであります」。
1946年12月16日、第91回帝国議会貴族院本会議で、金森徳次郎国務大臣（当時）は、天皇の退位に関して、次の答弁をした。「南原君より御退位に關する規定を皇室典範の中に設くると云ふ方向に於きまして、數個の場合を擧げて御質疑になりました、第一には天皇に精神及び身體に不治の重患がある場合に於て、斯様な場合に御退位の規定を考へ得ることが自然ではないか、それを無理に現在の如き、其の場合に攝政を置くと云ふだけの方法を採ることは物の筋道を歪曲するものではないかと云ふお尋ね、又天皇の個人的なる御自由を尊重するの見地、即ち基本的人権を確保する見地からして、御心に従つて御退位の途が設けられるのが憲法の新しき行き途ではないかと云ふ風の御尋がありました、固より左様な方向に於きまして考へ得べき幾多の角度はあると存じて居ります、私共も左様な面から色々の考慮を廻らしたのでありますけれども、要するに最後の結論と致しましては、天皇は國の象徴であり、國民統合の象徴であると云ふ御地位を國民が總意を以て之を維持して居ると云ふ見地より致しまして、細かい理窟を抜きに致しまして、國民は矢張り御退位を豫想するやうな規定を設けないことに贊成をせらるるのではなからうか、斯う云ふ前提の下に皇室典範の起案を致しました」。

31　皇室典範に関する有識者会議「報告書」(2005年)20頁。

32　この答弁は、皇室典範に関する有識者会議・前掲＊31の「基本的な用語の説明」と同内容だ。

33　2006年3月24日、小泉純一郎首相『衆議院議員高井美穂君提出皇室典範改正案の提出に関する質問に対する答弁書』には、次の内容がある。「象徴天皇の制度をとる我が国にとって、皇位の継承は、国家の基本にかかわる事項であり、昨年十一月に皇室典範に関する有識者会議の報告書が取りまとめられたところである。政府としては、安定的な皇位の継承を維持することは重要であると認識しており、皇室典範の改正について、この度の文仁親王妃紀子殿下の御懐妊という御慶事も踏まえ、取り組んでいくこととしている」。

34　1964年3月13日、第46回国会衆議院内閣委員会で、宇佐美毅宮内庁長官(当時)は、国事行為の臨時代行に関して、次の答弁をした。「第二条にございます『事故』というのは、天皇の精神とかあるいは身体の疾患という点を除いて、天皇が正常に国事に関する行為を行なわれることに妨げある場合一切を含む、こういうふうに考えるものであります」「事故と申しますのは、やはりこの二条の場合でも、精神、身体の疾患とは別の問題で、したがって、この『事故』の中には海外御旅行も入るという考え方でございます」。

35　首相官邸・前掲＊10、2頁、首相官邸・前掲＊20、16頁。1964年3月19日、第46回国会衆議院内閣委員会で、高辻正巳内閣法制次長(当時)は、摂政・国事行為の臨時代行に関して、次の答弁をした。「海外御旅行とか、単なる軽い御病気ということになりますと、実はそういう場合は皇室会議を開いて摂政を置くというような場合ではなくして、代行の制度をそこに活用するということになるわけでございます。つまり私どもが言いたいことは、その場合が違っておる。したがって、競合の関係は生じないというふうに考えておる次第でございます」。宇佐美・前掲＊34参照。

36　首相官邸・前掲＊10、2頁。
「平成24年2月15日閣議決定　天皇陛下は、御病気御療養につき、2月17日から当分の間、日本国憲法第4条第2項及び国事行為の臨時代行に関する法律第2条第1項の規定に基づき、国事に関する行為を皇太子徳仁親王殿下に委任して臨時に代行させられることとする」[宮内庁ウェブサイト「国事に関する行為の委任について平成24年2月15日閣議決定」]。

37 首相官邸・前掲＊20、16頁。

1964年3月17日、第46回国会衆議院内閣委員会で、国事行為の臨時代行に関して、質疑応答がされた。以下、その質疑応答を示す。

1964年3月17日、第46回国会衆議院内閣委員会で、石橋政嗣衆議院議員（当時）は、次の質問をした。「憲法第五条によりますと、摂政が置かれた場合は、摂政は天皇の名でその国事に関する行為を行なうことになっておりますが、本法によって国事行為の臨時代行の委任を受けたお方は、天皇の名でやはり行なうのですか」。

その質問に対して、宇佐美毅宮内庁長官（当時）は、次の答弁をした。「本法は、委任代行という考え方でございまして、天皇の名においてという考え方でございます」。

その答弁を受けて、石橋政嗣衆議院議員（当時）は、次の質問をした。「摂政の場合と同じだというわけですか」。

その質問に対して、宇佐美毅宮内庁長官（当時）は、次の答弁をした。「さようでございます」。

38 首相官邸・前掲＊7、13〜14頁、首相官邸・前掲＊10、2頁。

39 2012年4月10日、野田佳彦首相『参議院議員山谷えり子君提出皇室制度に関する有識者ヒアリングに関する質問に対する答弁書』には、公務に関して、次の内容がある。「天皇の行為については、憲法に定める国事行為、象徴としての地位に基づいて公的な立場で行われる公的行為及びその他の行為に分類され、皇族の行為については、皇族の身分をもって公的な立場で行われる公的行為及びその他の行為に分類されると考えられる。御指摘の『皇室のご活動』という用語は、これらの全てを表すものとして、御指摘の『天皇皇后両陛下のご公務』という用語は、これらのうち、国事行為及び公的行為に限らず、広く公的色彩を帯びた行為を表すものとして、それぞれ用いたものである」「御指摘の『天皇陛下のご公務』のうち、国事行為については、摂政を置くべき場合を除き、国事行為の臨時代行に関する法律（昭和三十九年法律第八十三号）第二条の規定に基づいて委任を受けた皇族が臨時に代行することができる。国事行為以外の『ご公務』については、法令上明文の根拠はなく、それぞれの『ご公務』の趣旨、性格等に照らして皇族がこれを行うことは可能であると考えられる」。

1986年4月2日、第104回国会参議院内閣委員会で、山本悟宮内庁次長（当時）は、公的行為に関して、次の答弁をした。「天皇のいろいろな御行為のうちで、いわゆる憲法に基づきます国事行為、法律効果の伴います国事行為であれば、これは当然御承知のとおりに国事行為の臨時代行に関する法律ということによって代行ということが行われるわけでございますが、事実行為につきましてはさようなことがないわけでございます。したがいまして、天皇が天皇として公的な御行為をなさいます場合に、御自分がいろいろな事情で御出席できないといったようなときに、かわりに御命令になりまして台下皇族に行かさせるというようなことを通常御名代ということで言っているわけでございまして、辞書等におきましても、目上の者のかわりにある行為をするのを名代というように言っているようでございまして、まさに同じような意味合いであろうと存じます」。

有識者会議第6回で、次の質問がされた。「天皇が行っている公的行為を、天皇からの委嘱を受けて皇族の方が行った場合、象徴的な行為と認められるのか」。その質問に対して、宮内庁は、次の説明をした。「皇族方の御活動のうち、例えばいろいろな式典等に参加される場合は御公務だが、それは天皇陛下の象徴的行為の代行として行っておられるのではなく、皇族としての御公務という位置づけである」。

40　首相官邸ウェブサイト「天皇の公務の負担軽減等に関する有識者会議（第7回）資料1海外の主な制度及び事例の概要について」1〜2頁。

41　飯田泰士『18歳選挙権で政治はどう変わるか――データから予測する投票行動』（昭和堂、2016年）83〜84頁。
2012年4月5日、第180回国会衆議院憲法審査会で、橘幸信衆議院法制局法制企画調整部長（当時）は、国民投票の経費に関して、次の答弁をした。「自民・公明両党案の国民投票法案に付された経費文書は八百五十億円でございました。民主党案の国民投票法案に付されました経費文書は八百五十二億円でございました。二億円の差は何かといいますと、民主党案におきましては当初から十八歳投票権でございましたので、この二歳分の投票事務費等として二億円をオンしたものでございます。ほとんどの八百五十億円につきましては中央選挙管理会などが使うわけですけれども、しかし、国民に対する周知広報は国会に設けられます国民投票広報協議会、つまり先生方が国会の事務局を使って全国民に全て周知広報するのだ、テレビでも新聞でもそうやって周知広報する、そのような費用として八百五十億円余が積算されたものと承知しております」。

2014年11月17日、第187回国会参議院政治倫理の確立及び選挙制度に関する特別委員会で、稲山博司総務省自治行政局選挙部長（当時）は、衆議院議員総選挙の経費に関して、次の答弁をした。「ちょっと手元に資料を用意しておりませんが、約七百億程度掛かるものと存じます」。

42　2016年8月9日、日本経済新聞は、次の報道をした。「宮内庁によると、ビデオメッセージの撮影は7日午後、お住まいのある皇居・御所の応接室で行われた。皇后さまも立ち会われた。陛下が『大事な事柄なのでこの場を共にするように』と希望されたという」［日本経済新聞朝刊2016年8月9日1頁「衰え考慮　お気持ち表明」］。
2016年8月9日、毎日新聞は、次の報道をした。「ビデオの撮影は7日午後4時半、皇居・御所の応接室で行われた」［毎日新聞朝刊2016年8月9日1頁「天皇陛下お気持ち」］。

「象徴としてのお務めについての天皇陛下のおことば」は本文で示す。そこで、ここでは、「東北地方太平洋沖地震に関する天皇陛下のおことば」を示す。

43　「東北地方太平洋沖地震に関する天皇陛下のおことば」
この度の東北地方太平洋沖地震は、マグニチュード9・0という例を見ない規模の巨大地震であり、被災地の悲惨な状況に深く心を痛めています。地震や津波による死者の数は日を追って増加し、犠牲者が何人になるのかも分かりません。一人でも多くの人の無事が確認されることを願っています。また、現在、原子力発電所の状況が予断を許さぬものであることを深く案じ、関係者の尽力により事態の更なる悪化が回避されることを切に願っています。

現在、国を挙げての救援活動が進められていますが、厳しい寒さの中で、多くの人々が、食糧、飲料水、燃料などの不足により、極めて苦しい避難生活を余儀なくされています。その速やかな救済のために全力を挙げることにより、被災者の状況が少しでも好転し、人々の復興への希望につながっていくことを心から願わずにはいられません。そして、何にも増して、この大災害を生き抜き、被災者としての自らを励ましつつ、これからの日々を生きようとしている人々の雄々しさに深く胸を打たれています。

自衛隊、警察、消防、海上保安庁を始めとする国や地方自治体の人々、諸外国から救援のために来日した人々、国内の様々な救援組織に属する人々が、余震の続く危険な状況の中で、日夜救援活動を進めている努力に感謝し、その労を深くねぎらいたく思います。

今回、世界各国の元首から相次いでお見舞いの電報が届き、その多くに各国国民の気持ちが被災者と共にあるとの言葉が添えられていました。これを被災地の人々にお伝えします。

海外においては、この深い悲しみの中で、日本人が、取り乱すことなく助け合い、秩序ある対応を示していることに触れた論調も多いと聞いています。これからも皆が相携え、いたわり合って、この不幸な時期を乗り越えることを衷心より願っています。

被災者のこれからの苦難の日々を、私たち皆が、様々な形で少しでも多く分かち合っていくことが大切であろうと思います。被災した人々が決して希望を捨てることなく、身体《からだ》を大切に明日からの日々を生き抜いてくれるよう、また、国民一人びとりが、被災した各地域の上にこれからも長く心を寄せ、被災者と共にそれぞれの地域の復興の道のりを見守り続けていくことを心より願っています［宮内庁ウェブサイト「東北地方太平洋沖地震に関する天皇陛下のおことば」］。

44 宮内庁ウェブサイト「象徴としてのお務めについての天皇陛下のおことば」。

45 宮内庁ウェブサイト「天皇陛下お誕生日に際し（平成28年）」。

46 宮内庁ウェブサイト「文仁親王殿下お誕生日に際し（平成28年）」。なお、後掲＊92、後掲＊１５０参照。

47 毎日新聞朝刊２０１６年10月20日1頁「陛下『退位』２０１８年の意向」。

48 日テレNEWS24ウェブサイト「２０１７年天皇陛下『退位』に向けての動き」。

49 厚生労働省『平成28年版厚生労働白書』（２０１６年）5〜6頁、内閣府『平成28年版高齢社会白書』（２０１６年）2〜3頁、11頁。参考になるので、他国の２０１５年の高齢化率を示しておくと、アメリカ14・8％、イギリス17・8％、フランス19・1％、ドイツ21・2％、イタリア22・4％、中国9・6％、韓国13・1％、インド5・6％だ。また、２０１５年、先進地域（北部アメリカ、日本、ヨーロッパ、オーストラリア及びニュージーランドからなる地域）の高齢化率は17・6％であり、開発途上地域（アフリカ、日本を除くアジア、中南米、メラネシア、ミクロネシア及びポリネシアからなる地域）の高齢化率は6・4％だ〔内閣府・同＊49、12頁〕。

50 厚生労働省・前掲＊49、12頁。

51 内閣府・前掲＊49、6頁。

52 スマート・ライフ・プロジェクトウェブサイト「スマート・ライフ・プロジェクトとは」、厚生労働省・前掲＊49、12頁、厚生労働省厚生科学審議会地域保健健康増進栄養部会次期国民健康づくり運動プラン策定専門委員会『健康日本21（第2次）の推進に関する参考資料』（２０１２年）19頁。

53 日本経済新聞ウェブサイト「京大・山中教授が講演『ｉＰＳ細胞、創薬に活用を』」。

54 厚生労働省・前掲＊49、12〜13頁。

55 東京新聞朝刊２０１６年12月1日1頁「天皇陛下 退位恒久制望む」、東京新聞・同＊55、2頁「4歳から遊び相手」。

56 毎日新聞朝刊２０１７年1月19日5頁「官邸と宮内庁」。

57 首相官邸・前掲＊7、14頁、宮内庁ウェブサイト「天皇陛下のご入院・ご手術・ご退院について」、宮内庁ウェブサイト「天皇陛下のご手術について 平成24年2月18日――皇室医務主管」。

58 沖縄タイムス朝刊２０１６年10月19日4頁「生前退位18年を想定」。

59 毎日新聞夕刊２０１６年7月14日1頁「『生前退位』5月から検討加速」。

60 毎日新聞朝刊２０１６年12月24日1頁「宮内庁長官 おことば案 昨秋官邸に 昨年末公表見送り」。

なお、２０１５年12月18日、天皇陛下は、次のように述べられた。「私はこの誕生日で82になります。年齢というものを感じることも多くなり、行事の時に間違えることもありました。したがって、一つ一つの行事に注意深く臨むことによって、少しでもそのようなことのないようにしていくつもりです」〔宮内庁ウェブサイト「天皇陛下お誕生日に際し（平成27年）」〕。

61 池上直己「病院としての終末期ケアへの対応」病院65巻2号（２００６年）14〜15頁参照、飯田泰士「終末期における延命治療の中止の適法要件――不法行為責任に関して」ＬＡＷ＆ＰＲＡＣＴＩＣＥ 第2号（２００８年）１９４〜１９６頁参照、首相官邸ウェブサイト「天皇の公務の負担軽減等に関する有識者会議（第10回）資料2 秋下雅弘東京大学大学院教授説明資料」6頁。

62 日本経済新聞朝刊２０１６年11月8日38頁「天皇陛下の公務『削減は難しい』」。

なお、有識者会議第2回で、宮内庁は、天皇陛下の公務増加の要因について説明した。そして、具体的には、その要因として、次の①②③④⑤をあげた。①「平成13年（著者注：２００１年）に副大臣が設けられたこと等によって、認証官任命式で任命される認証官の数が同年以降増加していること」、②「冷戦終結に伴って、平成に入って世界の国の数が増えたこと、在京の外国大使の数が増えたこと、日本での定例的な国際会議が増加したこと等により、外国要人等とお会いする機会が増加していること」、③「閣議決定に基づき行われる外国御訪問が増加していること」、④「戦後50年、60年、70年等の節目節目で、慰霊の旅として、硫黄島、長崎、広島、沖縄、サイパン、パラオ、フィリピン等国内外の激戦地等を訪問されていること」、⑤「近年大規模地震や集中豪雨等の大きな自然災害が多発しており、被災地へのお見舞いが増加していること」。

63　首相官邸ウェブサイト「天皇の公務の負担軽減等に関する有識者会議（第10回）資料1有識者ヒアリング（第2次）の開催について」1頁。

64　2011年11月22日、記者会見で、文仁親王殿下に次の質問がされた。「先ほど、陛下のご公務についてのやり取りがありましたけれども、先ほど殿下は陛下のご公務について、宮内庁は医師と連携を取りながらですね、更に柔軟に考えていくべきだというようなことをおっしゃいました。宮内庁もですね、これまでいろいろ陛下のご公務の負担軽減に対しては、かなり苦心をされて、いろいろ工夫をしてきたと思うんですが、なかなか一挙に減らすというのは難しいという状況もあると思います。そういう中でですね、天皇陛下の公務に対して、定年制を設けたらどうかというような意見もありまして、例えばある程度の年齢になればご公務というのを減らして、国事行為に専念していただくという、そういう制度をもう考えていくべきではないかという意見もありまして、私もなるほどと思ったんですけども、殿下はこの制度から見直すという、そういうお考え方というのはどうでしょうか」。

文仁親王殿下は、その質問に対して、次のように述べられた。「私は、今おっしゃった定年制というのは、やはり必要になってくると思います。というか、ある一定の年齢を過ぎれば、人間はだんだんいろんなことをすることが難しくなっていきますので、それは一つの考えだと思いますけれども、じゃ、どの年齢でそういうふうにするか。やはりある年齢以降になると、人によって老いていくスピードは変わるわけですね。だから、それをある年齢で区切るのか、どうするのか、そういうところも含めて議論しないといけないのではないかと思います」［宮内庁ウェブサイト「文仁親王殿下お誕生日に際し（平成23年）」］。

65　東京新聞朝刊2016年12月1日2頁「『僕の時の問題だけではない』と陛下」。

首相官邸・前掲＊24、4頁参照。

66　NHK・前掲＊1。

67　日テレNEWS24ウェブサイト「陛下 友人に電話で〝恒久的な退位制度を〟」。

68　朝日新聞朝刊2016年8月9日4頁「本社世論調査 質問と回答」。

69　産経新聞朝刊2017年1月24日1頁「光格天皇譲位 調査ご依頼」。

ここで、その報道でふれられている後鳥羽上皇に関して、補足しておく。第82代天皇の後鳥羽天皇は、1198年に譲位し、院政を始め、1221年までの23年間、土御門・順徳・仲恭天皇の三代にわたり、院政を行った。特に、1202年に源通親が死亡した後は、政治を独裁した。ちなみに、第83代天皇の土御門天皇は、1210年、後鳥羽上皇の命令によって譲位した、そして、順徳天皇が第84代天皇になった［米田・前掲＊4、198~199頁、203頁、首相官邸・前掲＊4、4頁］。

70 総務省統計局「人口推計――平成29年4月報」（２０１７年）１頁。

71 首相官邸ウェブサイト「皇室典範に関する有識者会議（第1回）資料1現行皇位継承制度の仕組み」1頁。

皇室典範8条は「皇嗣たる皇子を皇太子という。皇太子のないときは、皇嗣たる皇孫を皇太孫という」と規定している。

また、皇室典範３条は「皇嗣に、精神若しくは身体の不治の重患があり、又は重大な事故があるときは、皇室会議の議により、前条に定める順序に従つて、皇位継承の順序を変えることができる」と規定している。

そこで、皇太子の就任拒否を理由として、皇室典範３条を使えないのか、という疑問が生じる。２０１７年４月28日、その疑問に関して、宮内庁に問い合わせた。そして、２０１７年５月1日、宮内庁から回答を得た。その回答趣旨は、次のとおりだ。「就任拒否は、『精神若しくは身体の不治の重患があり、又は重大な事故があるとき』（皇室典範３条）に該当しない。そのため、皇太子の就任拒否を理由として、皇室典範３条を使うことはできない」。

その回答趣旨に基づくと、皇室典範３条は、皇太子の就任拒否を理由として使えるものではない、すなわち、「皇太子が就任拒否したので、皇室典範３条に基づいて、皇位継承の順序を変更します」ということにはならない。

なお、２０１６年11月16日、横田耕一九州大学名誉教授は、「いまの憲法からみて、天皇は即位を拒否することはできるでしょうか」という質問に対して、次の発言をしていた。「それが難しいところです。天皇が即位は嫌だと言ったからといって、拒否は認められません。ただ、拒否という意思があることを忖度して、皇室会議は、皇嗣に問題があるときには皇位の継承順序を変えられますから、そこで順序を変えるということは便法としてあり得るかもしれません。しかし、象徴天皇制をつくった人たちはそんなことは考えられないとの立場だった。ありえないとの立場を前提にしているわけです。だから、もしそういう例が出てきたとき、今の枠の中でやろうと思えば、天皇の意思をある程度忖度して、順位を変えるということにならざるを得ないでしょうね。だけど、難しいところです。だから、天皇の意思ということを重視すれば、もっとそれ以上にやれるのでしょうが、今の枠では、あくまでも忖度です」［日本記者クラブ・前掲＊14、11～12頁］。

72 退位の自由と不就任の自由に関しては、奥平康弘「戦後皇室典範の制定過程についての一研究――明治皇室典範とのつながりと『天皇の退位』・『女帝』・『庶出の天皇』をめぐって」神奈川法学36巻3号（２００４年）１０５～１０７頁参照。

73 宮内庁ウェブサイト「天皇陛下ご即位二十年に際し（平成21年）」。

なお、皇后陛下は、本文で示した質問に対して、次のように述べられた。「【皇位の安定継承という点に関しては、私も現状は質問のとおりだと思います。それについて陛下のお答えに私として付け加えるものは、何もありません】。幸せなことに、東宮も秋篠宮も孫として昭和天皇のおそばで過ごす機会を度々に頂き、また成人となってからは、陛下をお助けする中でそのお考えに触れ、日々のお過ごしようをつぶさに拝見し、それぞれの立場への自覚を深めてきたことと思います。これからも二人がお互いを尊重しつつ、補い合って道を歩み、家族も心を合わせてそれを支えていってくれることを信じ、皇室の将来を、これからの世代の人々の手にゆだねたいと思います」［宮内庁・同＊73］。

74 首相官邸・前掲＊71、4頁。

１９４６年９月10日、第90回帝国議会貴族院帝国憲法改正案特別委員会で、憲法２条に関して、質疑応答がされた。以下、その質疑応答を示す。

１９４６年９月10日、第90回帝国議会貴族院帝国憲法改正案特別委員会で、金森徳次郎国務大臣（当時）は、次の答弁をした。「男系の男子と云ふことは第二條には限定してありませぬ、其の趣旨は根本に於て異なるものありとは考へませぬけれども、併し時代々々の研究に應じて或は部分的に異なり得る場面があつても宜いと申しますか、さう云ふ餘地があり得ると云ふ譯で斯様な言葉になつて居ります」。

その答弁を受けて、佐々木惣一貴族院議員（当時）は、次の質問をした。「要するに其の時時の事情に應じて皇室典範で總て定めさせる、斯う云ふ意味でありますか」。

その質問に対して、金森徳次郎国務大臣（当時）は、次の答弁をした。「左様でございます」。

また、１９６６年３月18日、第51回国会衆議院内閣委員会で、関道雄内閣法制局第一部長（当時）は、次の答弁をした。「必ず男系でなければならないということを、前の憲法と違いまして、いまの憲法はいっておるわけではございません。（中略）絶対的に女子が天皇に立たれることを憲法が禁じているわけでもありません」。

そしてまた、２００１年６月８日、第１５１回国会衆議院内閣委員会で、福田康夫内閣官房長官（当時）は、次の答弁をした。「憲法第二条ですね。これは、皇位を世襲であることのみを定めて、それ以外の皇位継承にかかわる事柄については、すべて法律である皇室典範に譲っているところである。女性の天皇を可能にするために憲法を改正する必要はないということは、これは前にも申し上げたと思うのです」。

75 皇室典範に関する有識者会議・前掲＊31、８頁。

76 「自粛不況」に関しては、１９８８年11月９日、第１１３回国会参議院決算委員会会議録第２号11頁、諫山博参議院議員（当時）発言参照。

「天皇不況」に関しては、１９８８年11月９日、第１１３回国会衆議院商工委員会議録第１号35頁、藤原ひろ子衆議院議員（当時）発言参照。

１９８８年11月９日、第１１３回国会衆議院商工委員会で、田村元通商産業大臣（当時）は、「天皇不況」という表現に関して、次の答弁をした。「そして天皇不況という、それはそういう言葉をお使いになるのかもしれませんけれども、今天皇陛下が非常な苦しい、人生の苦しい瞬間を迎えていらっしゃる。そのときに天皇不況とか円高不況とか、そういうことを、言葉を、言うなれば口汚く天皇陛下に対してそれをおっしゃる。これは私は率直に言って人間性の欠如だと思う。天皇陛下であろうとなかろうと、私は、人間性、一人の人間として考えても、苦しんでおられるときにそれはいかがなものでございましょうか」。

なお、経済企画庁『平成元年度年次経済報告』（1989年）には、次の内容がある。「（著者注：昭和）63年度後半から平成元年度にかけては、いくつかの特殊要因によって、経済指標が不規則変動を示した。一つは、昭和天皇の崩御前後の自粛ムードによる経済活動への影響である」。

77 東京新聞朝刊2016年8月9日4頁「社会停滞にも懸念示す」。

78 宮内庁「今後の御陵及び御喪儀のあり方についての天皇皇后両陛下のお気持ち」（2013年）2頁。

79 首相官邸・前掲＊7、19頁。

80 1975年3月18日、第75回国会衆議院内閣委員会で、角田礼次郎内閣法制局第一部長（当時）は、次の答弁をした。「公的行為の範囲あるいは公的行為の限界という問題を御提起になり、さらにそれを具体的に列挙せよという御質問の趣旨だろうと思いますが、その前に、ちょっと一言申し上げておきたいと思いますけれども、公的行為というものは、天皇の自然人としての行為のうち公的色彩を帯びている行為というのが、私どもの一つの定義であります。つけ加えて申し上げれば、先ほど来申し上げたように、天皇が象徴としての地位をお持ちである以上、そこに公的な色彩の行為があるだろう、こういうことを申し上げているわけであります。これは類型としてこういう種類の行為が公的行為だということは、列示することは可能であります。ただし、その範囲をこれこれのものであるというふうにはっきり決めるということは、きわめて困難であろうと思います。しかし先ほど御質問にありましたように、その理論的な限界というものは一応言えると思います。そこで、その限界として私どもが考えておりますことは、三つあると思います。一つは、国政に関する権能というものがその御行為の中に含まれてはいけない、こういうことがあると思います。もっとわかりやすく言えば、政治的な意味を持つものとか政治的な影響を持つもの、こういうものがそこに含まれてはならないということが第一に言えると思います。それから第二には、あくまでその天皇の御行為について内閣が責任をとるという行為でなければならないと思います。それから三番目は、象徴天皇としての性格から言って、それに反するようなものであってはならないということ、この三つが私どもとして公的行為というものを考える場合の限界であろうと思います。さらに、つけ加えて申し上げますが、類型的にある種の行為であると仮にいたしましても、それが公的行為なるがゆえに、ただそのことだけで憲法上許されるというようなことを、私どもは申し上げているわけではございません。たとえば国会の開会式へ行かれてお言葉を述べられるというのは、通常公的行為の典型的なものとして挙げられておりますけれども、しかしそれは、一般的に言えば公的行為でございますけれども、仮にいまのような三条件に反するような事態、そういうことは万一ないと思いますけれども、万一反するというような事態があれば、それはおやめになっていただかなければいけないわけでございます。ですから、類型的にある種の行為に入るということだけでもって憲法上許されるというわけではないし、同時にまた、そういう行為の類型をいろいろ列挙することは可能ではありますけれども、それだけで事が終わるわけではないということ。さらに、もう一つつけ加えさしていただきますと、公的行為と私的行為ということを私どもは区別しておりますけれども、実は私的行為であれば、天皇は全く何をされてもいいというわけでは決してないと思います。いま申し上げたような、公的行為についての三つの限界といいますか基準というものは、私的行為についても、程度の差こそあれ、同じように該当するものだと思います。天皇が個人として政治的ないろいろな御行動に出られる、そういうことは万一ないと思いますけれども、もしそういうことがあれば、やはりそれはおやめになっていただくわけですから、そういう意味においては、実は公的行為という概念を設けることによって、直ちに政治的なものというふうに結びつくわけではなく、私的行為についても同じような配慮が必要であるということも申し上げておきたいと思います」。

81 「象徴としてのお務めについての天皇陛下のおことば」の表明は、公的行為と考えられる。
　２０１０年2月15日、第１７４回国会衆議院予算委員会で、下村博文衆議院議員は、天皇の政治利用に関して、次の発言をした。「今回のような公的行為、これは、公的な立場の天皇の意思によるもので、国事行為とは違い、内閣の助言と承認は不要というのが内閣法制局の見解です。ただ、象徴たる地位にふさわしいものであり、政治的な意味や影響を持たないよう、行政として、第一義的に宮内庁、だから第一義的にはやはり宮内庁なんですよ、そして次に内閣府、最終的には内閣が責任を持つとしてきた、そういう解釈だと思います。天皇の公的行為について内閣が責任を負うということは、時の内閣あるいは党派の都合や政治判断で天皇を意のままに動かしていいということを意味するものではありません。その行為が象徴天皇にふさわしい、非政治性、中立性、公平性を損なわないよう責任を持つということが本来の趣旨であるはずです。我々は、明らかに今回のケースは政治利用だと考えています」。

82 首相官邸ウェブサイト「首相官邸『新着情報』メール平成28年8月15日」。

83 衆議院ウェブサイト「衆議院議長謹話（平成28年8月8日）」。

84 参議院ウェブサイト「参議院議長謹話（平成28年8月8日）」。

85 宮内庁ウェブサイト「皇太子殿下お誕生日に際し（平成29年）」。

86 有識者会議第8回で、宮内庁は、皇太子殿下の２０１６年の御活動に関して、次の①②③④の説明をした。①「国事行為の臨時代行として、天皇陛下がフィリピン御訪問の際、1月26日から30日の間、代行を務められた」、②「いわゆる七大行啓として、献血運動、全国高校総体、国民文化祭、全国育樹祭など七つの行事に御臨席になった。そのほか、恒例の行啓として、国際学会開会式などに御臨席になった。また、昨年は被災地への行啓として、東日本大震災の復興状況の御視察で岩手県を御訪問された。さらに、神武天皇山陵御参拝などのため奈良県と京都府を御訪問された」、③「宮中行事として、新年の諸行事や園遊会の行事に御参列になったほか、国賓、公賓など、外国からの賓客の訪日に際しては、歓迎行事や宮中晩餐などに御陪席になった。また、東宮御所における御接見として、離任する外国大使14か国、赴任大使17か国、青年海外協力隊など8件に御対応された」、④「宮中祭祀として、拝礼など18件に臨まれた」。

87　宮内庁ウェブサイト「皇后陛下お誕生日に際し（平成28年）」。

88　日本経済新聞朝刊２０１６年10月20日38頁「皇后さま82歳に生前退位、反響に『衝撃』」。

89　毎日新聞朝刊２０１６年10月20日1頁「皇后さま82歳『生前退位』に衝撃」。

90　伊藤正己『憲法』（弘文堂、第3版、１９９５年）１３６頁、野中・前掲＊11、１１２頁、衆議院憲法調査会事務局「天皇制（皇室典範その他の皇族関連法に関する調査を含む）に関する基礎的資料最高法規としての憲法のあり方に関する調査小委員会（平成16年2月5日の参考資料）」（２００４年）17頁。

91　ＮＨＫ・前掲＊1。

２０１６年10月、朝日新聞は、「生前退位」という言葉に関して、次の報道をした。「天皇陛下が近い将来、天皇の位を譲る意向を示していることは、7月13日以降、メディア各社の報道で広く知られるようになりました。最初に報じたＮＨＫは『生前退位』の意向という表現でニュースを伝え、朝日新聞や多くの報道機関も『生前退位』を用いました。過去の国会質疑でも使われている言葉です。朝日新聞が『生前』という言葉を使ったのは、現在の皇室典範で『代替わり』は天皇が亡くなった場合に限られているなかで、『ご存命のうちに』退位するという特別な点を明確にするためです。また『退位の意向』と報じると、天皇が即座に代わってしまうような印象を読者に持たれかねないとも考えました。（中略）。皇室関係者の間では、『譲位』という言い方が一般的だと言われています」［朝日新聞朝刊２０１６年10月29日3頁「『生前退位』『退位』『譲位』使い分けは？」］。

92　民進党の「皇位継承等に関する論点整理」には、次の内容がある。「陛下のおことばは、内閣が責任を負う一般行政事務の一環として、内閣の了解を得て発せられている。この事実については、秋篠宮殿下が、平成28年11月30日に公表された記者会見におけるご回答でも明確に触れておられた」「憲法上の天皇の位置づけに鑑み、象徴天皇のあり方と制度については、本来は、一般行政事務に携わる内閣が、この度のようなおことばを待つことなく、その検討と整備を進めるべきであった。ところが、その時宜を失したために、止むにやまれぬお気持ちから、異例といえるビデオメッセージという形で、陛下が直接国民におことばを伝えざるを得なくなるまでに至ったという事実については、政権の不作為と怠慢は弁解の余地がない」［民進党「皇位継承等に関する論点整理」（２０１６年）6〜7頁］。

93　時事通信ウェブサイト「官邸、宮内庁にてこ入れ＝お気持ち表明で不満」。

94　飯田泰士『集団的自衛権——２０１４年5月15日「安保法制懇報告書」／「政府の基本的方向性」対応』（彩流社、２０１４年）19〜22頁、１７２〜１７３頁。

１９９６年4月24日、第１３６回国会参議院予算委員会で、大森政輔内閣法制局長官（当時）は、内閣法制局に関して、次の答弁をした。「客観的な制度の説明だけさせていただきたいと思いますが、御指摘のとおり、内閣法制局設置法の第三条第三号におきましては、内閣法制局の事務として『法律問題に関し内閣並びに内閣総理大臣及び各省大臣に対し意見を述べること。』と、このように定められておりまして、内閣法制局は法律問題に関して意見を述べることをその所掌事務としているわけでございます。ただいま御指摘ございましたように、憲法を含めまして法令の解釈というものは、最終的には最高裁判所の判例を通じて確定されることが現行憲法上予定されていることは御指摘のとおりであります。したがいまして、そのような意味で私どもの見解というものがいわゆる最高裁判所の判断のごとく拘束力を持っているものではないということは、もう指摘されるまでもなく重々承知しているわけでございます。ただ、やはり法律問題に関し意見を述べることを所掌事務として設置法に明記されていることに照らし考えますと、法制局の意見は、行政部あるいは政府部内においては専門的意見として最大限尊重されるものであることが制度上予定されているということは申し上げたいと思います。したがいまして、法令の解釈において、各省庁において疑義があるとか、あるいは関係省庁間において争いがあるというような場合は、法制局の意見を出すことによって行政部内においてはその解釈を統一していくということになろうかと思います」。

95 2017年2月3日、安倍晋三首相『衆議院議員逢坂誠二君提出政府の有識者会議の天皇陛下の退位を巡る議論のあり方に関する質問に対する答弁書』、井田・前掲＊3、1頁。

96 「天皇の公務の負担軽減等に関する有識者会議の開催について（平成28年9月23日内閣総理大臣決裁）」（2016年）、「天皇の公務の負担軽減等に関する有識者会議の開催について（平成28年9月23日内閣総理大臣決裁）」の別紙「天皇の公務の負担軽減等に関する有識者会議メンバー」（2016年）。

97 安倍・前掲＊95。

98 首相官邸ウェブサイト「内閣官房長官記者会見平成28年9月23日（金）午前」。

99 首相官邸・前掲＊98。

2016年10月7日、安倍晋三首相『衆議院議員奥野総一郎君提出「天皇の公務の負担軽減等に関する有識者会議」に関する質問に対する答弁書』には、次の内容がある。「御指摘の『天皇の公務の負担軽減等に関する有識者会議』においては、お尋ねの『退位』の問題も含め、天皇の公務の負担軽減等について、予断を持つことなく、議論を進めていただくことを予定している」。

100 首相官邸ウェブサイト「天皇の公務の負担軽減等に関する有識者会議（第1回）資料2天皇の公務の負担軽減等に関する有識者会議の運営について（案）」1頁。

101 出席者に関しては、首相官邸ウェブサイト「天皇の公務の負担軽減等に関する有識者会議（第1回）議事概要」1頁、首相官邸ウェブサイト「天皇の公務の負担軽減等に関する有識者会議（第2回）議事概要」1頁、首相官邸ウェブサイト「天皇の公務の負担軽減等に関する有識者会議（第3回）議事録」1頁、首相官邸ウェブサイト「天皇の公務の負担軽減等に関する有識者会議

（第4回）議事録」1頁、首相官邸ウェブサイト「天皇の公務の負担軽減等に関する有識者会議（第5回）議事録」1頁、首相官邸ウェブサイト「天皇の公務の負担軽減等に関する有識者会議（第6回）議事概要」1頁、首相官邸ウェブサイト「天皇の公務の負担軽減等に関する有識者会議（第7回）議事概要」1頁、首相官邸ウェブサイト「天皇の公務の負担軽減等に関する有識者会議（第8回）議事概要」1頁、首相官邸ウェブサイト「天皇の公務の負担軽減等に関する有識者会議（第9回）議事概要」1頁、首相官邸ウェブサイト「天皇の公務の負担軽減等に関する有識者会議（第10回）議事録」1頁、首相官邸ウェブサイト「天皇の公務の負担軽減等に関する有識者会議（第11回）議事概要」1頁、首相官邸ウェブサイト「天皇の公務の負担軽減等に関する有識者会議（第12回）議事概要」1頁、首相官邸ウェブサイト「天皇の公務の負担軽減等に関する有識者会議（第13回）議事概要」1頁、首相官邸ウェブサイト「天皇の公務の負担軽減等に関する有識者会議（第14回）議事概要」1頁参照。

102　東京新聞朝刊2016年12月30日3頁「天皇陛下の『退位』特別法 将来の先例にも 有識者会議座長代理・御厨貴氏」。

103　野中・前掲＊11、232頁、伊藤・前掲＊90、129～130頁。

1982年5月13日、第96回国会衆議院決算委員会で、山本悟宮内庁次長（当時）は、天皇・皇族の人権に関して、次の答弁をした。「基本的には、本来国民の中に入るものであれば適用されるべきものであるということでございます。ただ、憲法が象徴天皇制という制度をとっており、この象徴天皇制というものが世襲制度であるということは同時に憲法が規定をいたしているところでございます。その同じ憲法のレベルから生ずるところの天皇及びその皇位継承権を持つ非常に近い範囲の皇族というものにつきましての一定の、身分的な意味での制約というものが生ずることもこれまたやむを得ない憲法上の問題であろうと思います。このことから考えますと、広い意味では国民の中に入ると申し上げましても、天皇制を維持する上において、世襲制度を維持する上において、必要なる範囲におきますところの制約というものはやはり受けざるを得ないというようなことでございまして、一定の特権が皇族についてはありますと同時に、一定の制限も受けているというのが実際であろうと思います。そういう意味から申し上げますと、国民であればひとしく全部適用になる憲法の各種権利の規定が生のままで、国民と同一レベルですべて皇族に当てはまるというようには申せないのじゃなかろうかと存じます。たとえば選挙権、被選挙権というような問題にいたしましても、皇族にはございません」。

1980年3月27日、第91回国会参議院内閣委員会で、味村治内閣法制局第一部長（当時）は、天皇の選挙権に関して、次の答弁をした。「天皇は、日本国憲法によりまして日本国の象徴とされておられる方でございます。したがいまして、政治的に無色と申しますか、そういうことが要請されるわけでございまして、そういう意味から選挙権をお持ちになっていないというふうに解されるわけでございます」。

1958年4月1日、第28回国会参議院内閣委員会で、宇佐

美穀宮内庁長官（当時）は、皇族の選挙権・被選挙権に関して、次の答弁をした。「この間お答え申し上げました要旨を繰り返しますと、殿下が純粋に学問的に御研究になって、これを学問的に御発表になることについて、別段これを控えるべきものであるというような考えは持っておりません。しかし、その場合、やはり皇族として、皇位継承権があり政治に関与しないものという性格を持たれる。そういうような意味から、選挙権、被選挙権もお持ちになっていない。あらゆる点から考えまして、それが政治問題に触れるというような問題については、慎重な行動をおとりになるべきものである。それを、そういった一つの政治問題等に利用されるという問題は、いろいろの場合に起り得ることでございますので、そういう意味でお答えしたわけでございます。その考えは現在も変っておりません」。

104 奥平・前掲＊72、132頁、山田敏之「現行制度の制定過程における退位の議論」調査と情報958号（2017年）7頁。

105 公職選挙法11条1項本文、公職選挙法11条1項1号を理由として、成年被後見人は選挙権を制限されていた。

ただ、2013年3月14日、選挙権確認請求事件の裁判例（東京地判平成25年3月14日判時2178号3頁）は、次の判示をした。

「公職選挙法11条1項1号のうち、成年被後見人は選挙権を有しないとした部分は、憲法15条1項及び3項、43条1項並びに44条ただし書に違反するものであり、無効であるといわざるを得ない」。

成年被後見人の選挙権の制限は、合理的であるとは全く考えられないものだった［飯田泰士『成年被後見人の選挙権・被選挙権の制限と権利擁護――精神・知的障害者、認知症の人の政治参加の機会を取り戻すために』（明石書店、2012年）224頁］。

ただ、戸波江二「成年被後見人の選挙権制限の違憲性」早稲田法学88巻4号（2013年）1～2頁は、「本件訴訟では、成年被後見人につき『選挙権を有しない』と定める公職選挙法11条1項1号の合憲性が争われている。実は、この問題は、憲法学において安直に見過ごされていた課題であった」としている。

なお、現在、公職選挙法11条1項1号は削除され、成年被後見人に選挙権が認められている（「成年被後見人の選挙権の回復等のための公職選挙法等の一部を改正する法律」参照。ちなみに、本文で、先程、閣法、衆法、参法について述べたが、「成年被後見人の選挙権の回復等のための公職選挙法等の一部を改正する法律案」は、衆法だった）。

106 首相官邸ウェブサイト「天皇の公務の負担軽減等に関する有識者会議（第2回）資料1有識者ヒアリングの実施について（案）」1頁、首相官邸・前掲＊63、1頁。

107 朝日新聞朝刊2017年4月25日4頁「次の退位　早期に開かれた議論を」。

108 首相官邸・前掲＊106、1頁、首相官邸・前掲＊63、2頁。

109 首相官邸ウェブサイト「天皇の公務の負担軽減等に関する有識者会議（第5回）資料6園部逸夫元最高裁判所判事説明資料」2頁。

110 野中・前掲＊11、97～98頁、伊藤・前掲＊90、41～42頁、127～128頁、国立国会図書館調査及び立法考査局政治議

会調査室・課「第五回統治機構のあり方に関する調査小委員会プロイセン憲法・大日本帝国憲法・日本国憲法下の政治行政機構――議院内閣制に関する参考資料(2)」(2003年)1頁。

1975年3月18日、第75回国会衆議院内閣委員会で、角田礼次郎内閣法制局第一部長(当時)は、大日本帝国憲法下の天皇と日本国憲法下の天皇に関して、次の答弁をした。「旧憲法下の天皇と現在の憲法のもとにおける天皇というものの権能なり、地位というものにおいて非常な違いがあるということは御指摘のとおりでございます。そこで、一番大きな違いと申しますと、やはり第一に、旧憲法下における天皇は、いわゆる国の元首であって統治権を総攬する地位にあられたということであります。これに対して現憲法のもとにおける天皇は、第一条に明記するがごとく、日本国の象徴であり日本国民統合の象徴であって、一口で言えば非政治的な地位におられるということであろうと思います。それから第二に、旧憲法下における天皇は、さかのぼりますと、いわゆる神勅にさかのぼるわけでございますが、万世一系の天皇として初めからそういう地位を持っておられたということでございますけれども、現在の天皇は、やはり第一条に明記されているごとく、この地位は主権の存する日本国民の総意に基づく。この二点が旧憲法下における天皇と現憲法下における天皇との非常に大きな違いであろうと思います」。

111 連続説・断絶説に関しては、日本記者クラブ・前掲＊14、3頁参照。

2005年5月31日、皇室典範に関する有識者会議第6回で、

横田耕一流通経済大学教授(当時)は、次の発言をした。「天皇の条項につきまして、皆さん方にはちょっと奇異な感じがあるかもわかりませんけれども、憲法学界には大きく『断絶説』、それと『連続説』というものがございます。『連続説』というのは、もうこれは恐らく皆さん方が当然のことと考えられておられることと思いますが、従来の天皇が日本国憲法における天皇に連続している。大幅に形を変えたけれども、天皇というものが続いているというように考える。これが『連続説』でございます。それに対しましては、憲法規範を重視いたしますと、戦前の大日本帝国憲法の天皇、あるいはそれ以前の天皇と日本国憲法の規定する天皇とは、言葉は天皇ではあるけれども、全く別物であると、こう考えるのが『断絶説』でございます。この観点を早く打ち出されましたのは、後に最高裁判所長官を務められました横田喜三郎先生でございますが、学界において一定程度この説には支持者もございまして、私はこの考え方を採用しております。これも時間がございませんから、なぜそうかということは申しませんが、天皇の現在の地位、あるいはなぜ天皇がそういう地位にあるのか。例えば、天照大神の神勅が主権者である国民の総意に変わったこと。あるいは天皇の権能、これも根本的に変わっております。そういう意味で、この両者を別物と見るわけでございます。さて、問題はなぜそういうことを今、問題にするかということですが、伝統、いわゆる皇室の伝統とか、そういったものをどう評価するかという事柄に関わってくるわけでございます。そこで、『断絶説』を採りました場合には、伝統というものは基本的に考慮する必要はない。横田先生

の言い方を借りるならば、むしろ伝統というものは否定すべきものだというようにもなるわけでございます。それに対しまして、『連続説』の場合には、一定程度これまでの天皇の伝統というものを考慮する、こういうことがなされることも許されるわけでございます。ただし、この場合においても、伝統というものを憲法規範を超えて過度に重視する、そういうことは許されないというように考えられます」〔首相官邸ウェブサイト「皇室典範に関する有識者会議（第6回）識者からのヒアリング横田耕一流通経済大学教授」〕。

112 宮内庁ウェブサイト「天皇皇后両陛下御結婚満50年に際して（平成21年）」。

113 なお、有識者会議第6回で、宮内庁は、次の説明もした。「宮中祭祀でも見直せるところは見直してきており、陛下の御負担はかなり軽減してきているという認識である」。

114 首相官邸・前掲＊7、3頁。

115 首相官邸・前掲＊109、5頁。

116 首相官邸ウェブサイト「天皇の公務の負担軽減等に関する有識者会議（第5回）資料4大石眞京都大学大学院教授説明資料」3頁。

117 有識者会議第4回で開催された有識者ヒアリングで、岩井克己ジャーナリストは、次の発言をした。「当面は特別立法、将来は本法改正という2段階では、過去の経験から見て、当面の対処が済めば機運がしぼんで先送りとなるおそれがあると思います」。

118 首相官邸・前掲＊109、8頁。

119 首相官邸・前掲＊109、8頁。

120 その説明で言及されている答弁は、次の答弁だと考えられる。1946年12月11日、第91回帝国議会衆議院皇室典範案委員会で、金森徳次郎国務大臣（当時）は、次の答弁をした。「物事につきまして、あらゆる場合を豫想をして規定をいたしまするとも、一つの行き途であるに相違はございません、しかしおのずからそれには限度があるのでありましてこんな場合もあり得るというふうに、學問的に考えまするると、なかなか具體的なる法律制度はきめかねるものであるわけであります、今仰せになりましたような場合は、もとより考えの中に起り得ることではありまするけれども、これからは或はお叱りを受けるか知りませんが、まずそういう場面が起らないように、適當に事物が實質において調節せらるるものであろうということを假定をして、この皇室典範ができておるわけでありまして、私どもの大體豫想しておる範圍外のことが現われました時にどうなるかということになれば、もとより皇室典範も國の法律でありまするが故に、その時に國のすべての智力を盡くして適當なる法律がまた生まれ出る餘地もあろうと思います、今日あまり多くの場合を豫想をして規定をするということは、實はこの典範は避けておりまして、そういう點が隨所に現われております」。

121 その説明で言及されている単行特別法制定に関しては、首相官邸・前掲＊10、11頁の「昭和37年4月憲法調査会提出資料『皇室典範の制定経過』〔高尾亮一（元宮内省文書課長）〕」参照。

122 Legislation.gov.ukウェブサイト「His Majesty's Declaration of Abdication Act 1936」。

123 首相官邸・前掲＊40、1頁、首相官邸ウェブサイト「天皇の公務の負担軽減等に関する有識者会議（第7回）参考資料1海外制度関連規定」2頁。

124 １９４６年12月11日、第91回帝国議会衆議院皇室典範案委員会で、金森徳次郎国務大臣（当時）は、立后に関して、次の答弁をした。「御説のように、日本の古い時代の考え方といたしましては、立后と婚姻ということは別のものであつた事例もあるように存じます、例えば既に皇族、まだ皇位におつきにならない前に、御婚姻になつておつた場合におきまして、皇位におつきになつた後に改めて立后ということが行われたということもあるわけであります、しかし今回の典範において豫想しておりまする立后と申しまするのは、そういう特殊な古代の用例によつたのではなくて、近ごろの考え方を本としておりまするが故に、ここに立后という言葉は、天皇の御婚姻ということと同じ意味に了解をしております」。

125 １９８８年3月23日、第１１２回国会衆議院法務委員会で、皇室典範10条に関して、質疑応答がされた。以下、その質疑応答を示す。

　１９８８年3月23日、第１１２回国会衆議院法務委員会で、安倍基雄衆議院議員（当時）は、次の質問をした。「万が一、浩宮様、皇太子殿下の御意向と皇室会議の意思がいわば食い違った場合にはどちらが優先するのか、法制局の御意見を承りたいと思います」。

　その質問に対して、味村治内閣法制局長官（当時）は、次の答弁をした。「皇室典範第十条は『皇族男子の婚姻は、皇室会議の議を経ることを要する。』と書いてございますので、皇室会議においてその婚姻に賛成という結論が出ませんと御婚姻はできないということになっているわけでございます」。

　なお、２００４年2月5日、第１５９回国会衆議院憲法調査会最高法規としての憲法のあり方に関する調査小委員会で、皇室典範10条の合理性に関して、質疑応答がされた。以下、その質疑応答を示す。

　２００４年2月5日、第１５９回国会衆議院憲法調査会最高法規としての憲法のあり方に関する調査小委員会で、森岡正宏衆議院議員（当時）は、次の質問をした。「もう一点、私は指摘したいんですけれども、皇室典範第十条で、天皇の婚姻には皇室会議の議を経ることが必要だ、こう書いてございますけれども、参考人のお書きになったものを読ませていただきましたら、これに異を唱えておられるということでございます。外国の王位継承者が結婚される場合は、ほとんど国王の承認とか国会の同意が必要となっているようでございます。私は、日本でも女帝を認めるとなれば、その配偶者にどんな人がなるのか、これも大変重要な問題だと考えております。一般国民と同じように、両性の合意のみで婚姻できるということになりますと、その配偶者に外国の人も可という結論になるんじゃないか、それでいいんだろうか、国民の意識としてそれでいいんだろうかと。また、私は憲法第一条の『天皇は、日本国の象徴』『日本国民統合の象徴』という言葉をかみしめるときに、差別主義だなどという次元ではない、日本という国のアイデンティティーにかかわる重要な問題だということを指摘したいと思うわけでございます。その点について、参考人の御意見をお聞かせいただきたいと思います」。

その質問に対して、横田耕一参考人（流通経済大学法学部教授・九州大学名誉教授）は、次の発言をした。「私の議論は、あくまでも、先ほど、同じ方法論に立ちまして、憲法の基本原則からの逸脱については最小限度合理的な理由がなければいけないということを申し上げまして、なぜ婚姻制限をしなければいけないかという議論については、これはちょっと合理性がないのではないかという点でそれを書いたわけでございます。例えば、どこの生まれの者であるからけしからぬとか、そういうことはおよそ反対の理由として日本国憲法のもとでは成り立つべきではないと考えるからであります。それから、当初、天皇が日本国民統合の象徴であるということは、あくまでも国民統合の象徴であるということを私は強調いたしました。日本民族の象徴としての伝統的天皇でございますならば、日本民族であり、そして日本民族の文化であるとか、そういうものを受け継いだ人でなければいけないという要請が生まれてくる、そういう可能性はあります。しかしながら、日本国民には現実にさまざまな民族がいます。さまざまな民族から成っている日本国民統合の象徴が、例えば色が真っ黒い、色が真っ白い、そういう天皇であっても、日本国民統合の象徴としては、むしろそれが今後の日本としてはふさわしいとまで言える問題でございます。それは、確かに伝統的な天皇像とはかけ離れます。だから、伝統的天皇論者からすると、これは絶対に認められないことでございましょう。ただ、日本国憲法の規範的な、日本国民を統合するというレベルからいいますと、そういう問題は表には出てこない、憲法論としては出てこない問題だと私は考えております」。

126 野中・前掲＊11、２７４頁参照。

127 園部・前掲＊5、５６４頁参照。

128 本文で示している世論調査の結果に、整数で示しているものと、そうでないものが混在しているが、それは元の資料がそうなっているためだ。

また、例えば、26％と25・9％では、本当はどちらの割合が高かったか不明だが、ここでは、細かいことをいっても意味がないので、どちらの割合が高いか比較するにあたっては、便宜上、26％を26・0％として扱い、その結果を示しておく。すなわち、26％と25・9％では、26％の方が割合が高いとして、話を進めている。他の場合に関しても、同様だ。

129 首相官邸ウェブサイト「天皇の公務の負担軽減等に関する有識者会議（第7回）参考資料2国民世論の動向について」2～3頁、5頁。

130 ＮＨＫウェブサイト「政府有識者会議 特別法の制定望ましい」。

131 毎日新聞朝刊２０１6年12月15日2頁「退位 特別法で一致」。

132 朝日新聞朝刊２０１7年1月17日1頁「退位 衆参議長が与野党調整」。

２０１7年6月1日、第１９３回国会衆議院議院運営委員会で、茂木敏充衆議院議員は、次の発言をした。「日本国憲法において、天皇の地位は国民の総意に基づくとされております。

このたびの天皇の退位に係る議論、検討は、この天皇の地位を踏まえ、国民の代表たる国会が主体的に取り組む必要があるとの認識のもと、各党各会派が衆参正副議長のもと立法府の総意の形成を目指すという、これまでの憲政史上なかった手法がとられました」。

133 宮内庁ウェブサイト「文仁親王殿下お誕生日に際し（平成21年）」。

134 宮内庁・前掲＊64。

135 出席者に関しては、衆議院ウェブサイト「天皇の退位等についての立法府の対応に関する全体会議（平成29年1月19日）出席者、会議の概要」1頁、衆議院ウェブサイト「天皇の退位等についての立法府の対応に関する全体会議（平成29年1月25日）出席者、会議の概要」1〜2頁、衆議院ウェブサイト「天皇の退位等についての立法府の対応に関する全体会議（平成29年3月2日）出席者、会議の概要」1頁、衆議院ウェブサイト「天皇の退位等についての立法府の対応に関する全体会議（平成29年3月3日）出席者、会議の概要」1頁、衆議院ウェブサイト「天皇の退位等についての立法府の対応に関する全体会議（平成29年3月8日）出席者、会議の概要」1頁、衆議院ウェブサイト「天皇の退位等についての立法府の対応に関する全体会議（平成29年3月15日）出席者、会議の概要」1頁、衆議院ウェブサイト「天皇の退位等についての立法府の対応に関する全体会議（平成29年3月17日）出席者、会議の概要」1頁、衆議院ウェブサイト「天皇の退位等についての立法府の対応に関する全体会議（平成29年5月10日）出席者、会議の概要」1〜2頁参照。

---

136 例えば、２０１７年1月11日、朝日新聞は、次の報道をした。「天皇陛下の退位をめぐり、政府は２０１９年1月1日に皇太子さまが新天皇に即位し、同日から新たな元号とする方向で検討に入った」〔朝日新聞朝刊２０１７年1月11日1頁「２０１９年元日から新元号」〕。

137 天皇の公務の負担軽減等に関する有識者会議・前掲＊7、1頁。

138 天皇の公務の負担軽減等に関する有識者会議・前掲＊7、2頁。

139 吉國・前掲＊10参照。

140 天皇の公務の負担軽減等に関する有識者会議・前掲＊7、2頁。

141 天皇の公務の負担軽減等に関する有識者会議・前掲＊7、3頁。

142 天皇の公務の負担軽減等に関する有識者会議・前掲＊7、3頁。

143 天皇の公務の負担軽減等に関する有識者会議・前掲＊7、3頁。

前掲＊39参照。

144 首相官邸・前掲＊7、14頁。

145 前掲＊39参照。

146 天皇の公務の負担軽減等に関する有識者会議・前掲＊7、4頁。

147 天皇の公務の負担軽減等に関する有識者会議・前掲＊7、4頁。

148 天皇の公務の負担軽減等に関する有識者会議・前掲＊7、5頁。

149 天皇の公務の負担軽減等に関する有識者会議・前掲＊7、4〜5頁。

1964年3月13日、第46回国会衆議院内閣委員会で、宇佐美毅宮内庁長官（当時）は、㊤に関して、次の答弁をした。「憲法が摂政のほかにこういった四条二項を置いたということを考えてみますと、これは申し上げるまでもないことでありますが、摂政を置くというときには、天皇の意思にかかわらず、皇

150
室会議の議によって、皇室会議できまるという制度になっております。こちらの委任は、天皇の御意思がはっきりしている場合——内閣の助言と承認によりますけれども、天皇も御了承になって委任——委任ということは、天皇が委任ということをお考えになるわけで、ですから、摂政の場合とは根本的に違います。摂政の場合は、天皇の意思能力がむしろほとんどおありにならないような場合を想定しているのではないかと思われる」。
　２０１６年11月22日、記者会見で、文仁親王殿下に次の質問がされた。「今後両陛下にどのようにお過ごしになっていただきたいか」。
　文仁親王殿下は、その質問に対して、次のように述べられた。「今、それこそ有識者の議論が続いておりますので、そのこととは全く切り離して、ということでお話ししたいわけですが、私はやはり以前もそれに少し関連したことを話したかもしれませんが、人間ある一定以上の年齢になった、つまり高齢になった場合には、若くて実際にフルに活動ができていたときにはできないことも多々あるわけですので、できるだけある年齢以上になったら、今までやってみたいと思っていたこと、そういうことをできるだけする時間が取れたらいいなと思っております。例えば、若い頃からずっと続けてこられたハゼの研究であったり、音楽であったり、その他、これは私が『こういうこと』と決めてしまうものではありませんが、そういうものをできるだけ時間を取って過ごしていただけたらいいな、と思っております。そして、やはり何と言っても、お身体《からだ》を大切にして過ごしていただきたいなと思います」［宮内庁・前掲＊46］。

151　天皇の公務の負担軽減等に関する有識者会議・前掲＊7、6頁。
152　天皇の公務の負担軽減等に関する有識者会議・前掲＊7、6〜7頁。
153　天皇の公務の負担軽減等に関する有識者会議・前掲＊7、6〜7頁。
154　天皇の公務の負担軽減等に関する有識者会議・前掲＊7、8頁。
155　天皇の公務の負担軽減等に関する有識者会議・前掲＊7、9頁。
156　天皇の公務の負担軽減等に関する有識者会議・前掲＊7、8頁。
157　天皇の公務の負担軽減等に関する有識者会議・前掲＊7、9頁。
158　天皇の公務の負担軽減等に関する有識者会議・前掲＊7、11頁。
159　天皇の公務の負担軽減等に関する有識者会議・前掲＊7、9頁。
160　天皇の公務の負担軽減等に関する有識者会議・前掲＊7、12頁。
161　天皇の公務の負担軽減等に関する有識者会議・前掲＊7、7頁。
162　毎日新聞朝刊２０１７年1月24日11頁「退位 有識者会議 論点整理」。
163　時事通信ウェブサイト「『一代限りの特例』首相固執＝有識者会議、理論武装担う——天皇退位」。
164　天皇の公務の負担軽減等に関する有識者会議・前掲＊7、13頁。
　全体会議2回目で、社会民主党の又市征治参議院議員は、「今後の検討に向けた論点の整理」の「今後の検討の方向」に関して、次の質問をした。「ちょっと教えていただきたいんですが、十三ページ、一番最後なんですが、国会議員のこの集まりってどういう位置付けになるのかということをお伺いしたいんです。これを見ますと、有識者会議においては、論点整理に対する国会や世論の動向等も参考にしながら、更に論議を深めていく必要がある云々と、こう書かれているわけでありまして、つまりは、ここでは、この場そのものは、両院議長、副議長が国会という場を通じて国民の様々な意見をまとめたいと、こういうお話で議長が一番冒頭にお話しになったわけですが、これを見ていると、何か知らぬが、有識者会議のために我々は意見を述べて、それを基に更に有識者会議が議論を深めていって何とか法案の整理をする、あるいは皇室典範になるのか法案になるのか分かりませんが、そういうふうに受け止めるんですが、これは一体全体ここの位置付けはどういうことになるのか。これは議長にもお伺いすると同時に、政府の側はどういうふうにお考えになっているのか、両方から御意見をお聞きしておきたいと思います」。

まず、その質問に対して、大島理森衆議院議長は、次の回答をした。「この会議を最初に開かせていただきましたときに申し上げましたように、この会議は、主権者である国民を代表する国会議員の、立法府の総意を探るためにやることでありますということが大基本でございます。そのことに対して、昨日、総理からは、是非この論点整理を参考にしていただきたい、そして国会、立法府のその総意に対しては、我々議長、副議長でしっかりと受け止めて、責任を持って尊重してもらいたいということに対して、総理から、全くそのように考えてまいりたいと、こうお答えをしたところでございまして、そのように又市先生にも御理解いただければと思います」。

また、その質問に対して、菅義偉内閣官房長官は、次の回答をした。「政府とすれば、昨日、総理から両院の正副議長に対して、有識者会議で論点整理をしたものについてこれからの議論の参考にしていただければという、そういう思いで今日説明をさせていただいたということであります。ですから、この内容というのは、有識者会議の中の論点整理を今日説明させていただいて、その四番というのはここはもう関係がないというふうに御理解をいただければと思います」。

それらの回答を受けて、社会民主党の又市征治参議院議員は、次の質問をした。「そうすると、有識者会議が国会や世論の動向等も参考にしながら更に論議を深めていく必要があるというのは、これはどういう意味になるんですか」。

その質問に対して、菅義偉内閣官房長官は、次の回答をした。「ここは、有識者会議の、私、先ほど挨拶をさせていただきましたけれども、その中で、各党会派からの意見聴取の内容を十分受け止めた上で政府における検討を更に進めさせていただきたいと、このように御挨拶をさせていただきました。ここは、有識者会議の皆さんが中で議論したことでありますので、今日のこの会合とは関係のないという形で御理解いただきたい。政府としては私が申し上げたことが全てでありますので、各党会派からの意見聴取の内容を十分に受け止めた上で政府における検討を更に進めていきたいと、このように申し上げておりますので、是非御理解いただきたいと思います」。

菅義偉内閣官房長官のその回答の後、大島理森衆議院議長は、次の発言をした。「よろしいですか。又市先生、【我々は有識者会議の下請ではございません】。これはもう何回も同じことを申し上げておりますが、これは有識者会議としてはこういうことだということで今官房長官から報告がありました。昨日は総理がお持ちをいただきました。総理の言葉こそ一番重いものと思っておりますので、そういうふうに捉えていただいて、ひとつよろしくお願いしたいと思います」。

165 時事通信ウェブサイト「有識者会議、次回は3月に＝天皇退位」。

166 衆議院ウェブサイト「天皇の退位等についての立法府の対応に関し各政党・各会派からの意見聴取（平成29年2月20日）出席者、会議の概要」1頁。

167 自由民主党「天皇の退位等についての意見」（2017年）1頁。

168 石破茂「天皇陛下のご生前のご譲位について」（2017年）2頁。

169 2017年6月7日、第193回国会参議院天皇の退位等に関する皇室典範特例法案特別委員会で、菅義偉内閣官房長官は、宮家に関して、次の答弁をした。「いわゆる宮家とは、独立して一家を成す皇族に対する一般的な呼称であり、宮家の名前である宮号は、天皇陛下のおぼしめしにより皇族に対して賜るものであるというふうに承知をしております」。

170 民進党「皇位継承等に関する論点整理概要版」（2016年）1〜2頁、民進党・前掲＊92、6〜10頁。

171 2016年12月22日、安倍晋三首相『参議院議員小西洋之君提出憲法「第一章天皇」における「皇室典範」と「法律」との文言の使い分けの法的な理由に関する質問に対する答弁書』には、憲法2条に関して、次の内容がある。「お尋ねの『それぞれの条項において〔皇室典範〕との文言と〔法律〕との文言が使い分けられている法的な理由』の意味するところが必ずしも明らかではないが、憲法第二条は、『皇位は、世襲のもの』とするほかは、皇位の継承に係る事項については、『国会の議決した皇室典範』すなわち法律で、憲法第四条第二項は、国事行為の委任に係る事項については、法律で、憲法第五条は、摂政の設置等に係る事項については、『皇室典範』すなわち法律で、それぞれ適切に定めるべきであるということを規定しているものと解される」。

その内容だけに基づくと、わざわざ、「国会の議決した皇室典範」（憲法2条）や「皇室典範」（憲法5条）と規定する必要はなく、「法律」と規定しておけばよかった、ということになる。すなわち、憲法2条は「皇位は、世襲のものであつて、法律の定めるところにより、これを継承する」と規定しておけばよかったし、また、憲法5条は「法律の定めるところにより摂政を置くときは、摂政は、天皇の名でその国事に関する行為を行ふ。この場合には、前条第一項の規定を準用する」と規定しておけばよかった。そして、憲法2条がそういう規定であれば、天皇の退位を認めるにあたっては、皇室典範（昭和22年法律第3号）を改正する必要があるのではないか、という論点は生じなかったと考えられる。なお、憲法において、「皇室典範」という文言は、憲法2条と憲法5条だけで使用されている。

また、一つ前の段落で述べたように、その内容だけに基づくと、「国会の議決した皇室典範」（憲法2条）や「皇室典範」（憲法5条）と規定する必要はなく、「法律」と規定しておけばよかった。それにもかかわらず、「法律」と規定しなかったということは、「国会の議決した皇室典範」「皇室典範」と規定したい理由があったということだ［奥平・前掲＊72、73頁以下、金森・後掲＊193（1946年12月17日）参照］。

172　公明党「天皇の退位等についての公明党の見解」（2017年）2〜3頁。

173　日本共産党「『天皇の退位等についての立法府の対応について』の意見（要旨）――両院正副議長による意見聴取にあたって」（2017年）1頁。

174　日本維新の会「天皇陛下の譲位に関する我が党の考え方について」（2017年）1頁。

175　自由党「天皇の退位等についての考え」（2017年）1頁。

176　社会民主党「天皇の退位等についての見解（要旨）」（2017年）1頁、社会民主党「天皇の退位等についての見解」（2017年）1〜3頁。

177　伊藤・前掲＊90、331頁。

178　朝日新聞朝刊2016年10月28日2頁「三笠宮さま 譲位容認論」。

179　社会民主党ウェブサイト「生前退位は皇室典範の改正で 議員立法で法制化行うべき」。

180　無所属クラブ「天皇の退位等について」（2017年）1頁。

181　参議院法制局ウェブサイト「見落とせない附則」、横井秀明『図解による法律用語辞典』（自由国民社、全訂版、1998年）942〜943頁。

182　日本のこころ「天皇の退位等についての立法府の対応について」（2017年）2頁。

183　参議院会派沖縄の風「天皇の退位等についての立法府の対応について」（2017年）3〜5頁。

184　憲法1条と天皇の退位に関しては、幣原・前掲＊30参照。

185　毎日新聞朝刊2017年5月25日1頁「『女性天皇』賛成68％」。

186　東京新聞朝刊2017年5月22日2頁「『女性宮家』が焦点に」。

187　BBCウェブサイト「プリンセスと皇室、先細る皇位継承者」。

188　産経新聞朝刊2016年8月26日2頁「二階氏 女性天皇を容認」。

189　首相官邸ウェブサイト「皇室典範に関する有識者会議（第8回）資料2昭和22年10月の皇籍離脱について」1頁。

190　石破・前掲＊168、5頁。

191　久米郁男ほか『政治学 Political Science――Scope and Theory』（有斐閣、2003年）242頁。

192　日本学術会議生殖補助医療の在り方検討委員会「代理懐胎を中心とする生殖補助医療の課題――社会的合意に向けて」（2008年）参照。

193　帝国議会において、皇室典範は法律の一種だ、と答弁されていた。

まず、1946年12月17日、第91回帝国議会貴族院皇室典範案特別委員会で、金森徳次郎国務大臣（当時）は、次の答弁をした。「御尋ねの點は、言葉だけから申しますると左様な疑ひが起り得ると云ふことがある譯でありますが、併し典範と云ふ言葉は、謂はば法と云ふ意味に理解を致しますれば、皇室法、斯う云ふ風になる譯でありまして、皇室に關する法であつて、國會の議決を經ると云ふことになりますれば、恐らく性質上法律の一種である、と云ふ風に解釋されて然るべきもののやうに思つて居りまするし、憲法に關する諸般の説明の上に於きましても、大體其の趣旨を以て御説明を申上げて居つたと存じて居ります、さうして其の事の明白なる結果は、今の御示しになりました第七條に於きまして、『憲法改正、法律、政令及び條約を公布すること』と云ふことの權能が書いてありまして、特に皇室典範を公布すると云ふことは書いてありませぬ、何れにしても常識上公布せらるべきものであるに拘らず、此處に特掲して居ないと云ふやうなこと、其の外他の條文に於きまして、此の憲法の條規に反する法律、命令等は效力を有しないと云ふやうな所を見ましても、結局特別なる形式が皇室典範に豫想せられて居る證據はございませぬ、即ち今申しましたのは、實質的に言つて皇室典範は法律であることが、第二條に依つて明かであります、而して他の部分に於きましては、形式的に法律以外の左樣な規定のあることを豫想して居ない、此の兩面から申しますれば、皇室典範は法律の一種であると云ふ風に了解して、解釋上一點の疑ひはないものと存じて居ります、偶偶茲に皇室典範と云ふ特別なる規定を設けましたのは、皇室の取扱ひ方に付きまして其の法規の文字を莊重にすると云ふ考に出て居る譯であります」。

また、１９４６年12月18日、第91回帝国議会貴族院皇室典範案特別委員会で、金森徳次郎国務大臣（当時）は、次の答弁をした。「私は此の皇室典範は飽く迄も法律の一種であると考へて居ります、從つて皇室典範と名付けましても名付けなくても、それは一つの法律でありまするが故に、其の中に單り皇位繼承及び攝政のことばかりではなく、若干の他のものを規定することは、何等支障はないと考へて居ります」。

194

２０１７年６月７日、第１９３回国会参議院天皇の退位等に関する皇室典範特例法案特別委員会で、菅義偉内閣官房長官は、皇族身分の得喪に関して、次の答弁をした。「今委員から皇族身分の得喪についてお尋ねをいただきました。まず、九条、養子の禁止でありますけれども、天皇及び皇族の養子については、歴史的には、皇位の男系継承を維持しつつ、養子が行われた例があったとされておりますが、旧皇室典範では、養子は中世以来のもので、古来の典例ではないなどの理由から、第四十二条において『皇族ハ養子ヲ為スコトヲ得ス』と定められました。現行の皇室典範第九条はこれを踏襲したものと承知をしております。十二条の婚姻による皇籍離脱でありますけれども、皇族女子が天皇及び皇族以外の者と婚姻した場合については、歴史的には婚姻後も皇族の身分を離れることはなかったが、旧皇室典範では、婚姻した女子の身分は夫の身分に従うとの考え方から、第四十四条において『皇族女子ノ臣籍ニ嫁シタル者ハ皇族ノ列ニ在ラス』と定められました。現行の皇室典範第十二条は、皇族女子に皇位継承資格を認めていないこと等を踏まえ、旧皇室典範と同様に、婚姻に伴う皇籍離脱の制度を採用したものと考えております。十五条の婚姻以外における皇籍取得の否定であります。女子が天皇及び皇族と婚姻する場合を除き、皇族以外の者が皇族となる場合としては、歴史的には一旦皇籍を離脱した方が皇籍に復帰する例もありましたが、極めて例外なものでありました。これを踏まえて、旧皇室典範増補では『皇族ノ臣籍ニ入リタル者ハ皇族ニ復スルコトヲ得ス』とされております。現行の皇室典範第十五条はこれを踏襲したものであると承知をしています」。

195

２０１７年6月1日、第１９３回国会衆議院議院運営委員会で、菅義偉内閣官房長官は、皇族制度の意義に関して、次の答弁をした。「皇族制度の意義については、憲法において皇位の継承が世襲によるものと定められていること、天皇の国事行為を代行する制度として委任や摂政が設けられていること、こうしたことから、天皇と一定の親族関係にある方に皇族として法律上特別な地位を認めたものである、このように理解をしています」。

また、２０１７年6月1日、第１９３回国会衆議院議院運営委員会で、皇族制度に関して、質疑応答がされた。以下、その質疑応答を示す。

２０１７年6月1日、第１９３回国会衆議院議院運営委員会で、北側一雄衆議院議員は、次の質問をした。「一つ、一番大きいことは、なぜ皇族制度をつくったかというと、皇位継承者を確保していくということですね。第二条で、皇位は、皇族にこれを伝えると書いてありまして、ですから、皇位継承者を確保していくということが皇族制度の一つの大きな意味。もう一つ、やはりありまして、今も少し官房長官からお話がございましたが、皇族として天皇陛下を支え、そして、皇室活動、皇室のさまざまな活動を担っていく、この二つの役割があるんだと思いますが、長官、いかがですか」。

その質問に対して、菅義偉内閣官房長官は、次の答弁をした。「そのように考えています」。

196

皇室典範に関する有識者会議の「報告書」には、皇室典範12条と皇族数の減少に関して、次の内容がある。「皇族女子が婚姻により皇族の身分を離れる現行制度の下では、遠からず皇族の数が著しく少なくなってしまうおそれがある」［皇室典範に関する有識者会議・前掲＊31、20頁］。

内閣官房の「皇室制度に関する有識者ヒアリングを踏まえた論点整理」には、皇室典範12条と皇族数の減少に関して、次の内容がある。「皇室典範第12条では、『皇族女子は、天皇及び皇族以外の者と婚姻したときは、皇族の身分を離れる。』と規定されているため、現在の皇室の構成に鑑みると、8方いる未婚の女性皇族が、今後、一般男性との婚姻を機に、順次皇籍を離脱することにより皇族数が減少し、そう遠くない将来において皇室が現在のような御活動を維持することが困難になる事態が生じることが懸念される。とりわけ、悠仁親王殿下の御世代が天皇に即位される頃には、現行の制度を前提にすると、天皇の御活動を様々な形で支え、また、摂政就任資格を有し、国事行為の代行が可能な皇族がほとんどいなくなる可能性が高く、憂慮されるところである」［内閣官房「皇室制度に関する有識者ヒアリングを踏まえた論点整理」（２０１２年）1～2頁］。

なお、有識者会議第12回では、皇室典範12条に関して、次の質問がされた。「皇室典範第12条は、皇族女子が皇族以外の方と婚姻したときには皇籍を離れるとされているが、例えば海外の王室の方と結婚された場合はどうなるのか」。その質問に対して、事務局は、次の説明をした。「皇室典範上、海外の王族は皇族ではないため、皇籍を離れることになる」。

197 皇室典範に関する有識者会議・前掲＊31、11頁。

198 内閣官房・前掲＊196、8頁、12〜13頁。

199 皇室典範に関する有識者会議・前掲＊31、4頁。

200 皇室典範に関する有識者会議・前掲＊31、7頁。

201 皇室典範に関する有識者会議・前掲＊31、7〜8頁。

202 西日本新聞朝刊２０１７年5月2日3頁「退位『恒久制度化を』68％ 世論調査、女性天皇を86％容認」。

203 西日本新聞ウェブサイト「退位『恒久制度化を』68％ 世論調査、女性天皇を86％容認 世論調査の結果」。

204 首相官邸ウェブサイト「皇室典範に関する有識者会議（第2回）資料3旧皇室典範制定時の考え方」2頁。

205 伊藤正己ほか『憲法小辞典』（有斐閣、増補版、１９７８年）１０３頁。

206 詳しくは、奥平・前掲＊72、40頁以下参照。

207 全体会議4回目で、民進党の野田佳彦衆議院議員は、次の発言をした。「私は、いろいろ解釈があることは存じておりますけれども、少なくとも、天皇の即位、退位に関することで違憲の疑いがあるという議論が出続けること自体は好ましいことではないと思いますので、その疑いをやっぱりきちっと払拭をするということが大事だと思います」。

208 全体会議5回目で、民進党の野田佳彦衆議院議員は、国会の議決に関して、次の発言をした。「国会の議決を要するという考え方については、これまでいろいろそれぞれの政党からお話がございましたが、国会の議決を要することを要件に加えることと、これは我が党内にもある意見でございますので、それについては検討に値するということは付言をさせていただきたいというふうに思います」。

209 首相官邸・前掲＊１０９、5頁、7頁。

210 衆議院ウェブサイト「天皇の退位等についての立法府の対応に関し各政党・各会派からの意見聴取（平成29年3月13日）出席者、会議の概要」1頁。

211 自由民主党「天皇の退位等についての立法府の対応（法案に盛り込むべき主要項目）」（２０１７年）1頁。

212 全体会議4回目で、自由民主党の高村正彦衆議院議員は、忖度に関して、次の発言をした。「くどくなってしまいますが、野田先生（著者注：民進党の野田佳彦衆議院議員）いみじくもおっしゃった天皇陛下の御意思をそんたくする、私たちはそれに全く反対じゃありません。そんたくするというのと、まさに直接の要件にするというのは、ここは違うんだと。そして、この直接の要件として書くことについては、これは憲法違反の疑いを免れない、むしろそういうふうに感ずる人が私は多数ではないかと、こういうふうに思っております」。

213 民進党「①立法府における全体会議での各党共通認識、②天皇の退位等に係る法案に記すべき基本項目、要求項目」（２０１７年）1〜4頁。

214 公明党「天皇の退位等についての公明党の見解（2）」（２０１７年）1頁。

215 衆議院ウェブサイト「『天皇の退位等についての立法府の対応』に関する衆参正副議長による議論のとりまとめ」。

別紙の題名は、「天皇の退位に関連して検討を要する主な法律の規定」だ。「天皇の退位に関連して検討を要する主な法律の規定」の内容は、以下のとおりだ〔衆議院ウェブサイト「『天皇の退位等についての立法府の対応』に関する衆参正副議長による議論のとりまとめ」の別紙「天皇の退位に関連して検討を要する主な法律の規定」1頁〕。

一　皇室典範の関連規定

1　退位後の天皇を皇族の範囲に含めることの要否：第5条〔皇族の範囲〕、第11条〔皇族の身分の離脱〕

2　退位後の天皇を皇位継承者・摂政就任者に含めることの要否：第2条〔皇位継承の順位〕、第17条〔摂政就任の資格及び順位〕

3　退位後の天皇の呼称：第5条〔皇族の範囲〕

4　退位後の天皇の敬称：第23条〔敬称〕

5　天皇の退位に係る儀式の要否：第24条〔即位の礼〕

6　退位後の天皇が崩じたときの礼：第25条〔大喪の礼〕

7　退位後の天皇が崩じたときの陵墓：第27条〔陵墓〕

8　退位後の天皇の皇室会議の議員の就任制限の要否：第28条〔皇室会議の議員〕

9　今上天皇の退位後の文仁親王（秋篠宮）殿下に関連する規定

①呼称：第8条〔皇太子・皇太孫〕

②皇族の身分の離脱制限の要否：第11条〔皇族の身分の離脱〕

二　皇室典範以外の法律の関連規定

1　退位後の天皇の皇室費の定め（文仁親王殿下についても同様）：皇室経済法第4条〔内廷費〕、第5条〔宮廷費〕、第6条〔皇族費〕、皇室経済法施行法第7条〔内廷費の定額〕、第8条〔皇族費の定額〕

2　退位後の天皇の国会の個別的議決不要の財産授受に関する一定価額の定め（文仁親王殿下についても同様）：皇室経済法施行法第2条

3　退位後の天皇を補佐する宮内庁の組織及び人員等（文仁親王殿下についても同様）：宮内庁法第3条〔部の設置〕、第4条〔侍従職〕、第6条〔東宮職の事務〕、国家公務員法第2条〔一般職及び特別職〕、特別職の職員の給与に関する法律第1条（目的及び適用範囲）、別表第一、行政機関の職員の定員に関する法律第1条（定員の総数の最高限度）、警察法第29条（皇宮警察本部）、第69条（皇宮護衛官の階級、職務等）

4　国民の祝日に関する法律第2条に定める天皇誕生日の改正

5　三種の神器等に係る贈与税の非課税等：相続税法第12条（相続税の非課税財産）、第21条の3（贈与税の非課税財産）、関税定率法第14条第1号（無条件免税

6　退位後の天皇に対する刑法の名誉毀損罪・侮辱罪の告訴権者：刑法第232条（親告罪）

7　退位後の天皇の住居に関する小型無人機等の飛行禁止区域の改正の要否：国会議事堂、内閣総理大臣官邸その他の国の重要な施設等、外国公館等及び原子力事業所の周辺地域の上空における小型無人機等の飛行の禁止に関する法律

第2条（定義）
8　退位後の天皇の検察審査員の就任制限の要否：検察審査会法第6条
※　元号法に基づく政令による元号の改め

217　民進党「『衆参正副議長による議論のとりまとめ』に対する民進党の意見」（2017年）1頁。

218　日本共産党「『衆参正副議長による議論のとりまとめ』についての意見」（2017年）1頁。

219　日本維新の会「『〔天皇の退位等についての立法府の対応〕に関する衆参正副議長による議論のとりまとめ』に関する見解について」（2017年）1頁。

220　自由党「天皇陛下の退位に関する衆参両院議長案について」（2017年）1頁。

221　社会民主党「天皇の退位等についての見解（最終）」（2017年）1頁。

222　無所属クラブ「『〔天皇の退位等についての立法府の対応〕に関する衆参正副議長による議論のとりまとめ』に対する意見」（2017年）1頁。

223　日本のこころ「『〔天皇の退位等についての立法府の対応〕に関する衆参正副議長による議論のとりまとめ』に対する日本のこころ意見」（2017年）1頁。

224　衆議院ウェブサイト「天皇の退位等についての立法府の対応に関する全体会議（平成29年3月17日）出席者、会議の概要」2頁。
全体会議7回目の最後の方で、伊達忠一参議院議長は、次の発言をした。「それでは、お配りいたしました『とりまとめ』は全体会議としての『とりまとめ』とさせていただきたいと存じますが、よろしゅうございますね。ありがとうございます。それでは、この『とりまとめ』につきましては、先ほど大島議長からもお話ございましたように、我々四者が安倍総理大臣にお渡しをさせていただきたいと思っております」。

225　日本経済新聞朝刊2017年3月18日4頁「退位の国会提言提示」。

226　首相官邸・前掲＊63、1頁。

227　天皇の公務の負担軽減等に関する有識者会議「最終報告」（2017年）2頁。

228　読売新聞朝刊2017年4月18日4頁「特例法案骨子　協議始まる」。

229　中日新聞朝刊2017年4月20日3頁「法案名の『陛下』削除要求」。

230　2017年4月、日本経済新聞は、次の報道をした。「特例法案骨子案」で除去されていた「等」に関して、「調整が最も難航したのが法案の名称だ。当初案は『天皇陛下の退位に関する皇室典範特例法』。民進党が『天皇陛下』だと今の陛下一代限りの退位である点が強調されると反発したため、『陛下』をつけずに国会提言と同じ『天皇』とした。国会提言にあわせ『天皇の退位等』と『等』をつけたのも、退位だけでなく安定的な皇位継承策なども含む意味を持たせた」〔日本経済新聞朝刊2017年4月27日4頁「退位法案名『陛下』記さず」〕。

231　中日新聞・前掲＊229、3頁「法案名の『陛下』削除要求」。

232　NHKウェブサイト「『退位特例法成立　意義と課題』（時論

公論)」。

233 時事通信・前掲＊１６３。

234 法制執務用語研究会『条文の読み方』（有斐閣、２０１２年）20頁には、強行採決に関して、次の記載がある。「法律案について、具体的に何時間程度の質疑を行うべきかなどは法令で決まっているものではなく、いつ質疑を終了し、採決へ進むかなどの委員会の運営は、与野党の合意により進められるのが原則です。万一、合意が得られない場合には、委員長職権などで質疑を打ち切り、そのまま討論、採決に進むこともあります。いわゆる『強行採決』です」。

235 朝日新聞朝刊２０１７年4月19日3頁「『天皇の退位』文言削除」。

236 日本経済新聞朝刊２０１７年4月20日4頁「民進『お言葉』言及要求」。

237 日本経済新聞・前掲＊２３０、4頁「退位法案名『陛下』記さず」。

238 毎日新聞朝刊２０１７年4月20日2頁「安定継承表現が焦点 退位特例法案与野党協議開始」。

239 日本経済新聞・前掲＊２３０、4頁「退位法案名『陛下』記さず」。

240 朝日新聞・前掲＊２３５、3頁「『天皇の退位』文言削除」。

241 毎日新聞朝刊２０１７年4月25日2頁「退位『お気持ち』復活」。なお、後掲＊２６６参照。

242 「天皇の退位等に関する皇室典範特例法案要綱」には、次の内容がある。「この法律は、この法律の施行の日以前に皇室典範第四条の規定による皇位の継承があったときは、その効力を失うものとする」。

243 読売新聞朝刊２０１７年5月23日31頁「毎日新聞記事 宮内庁が否定」。

244 ２０１７年7月12日、宮内庁に問い合わせたところ、同日、同庁から、そういう回答を得た。

245 宮内庁ウェブサイト「皇室関連報道について」。

246 前掲＊１、前掲＊２、前掲＊３参照。

247 朝日新聞朝刊２０１７年6月2日1頁「退位特例法案 衆院委で可決」。

248 時事通信ウェブサイト「退位、衆院議運委で審議＝参院は特別委設置へ」。
なお、２０１７年6月、東京新聞は、次の報道をした。「（著者注：議院運営委員会では）普段は本会議日程や議案を協議します。政府提出法案を審議するのは六十九年ぶりでした。宮内庁に関する事項は通常、内閣委員会で審議されますが、特例法案は正副議長が同席する権威ある議運委がふさわしいと判断しました」［東京新聞朝刊２０１７年6月2日3頁「事前調整で激論回避」］。

また、２０１７年6月、毎日新聞は、次の報道をした。「天皇陛下の退位を実現する特例法案を審議した衆院議院運営委員会には、法案を巡る与野党協議の取りまとめに携わった大島理森議長と川端達夫副議長が臨席した。クールビズの期間中にもかかわらず、答弁に立った菅義偉官房長官や質問者ら出席者がネクタイ着用を申し合わせるなど、『権威のある質疑』を印象づける異例ずくめの場となった」［毎日新聞朝刊２０１７年６月2日5頁「ネクタイ着用『権威』を重視」］。

天皇の退位等に関する皇室典範特例法案に関しては、異例なことがいろいろあった、ということだ。

249

１９４６年12月18日、第91回帝国議会貴族院皇室典範案特別委員会で、金森徳次郎国務大臣（当時）は、皇室典範３条の「前条に定める順序に従つて」に関して、次の答弁をした。「それから『前條に定める順序に従つて』と云ふことは、是は御承知の如く從來の解釋に於きましても、非常に疑問の點でありまして、何等か私共も能くはその種類を存じませぬが、三通り位の解釋があるかの如く聞き及んで居ります、併し私自身は是は今迄の言葉を踏襲したに過ぎませぬけれども、文字通りに解釋を致しまして、前條に定める順序に從つて、その第一順位の方の皇位繼承の地位が變ると云ふだけでありまするが故に、今ちよつと御擧げになりました第二順位におなりになる、さうして第二順位の人が第一順位を御滿しになる、斯ういふ解釋が一番正當であると存じて居ります」。

詳しくは、園部・前掲＊５、４２７頁、４３２～４３４頁参照。

250

１９４６年12月12日、第91回帝国議会衆議院皇室典範案委員会で、金森徳次郎国務大臣（当時）は、皇室典範３条の「重大な事故」に関して、次の答弁をした。「今仰せになりましたような失踪の場合は、もとより考えらるることでありまして、皇室典範はそれを規定はいたしてをりませんけれども、一般民事法規によりましてこの問題が解決せられまして、これに對しまして特に若干の特別なる例が置かるるかどうかということは、今日まだはつきりはきまつておりませんけれども、そちらの方の問題によつて解決する豫定であります、ここで『重大なる事故があるとき』と申しましたのは、かような事態と關係をもつている場合をも一つの内容として考え得らるると思いますけれども、しかし具體的なことはそう正確には豫想できません、ほんとうにこの第三條に該當する場合は生きた問題でありまして、結局皇室會議の自由なるといいますか、物の道理を辨えての自由なる判斷によつて解決せられるものと思つております」。

251

１９４６年12月18日、第91回帝国議会貴族院皇室典範案特別委員会で、金森徳次郎国務大臣（当時）は、皇室典範３条の「重大な事故」に関して、次の答弁をした。「第三條の解釋でありまするが、『重大な事故』と云ふことに何を豫想して居るか、是は單に重大な事故と云ふことだけでありまして、内容に如何なることを豫想するかと云ふことは、ちよつと御答に惑ふ次第でありますが、強ひて假想的に申しますならば、まだ皇嗣の時代、天皇の御地位と何としても調和することの出來ないやうな、道徳的な問題でもあつたとか云ふ場合には、假想的ではありますが之に入り得るものではないかと考へて居るのであります、それから是はまだ少しく私は疑を持つて居りまするけれども、例へば皇嗣が行方不明である、未だ失踪と云ふ段階迄は決められてゐない、實際に皇位繼承の時期に何とも處置のつかぬと云ふ場合のある時に、それが此の一つの例として假想して擧げられ得るではないかと云ふ程度の疑問を持つて居ります」。

252

１９４６年12月11日、第91回帝国議会衆議院皇室典範案委員会で、皇室典範３条と退位に関して、質疑応答がされた。以下、その質疑応答を示す。

１９４６年12月11日、第91回帝国議会衆議院皇室典範案委員会で、北浦圭太郎衆議院議員（当時）は、次の質問をした。「私のお伺ひしたいのは、一旦皇位を繼承あらせられまして、天皇と相なられました場合におきましては、このような精神もしくは不治の重患がありましても、依然としてこれは天皇だ、天皇の地位に一つも變りはない、しかるに皇嗣の場合、それは尤も初めから不治の病ある者を皇位につけるということは不穩當であるという考えは起りまするけれども、そういう道理は天皇御即位後でも同じ理窟が起きて來ます、天皇はいかに重大な病氣であらせられましても天皇であらせられる、譲位といことは日本にはない、天皇には辭職がない、そうすると、皇嗣の間だけ特にこれをするという理窟が立たぬ、私はかように思うのであります」。

その質問に対して、金森徳次郎国務大臣（当時）は、次の答弁をした。「お尋ねの點はよく分りました、確かにさような考えは成立し得るものと思います、しかしものには程度ということがありまして、既に天皇の御位におつきになりましたことが、金輪際これに對して動きが起らぬということが一番正確な行き方であらうかと思うのであります、從つてお伺いになりました限りはいかなることがあつても順位に變りはない、必要があれば攝政がここに設けられて、現實の必要に善處するということになるわけであります、しかしまだ天皇におなりにならない前の有様におきましては、これはできるだけものの動きの適正な方向に工夫をして行かなければならなかつたのでありますから、御位におつきにならない前の段階におきましては、今ここに第三條の豫想しておりまするようなお扱い方は、考えらることと思いまして、これはむしろ理窟で言うよりも常識的のものと思います、かような考え方が現行の皇室典範におきましても認められておりまするることは、やはり從來そこに人々が思いをいたしておつたことの證據でありまして、今日におきましてもその考え方を變えるだけのはつきりした理由はないように存じております」。

253 ２０１７年６月７日、第１９３回国会参議院天皇の退位等に関する皇室典範特例法案特別委員会で、菅義偉内閣官房長官は、次の答弁をした。「将来の全ての天皇を対象とする恒久的な退位制度を創設する場合には、退位の要件を定める必要があります」。
その答弁に基づくと、退位の要件を定められなければ、将来の全ての天皇を対象とする恒久的な退位制度を創設することはできない。

254 東京新聞朝刊２０１７年５月２日３頁「退位『恒久制度で』68％『女性天皇』容認は８割超」。

255 本文で述べたように、２０１７年６月７日、第１９３回国会参議院天皇の退位等に関する皇室典範特例法案特別委員会で、菅義偉内閣官房長官は、同様の答弁をした。具体的には、次のとおりだ。「昨年八月の天皇のお言葉は、これまでの御活動を天皇として自ら続けていくことが困難となるというお気持ちを国民に向けて発せられたものであり、退位の意向を示されたものではなく、天皇の政治的権能の行使には当たらないと考えています。また、国民がこの天皇陛下のお気持ちを理解し、これに共感しているという現状は、この天皇陛下のお気持ちに対する国民の受け止めであり、【天皇陛下のお言葉と直接関係するものではありません】」。

本文で示した答弁と一つ前の段落で示した答弁をふまえると、菅義偉内閣官房長官は、「直接」という言葉を、意識的に入れたといえる。

256 朝日新聞朝刊２０１６年8月9日1頁「天皇陛下 お気持ち表明」、読売新聞朝刊２０１６年8月9日1頁「象徴の務め困難に」、日本経済新聞朝刊２０１６年8月9日1頁「天皇陛下 生前退位を示唆」、毎日新聞朝刊２０１６年8月9日1頁「退位意向 強くにじむ」、中日新聞朝刊２０１６年8月9日1頁「生前退位 思い表明」、東京新聞朝刊２０１６年8月9日1頁「生前退位 強いお気持ち」、京都新聞朝刊２０１６年8月9日1頁「天皇陛下、退位へ思い」、西日本新聞朝刊２０１６年8月9日1頁「陛下、退位の意向示唆」、河北新報朝刊２０１６年8月9日1頁「天皇陛下 生前退位に思い」、沖縄タイムス朝刊２０１６年8月9日1頁「象徴の務め 難しくなる」、産経新聞朝刊２０１６年8月9日1頁「生前退位 強いご意向」、The Japan Times ２０１６年8月9日1頁「Emperor hints at desire to abdicate」、International New York Times ２０１６年8月9日1頁「Emperor of Japan hints at retirement」。

257 日本経済新聞朝刊２０１６年8月10日3頁「生前退位を考える——識者に聞く①東大名誉教授御厨貴氏」。

258 先程示したように、「衆参正副議長による議論のとりまとめ」の「4．特例法の概要」の「(1) 今上天皇の退位に至る事情等に関する規定に盛り込むべき事項」には、次の内容がある。「今上天皇の退位については、従来のようにお務めを果たすことに困難を感じておられる状況において、昨年8月8日の『おことば』が発表されて以降、そのお気持ちが広く国民に理解され、共感が形成されていること」。

259 １９７５年3月18日、第75回国会衆議院内閣委員会で、角田礼次郎内閣法制局第一部長（当時）は、公的行為に関して、次の答弁をした。「憲法上の国事行為以外に自然人として天皇が行動される場合、やはり公的な色彩を帯びたものと、片方において純然たる個人としての私的行為、この二つに区別されるということになるわけでございますので、その前の方のものをいわゆる公的行為として、憲法はそういうことを規定してはございませんけれども禁止してはいない、こういうのが私どもの考え方でございます」。

260 ２０１７年6月8日、第１９３回国会衆議院憲法審査会で、赤嶺政賢衆議院議員は、天皇の政治利用に関して、次の発言をした。「歴代自民党政権のもとで、天皇の政治利用がたびたび国会でも問題になってきました。その端的な例が、第二次安倍政権のもとで行われた主権回復の日の式典です。安倍首相が政権復帰した翌年の二〇一三年、サンフランシスコ平和条約が発効した四月二十八日に、政府主催の主権回復を記念する式典を開催し、天皇の出席を求めました。一九五二年四月二十八日は、日本が形式的には独立国となったものの、同時に結ばれた日米安保条約によって、実質的にはアメリカの従属国の地位に縛りつけられた日にほかなりません。サンフランシスコ条約第三条で、沖縄、奄美、小笠原は、本土から切り離されてアメリカ占領下に置かれました。沖縄にとっては、まさに屈辱の日であります。四月二十八日を主権回復の日とすることに国民的合意が存在せず、このような式典に天皇の出席を求めることは、時の内閣の都合や政治判断で天皇を意のままに動かそうとする、天皇の政治利用にほかなりません」。

２０１０年1月22日、第１７４回国会衆議院予算委員会で、小池百合子衆議院議員（当時）は、天皇の政治利用に関して、次の発言をした。「その中国でございますが、きのうも、私どもの谷垣総裁の方から、例の天皇陛下の特例会見の話が出ました。政府の方として、法律上の、憲法上の整理もされるということでございますが、それはそちらにお任せをしておきまして、話題は、十二月十五日に実際に行われました天皇陛下と中国の副主席のいわゆる特例会見でございますが、ちょうど、折しも小沢幹事長が率いる大訪問団の時期と前後したということもあって、これは朝貢外交だというような話がうわさされました。そしてまた、それに絡んで天皇陛下を政治利用したのではないか、ちょうど時系列的にもそう多くの国民は受け取ったわけでございます。このことは日中関係にとって私は不幸だと思いますし、そもそも天皇陛下に対しましては失礼な話である、こう思うわけであります」。

なお、下村・前掲＊81参照。

261 全体会議3回目で、日本共産党の小池晃参議院議員は、同党の考え方に関して、次の発言をした。「日本共産党は、党の綱領で、現行憲法の前文を含む全条項を、すなわち、天皇条項を含む全条項を守る、特に平和的、民主的諸条項の完全実施を目指すとうたっておりますし、天皇条項については、国政に関する権能を有しないなどの制限規定の厳格な実施を重視し、天皇の政治利用を初め、憲法の条項と精神からの逸脱を是正する、こういう立場で象徴天皇制については基本的な考え方を示しているということも申し添えておきたいというふうに思います」。

天皇の退位等に関する皇室典範特例法案に対する修正案の背景には、日本共産党のそういう考え方があるということだ。

262 参議院ウェブサイト「委員会の活動（1）法律案の審査」、法制執務用語研究会・前掲＊２３４、22頁。

263 東京新聞朝刊２０１７年6月3日2頁「退位法案、参院７日審議入り ９日に成立の見通し」。

264 有識者会議の「最終報告」には、退位後の天皇の立場等を検討するにあたっての方針に関して、次の記載がある。「退位後の天皇及びその后のお立場等のあり方について検討するに当たっては、まず、我が国の皇室の制度が長い歴史と伝統を有することを十分に踏まえる必要がある。同時に、現行の日本国憲法において、天皇が、日本国及び日本国民統合の象徴であって、国民の総意によるものと位置付けられていることに鑑み、国民の理解と支持が得られるものとすることが必要である。一方で、従来、退位の弊害として、退位後の天皇と新天皇の間で象徴や権威の二重性が生じるという問題が指摘されていることから、このような弊害を生じさせないようにすることが求められている。以下、このような観点に留意しつつ、退位後のお立場等が国民に広く受け入れられるものとなるよう、検討を行うこととする」〔天皇の公務の負担軽減等に関する有識者会議・前掲＊２２７、3頁〕。

265　毎日新聞・前掲＊２３８、2頁「安定継承表現が焦点　退位特例法案与野党協議開始」、朝日新聞朝刊２０１７年4月20日4頁「『女性宮家の検討』触れず　特例法の付帯決議案、民進反発」。

与党が当初提示していた附帯決議案は、次のとおりだ。「政府においては、安定的な皇位継承を確保するための諸課題について、皇族方のご年齢からしても先延ばしすることはできない重要な課題であることに鑑み、本法律の施行後できる限り速やかに、皇族方のご事情等を踏まえ、皇室のご活動の円滑な実施の観点から、全体として整合性が取れるようしっかりと検討を行い、その検討結果を国会に報告すること」〔毎日新聞朝刊２０１７年4月20日5頁「退位特例法の骨子案と付帯決議案全文」〕。

266　２０１７年4月、朝日新聞は、特例法の題名案に関して、次の報道をした（特例法の題名案に関しては、本文で先程述べた）。「政府・自民党は、民進の反対を無視して『陛下』のまま押し通す構えだった。流れを変えたのは、民進出身の川端達夫・衆院副議長だった。川端氏は『これは国会の権威の問題だ。議長が怒らなくてどうするのか』と憤った。大島議長との間で『信頼関係にヒビが入るほどの激論』（議長周辺）を交わした末、大島議長は首相の判断を仰いだ。『「陛下」を入れますか。それとも私にお任せいただけますか』。25日、電話で尋ねると、首相は『私も思うところはあるが、お任せします』と答え、こう言い添えた。『ただ、残された課題については十分ご配慮をお願いします』

「首相が配慮を求めたのは、付帯決議に盛り込まれる見通しの安定的な皇位継承策の検討について、年限を区切らないことだった。首相の支持基盤には女性宮家の創設への反対が根強く、首相も前向きではない」〔朝日新聞朝刊２０１７年4月28日4頁「『陛下』の文言水面下の攻防」〕。

267　後掲＊２７２参照。

268　テレビ朝日ウェブサイト「〝退位〟特例法案が参院特別委で可決　9日に成立へ」。

269　ＮＨＫウェブサイト「特例法で皇室はどう変わる？」。

270　産経新聞朝刊２０１７年6月10日7頁「『静謐な環境』裏で激論」。

271　首相官邸ウェブサイト「『天皇の退位等に関する皇室典範特例法』の成立についての会見平成29年6月9日」。

272　首相官邸・前掲＊２７１。

ちなみに、２０１６年2月4日、第１９０回国会衆議院予算委員会で、安倍晋三首相は、安定的な皇位の継承に関して、次の答弁をした。「安定的な皇位の継承を維持することは、国家の基本にかかわる極めて重要な問題であります。この問題については慎重かつ丁寧に対応する必要があると認識をしており、【男系継承が古来例外なく維持されてきたことの重みなどを踏まえつつ】、安定的な皇位継承の維持について引き続き検討してまいりたい、このように思います」。

また、２０１６年10月19日、第１９２回国会衆議院内閣委員会で、菅義偉内閣官房長官は、次の答弁をした。「皇族減少にどのように対応していくかということでありますけれども、

【男系継承が古来、例外なく維持されてきたこと、そういう重みの中で】、慎重、丁寧な対応が必要だというふうに考えています。それとまた同時に、現在、内閣官房皇室典範改正準備室において、これまで女性皇族の問題も含めて、そこは議論をしてきておりますので、そうした中で、これは政府部内で検討は行っていくということは申し上げておきたいと思います」。

以上で示した答弁をふまえると、男系継承が古来例外なく維持されてきたことを、安倍政権が重視していることがわかる。安倍政権がそれを重視していることは、安倍政権の今後の活動にも、表れることになるだろう。

本文で先程示したように、2017年5月、東京新聞は、次の報道をした。「安倍晋三首相は女性宮家の創設には消極的だ。背景には女性・女系天皇の容認につながると警戒する保守層の声がある」。

以上で述べたことをふまえると、男系継承が古来例外なく維持されてきたことを重視する安倍政権が、女系天皇の容認につながると警戒し、女性宮家創設に向け、積極的に動かない、ということが考えられる。

なお、2017年5月、毎日新聞は、女性宮家創設に関して、次の報道をした。「政府は皇族数減少の対策として、女性皇族に結婚後も公的な役割を与えて公務を継続する案の検討に入った。結婚後も女性皇族が皇室に残る女性宮家の創設は当面先送りする。皇室典範などの法改正をしなくても閣議決定で対応できる。天皇陛下の退位を実現する特例法案が成立後、世論の動向を踏まえて判断する。（中略）安倍晋三首相の支持層

である保守派も公務継続案には賛同。日本会議国会議員懇談会が15年3月、菅義偉官房長官に要望した。ポイントは女性皇族が一般国民になるため、父方が天皇の血筋ではない女系天皇誕生につながらないことだ。ただし、公務の担い手確保にはなるが、安定的な皇位継承の解決にはつながらず、一時しのぎの策だ」［毎日新聞朝刊2017年5月20日1頁「女性皇族『結婚後も公務』」］。

ちなみに、内閣官房の「皇室制度に関する有識者ヒアリングを踏まえた論点整理」には、Ⅰ案「女性皇族が婚姻後も皇族の身分を保持することを可能とする案」と、Ⅱ案「女性皇族に皇籍離脱後も皇室の御活動を支援していただくことを可能とする案」が記載され、さらに、Ⅰ案に関しては、Ⅰ―A案「配偶者及び子に皇族としての身分を付与する案」と、Ⅰ―B案「配偶者及び子に皇族としての身分を付与しない案」が記載されている［内閣官房・前掲＊196、7～12頁］。Ⅰ―A案とⅠ―B案に関しては、本文で先程述べた。

1980年3月27日、第91回国会参議院内閣委員会で、山本悟宮内庁次長（当時）は、摂政設置と皇室典範22条に関して、次の答弁をした。「皇室典範がつくられました際の説明といいましたような資料を私どもひもといて見ていても、当時の立法のときの考え方ということになるわけでございますが、やはり天皇につきましては、天皇が未成年であります場合には摂政が置かれて摂政が代行すると、こういうことになるわけでございますが、【やはり摂政が代行するというのは例外的な、異常な期間になるわけでございまして】、その期間をできるだけ短縮して

早く天皇がみずから行為をなさるような体制にもっていく必要がある、それの方がベターであるというようなことが一つ。あるいは皇太子、皇太孫につきましては、逆に今度は摂政に就任なさる場合に、成年であれば摂政になる第一順位にあるわけでございますが、できるだけ早く第一順位になり得る資格を有しておく方がベターである。こういうようなことと、それから古来の慣習にもかんがみまして、一般国民よりも二歳早い十八歳を成年とすることが適当である、こういうような説明が当時からなされているわけでございます。御案内のとおり、民法の第六条というところでも、いわゆる一種の営業行為につきましては未成年者につきましても行為能力を認めている、こういう規定もあるわけでございまして、一般的な能力は国民の場合二十歳でございますが、一定の営業行為につきましては十八歳以下でありましても、要するに未成年であってもそれは認められているというようなこともあるわけでございまして、御案内のとおり、日本国憲法に基づきますところの国事行為につきましては、内閣の助言と承認とに基づいて行われることでございまして、十八歳に達せられました方にとりましては十分その任にたえる年齢ではないか、こういうような点。それらすべてを勘案されまして、新しい皇室典範がつくられました際にも十八歳が適当であるというように判断をされたものと承知をいたしております」。

その答弁に基づくと、摂政設置期間は異常な期間といえる。そして、異常な期間が生じることになる退位は認めるべきではない、と考える人がいるだろう。

また、２０１７年６月１日、第１９３回国会衆議院議院運営委員会で、先例に関して、質疑応答がされた。以下、その質疑応答を示す。

２０１７年６月１日、第１９３回国会衆議院議院運営委員会で、北側一雄衆議院議員は、次の質問をした。「特例法とはいうものの、将来の重要な先例に当然なるわけです。ただ、重要な先例になるからこそ、なぜ今回は退位に至るのかというところの事情を法文の中にきちんと書き込むことがとても大事なんだということで、この法案のまさしく第一条にその趣旨が規定をされている。もう詳しくはお話ししませんが、恐らく、整理すると三項目述べられているんだろうと思います。今上天皇の御年齢、また、今後の活動が困難となることを案じておられること、そして、そのことに対する国民の理解と共感、三番目に、皇太子殿下の御年齢とこれまでの活動状況、こうしたことが第一条の中に書かれている。これがまさしく将来の先例の判断の要素になっていくんだということだと思います。官房長官、それで間違いないですね」。

その質問に対して、菅義偉内閣官房長官は、次の答弁をした。「なり得るもの、そのように考えています」。

274

２０１７年６月７日、第１９３回国会参議院天皇の退位等に関する皇室典範特例法案特別委員会で、「皇室会議の意見を聴かなければならない」（天皇の退位等に関する皇室典範特例法附則1条2項）に関して、質疑応答がされた。以下、その質疑応答を示す。

２０１７年６月７日、第１９３回国会参議院天皇の退位等に関する皇室典範特例法案特別委員会で、長浜博行参議院議員は、次の質問をした。「附則第一条第一項で、これを政令で定めるとあり、その第二項で、『前項の政令を定めるに当たっては、内閣総理大臣は、あらかじめ、皇室会議の意見を聴かなければならない。』となっております。（中略）本法案の場合、会議の招集はどのようになされるのでしょうか。また、皇室典範の中には、皇室会議の議を経る、議によるとの条文がありますが、特例法の、意見を聴くとはどのような手続になるのでしょうか、お答えください」。

その質問に対して、菅義偉内閣官房長官は、次の答弁をした。「衆参正副議長の議論の取りまとめにおいては、『退位の時期の決定手続における皇室会議の関与の在り方については、国会における法案審議等を踏まえ、各政党・各会派間において協議を行い、附帯決議に盛り込むこと等を含めて結論を得るよう努力する』、このようにされております。政府としては、この議論の取りまとめを厳粛に受け止め、法律の施行日を政令で定めるに当たっては、国民生活や皇室の事情に関して高い識見を有する皇室会議の意見を聴かなければならないことをこの法案に明記したものであります。なお、平成においては、平成二年の文仁親王殿下の御結婚や、平成五年の徳仁親王殿下の御結婚の際に、皇室典範第十条に基づき皇室会議が開催をされております。その際は、会議の議長たる内閣総理大臣から出席者に招集通知が送られ、当日は、宮内庁において約四十分弱の会議の後、議決がなされ、その内容は会議後に公表するという手続が取られました。この度の皇室会議の開催に当たっては、その趣旨にふさわしいものとなるよう、今後、適切に検討していきたいと思います」。

補足しておくと、皇室典範には、「皇室会議の議により」という規定が複数存在する。また、皇室典範には、「皇室会議の議を経ることを要する」という規定も1つ存在し、具体的にいうと、先程示した皇室典範10条に存在する。ただ、皇室典範には、「皇室会議の意見を聴かなければならない」という規定は存在しない。上記の質疑応答の背景には、そういうことがある。

なお、2000年5月10日、第147回国会衆議院商工委員会で、深谷隆司通商産業大臣（当時）は、「皇室会議の意見を聴かなければならない」についてではないが、「意見を聴かなければならない」に関して、次の答弁をした。「『意見を聴かなければならない。』このように明確に規定しているわけでありますから、その意見を極めて重く受けとめて対応するという意味であります」。

また、1969年6月25日、第61回国会衆議院大蔵委員会で、荒井勇内閣法制局第三部長（当時）は、「議により」に関して、次の答弁をした。「三つの中では、いつか春日委員の御質問にもお答えしましたけれども、法令用語としては『議により』というのが一番強いのでございますが、ただ行政法規の例としては、めったにないということで、私ども記憶しているのは、たとえば皇室典範の第十七条、第十八条で、摂政の順位というものが法律できまっている、この摂政の順位を変更しようというようなきわめて重要な事項が、その議を『尊重して』だとか、『議に基づいて』というのではなくて、その皇室会議の議そのものによって摂政の順位の変更をするのだという、きわめて重大な場合に限って使われておりまして、一般行政法規についてはほとんど記憶がないというようなものでございます」。

275 朝日新聞朝刊2017年6月10日1頁「象徴天皇　初の退位へ」。

276 NHK・前掲＊269。

277 例えば、有識者会議第4回で開催された有識者ヒアリングで、岩井克己ジャーナリストは、次の発言をした。「天皇の呼称は太上天皇、敬称は陛下でいいと思います。天皇家の御身位は徳仁天皇、明仁太上天皇、雅子皇后、美智子皇太后となるのではないでしょうか」。

278 有識者会議第10回で開催された有識者ヒアリング（第2次）で、本郷恵子東京大学史料編纂所教授は、次の発言をした。「退位後の天皇についてということで、まとめさせていただいています。第1に、称号はどのようなものかですが、もともと位を退いた天皇は太上天皇と呼ばれます。『太上』というのは無上とか至上という意味でございますし、大和言葉で言えば『おほきすめらみこと』。つまり天皇を意味する『すめらみこと』の上に『おほき』を加えて、さきの天皇に対する敬意を示した名前づけになっております。一般には、太上天皇を略して上皇と言ったり、出家された後は法皇と呼ぶ。よく使われるのは、上皇の御所を院と言っておりますので、通称として上皇のことを院と言うということもございます。今でも皇太子を東宮と呼んでいるのと同じ感覚です。今後どうするかについては、現在の、天皇という称号との関係で、天皇にさらに上がつくのは上下の関係が出てしまうと思いますので、『上皇』ということで収めておいたらいかがかと考えております」。

なお、歴史上、律令において、退位後の天皇は「太上天皇」と称されている。また、平安時代に編纂された歴史書である「日本紀略」等において「上皇」の記載が見られる〔天皇の公務の負担軽減等に関する有識者会議・前掲＊227、4頁〕。

279 天皇の公務の負担軽減等に関する有識者会議・前掲＊227、4〜5頁。

280 天皇の公務の負担軽減等に関する有識者会議・前掲＊227、7頁。

281 伊藤ほか・前掲＊205、107頁。

1979年4月17日、第87回国会衆議院内閣委員会で、真田秀夫内閣法制局長官（当時）は、皇統譜に関して、次の答弁をした。「天皇および皇族の身分に関する事項につきましては、皇室典範の第二十六条という規定がございまして『これを皇統譜に登録する。』ということになっております。したがいまして、一般の国民に対する身分の登録である戸籍の制度は適用がない、こういうふうに解釈されております」。

282 宮内庁ウェブサイト「天皇・皇族の身位に伴う事項」。

283 天皇の公務の負担軽減等に関する有識者会議・前掲＊227、10頁。

なお、有識者会議第11回で、事務局は、大喪の礼に関して、次の説明をした。「『大喪の礼』は、戦後皇室典範に新たに規定された名称の儀式であり、昭和天皇崩御に際して、宗教性のない『国の儀式』として初めて挙行された」。

284 天皇の公務の負担軽減等に関する有識者会議・前掲＊２２７、11頁。

285 １９６１年２月６日、第38回国会衆議院地方行政・法務委員会連合審査会で、池田勇人首相（当時）は、刑法２３２条２項に関して、次の答弁をした。「刑法第二百三十二条に規定しております、告訴をなすべき者が天皇、皇后、皇太后、皇嗣である場合におきましては内閣総理大臣かわりてこれをなすということは、何も天皇の委任を受けてどうこうという問題ではございません。内閣総理大臣独自の考えでいたすべきものと考えております」。

286 天皇の公務の負担軽減等に関する有識者会議・前掲＊２２７、7頁。

287 天皇の公務の負担軽減等に関する有識者会議・前掲＊２２７、8〜9頁。

288 ２０１６年12月13日、第１９２回国会衆議院法務委員会で、小川秀樹法務省民事局長は、「みなす」に関して、次の答弁をした。「まず、みなすということですが、法律用語辞典などで見ますと、ある事物と性質を異にする他の事物について、一定の法律関係においてその事物と同一視して、ある事物について生ずる法的効果をその他の事物に生じさせることをいうというような定義がされております。また、推定するというのは、ある事柄について当事者間に取り決めがない場合に、法令が一応、一定の事実状態にあるものとして判断し、そのように取り扱うことをいうとされております。両者の違いでございますが、みなすとされる場合には、一定の法律関係に関する限り、いわば絶対的にその法律関係がみなす対象とされることと同一視されますので、同一の事物でないということの反証を許さないということになります。これに対し、推定するとされる場合には、当事者間に別段の取り決めがあり、または反対の証拠があるということが証明されるときはその取り決めまたは証拠に基づいて判断されるという点において、両者は異なるものでございます」。

289 有識者会議第11回で、事務局は、次の説明をした。「退位した天皇の嫡妻30方のうち、天皇退位後において、天皇在位時の称号を継続した方が13方、女院号に変更した方が9方、皇太后に変更した方が6方、中宮から皇后に変更した方が2方おり、退位した天皇の后の称号について、一般的なルールはなかった」。

290 Official Gazette English Edition No.237 (Government Printing Bureau, January 16, 1947) 1〜2頁参照。有識者会議第11回で、宮内庁は、次の説明をした。「皇室典範制定時に官報に掲載された英訳では、天皇は『Emperor』、皇后は『Empress』、皇太后は未亡人を意味する『Empress Dowager』、皇太子は『Kotaishi』、皇嗣は『Imperial Heir』となっている」。

291 天皇の公務の負担軽減等に関する有識者会議・前掲＊２２７、5〜6頁。

292 天皇の公務の負担軽減等に関する有識者会議・前掲＊２２７、6頁。

293 「皇太后」という称号を主張した意見としては、岩井・前掲＊２７７参照。なお、有識者会議第11回では、「皇太后」に関して、次の意見が出た。「退位した天皇の后の称号について、ヒアリング対象者の方々は、それぞれ立場が変わっていても、『皇太后』がふさわしいと主張していた。こうしたマジョリティーの意見も考えつつ、歴史的に見た場合、『皇太后』という表現は捨てがたいものがある、非常に大事な用語なのではないか」。

294 天皇の公務の負担軽減等に関する有識者会議・前掲＊227、9頁。

295 園部・前掲＊5、517頁、524頁。

296 有識者会議第11回で、事務局は、次の説明をした。「歴史上、次期皇位継承者は、天皇の子たる『皇子』である場合だけでなく、兄弟やその他の親族である場合も、立太子の礼を行い、次期皇位継承者であることを明らかにしたうえで、『皇太子』と称されることが大半であった。弟が次期皇位継承者とされた例は18例あるが、このうち次期皇位継承者と定められる際に、天皇によって称号が『皇太弟』と定められたことが明らかな例は3例」。

297 毎日新聞朝刊2017年5月23日1頁「『皇太子』称号に難色」。

298 有識者会議第11回で、宮内庁は、次の説明をした。「一般に『皇太子が御不在だと皇位継承が途絶えるのではないか』という誤解があると聞くが、皇室典範上は、天皇が崩じたときは皇嗣が直ちに即位するということで、そこには間隙が生じないことになっている。また、今回、皇太子徳仁親王殿下が即位されれば、自動的に皇嗣たる秋篠宮殿下が次の天皇となることは皇室典範上明らかである」。

「皇太子が不在だと、皇位継承が途絶える」というのが誤解だということは、本文で述べたことからわかるだろう。

299 宮内庁ウェブサイト「ご即位・立太子・成年に関する用語」。

1968年4月3日、第58回国会衆議院内閣委員会で、吉國一郎内閣法制次長（当時）は、皇室経済法7条を設けた理由に関して、次の答弁をした。「当初皇室経済法を制定いたしましたころは、『皇位とともに伝わるべき由緒ある物』とは三種の神器をさすものだということが、当時の立案者の頭にあったようでございます。しかしながら、なぜこのような規定を設けたか。皇室の私有の財産が民法の相続の原則によって分割相続されて散逸することは適当ではない。三種の神器についてこのような第七条によって皇位とともに皇嗣が継承するという規定を置きましたゆえんのものは、やはり三種の神器というものが皇位をあらわす一つのシンボルであるという考え方で皇位とともにあるべきものだ、したがってそれは分割相続によって分散することは適当なことではない、あくまで皇位とともにあるべきものだという考え方であったと思います」。

300 天皇の公務の負担軽減等に関する有識者会議・前掲＊227、14頁。

301 天皇の公務の負担軽減等に関する有識者会議・前掲＊227、18頁。

302 2017年6月27日、安倍晋三首相『参議院議員小西洋之君提出天皇の退位等に関する皇室典範特例法案の解釈等に関する質問に対する答弁書』には、「一体を成す」という規定に関して、次の内容がある。「お尋ねの『法的な意味』、『法的な関係』及び『法的にどのような意味か』の意味するところが必ずしも明らかではないが、憲法第二条は、『皇位は、世襲のもの』とするほかは、皇位の継承に係る事項については、『国会の議決した皇室典範』すなわち法律で適切に定めるべきであるということを規定しているものと解されるところ、一般に、ある法律の特例や特則を別の法律で規定することは法制上可能であることを踏まえると、同条に規定する『皇室典範』には、皇室典範（昭和二十二年法律第三号）のみならず、その特例や特則を定める別法も含み得ると考えられる。すなわち、天皇の退位等に関する皇室典範特例法（平成二十九年法律第六十三号）は、皇室典範と一体を成すものとして、同条にいう『皇室典範』に含まれるものであり、天皇の退位等に関する皇室典範特例法附則第三条によって追加される皇室典範附則第四項は、その旨を明記して確認するものである。他方、憲法第九十六条第二項の『一体を成すものとして』とは、憲法改正が、日本国憲法の一部としてそれと同じ形式的効力をもつことを確認する趣旨であると解される」。

303 元号法1項は「元号は、政令で定める」と規定している。

304 e-Govウェブサイト「パブリックコメント制度（意見公募手続制度）について」。

2017年2月21日、安倍晋三首相『衆議院議員奥野総一郎君提出「元号」に関する質問に対する答弁書』には、意見公募手続に関して、次の内容がある。「一般論を申し上げれば、元号を改める場合は、元号法（昭和五十四年法律第四十三号）に基づく政令を定めることになり、これを含め政令は、行政手続法（平成五年法律第八十八号）第二条第八号に規定する『命令等』に当たるところ、個々の政令に関して同法第三条第二項、第四条第四項又は第三十九条第四項の規定により意見公募手続を実施する旨を定める同条第一項の規定が適用されないこととなるか否かは、個別具体的に判断すべきものである」。

305 宮下茂「一般的国民投票及び予備的国民投票～検討するに当たっての視点～」立法と調査 320号（2011年）142頁。

1978年2月3日、第84回国会衆議院予算委員会で、真田秀夫内閣法制局長官（当時）は、一般的国民投票の導入に関して、次の答弁をした。「現行の憲法がいわゆる間接民主制をとっておることは、これはもうおっしゃるとおりでございまして、憲法の前文なりあるいは四十一条ないし四十三条あたりの条文から見ましても、これは明らかに間接民主制を国の統治の機構の基本原理として採用しているわけでございます。憲法自身が、それに対する例外と申しますか、直接民主制を書いている事項もございます。たとえば憲法改正に対する国民投票とか、あるいは最高裁判所裁判官の国民審査の制度とか、あるいはいわゆる地方特別法の制定に関する住民投票、こういうように限定的に憲法は直接民主制を容認しておる、こういうふうに私たちも理解いたしております。したがいまして、たとえ法律をもっていわゆる住民投票制を設けるといたしましても、いま申しましたような憲法の趣旨から見まして、その住民投票の結果が法的な効力を持って国政に参加するという形に仕組むことは、これは憲法上恐らく否定的な結論になるのだろうと思いますが、ただいまおっしゃいましたように、法的な効力は与えない、どこまでも国会が唯一の立法機関であるという憲法四十一条の原則に触れないという形に制度を仕組むということであれば、まずその点は憲法に違反しない。しかも、どういう事項についてこれを国民投票に付するかということについても、国会自身が決めるということであれば、それはやはり国会が国権の最高機関であるという原則にも触れないであろう。したがいまして、個別的な事案につきまして国民全体の意思を、総意を国会がいろいろな御審議の参考にされるために国民投票に付するという制度を立てることが、直ちに憲法違反だとは私も思っておりません」。

306 宮下茂「憲法審査会における当面の課題――平成25年参議院議員通常選挙後の新勢力の下において」立法と調査３４５号（２０１３年）１０９～１１０頁。

307 ２０１１年11月22日、記者会見で、文仁親王殿下は、次のように述べられた。「私は以前に皇族の数が少ないことは国費負担という意味において悪くはない、ということを申しましたが、この考えは今でも変わっておりません。一方、現在の皇室というものをそのまま維持していくためには、やはり一つの集団というか、ある一定の数というのは当然必要になってくるわけです。国費負担の面、一方で、今ご質問にもありました、活動の幅、継承、そういうことを合わせて、それにふさわしい数というのは多分あると思いますけれども、それは私には分かりません」［宮内庁・前掲＊64］。

また、２０１７年6月20日、安倍晋三首相『衆議院議員上西小百合君提出天皇の退位等に関する皇室典範特例法案に関する質問に対する答弁書』には、皇族数の減少に関して、次の内容がある。「女性皇族の婚姻等による皇族数の減少に係る問題については、国民の間にも様々な意見があり、その合意を得るためには、十分な分析、検討と慎重な手続が必要であると考えており、今後、御指摘の附帯決議の趣旨を尊重し、国民世論の動向に十分配慮しつつ、適切に対処してまいりたい」。

308 ２０１６年3月2日、第１９０回国会参議院予算委員会で、憲法改正に関して、質疑応答がされた。以下、その質疑応答を示す。

２０１６年3月2日、第１９０回国会参議院予算委員会で、大塚耕平参議院議員は、次の質問をした。「もう一度お伺いします。在任中に憲法改正を成し遂げたいとお考えですか」。

その質問に対して、安倍晋三首相は、次の答弁をした。「しかし、この憲法改正については、衆議院、参議院それぞれ三分の二の多数がなければ発議もできないわけでございまして、我が党だけでこれは三分の二それぞれ獲得することは、ほぼこれは不可能に近いんだろうと、こう思っているわけでございまして、そういう意味におきましては、自民党だけではなくて、与党、そしてさらには他の党の方々の御協力もいただかなければそれは難しいんではないかと、こう思っております。私も、私の在任中に成し遂げたいと、こう考えておりますが、これは、まさにそういう状況がなければこれは不可能であろうと、このように考えております」。

309 宮内庁ウェブサイト「天皇陛下お誕生日に際し（平成25年）」。

310 ２００６年10月10日、安倍晋三首相『衆議院議員辻元清美君提出安倍首相の日本国憲法についての認識に関する質問に対する答弁書』には、次の内容がある。「政府としては、現行憲法は、最終的には帝国議会において、十分に審議され、有効に議決されたものであるが、連合軍の占領中に占領軍当局の強い影響の下に制定されたものであると考えている」。

311　衆議院憲法審査会事務局の「『日本国憲法の制定過程』に関する資料」には、次の内容がある。「他国を占領した者は『占領地ノ現行法規ヲ尊重』すべきことを要求している１９０７年のハーグ陸戦法規（陸戦ノ法規慣例ニ関スル規則）（著者注：43条）との関係で、日本国憲法の制定は占領地の現行法尊重という国際法上の原則に反するのではないかとの議論もある。（中略）これに対しては、『規則43条』は、交戦中の占領軍にのみ適用されるところ、わが国の場合は交戦後の占領であり、原則としてその適用を受けず、ハーグ陸戦法規には違反しないとする見解があり、政府見解もこの立場に立っている。仮に適用されるにしても、ポツダム宣言・降伏文書という休戦協定が成立しているので、『特別法は一般法を破る』という原則に従い、休戦条約（特別法）が陸戦条約（一般法）よりも優先的に適用されることになる」〔衆議院憲法審査会事務局「『日本国憲法の制定過程』に関する資料」（２０１６年）15頁〕。

312　１９８５年９月27日、中曽根康弘首相『衆議院議員森清君提出日本国憲法制定に関する質問に対する答弁書』には、次の内容がある。「陸戦ノ法規慣例ニ関スル規則中の占領に関する規定は、本来交戦国の一方が戦闘継続中他方の領土を事実上占領した場合のことを予想しているものであつて、連合国による我が国の占領のような場合について定めたものではないと解される」。

野中・前掲＊11、65頁参照。

もちろん、安倍晋三衆議院議員のその発言と異なる考え方をする人はいるだろう。

２０１５年８月４日、第１８９回国会参議院我が国及び国際社会の平和安全法制に関する特別委員会で、櫻井充参議院議員は、次の発言をした。「総理に、まず最初に憲法に対する基本的な考え方をお伺いさせていただきたいと思います。これは平成十二年五月十一日の憲法調査会の議事録がございまして、その当時、安倍晋三委員が衛藤晟一議員の代わりに出席をいたしまして、こう述べられております。日本国憲法というのは、『強制のもとで、ほとんどアメリカのニューディーラーと言われる人たちの手によってできた憲法を私たちが最高法として抱いているということが、』、ここから大事なんですが、『日本人にとって、心理に大きな、精神に悪い影響を及ぼしているんだろう、私はこのように思います。』と、そう述べられております。私は、済みませんが、自分自身で振り返って、憲法が私に精神的に悪い影響を及ぼしているとは私は全く思いません」。

313　日本経済新聞朝刊２０１７年４月19日４頁「退位特例法の骨子案全文」、毎日新聞・前掲＊２６５、５頁「退位特例法の骨子案と付帯決議案全文」。

314　宮内庁ウェブサイト「Message from His Majesty The Emperor」。

参考資料

参考資料① 「天皇の退位等に関する皇室典範特例法」

（趣旨）
第一条　この法律は、天皇陛下が、昭和六十四年一月七日の御即位以来二十八年を超える長期にわたり、国事行為のほか、全国各地への御訪問、被災地のお見舞いをはじめとする象徴としての公的な御活動に精励してこられた中、八十三歳と御高齢になられ、今後これらの御活動を天皇として自ら続けられることが困難となることを深く案じておられること、これに対し、国民は、御高齢に至るまでこれらの御活動に精励されている天皇陛下を深く敬愛し、この天皇陛下のお気持ちを理解し、これに共感していること、さらに、皇嗣である皇太子殿下は、五十七歳となられ、これまで国事行為の臨時代行等の御公務に長期にわたり精勤されておられることという現下の状況に鑑み、皇室典範（昭和二十二年法律第三号）第四条の規定の特例として、天皇陛下の退位及び皇嗣の即位を実現するとともに、天皇陛下の退位後の地位その他の退位に伴い必要となる事項を定めるものとする。

（天皇の退位及び皇嗣の即位）
第二条　天皇は、この法律の施行の日限り、退位し、皇嗣が、直ちに即位する。

（上皇）
第三条　前条の規定により退位した天皇は、上皇とする。
2　上皇の敬称は、陛下とする。
3　上皇の身分に関する事項の登録、喪儀及び陵墓については、天皇の例による。
4　上皇に関しては、前二項に規定する事項を除き、皇室典範（第二条、第二十八条第二項及び第三項並びに第三十条第二項を除く。）に定める事項については、皇族の例による。

（上皇后）
第四条　上皇の后は、上皇后とする。
2　上皇后に関しては、皇室典範に定める事項については、皇太后の例による。

（皇位継承後の皇嗣）
第五条　第二条の規定による皇位の継承に伴い皇嗣となった皇族に関しては、皇室典範に定める事項については、皇太子の例による。

附則
（施行期日）

第一条　この法律は、公布の日から起算して三年を超えない範囲内において政令で定める日から施行する。ただし、第一条並びに次項、次条、附則第八条及び附則第九条の規定は公布の日から、附則第十条及び第十一条の規定はこの法律の施行の日の翌日から施行する。
2　前項の政令を定めるに当たっては、内閣総理大臣は、あらかじめ、皇室会議の意見を聴かなければならない。
（この法律の失効）

第二条　この法律は、この法律の施行の日以前に皇室典範第四条の規定による皇位の継承があったときは、その効力を失う。

（皇室典範の一部改正）

第三条　皇室典範の一部を次のように改正する。

附則に次の一項を加える。

この法律の特例として天皇の退位について定める天皇の退位等に関する皇室典範特例法（平成二十九年法律第六十三号）は、この法律と一体を成すものである。

（上皇に関する他の法令の適用）

第四条　上皇に関しては、次に掲げる事項については、天皇の例による。
一　刑法（明治四十年法律第四十五号）第二編第三十四章の罪に係る告訴及び検察審査会法（昭和二十三年法律第百四十七号）の規定による検察審査員の職務
二　前号に掲げる事項のほか、皇室経済法（昭和二十二年法律第四号）その他の政令で定める法令に定める事項
2　上皇に関しては、前項に規定する事項のほか、警察法（昭和二十九年法律第百六十二号）その他の政令で定める法令に定める事項については、皇族の例による。
3　上皇の御所は、国会議事堂、内閣総理大臣官邸その他の国の重要な施設等、外国公館等及び原子力事業所の周辺地域の上空における小型無人機等の飛行の禁止に関する法律（平成二十八年法律第九号）の規定の適用については、同法第二条第一項第一号ホに掲げる施設とみなす。
（上皇后に関する他の法令の適用）
第五条　上皇后に関しては、次に掲げる事項については、皇太后の例による。
一　刑法第二編第三十四章の罪に係る告訴及び検察審査会法の規定による検察審査員の職務
二　前号に掲げる事項のほか、皇室経済法その他の政令で定める法令に定める事項
（皇位継承後の皇嗣に関する皇室経済法等の適用）
第六条　第二条の規定による皇位の継承に伴い皇嗣となった皇族に対しては、皇室経済法第六条第三項第一号の規定にかか

わらず、同条第一項の皇族費のうち年額によるものとして、同項の定額の三倍に相当する額の金額を毎年支出するものとする。この場合において、皇室経済法施行法（昭和二十二年法律第百十三号）第十条の規定の適用については、同条第一項中「第四項」とあるのは、「第四項並びに天皇の退位等に関する皇室典範特例法（平成二十九年法律第六十三号）附則第六条第一項前段」とする。

2　附則第四条第三項の規定は、第二条の規定による皇位の継承に伴い皇嗣となった皇族の御在所について準用する。

（贈与税の非課税等）

第七条　第二条の規定により皇位の継承があった場合において皇室経済法第七条の規定により皇位とともに皇嗣が受けた物については、贈与税を課さない。

2　前項の規定により贈与税を課さないこととされた物については、相続税法（昭和二十五年法律第七十三号）第十九条第一項の規定は、適用しない。

（意見公募手続等の適用除外）

第八条　次に掲げる政令を定める行為については、行政手続法（平成五年法律第八十八号）第六章の規定は、適用しない。

一　第二条の規定による皇位の継承に伴う元号法（昭和五十四年法律第四十三号）第一項の規定に基づく政令

二　附則第四条第一項第二号及び第二項、附則第五条第二号並びに次条の規定に基づく政令

（政令への委任）

第九条　この法律に定めるもののほか、この法律の施行に関し必要な事項は、政令で定める。

（国民の祝日に関する法律の一部改正）

第十条　国民の祝日に関する法律（昭和二十三年法律第百七十八号）の一部を次のように改正する。

第二条中「春分の日　春分日　自然をたたえ、生物をいつくしむ。」を「天皇誕生日　二月二十三日　天皇の誕生日を祝う。
春分の日　春分日　自然をたたえ、生物をいつくしむ。」に改め、「天皇誕生日　十二月二十三日　天皇の誕生日を祝う。」を削る。

（宮内庁法の一部改正）

第十一条　宮内庁法（昭和二十二年法律第七十号）の一部を次のように改正する。

附則を附則第一条とし、同条の次に次の二条を加える。

第二条　宮内庁は、第二条各号に掲げる事務のほか、上皇に関する事務をつかさどる。この場合において、内閣府設置法第四条第三項第五十七号の規定の適用については、同号中「第二条」とあるのは、「第二条及び附則第二条第一項前段」とする。

2　第三条第一項の規定にかかわらず、宮内庁に、前項前段の所掌事務を遂行するため、上皇職を置く。
3　上皇職に、上皇侍従長及び上皇侍従次長一人を置く。
4　上皇侍従長の任免は、天皇が認証する。
5　上皇侍従長は、上皇の側近に奉仕し、命を受け、上皇職の事務を掌理する。
6　上皇侍従次長は、命を受け、上皇侍従長を助け、上皇職の事務を整理する。
7　第三条第三項及び第十五条第四項の規定は、上皇職について準用する。
8　上皇侍従長及び上皇侍従次長は、国家公務員法（昭和二十二年法律第百二十号）第二条に規定する特別職とする。この場合において、特別職の職員の給与に関する法律（昭和二十四年法律第二百五十二号。以下この項及び次条第六項において「特別職給与法」という。）及び行政機関の職員の定員に関する法律（昭和四十四年法律第三十三号。以下この項及び次条第六項において「定員法」という。）の規定の適用については、特別職給与法第一条第四十二号中「侍従長」とあるのは「侍従長、上皇侍従長」と、同条第七十三号中「の者」とあるのは「の者及び上皇侍従次長」と、特別職給与法別表第一中「式部官長」とあるのは「上皇侍従長及び式部官長」と、定員法第一条第二項第二号中「侍従長」とあるのは「侍従長、上皇侍従長」と、「及び侍従次長」とあるのは「、侍従次長及び上皇侍従次長」とする。

第三条　第三条第一項の規定にかかわらず、宮内庁に、天皇の退位等に関する皇室典範特例法（平成二十九年法律第六十三号）第二条の規定による皇位の継承に伴い皇嗣となつた皇族に関する事務を遂行するため、皇嗣職を置く。
2　皇嗣職に、皇嗣職大夫を置く。
3　皇嗣職大夫は、命を受け、皇嗣職の事務を掌理する。
4　第三条第三項及び第十五条第四項の規定は、皇嗣職について準用する。
5　第一項の規定により皇嗣職が置かれている間は、東宮職を置かないものとする。
6　皇嗣職大夫は、国家公務員法第二条に規定する特別職とする。この場合において、特別職給与法及び定員法の規定の適用については、特別職給与法第一条第四十二号及び別表第一並びに定員法第一条第二項第二号中「東宮大夫」とあるのは、「皇嗣職大夫」とする。

参考資料②「天皇の退位等に関する皇室典範特例法案要綱」

第一　趣旨

この法律は、天皇陛下が、昭和六十四年一月七日の御即位以来二十八年を超える長期にわたり、国事行為のほか、全国各地への御訪問、被災地のお見舞いをはじめとする象徴としての公的な御活動に精励してこられた中、八十三歳と御高齢になられ、今後これらの御活動を天皇として自ら続けられることが困難となることを深く案じておられること、これに対し、国民は、御高齢に至るまでこれらの御活動に精励されている天皇陛下を深く敬愛し、この天皇陛下のお気持ちを理解し、これに共感していること、さらに、皇嗣である皇太子殿下は、五十七歳となられ、これまで国事行為の臨時代行等の御公務に長期にわたり精勤されておられることという現下の状況に鑑み、皇室典範（昭和二十二年法律第三号）第四条の規定の特例として、天皇陛下の退位及び皇嗣の即位を実現するとともに、天皇陛下の退位後の地位その他の退位に伴い必要となる事項を定めるものとすること。

第二　天皇の退位及び皇嗣の即位

天皇は、この法律の施行の日限り、退位し、皇嗣が、直ちに即位するものとすること。

第三　上皇

一　第二により退位した天皇は、上皇とするものとすること。

二　上皇の敬称は、陛下とするものとすること。

三　上皇の身分に関する事項の登録、喪儀及び陵墓については、天皇の例によるものとすること。

四　上皇に関しては、二及び三の事項を除き、皇室典範に定める事項（皇位継承資格及び皇室会議の議員資格に関する事項を除く。）については、皇族の例によるものとすること。

第四　上皇后

一　上皇の后は、上皇后とするものとすること。

二　上皇后に関しては、皇室典範に定める事項については、皇太后の例によるものとすること。

第五　皇位継承後の皇嗣

第二による皇位の継承に伴い皇嗣となった皇族に関しては、皇室典範に定める事項については、皇太子の例によるものとするること。

第六　附則

一　施行期日

1　この法律は、公布の日から起算して三年を超えない範囲内において政令で定める日から施行するものとすること。ただし、第一並びに第六の一の2、二、八及び九は公布の日から、第六の十及び十一はこの法律の施行の日の翌日から施行するものとすること。
2　1の政令を定めるに当たっては、内閣総理大臣は、あらかじめ、皇室会議の意見を聴かなければならないものとすること。
二　この法律の失効
この法律は、この法律の施行の日以前に皇室典範第四条の規定による皇位の継承があったときは、その効力を失うものとすること。
三　皇室典範の一部改正
皇室典範の附則に、次の規定を新設するものとすること。

この法律の特例として天皇の退位について定める天皇の退位等に関する皇室典範特例法（平成二十九年法律第　号）は、この法律と一体を成すものである。
四　上皇に関する他の法令の適用
1　上皇に関しては、次に掲げる事項については、天皇の例によるものとすること。
㈠　刑法（明治四十年法律第四十五号）の名誉に対する罪に係る告訴及び検察審査会法（昭和二十三年法律第百四十七号）の規定による検察審査員の職務
㈡　㈠の事項のほか、皇室経済法（昭和二十二年法律第四号）その他の政令で定める法令に定める事項
2　上皇に関しては、1の事項のほか、警察法（昭和二十九年法律第百六十二号）その他の政令で定める法令に定める事項については、皇族の例によるものとすること。
3　上皇の御所は、国会議事堂、内閣総理大臣官邸その他の国の重要な施設等、外国公館等及び原子力事業所の周辺地域の上空における小型無人機等の飛行の禁止に関する法律（平成二十八年法律第九号）の規定の適用については、同法第二条第一項第一号ホに掲げる施設とみなすものとすること。
五　上皇后に関する他の法令の適用
上皇后に関しては、次に掲げる事項については、皇太后の例によるものとすること。
㈠　刑法の名誉に対する罪に係る告訴及び検察審査会法の規定による検察審査員の職務
㈡　㈠の事項のほか、皇室経済法その他の政令で定める法令に定める事項
六　皇位継承後の皇嗣に関する皇室経済法等の適用

1　第二による皇位の継承に伴い皇嗣となった皇族に対しては、皇族費のうち年額によるものとして、定額の三倍に相当する額の金額を毎年支出するものとすること。
2　四の3の規定は、第二による皇位の継承に伴い皇嗣となった皇族の御在所について準用するものとすること。

七　贈与税の非課税等
第二により皇位の継承があった場合において皇室経済法第七条の規定により皇位とともに皇嗣が受けた物については、贈与税を課さないものとすること。

八　意見公募手続等の適用除外
次に掲げる政令を定める行為については、行政手続法（平成五年法律第八十八号）第六章の規定は、適用しないものとすること。
㈠　第二による皇位の継承に伴う元号法（昭和五十四年法律第四十三号）第一項の規定に基づく政令
㈡　四の1の㈡、四の2、五の㈡及び九に基づく政令

九　政令への委任
この法律に定めるもののほか、この法律の施行に関し必要な事項は、政令で定めるものとすること。

十　国民の祝日に関する法律（昭和二十三年法律第百七十八号）の一部改正
国民の祝日である天皇誕生日を「十二月二十三日」から「二月二十三日」に改めるものとすること。

十一　宮内庁法（昭和二十二年法律第七十号）の一部改正
宮内庁法の附則に、次の規定を新設するものとすること。
1　宮内庁は、第二条各号に掲げる事務のほか、上皇に関する事務をつかさどるものとすること。
2　1の所掌事務を遂行するため、宮内庁に、上皇職並びに上皇侍従長及び上皇侍従次長を置くものとすること。
3　上皇侍従長及び上皇侍従次長については、国家公務員法（昭和二十二年法律第百二十号）第二条に規定する特別職とし、給与等所要の規定の整備をするものとすること。
4　第二による皇位の継承に伴い皇嗣となった皇族に関する事務を遂行するため、宮内庁に、皇嗣職及び皇嗣職大夫を置くものとすること。
5　皇嗣職が置かれている間は、東宮職を置かないものとするものとすること。
6　皇嗣職大夫については、国家公務員法第二条に規定する特別職とし、給与等所要の規定の整備をするものとすること。

参考資料③「天皇の退位等に関する皇室典範特例法案骨子」

第1　趣旨

　この法律は、天皇陛下が、昭和64年1月7日の御即位以来28年を超える長期にわたり、国事行為のほか、全国各地への御訪問、被災地のお見舞いをはじめとする象徴としての公的な御活動に精励してこられた中、83歳と御高齢になられ、今後これらの御活動を天皇として自ら続けられることが困難となることを深く案じておられること、これに対し、国民は、御高齢に至るまでこれらの御活動に精励されている天皇陛下を深く敬愛し、この天皇陛下のお気持ちを理解し、これに共感していること、さらに、皇嗣である皇太子殿下は、57歳となられ、これまで国事行為の臨時代行等の御公務に長期にわたり精勤されておられることという現下の状況に鑑み、皇室典範第4条の規定の特例として、天皇陛下の退位及び皇嗣の即位を実現するとともに、天皇陛下の退位後の地位その他の退位に伴い必要となる事項を定めるものとすること。

第2　天皇の退位及び皇嗣の即位

　天皇は、この法律の施行の日限り、退位し、皇嗣が、直ちに即位するものとすること。

第3　上皇

1　退位した天皇は、上皇とするものとすること。

2　上皇の敬称は、陛下とするものとすること。

3　上皇の身分に関する事項の登録、喪儀及び陵墓については、天皇の例によるものとすること。

4　上皇に関しては、2及び3の事項のほか、皇位継承資格及び皇室会議の議員資格に関する事項を除き、皇室典範に定める事項については、皇族の例によるものとすること。

第4　上皇后

1　上皇の后は、上皇后とするものとすること。

2　上皇后に関しては、皇室典範に定める事項については、皇太后の例によるものとすること。

第5　皇位継承後の皇嗣

　この法律による皇位の継承に伴い皇嗣となった皇族に関しては、皇室典範に定める事項については、皇太子の例によるものとすること。

第6　附則

1　施行期日

(1)　この法律は、一部の規定を除き、公布の日から起算して3年を超えない範囲内において政令で定める日から施行するものとすること。
(2) (1)の政令を定めるに当たっては、内閣総理大臣は、あらかじめ、皇室会議の意見を聴かなければならないものとすること。

2 法律の失効
この法律は、この法律の施行の日以前に皇室典範第4条の規定による皇位の継承があったときは、その効力を失うものとすること。

3 皇室典範の一部改正
皇室典範の附則に、皇室典範の特例として天皇の退位について定める天皇の退位等に関する皇室典範特例法は、皇室典範と一体を成すものである旨の規定を新設するものとすること。

4 上皇に関する他の法令の適用
(1) 上皇に関しては、次に掲げる事項については、天皇の例によるものとすること。
ア 刑法の名誉に対する罪に係る告訴及び検察審査会法の検察審査員の職務
イ アの事項のほか、皇室経済法その他の政令で定める法令に定める事項
(2) 上皇に関しては、(1)の事項のほか、警察法その他の政令で定める法令に定める事項については、皇族の例によるものとすること。
(3) 上皇の御所は、国会議事堂、内閣総理大臣官邸その他の国の重要な施設等、外国公館等及び原子力事業所の周辺地域の上空における小型無人機等の飛行の禁止に関する法律の規定の適用については、同法による規制の対象となる皇居及び御所とみなすものとすること。

5 上皇后に関する他の法令の適用
上皇后に関しては、次に掲げる事項については、皇太后の例によるものとすること。
ア 刑法の名誉に対する罪に係る告訴及び検察審査会法の検察審査員の職務
イ アの事項のほか、皇室経済法その他の政令で定める法令に定める事項

6 皇位継承後の皇嗣に関する皇室経済法等の適用
(1) この法律による皇位の継承に伴い皇嗣となった皇族に対しては、皇族費として、定額の3倍の金額を毎年支出するものとすること。
(2) 4(3)の規定は、この法律による皇位の継承に伴い皇嗣となった皇族の御在所について準用するものとすること。

7 贈与税の非課税等

この法律による皇位の継承があった場合において皇室経済法第7条の規定により皇位とともに皇嗣が受けた物については、贈与税を課さないものとすること。

8 意見公募手続等の適用除外

次に掲げる政令を定める行為については、行政手続法第6章の意見公募手続等に関する規定は、適用しないものとすること。

ア この法律による皇位の継承に伴い元号を定める政令

イ この法律の委任規定に基づく政令

9 政令への委任

この法律に定めるもののほか、この法律の施行に関し必要な事項は、政令で定めるものとすること。

10 国民の祝日に関する法律の一部改正

国民の祝日である天皇誕生日を「12月23日」から「2月23日」に改めるものとすること。

11 宮内庁法の一部改正

宮内庁法の附則に、次の規定を新設するものとすること。

(1) 宮内庁は、上皇に関する事務をつかさどるものとすること。

(2) (1)の所掌事務を遂行するため、宮内庁に、上皇職並びに上皇侍従長及び上皇侍従次長を置くものとすること。

(3) 上皇侍従長及び上皇侍従次長については、国家公務員法第2条に規定する特別職とし、給与等所要の規定を整備するものとすること。

(4) この法律による皇位の継承に伴い皇嗣となった皇族に関する事務を遂行するため、宮内庁に、皇嗣職及び皇嗣職大夫を置くものとすること。

(5) 皇嗣職が置かれている間は、東宮職を置かないものとするものとすること。

(6) 皇嗣職大夫については、国家公務員法第2条に規定する特別職とし、給与等所要の規定を整備するものとすること。

参考資料④「特例法案骨子案」＊313

第1　特例法の題名
「天皇陛下の退位に関する皇室典範特例法」とする。

第2　皇室典範の改正
皇室典範付則に「天皇陛下の退位に関する皇室典範特例法（平成29年法律第　号）は、この法律と一体を成すものである」との規定を置く。
「特例法」付則により皇室典範付則を改正し、提出法案は1本とする。

第3　特例法の内容
1　天皇陛下の退位に至る事情
①天皇陛下が、昭和64年1月7日の御即位以来28年を超える長期にわたり、国事行為のほか、全国各地への御訪問、被災地のお見舞いをはじめとする象徴としての公的な御活動に精励してこられた中、83歳と御高齢になられ、今後これらの御活動を天皇として自ら続けられることが困難となることに深いご心労を抱かれていること
②これに対し、国民は、御高齢に至るまでこれらの御活動に精励されている天皇陛下を深く敬愛し、この天皇陛下のご心労を理解し、これに共感していること
③さらに、皇嗣である皇太子殿下は、57歳となられ、これまで国事行為の臨時代行等の御公務に長期にわたり精勤されておられること
という現下の状況に鑑み、皇室典範第4条の規定の特例として、天皇陛下の退位及び皇嗣の即位を実現するとともに、天皇陛下の退位後の地位その他の退位に伴い必要となる事項を定めるものとする旨の規定を特例法に置く。
2　天皇陛下の退位とこれに伴う皇位継承に関する規定
天皇は、この法律の施行の日限り、退位し、皇嗣が、直ちに即位する。
施行日は、公布から3年以内の政令で定める日とする。
3　退位後の天皇の御身位、敬称、待遇等及び皇嗣に係る事項に関する特例規定
(1)　退位後の天皇の御身位、敬称、待遇等に関する特例規定
ア　皇室典範の関連規定

退位した天皇は、上皇とする。

上皇の敬称を陛下とするとともに、皇統譜への登録、喪儀及び陵墓については、天皇の例によることとする。

上皇については、上記のほか、皇位継承資格・皇室会議の議員資格に関する規定を除き、皇族の例によることとする。

上皇の后は上皇后とし、皇太后の例によることとする。
イ　皇室典範以外の法律の関連規定
①上皇の御手元金は、内廷費とする。
②上皇の賜与・譲受の価額は、天皇・内廷皇族と同じ扱いとする。
③上皇の補佐組織を新たに設置し、補佐組織の長を特別職とする。上皇の警衛は皇宮警察が担当する。
④天皇誕生日としての祝日を「2月23日」とする。
⑤三種の神器等に係る贈与税や上皇の輸入関税を非課税とする。
⑥上皇に対する名誉毀損・侮辱の告訴は、内閣総理大臣が行う。
⑦上皇の御所は、小型無人飛行機等の飛行禁止区域とする。
⑧上皇は検察審査員に就任しないこととする。
⑨この法律による皇位継承に伴う改元政令等については、行政手続法の意見公募手続を実施しないこととする。
(2)　皇嗣に係る事項に関する特例規定
ア　皇室典範の関連規定
皇位継承後の皇嗣については、皇太子の例によることとする。
イ　皇室典範以外の法律の関連規定
①皇位継承後の皇嗣の御手元金は皇族費とし、定額の3倍とする。
②皇位継承後の皇嗣の賜与・譲受の価額は、内廷外皇族と同じ扱いとする。
③皇位継承後の皇嗣の補佐組織を新たに設置し、その補佐組織の長を特別職とする。警衛は皇宮警察が担当する。

（左側の頁から続き）
understanding on the role of the symbol of the State. I think that likewise, there is need for the Emperor to have a deep awareness of his own role as the Emperor, deep understanding of the people, and willingness to nurture within himself the awareness of being with the people. In this regard, I have felt that my travels to various places throughout Japan, in particular, to remote places and islands, are important acts of the Emperor as the symbol of the State and I have carried them out in that spirit. In my travels throughout the country, which I have made together with the Empress, including the time when I was Crown Prince, I was made aware that wherever I went there were thousands of citizens who love their local community and with quiet dedication continue to support their community. With this awareness I was able to carry out the most important duties of the Emperor, to always think of the people and pray for the people, with deep respect and love for the people. That, I feel, has been a great blessing.

In coping with the aging of the Emperor, I think it is not possible to continue reducing perpetually the Emperor’s acts in matters of state and his duties as the symbol of the State. A Regency may be established to act in the place of the Emperor when the Emperor cannot fulfill his duties for reasons such as he is not yet of age or he is seriously ill. Even in such cases, however, it does not change the fact that the Emperor continues to be the Emperor till the end of his life, even though he is unable to fully carry out his duties as the Emperor.
When the Emperor has ill health and his condition becomes serious, I am concerned that, as we have seen in the past, society comes to a standstill and people’s lives are impacted in various ways. The practice in the Imperial Family has been that the death of the Emperor called for events of heavy mourning, continuing every day for two months, followed by funeral events which continue for one year. These various events occur simultaneously with events related to the new era, placing a very heavy strain on those involved in the events, in particular, the family left behind. It occurs to me from time to time to wonder whether it is possible to prevent such a situation.

As I said in the beginning, under the Constitution, the Emperor does not have powers related to government. Even under such circumstances, it is my hope that by thoroughly reflecting on our country’s long history of emperors, the Imperial Family can continue to be with the people at all times and can work together with the people to build the future of our country, and that the duties of the Emperor as the symbol of the State can continue steadily without a break. With this earnest wish, I have decided to make my thoughts known.

I sincerely hope for your understanding.

参考資料⑤ Message from His Majesty The Emperor（August 8, 2016）*314

「Message from His Majesty The Emperor」

A major milestone year marking the 70th anniversary of the end of World War II has passed, and in two years we will be welcoming the 30th year of Heisei.
As I am now more than 80 years old and there are times when I feel various constraints such as in my physical fitness, in the last few years I have started to reflect on my years as the Emperor, and contemplate on my role and my duties as the Emperor in the days to come.
As we are in the midst of a rapidly aging society, I would like to talk to you today about what would be a desirable role of the Emperor in a time when the Emperor, too, becomes advanced in age. While, being in the position of the Emperor, I must refrain from making any specific comments on the existing Imperial system, I would like to tell you what I, as an individual, have been thinking about.

Ever since my accession to the throne, I have carried out the acts of the Emperor in matters of state, and at the same time I have spent my days searching for and contemplating on what is the desirable role of the Emperor, who is designated to be the symbol of the State by the Constitution of Japan. As one who has inherited a long tradition, I have always felt a deep sense of responsibility to protect this tradition. At the same time, in a nation and in a world which are constantly changing, I have continued to think to this day about how the Japanese Imperial Family can put its traditions to good use in the present age and be an active and inherent part of society, responding to the expectations of the people.

It was some years ago, after my two surgeries that I began to feel a decline in my fitness level because of my advancing age, and I started to think about the pending future, how I should conduct myself should it become difficult for me to carry out my heavy duties in the way I have been doing, and what would be best for the country, for the people, and also for the Imperial Family members who will follow after me. I am already 80 years old, and fortunately I am now in good health. However, when I consider that my fitness level is gradually declining, I am worried that it may become difficult for me to carry out my duties as the symbol of the State with my whole being as I have done until now.

I ascended to the throne approximately 28 years ago, and during these years, I have spent my days together with the people of Japan, sharing much of the joys as well as the sorrows that have happened in our country. I have considered that the first and foremost duty of the Emperor is to pray for peace and happiness of all the people. At the same time, I also believe that in some cases it is essential to stand by the people, listen to their voices, and be close to them in their thoughts. In order to carry out the duties of the Emperor as the symbol of the State and as a symbol of the unity of the people, the Emperor needs to seek from the people their

（右側の頁に続く）

参考資料⑥歴代天皇一覧

代数	天皇名	在位年	退位した天皇（○）	退位後、上皇となった天皇（○）	摂政が置かれた天皇（○）	女性天皇（○）	重祚①②
1	神武天皇	前 660～前 585					
2	綏靖天皇	前 581～前 549					
3	安寧天皇	前 549～前 511					
4	懿徳天皇	前 510～前 477					
5	孝昭天皇	前 475～前 393					
6	孝安天皇	前 392～前 291					
7	孝霊天皇	前 290～前 215					
8	孝元天皇	前 214～前 158					
9	開化天皇	前 158～ 前 98					
10	崇神天皇	前 97～前 30					
11	垂仁天皇	前 29～70					
12	景行天皇	71 ～130					
13	成務天皇	131～190					
14	仲哀天皇	192～200					
15	応神天皇	270～310					
16	仁徳天皇	313～399					
17	履中天皇	400～405					
18	反正天皇	406～410					
19	允恭天皇	412～453					
20	安康天皇	453～456					
21	雄略天皇	456～479					
22	清寧天皇	480～484					
23	顕宗天皇	485～487					
24	仁賢天皇	488～498					
25	武烈天皇	498～506					
26	継体天皇	507～531					
27	安閑天皇	531～535					
28	宣化天皇	535～539					
29	欽明天皇	539～571					
30	敏達天皇	572～585					
31	用明天皇	585～587					
32	崇峻天皇	587～592					
33	推古天皇	592～628			○	○	
34	舒明天皇	629～641					
35	皇極天皇	642～645	○			○	①
36	孝徳天皇	645～654					
37	斉明天皇	655～661			○	○	①
38	天智天皇	668～671					
39	弘文天皇	671～672					
40	天武天皇	673～686			○		
41	持統天皇	690～697	○	○		○	
42	文武天皇	697～707					

（次頁に続く）

43	元明天皇	707～715	○	○		○	
44	元正天皇	715～724	○	○		○	
45	聖武天皇	724～749	○	○			
46	孝謙天皇	749～758	○	○		○	②
47	淳仁天皇	758～764	○				
48	称徳天皇	764～770				○	②
49	光仁天皇	770～781	○	○			
50	桓武天皇	781～806					
51	平城天皇	806～809	○	○			
52	嵯峨天皇	809～823	○	○			
53	淳和天皇	823～833	○	○			
54	仁明天皇	833～850					
55	文徳天皇	850～858					
56	清和天皇	858～876	○	○	○		
57	陽成天皇	876～884	○	○	○		
58	光孝天皇	884～887					
59	宇多天皇	887～897	○	○			
60	醍醐天皇	897～930	○	○			
61	朱雀天皇	930～946	○	○	○		
62	村上天皇	946～967					
63	冷泉天皇	967～969	○	○			
64	円融天皇	969～984	○	○	○		
65	花山天皇	984～986	○	○			
66	一条天皇	986～1011	○	○	○		
67	三条天皇	1011～1016	○	○			
68	後一条天皇	1016～1036			○		
69	後朱雀天皇	1036～1045	○	○			
70	後冷泉天皇	1045～1068					
71	後三条天皇	1068～1072	○	○			
72	白河天皇	1072～1086	○	○			
73	堀河天皇	1086～1107			○		
74	鳥羽天皇	1107～1123	○	○	○		
75	崇徳天皇	1123～1141	○	○	○		
76	近衛天皇	1141～1155			○		
77	後白河天皇	1155～1158	○	○			
78	二条天皇	1158～1165	○	○			
79	六条天皇	1165～1168	○	○	○		
80	高倉天皇	1168～1180	○	○	○		
81	安徳天皇	1180～1185			○		
82	後鳥羽天皇	1183～1198	○	○	○		
83	土御門天皇	1198～1210	○	○	○		
84	順徳天皇	1210～1221	○	○			
85	仲恭天皇	1221	○		○		
86	後堀河天皇	1221～1232	○	○	○		
87	四条天皇	1232～1242			○		
88	後嵯峨天皇	1242～1246	○	○			

（次頁に続く）

89	後深草天皇	1246〜1259	○	○	○		
90	亀山天皇	1259〜1274	○	○			
91	後宇多天皇	1274〜1287	○	○	○		
92	伏見天皇	1287〜1298	○	○			
93	後伏見天皇	1298〜1301	○	○	○		
94	後二条天皇	1301〜1308					
95	花園天皇	1308〜1318	○	○	○		
96	後醍醐天皇	1318〜1339	○	○			
97	後村上天皇	1339〜1368					
98	長慶天皇	1368〜1383	○	○			
99	後亀山天皇	1383〜1392	○	○			
100	後小松天皇	1382〜1412	○	○	○		
101	称光天皇	1412〜1428					
102	後花園天皇	1428〜1464	○	○	○		
103	後土御門天皇	1464〜1500					
104	後柏原天皇	1500〜1526					
105	後奈良天皇	1526〜1557					
106	正親町天皇	1557〜1586	○	○			
107	後陽成天皇	1586〜1611	○	○			
108	後水尾天皇	1611〜1629	○	○			
109	明正天皇	1629〜1643	○	○	○	○	
110	後光明天皇	1643〜1654			○		
111	後西天皇	1654〜1663	○	○			
112	霊元天皇	1663〜1687	○	○	○		
113	東山天皇	1687〜1709	○	○	○		
114	中御門天皇	1709〜1735	○	○	○		
115	桜町天皇	1735〜1747	○	○			
116	桃園天皇	1747〜1762			○		
117	後桜町天皇	1762〜1770	○	○	○	○	
118	後桃園天皇	1770〜1779			○		
119	光格天皇	1779〜1817	○	○	○		
120	仁孝天皇	1817〜1846					
121	孝明天皇	1846〜1866					
122	明治天皇	1867〜1912			○		
123	大正天皇	1912〜1926			○		
124	昭和天皇	1926〜1989					
125	今上天皇	1989〜					

注1：参考資料⑥歴代天皇一覧は、宮内庁ウェブサイト「天皇系図」、首相官邸ウェブサイト「天皇の公務の負担軽減等に関する有識者会議（第2回）資料2天皇陛下の御活動の状況及び摂政等の過去の事例」10〜11頁、16〜17頁、首相官邸ウェブサイト「天皇の公務の負担軽減等に関する有識者会議（第2回）参考資料4退位した天皇の退位理由一覧」1〜7頁、首相官邸ウェブサイト「天皇の公務の負担軽減等に関する有識者会議（第2回）参考資料2摂政設置事例一覧表」1〜4頁、首相官邸ウェブサイト「天皇の公務の負担軽減等に関する有識者会議（第7回）議事概要」10頁、首相官邸ウェブサイト「皇室典範に関する有識者会議（第3回）資料3歴代の女性天皇について」1頁に基づいて、筆者が作成した。
注2：退位した天皇は58方。退位後、上皇となられたのは55方。上皇となられなかった3方は、第35代天皇の皇極天皇、第47代天皇の淳仁天皇、第85代天皇の仲恭天皇。
注3：摂政が置かれた天皇は38方。
注4：女性天皇は10代8方。
注5：重祚は2事例。①皇極天皇・斉明天皇に関する事例と、②孝謙天皇・称徳天皇に関する事例だ。

参考資料⑦ 2016年8月8日～2017年6月16日の主な経緯

年月日	出来事
2016年8月8日	「象徴としてのお務めについての天皇陛下のおことば」が公表された。
2016年9月23日	政府が有識者会議の開催を決定した［有識者会議の開催・構成・庶務等に関する決定］。
2016年10月17日	有識者会議第1回が開催された［首相挨拶、座長・座長代理の選任、「皇室制度関係資料」の説明、自由討議］。
2016年10月27日	有識者会議第2回が開催された［「有識者ヒアリングの実施について」の決定、「天皇陛下の御活動の状況及び摂政等の過去の事例」の説明、自由討議］。
2016年11月7日	有識者会議第3回が開催された［有識者ヒアリング］。
2016年11月14日	有識者会議第4回が開催された［有識者ヒアリング］。
2016年11月30日	有識者会議第5回が開催された［有識者ヒアリング］。
2016年12月7日	有識者会議第6回が開催された［有識者ヒアリングで表明された意見に関して自由討議］。
2016年12月14日	有識者会議第7回が開催された［「海外の主な制度及び事例の概要について」「高齢者に関する規定例について」の説明、自由討議、特別法の制定が望ましいという認識で概ね一致］。
2017年1月11日	有識者会議第8回が開催された［自由討議、これまでの議論の総括］。
2017年1月16日	天皇の退位等については、両議院合同で取り組むことを合意した。
2017年1月19日	全体会議1回目が開催された［天皇の退位等についての立法府の対応に関する説明、意見聴取］。
2017年1月23日	有識者会議第9回が開催された［「今後の検討に向けた論点の整理」の決定、有識者会議座長が首相に「今後の検討に向けた論点の整理」を手交した］。
2017年1月24日	首相から両議院正副議長に対し、有識者会議の「今後の検討に向けた論点の整理」ついて提示があった。
2017年1月24日	有識者会議の「今後の検討に向けた論点の整理」について、首相から提示があった旨の報告を、両議院正副議長から各政党・各会派に行い、その後、意見聴取。
2017年1月25日	全体会議2回目が開催された［内閣官房長官・内閣総務官が、有識者会議の「今後の検討に向けた論点の整理」について説明をした、その後、質疑応答］。
2017年2月7日	2017年2月13日に開催予定だった有識者会議第10回の開催の延期を、政府が発表した。両議院正副議長の下での立法府の議論に配慮したものだ。
2017年2月20日	各政党・各会派からの個別の意見聴取1回目［天皇の退位等についての立法府の対応に関して、各政党・各会派から個別に意見を聴取した］。
2017年3月2日	全体会議3回目が開催された［天皇の退位等についての立法府の対応に関して、意見交換］。

（次頁に続く）

2017年3月3日	全体会議4回目が開催された［天皇の退位等についての立法府の対応に関して、意見交換］。
2017年3月8日	全体会議5回目が開催された［天皇の退位等についての立法府の対応に関して、意見交換］。
2017年3月13日	各政党・各会派からの個別の意見聴取2回目［天皇の退位等についての立法府の対応に関して、各政党・各会派から個別に意見を聴取した］。
2017年3月15日	全体会議6回目が開催された［「衆参正副議長による議論のとりまとめ」が提示され、その後、意見聴取］。
2017年3月17日	全体会議7回目が開催された［「衆参正副議長による議論のとりまとめ」を、全体会議としてのとりまとめとした］。
2017年3月17日	両議院正副議長が首相に、「衆参正副議長による議論のとりまとめ」と、それに対する各政党・各会派からの意見を手交した。
2017年3月22日	有識者会議第10回が開催された［有識者ヒアリング（第2次）］。
2017年4月4日	有識者会議第11回が開催された［有識者ヒアリング（第2次）で表明された意見に関して自由討議］。
2017年4月6日	有識者会議第12回が開催された［報告書に盛り込むべき事項に関して自由討議］。
2017年4月13日	有識者会議第13回が開催された［「天皇の公務の負担軽減等に関する有識者会議最終報告構成（案）」に関して自由討議］。
2017年4月21日	有識者会議第14回が開催された［「最終報告」の決定、有識者会議座長が首相に「最終報告」を手交した］。
2017年4月26日	政府が「天皇の退位等に関する皇室典範特例法案骨子」を両議院正副議長に提示した。両議院正副議長が精査した後、各政党・各会派に配られた。
2017年5月10日	全体会議8回目が開催された［内閣官房長官・内閣総務官が、「天皇の退位等に関する皇室典範特例法案要綱」について説明をした、その後、各政党・各会派から意見聴取］。
2017年5月19日	「天皇の退位等に関する皇室典範特例法案」が閣議決定され、国会に提出された。
2017年6月1日	「天皇の退位等に関する皇室典範特例法案」が、衆議院議院運営委員会で可決された。
2017年6月2日	「天皇の退位等に関する皇室典範特例法案」が、衆議院本会議で可決された。
2017年6月7日	「天皇の退位等に関する皇室典範特例法案」が、参議院天皇の退位等に関する皇室典範特例法案特別委員会で可決された。
2017年6月9日	「天皇の退位等に関する皇室典範特例法案」が、参議院本会議で可決、成立した。
2017年6月16日	「天皇の退位等に関する皇室典範特例法」が、公布された。

注：参考資料⑦2016年8月8日～2017年6月16日の主な経緯は、表❸、表❽に基づいて、筆者が作成した。

参考文献一覧

書籍・論文等

芦部信喜『憲法』（岩波書店、新版補訂版、１９９９年）
e‐Ｇｏｖウェブサイト「パブリックコメント制度（意見公募手続制度）について」
飯田泰士『憲法96条改正を考える』（弁護士会館ブックセンター出版部ＬＡＢＯ、２０１３年）
飯田泰士『集団的自衛権――２０１４年5月15日「安保法制懇報告書」／「政府の基本的方向性」対応』（彩流社、２０１４年）
飯田泰士「終末期における延命治療の中止の適法要件――不法行為責任に関して」ＬＡＷ＆ＰＲＡＣＴＩＣＥ第2号（２００８年）
飯田泰士『18歳選挙権で政治はどう変わるか――データから予測する投票行動』（昭和堂、２０１６年）
飯田泰士『成年被後見人の選挙権・被選挙権の制限と権利擁護――精神・知的障害者、認知症の人の政治参加の機会を取り戻すために』（明石書店、２０１２年）
五十嵐敬喜『議員立法』（三省堂、１９９４年）
池上直己「病院としての終末期ケアへの対応」病院65巻2号（２００６年）
石破茂「天皇陛下のご生前のご譲位について」（２０１７年）
井田敦彦「天皇の退位をめぐる主な議論」調査と情報９４３号（２０１７年）
伊藤正己『憲法』（弘文堂、第3版、１９９５年）
伊藤正己ほか『憲法小辞典』（有斐閣、増補版、１９７８年）
奥平康弘「戦後皇室典範の制定過程についての一研究――明治皇室典範とのつながりと『天皇の退位』・『女帝』・『庶出の天皇』をめぐって」神奈川法学36巻3号（２００４年）
奥平康弘『「萬世一系」の研究（上）「皇室典範的なるもの」への視座』（岩波書店、２０１７年）
奥平康弘『「萬世一系」の研究（下）「皇室典範的なるもの」への視座』（岩波書店、２０１７年）
奥平康弘「明治皇室典範に関する一研究――『天皇の退位』をめぐって」神奈川法学36巻2号（２００３年）
Official Gazette English Edition No. 237（Government Printing Bureau, January 16, 1947）
茅野千江子「議員立法はどのように行われてきたか」レファレンス７８０号（２０１６年）
宮内庁「今後の御陵及び御喪儀のあり方についての天皇皇后両陛下のお気持ち」（２０１３年）
宮内庁ウェブサイト「過去の皇室関連報道について」

宮内庁ウェブサイト「皇后陛下お誕生日に際し（平成28年）」
宮内庁ウェブサイト「皇室関連報道について」
宮内庁ウェブサイト「皇太子殿下お誕生日に際し（平成29年）」
宮内庁ウェブサイト「皇太子同妃両殿下」
宮内庁ウェブサイト「国事に関する行為の委任について平成24年2月15日閣議決定」
宮内庁ウェブサイト「ご即位・大礼の主な儀式・行事」
宮内庁ウェブサイト「ご即位・立太子・成年に関する用語」
宮内庁ウェブサイト「象徴としてのお務めについての天皇陛下のおことば」
宮内庁ウェブサイト「昭和天皇・香淳皇后」
宮内庁ウェブサイト「天皇系図」
宮内庁ウェブサイト「天皇皇后両陛下」
宮内庁ウェブサイト「天皇皇后両陛下御結婚満50年に際して（平成21年）」
宮内庁ウェブサイト「天皇皇后両陛下のご日程 平成元年（1月〜3月）」
宮内庁ウェブサイト「天皇皇后両陛下のご日程 平成元年（4月〜6月）」
宮内庁ウェブサイト「天皇皇后両陛下のご日程 平成元年（7月〜9月）」
宮内庁ウェブサイト「天皇皇后両陛下のご日程 平成元年（10月〜12月）」
宮内庁ウェブサイト「天皇皇后両陛下のご日程 平成2年（1月〜3月）」
宮内庁ウェブサイト「天皇・皇族の身位に伴う事項」
宮内庁ウェブサイト「天皇陛下お誕生日に際し（平成24年）」
宮内庁ウェブサイト「天皇陛下お誕生日に際し（平成25年）」
宮内庁ウェブサイト「天皇陛下お誕生日に際し（平成27年）」
宮内庁ウェブサイト「天皇陛下お誕生日に際し（平成28年）」
宮内庁ウェブサイト「天皇陛下ご即位二十年に際し（平成21年）」
宮内庁ウェブサイト「天皇陛下のご手術について平成24年2月18日——皇室医務主管」
宮内庁ウェブサイト「天皇陛下のご入院・ご手術・ご退院について」
宮内庁ウェブサイト「東北地方太平洋沖地震に関する天皇陛下のおことば」
宮内庁ウェブサイト「文仁親王殿下お誕生日に際し（平成21年）」

宮内庁ウェブサイト「文仁親王殿下お誕生日に際し（平成23年）」
宮内庁ウェブサイト「文仁親王殿下お誕生日に際し（平成28年）」
宮内庁ウェブサイト「眞子内親王殿下のご婚約内定について」
宮内庁ウェブサイト「眞子内親王殿下と小室圭氏のご婚約内定についての記者会見」
宮内庁ウェブサイト「Message from His Majesty The Emperor」
宮内庁ウェブサイト「用語集」
久米郁男ほか『政治学 Political Science――Scope and Theory』（有斐閣、２００３年）
経済企画庁『平成元年度年次経済報告』（１９８９年）
皇室典範に関する有識者会議「報告書」（２００５年）
厚生労働省『平成28年版厚生労働白書』（２０１６年）
厚生労働省厚生科学審議会地域保健健康増進栄養部会次期国民健康づくり運動プラン策定専門委員会『健康日本21（第２次）の推進に関する参考資料』（２０１２年）
古賀豪ほか「帝国議会および国会の立法統計――法案提出件数・成立件数・新規制定の議員立法」レファレンス７１８号（２０１０年）
国立国会図書館調査及び立法考査局政治議会調査室・課「第五回統治機構のあり方に関する調査小委員会プロイセン憲法・大日本帝国憲法・日本国憲法下の政治行政機構――議院内閣制に関する参考資料（２）」（２００３年）
参議院ウェブサイト「参議院議長謹話（平成28年８月８日）」
参議院ウェブサイト「委員会の活動（１）法律案の審査」
参議院法制局ウェブサイト「見落とせない附則」
社会民主党ウェブサイト「生前退位は皇室典範の改正で 議員立法で法制化行うべき」
衆議院ウェブサイト「議案名『天皇の退位等に関する皇室典範特例法案』の審議経過情報」
衆議院ウェブサイト「衆議院議長謹話（平成28年８月８日）」
衆議院憲法審査会事務局「『日本国憲法の制定過程』に関する資料」（２０１６年）
衆議院憲法調査会事務局「象徴天皇制に関する基礎的資料 最高法規としての憲法のあり方に関する調査小委員会（平成15年２月６日及び３月６日の参考資料）」（２００３年）
衆議院憲法調査会事務局「天皇制（皇室典範その他の皇族関連法に関する調査を含む）に関する基礎的資料 最高法規としての憲法のあり方に関する調査小委員会（平成16年２月５日の参考資料）」（２００４年）
衆議院調査局「各委員会所管事項の動向――第１９３回国会（常会）における課題等」（２０１７年）

衆議院調査局「各委員会所管事項の動向――第１９２回国会（臨時会）における課題等」（２０１６年）
首相官邸ウェブサイト「安倍内閣総理大臣記者会見平成26年5月15日」
首相官邸ウェブサイト「皇室典範に関する有識者会議（第1回）資料１現行皇位継承制度の仕組み」
首相官邸ウェブサイト「皇室典範に関する有識者会議（第３回）資料３歴代の女性天皇について」
首相官邸ウェブサイト「皇室典範に関する有識者会議（第12回）資料２皇位継承資格を女子や女系の皇族にも拡大する場合の皇位継承順位」
首相官邸ウェブサイト「皇室典範に関する有識者会議（第２回）資料３旧皇室典範制定時の考え方」
首相官邸ウェブサイト「皇室典範に関する有識者会議（第８回）資料２昭和22年10月の皇籍離脱について」
首相官邸ウェブサイト「皇室典範に関する有識者会議（第８回）資料３皇位の継承に係わる儀式等（大嘗祭を中心に）について」
首相官邸ウェブサイト「皇室典範に関する有識者会議（第６回）識者からのヒアリング横田耕一流通経済大学教授」
首相官邸ウェブサイト「首相官邸『新着情報』メール平成28年8月15日」
首相官邸ウェブサイト「天皇の公務の負担軽減等に関する有識者会議」
首相官邸ウェブサイト「『天皇の退位等に関する皇室典範特例法』の成立についての会見平成29年6月9日」
首相官邸ウェブサイト「内閣官房長官記者会見平成28年9月23日（金）午前」
スマート・ライフ・プロジェクトウェブサイト「スマート・ライフ・プロジェクトとは」
総務省統計局「人口推計――平成29年4月報」（２０１７年）
園部逸夫『皇室制度を考える』（中央公論新社、２００７年）
園部逸夫『皇室法概論――皇室制度の法理と運用』（第一法規、２００２年）
高橋幸市＝荒牧央「日本人の意識・40年の軌跡（2）～第9回『日本人の意識』調査から～」放送研究と調査２０１４年8月号（２０１４年）
辻村みよ子『憲法』（日本評論社、第4版、２０１２年）
戸波江二「成年被後見人の選挙権制限の違憲性」早稲田法学88巻4号（２０１３年）
東京オリンピック・パラリンピック競技大会組織委員会ウェブサイト「大会計画」
内閣官房「皇室制度に関する有識者ヒアリングを踏まえた論点整理」（２０１２年）
内閣府『平成28年版高齢社会白書』（２０１６年）
内閣法制局ウェブサイト「天皇の退位等に関する皇室典範特例法案の提出理由（第１９３回国会）」
西川明子「審議会等・私的諮問機関の現状と論点」レファレンス６７６号（２００７年）
西本昌弘「薬子の変とその背景」国立歴史民俗博物館研究報告１３４集（２００７年）
日本学術会議生殖補助医療の在り方検討委員会「代理懐胎を中心とする生殖補助医療の課題――社会的合意に向けて」（２００８年）

日本記者クラブ「『生前退位を考える』①『生前退位』問題は、天皇の意思で政治が動いており憲法上問題あり——横田耕一九州大学名誉教授」(2016年)
日本新聞協会ウェブサイト「新聞協会賞受賞作」
野中俊彦ほか『憲法Ⅰ』(有斐閣、第5版、2012年)
野中俊彦ほか『憲法Ⅱ』(有斐閣、第5版、2012年)
法制執務用語研究会『条文の読み方』(有斐閣、2012年)
宮下茂「一般的国民投票及び予備的国民投票〜検討するに当たっての視点〜」立法と調査 320号(2011年)
宮下茂「憲法審査会における当面の課題——平成25年参議院議員通常選挙後の新勢力の下において」立法と調査345号(2013年)
山田敏之「現行制度の制定過程における退位の議論」調査と情報958号(2017年)
山本孝史『議員立法——日本政治活性化への道』(第一書林、1998年)
山本博文『元号——全247総覧』(悟空出版、2017年)
横井秀明『図解による法律用語辞典』(自由国民社、全訂版、1998年)
米田雄介『歴代天皇・年号事典』(吉川弘文館、2003年)
Legislation.gov.uk ウェブサイト「His Majesty's Declaration of Abdication Act 1936」

報道

朝日新聞朝刊2016年7月14日「宮内庁次長は否定」

朝日新聞朝刊2016年8月9日「天皇陛下 お気持ち表明」

朝日新聞朝刊2016年8月9日「本社世論調査 質問と回答」

朝日新聞朝刊2016年10月28日「三笠宮さま 譲位容認論」

朝日新聞朝刊2016年10月29日「『生前退位』『退位』『譲位』使い分けは?」

朝日新聞朝刊2017年1月11日「2019年元日から新元号」

朝日新聞朝刊2017年1月17日「退位 衆参議長が与野党調整」

朝日新聞朝刊2017年4月19日「『天皇の退位』文言削除」

朝日新聞朝刊2017年4月20日「『女性宮家の検討』触れず 特例法の付帯決議案、民進反発」

朝日新聞朝刊2017年4月25日「次の退位 早期に開かれた議論を」

朝日新聞朝刊２０１７年４月28日「『陛下』の文言水面下の攻防」

朝日新聞朝刊２０１７年６月２日「退位特例法案 衆院委で可決」

朝日新聞朝刊２０１７年６月10日「象徴天皇 初の退位へ」

International New York Times ２０１６年８月９日「Emperor of Japan hints at retirement」

ＮＨＫウェブサイト「ＮＨＫスペシャル 象徴天皇 模索の歳月」

ＮＨＫウェブサイト「急増 代理出産～規制と現実のはざまで～」

ＮＨＫウェブサイト「政府有識者会議 特別法の制定望ましい」

ＮＨＫウェブサイト「『退位特例法成立 意義と課題』（時論公論）」

ＮＨＫウェブサイト「天皇陛下『生前退位』の意向示される」

ＮＨＫウェブサイト「特設 天皇陛下 お気持ち表明」

ＮＨＫウェブサイト「特例法で皇室はどう変わる？」

沖縄タイムス朝刊２０１６年８月９日「象徴の務め 難しくなる」

沖縄タイムス朝刊２０１６年10月19日「生前退位18年を想定」

河北新報朝刊２０１６年８月９日「天皇陛下 生前退位に思い」

京都新聞朝刊２０１６年８月９日「天皇陛下、退位へ思い」

The Japan Times ２０１６年８月９日「Emperor hints at desire to abdicate」

産経新聞朝刊２０１６年８月９日「生前退位 強いご意向」

産経新聞朝刊２０１６年８月26日「二階氏 女性天皇を容認」

産経新聞朝刊２０１７年１月24日「光格天皇譲位 調査ご依頼」

産経新聞朝刊２０１７年６月10日「『静謐な環境』裏で激論」

ＣＮＮウェブサイト「ローマ法王、28日に退位『高齢』が理由」

時事通信ウェブサイト「『一代限りの特例』首相固執＝有識者会議、理論武装担う――天皇退位」

時事通信ウェブサイト「官邸、宮内庁にてこ入れ＝お気持ち表明で不満」

時事通信ウェブサイト「退位、衆院議運委で審議＝参院は特別委設置へ」

時事通信ウェブサイト「有識者会議、次回は３月に＝天皇退位」

中日新聞朝刊２０１６年８月９日「生前退位 思い表明」

中日新聞朝刊２０１７年４月20日「法案名の『陛下』削除要求」

テレビ朝日ウェブサイト「〝退位〟特例法案が参院特別委で可決 9日に成立へ」

東京新聞朝刊２０１６年８月９日「社会停滞にも懸念示す」

東京新聞朝刊２０１６年８月９日「生前退位 強いお気持ち」

東京新聞朝刊２０１６年11月20日「世論調査の詳報」

東京新聞朝刊２０１６年12月１日「天皇陛下 退位恒久制望む」

東京新聞朝刊２０１６年12月１日「『僕の時の問題だけではない』と陛下」

東京新聞朝刊２０１６年12月１日「４歳から遊び相手」

東京新聞朝刊２０１６年12月30日「天皇陛下の『退位』特別法 将来の先例にも 有識者会議座長代理・御厨貴氏」

東京新聞朝刊２０１７年５月２日「退位『恒久制度で』68％『女性天皇』容認は８割超」

東京新聞朝刊２０１７年５月22日「『女性宮家』が焦点に」

東京新聞朝刊２０１７年６月２日「事前調整で激論回避」

東京新聞朝刊２０１７年６月３日「退位法案、参院７日審議入り ９日に成立の見通し」

西日本新聞朝刊２０１６年８月９日「陛下、退位の意向示唆」

西日本新聞朝刊２０１７年５月２日「退位『恒久制度化を』68％ 世論調査、女性天皇を86％容認」

西日本新聞ウェブサイト「退位『恒久制度化を』68％ 世論調査、女性天皇を86％容認 世論調査の結果」

日テレＮＥＷＳ24ウェブサイト「２０１７年天皇陛下『退位』に向けての動き」

日テレＮＥＷＳ24ウェブサイト「陛下 友人に電話で〝恒久的な退位制度を〟」

日本経済新聞朝刊２０１６年８月９日「衰え考慮 お気持ち表明」

日本経済新聞朝刊２０１６年８月９日「天皇陛下 生前退位を示唆」

日本経済新聞朝刊２０１６年８月10日「生前退位を考える――識者に聞く①東大名誉教授御厨貴氏」。

日本経済新聞朝刊２０１６年10月20日「皇后さま82歳に 生前退位、反響に『衝撃』」

日本経済新聞朝刊２０１６年11月８日「天皇陛下の公務『削減は難しい』」

日本経済新聞朝刊２０１７年３月18日「退位の国会提言提示」

日本経済新聞朝刊２０１７年４月19日「退位特例法の骨子案全文」

日本経済新聞朝刊２０１７年４月20日「民進『お言葉』言及要求」

日本経済新聞朝刊２０１７年４月27日「退位法案名『陛下』記さず」

日本経済新聞ウェブサイト「京大・山中教授が講演『ｉＰＳ細胞、創薬に活用を』」

BBCウェブサイト「The princess, the palace and the shrinking royal line」

BBCウェブサイト「New Zealand votes to keep flag in referendum」

BBCウェブサイト「プリンセスと皇室、先細る皇位継承者」

毎日新聞夕刊２０１６年7月14日「『生前退位』5月から検討加速」

毎日新聞朝刊２０１６年8月9日「退位意向 強くにじむ」

毎日新聞朝刊２０１６年8月9日「天皇陛下お気持ち」

毎日新聞朝刊２０１６年10月20日「皇后さま82歳『生前退位』に衝撃」

毎日新聞朝刊２０１６年10月20日「陛下『退位』２０１８年の意向」

毎日新聞朝刊２０１６年12月15日「退位 特別法で一致」

毎日新聞朝刊２０１６年12月24日「宮内庁長官 おことば案 昨秋官邸に 昨年末公表見送り」

毎日新聞朝刊２０１７年1月19日「官邸と宮内庁」

毎日新聞朝刊２０１７年1月24日「退位 有識者会議 論点整理」

毎日新聞朝刊２０１７年4月20日「退位特例法の骨子案と付帯決議案全文」。

毎日新聞朝刊２０１７年4月20日「安定継承表現が焦点 退位特例法案与野党協議開始」

毎日新聞朝刊２０１７年5月20日「女性皇族『結婚後も公務』」

毎日新聞朝刊２０１７年5月21日「公務否定 陛下『ショック』」

毎日新聞朝刊２０１７年5月23日「『皇太子』称号に難色」

毎日新聞朝刊２０１７年5月25日「『女性天皇』賛成 68％」

毎日新聞朝刊２０１７年6月2日「ネクタイ着用『権威』を重視」

読売新聞朝刊２０１６年8月9日「象徴の務め困難に」

読売新聞朝刊２０１７年4月18日「特例法案骨子 協議始まる」

読売新聞朝刊２０１７年5月23日「毎日新聞記事 宮内庁が否定」

Ｒｅｕｔｅｒｓウェブサイト「『一代限り』妥当性にじむ、恒久化に課題＝生前退位で有識者会議」

答弁書

１９８５年9月27日、中曽根康弘首相『衆議院議員森清君提出日本国憲法制定に関する質問に対する答弁書』

2006年3月24日、小泉純一郎首相『衆議院議員高井美穂君提出皇室典範改正案の提出に関する質問に対する答弁書』
2006年10月10日、安倍晋三首相『衆議院議員辻元清美君提出安倍首相の日本国憲法についての認識に関する質問に対する答弁書』
2012年4月10日、野田佳彦首相『参議院議員山谷えり子君提出皇室制度に関する有識者ヒアリングに関する質問に対する答弁書』
2016年9月29日、奥野総一郎衆議院議員『「天皇の公務の負担軽減等に関する有識者会議」に関する質問主意書』
2016年10月7日、安倍晋三首相『衆議院議員奥野総一郎君提出「天皇の公務の負担軽減等に関する有識者会議」に関する質問に対する答弁書』
2016年12月16日、安倍晋三首相『衆議院議員石関貴史君提出天皇陛下のご公務に関する質問に対する答弁書』
2016年12月22日、安倍晋三首相『参議院議員小西洋之君提出憲法「第一章天皇」における「皇室典範」と「法律」との文言の使い分けの法的な理由に関する質問に対する答弁書』
2017年2月3日、安倍晋三首相『衆議院議員逢坂誠二君提出政府の有識者会議の天皇陛下の退位を巡る議論のあり方に関する質問に対する答弁書』
2017年2月21日、安倍晋三首相『衆議院議員奥野総一郎君提出「元号」に関する質問に対する答弁書』
2017年6月20日、安倍晋三首相『衆議院議員上西小百合君提出天皇の退位等に関する皇室典範特例法案に関する質問に対する答弁書』
2017年6月27日、安倍晋三首相『参議院議員小西洋之君提出天皇の退位等に関する皇室典範特例法案の解釈等に関する質問に対する答弁書』

国会・帝国議会における発言・答弁

（発言・答弁を引用する場合は、会議録から引用した。会議録の検索には、国立国会図書館ウェブサイト「国会会議録検索システム」、国立国会図書館ウェブサイト「帝国議会会議録検索システム」を用いた）

1946年9月10日、第90回帝国議会貴族院帝国憲法改正案特別委員会、金森徳次郎国務大臣（当時）答弁
1946年9月10日、第90回帝国議会貴族院帝国憲法改正案特別委員会、佐々木惣一貴族院議員（当時）発言
1946年12月11日、第91回帝国議会衆議院皇室典範案委員会、金森徳次郎国務大臣（当時）答弁
1946年12月11日、第91回帝国議会衆議院皇室典範案委員会、北浦圭太郎衆議院議員（当時）発言
1946年12月12日、第91回帝国議会衆議院皇室典範案委員会、金森徳次郎国務大臣（当時）答弁
1946年12月16日、第91回帝国議会貴族院本会議、金森徳次郎国務大臣（当時）答弁
1946年12月16日、第91回帝国議会貴族院本会議、幣原喜重郎国務大臣（当時）答弁

1946年12月17日、第91回帝国議会貴族院皇室典範案特別委員会、金森徳次郎国務大臣（当時）答弁
1946年12月18日、第91回帝国議会貴族院皇室典範案特別委員会、金森徳次郎国務大臣（当時）答弁
1952年1月31日、第13回国会衆議院予算委員会、吉田茂首相（当時）答弁
1958年4月1日、第28回国会参議院内閣委員会、宇佐美毅宮内庁長官（当時）答弁
1959年2月6日、第31回国会衆議院内閣委員会、林修三法制局長官（当時）答弁
1961年2月6日、第38回国会衆議院地方行政・法務委員会連合審査会、池田勇人首相（当時）答弁
1964年2月17日、第46回国会衆議院予算委員会第一分科会、高辻正巳内閣法制次長（当時）答弁
1964年3月13日、第46回国会衆議院内閣委員会、宇佐美毅宮内庁長官（当時）答弁
1964年3月17日、第46回国会衆議院内閣委員会、宇佐美毅宮内庁長官（当時）答弁
1964年3月17日、第46回国会衆議院内閣委員会、石橋政嗣衆議院議員（当時）発言
1964年3月19日、第46回国会衆議院内閣委員会、高辻正巳内閣法制次長（当時）答弁
1966年3月18日、第51回国会衆議院内閣委員会、関道雄内閣法制局第一部長（当時）答弁
1968年4月3日、第58回国会衆議院内閣委員会、吉國一郎内閣法制次長（当時）答弁
1969年6月25日、第61回国会衆議院大蔵委員会、荒井勇内閣法制局第三部長（当時）答弁
1972年3月30日、第68回国会衆議院内閣委員会、宇佐美毅宮内庁長官（当時）答弁
1972年4月26日、第68回国会参議院予算委員会第一分科会、瓜生順良宮内庁次長（当時）答弁
1972年4月26日、第68回国会参議院予算委員会第一分科会、木島則夫参議院議員（当時）発言
1973年5月30日、第71回国会衆議院文教委員会、奥野誠亮文部大臣（当時）答弁
1973年6月19日、第71回国会衆議院内閣委員会、吉國一郎内閣法制局長官（当時）答弁
1974年4月2日、第72回国会参議院内閣委員会、瓜生順良宮内庁次長（当時）答弁
1975年3月14日、第75回国会衆議院内閣委員会、角田礼次郎内閣法制局第一部長（当時）答弁
1975年3月18日、第75回国会衆議院内閣委員会、角田礼次郎内閣法制局第一部長（当時）答弁
1975年11月20日、第76回国会参議院内閣委員会、吉國一郎内閣法制局長官（当時）答弁
1978年2月3日、第84回国会衆議院予算委員会、真田秀夫内閣法制局長官（当時）答弁
1978年3月16日、第84回国会参議院予算委員会、真田秀夫内閣法制局長官（当時）答弁
1978年3月16日、第84回国会参議院予算委員会、秦豊参議院議員（当時）発言
1979年4月11日、第87回国会衆議院内閣委員会、山本悟宮内庁次長（当時）答弁

１９７９年４月17日、第87回国会衆議院内閣委員会、真田秀夫内閣法制局長官（当時）答弁
１９７９年４月19日、第87回国会衆議院内閣委員会、真田秀夫内閣法制局長官（当時）答弁
１９７９年４月19日、第87回国会衆議院内閣委員会、八百板正衆議院議員（当時）発言
１９７９年５月８日、第87回国会参議院内閣委員会、真田秀夫内閣法制局長官（当時）答弁
１９８０年２月21日、第91回国会衆議院内閣委員会、富田朝彦宮内庁長官（当時）答弁
１９８０年３月27日、第91回国会参議院内閣委員会、味村治内閣法制局第一部長（当時）答弁
１９８０年３月27日、第91回国会参議院内閣委員会、山本悟宮内庁次長（当時）答弁
１９８２年５月13日、第96回国会衆議院決算委員会、山本悟宮内庁次長（当時）答弁
１９８３年３月18日、第98回国会参議院予算委員会、江田五月参議院議員（当時）発言
１９８４年４月３日、第１０１回国会衆議院内閣委員会、山本悟宮内庁次長（当時）答弁
１９８４年４月17日、第１０１回国会参議院内閣委員会、太田淳夫参議院議員（当時）発言
１９８４年４月17日、第１０１回国会参議院内閣委員会、山本悟宮内庁次長（当時）答弁
１９８５年12月10日、第１０３回国会衆議院内閣委員会、大森政輔内閣法制局第二部長（当時）答弁
１９８６年４月２日、第１０４回国会参議院内閣委員会、山本悟宮内庁次長（当時）答弁
１９８８年３月23日、第１１２回国会衆議院法務委員会、安倍基雄衆議院議員（当時）発言
１９８８年３月23日、第１１２回国会衆議院法務委員会、味村治内閣法制局長官（当時）答弁
１９８８年５月26日、第１１２回国会参議院決算委員会、大出峻郎内閣法制局第一部長（当時）答弁
１９８８年11月９日、第１１３回国会参議院決算委員会、諫山博参議院議員（当時）発言
１９８８年11月９日、第１１３回国会衆議院商工委員会、田村元通商産業大臣（当時）答弁
１９８８年11月９日、第１１３回国会衆議院商工委員会、藤原ひろ子衆議院議員（当時）発言
１９８９年６月14日、第１１４回国会衆議院法務委員会、野村興児大蔵省主税局税制第三課長（当時）答弁
１９８９年６月14日、第１１４回国会衆議院法務委員会、宮尾盤宮内庁次長（当時）答弁
１９９０年５月17日、第１１８回国会衆議院予算委員会、工藤敦夫内閣法制局長官（当時）答弁
１９９１年３月11日、第１２０回国会衆議院予算委員会第一分科会、宮尾盤宮内庁次長（当時）答弁
１９９２年４月７日、第１２３回国会参議院内閣委員会、三石久江参議院議員（当時）発言
１９９２年４月７日、第１２３回国会参議院内閣委員会、宮尾盤宮内庁次長（当時）答弁
１９９６年４月24日、第１３６回国会参議院予算委員会、大森政輔内閣法制局長官（当時）答弁

2000年5月10日、第147回国会衆議院商工委員会、深谷隆司通商産業大臣（当時）答弁
2000年5月11日、第147回国会衆議院憲法調査会、安倍晋三衆議院議員発言
2000年6月8日、第151回国会衆議院内閣委員会、福田康夫内閣官房長官（当時）答弁
2001年11月21日、第153回国会参議院共生社会に関する調査会、羽毛田信吾宮内庁次長（当時）答弁
2004年2月5日、第159回国会衆議院憲法調査会最高法規としての憲法のあり方に関する調査小委員会、森岡正宏衆議院議員（当時）発言
2004年2月5日、第159回国会衆議院憲法調査会最高法規としての憲法のあり方に関する調査小委員会、横田耕一参考人（流通経済大学法学部教授・九州大学名誉教授）発言
2006年2月7日、第164回国会衆議院予算委員会、小泉純一郎首相（当時）答弁
2006年3月1日、第164回国会衆議院予算委員会第一分科会、安倍晋三内閣官房長官（当時）答弁
2006年4月14日、第164回国会衆議院内閣委員会、柴田雅人内閣官房皇室典範改正準備室長（当時）答弁
2010年1月22日、第174回国会衆議院予算委員会、小池百合子衆議院議員（当時）発言
2010年2月15日、第174回国会衆議院予算委員会、下村博文衆議院議員発言
2012年3月12日、第180回国会参議院予算委員会、藤村修内閣官房長官（当時）答弁
2012年4月5日、第180回国会衆議院憲法審査会、橘幸信衆議院法制局法制企画調整部長（当時）答弁
2013年1月30日、第183回国会衆議院本会議、安倍晋三首相答弁
2014年2月26日、第186回国会衆議院予算委員会第一分科会、小松一郎内閣法制局長官（当時）答弁
2014年11月17日、第187回国会参議院政治倫理の確立及び選挙制度に関する特別委員会、稲山博司総務省自治行政局選挙部長（当時）答弁
2015年8月4日、第189回国会参議院我が国及び国際社会の平和安全法制に関する特別委員会、櫻井充参議院議員発言
2016年2月4日、第190回国会衆議院予算委員会、安倍晋三首相答弁
2016年3月2日、第190回国会参議院予算委員会、大塚耕平参議院議員発言
2016年3月2日、第190回国会参議院予算委員会、安倍晋三首相答弁
2016年9月27日、第192回国会衆議院本会議、野田佳彦衆議院議員発言
2016年9月30日、第192回国会衆議院予算委員会、横畠裕介内閣法制局長官答弁
2016年10月13日、第192回国会参議院予算委員会、三原じゅん子参議院議員発言
2016年10月19日、第192回国会衆議院内閣委員会、岡田克也衆議院議員発言

２０１６年10月19日、第１９２回国会衆議院内閣委員会、菅義偉内閣官房長官答弁
２０１６年10月21日、第１９２回国会衆議院内閣委員会、菅義偉内閣官房長官答弁
２０１６年10月21日、第１９２回国会衆議院内閣委員会、高井崇志衆議院議員発言
２０１６年12月13日、第１９２回国会衆議院法務委員会、小川秀樹法務省民事局長答弁
２０１７年１月23日、第１９３回国会衆議院本会議、野田佳彦衆議院議員発言
２０１７年１月26日、第１９３回国会衆議院予算委員会、安倍晋三首相答弁
２０１７年１月26日、第１９３回国会衆議院予算委員会、細野豪志衆議院議員発言
２０１７年２月22日、第１９３回国会衆議院予算委員会第一分科会、西村泰彦宮内庁次長答弁
２０１７年３月８日、第１９３回国会衆議院内閣委員会、岡田克也衆議院議員発言
２０１７年４月３日、第１９３回国会参議院決算委員会、西村泰彦宮内庁次長答弁
２０１７年６月１日、第１９３回国会衆議院議院運営委員会、遠藤敬衆議院議員発言
２０１７年６月１日、第１９３回国会衆議院議院運営委員会、菅義偉内閣官房長官答弁
２０１７年６月１日、第１９３回国会衆議院議院運営委員会、北側一雄衆議院議員発言
２０１７年６月１日、第１９３回国会衆議院議院運営委員会、塩川鉄也衆議院議員発言
２０１７年６月１日、第１９３回国会衆議院議院運営委員会、玉城デニー衆議院議員発言
２０１７年６月１日、第１９３回国会衆議院議院運営委員会、茂木敏充衆議院議員発言
２０１７年６月１日、第１９３回国会衆議院議院運営委員会、山﨑重孝内閣官房皇室典範改正準備室長答弁
２０１７年６月１日、第１９３回国会衆議院議院運営委員会、横畠裕介内閣法制局長官答弁
２０１７年６月６日、第１９３回国会参議院外交防衛委員会、小西洋之参議院議員発言
２０１７年６月６日、第１９３回国会参議院外交防衛委員会、横畠裕介内閣法制局長官答弁
２０１７年６月７日、第１９３回国会参議院天皇の退位等に関する皇室典範特例法案特別委員会、愛知治郎参議院議員発言
２０１７年６月７日、第１９３回国会参議院天皇の退位等に関する皇室典範特例法案特別委員会、片山虎之助参議院議員発言
２０１７年６月７日、第１９３回国会参議院天皇の退位等に関する皇室典範特例法案特別委員会、菅義偉内閣官房長官答弁
２０１７年６月７日、第１９３回国会参議院天皇の退位等に関する皇室典範特例法案特別委員会、長浜博行参議院議員発言
２０１７年６月７日、第１９３回国会参議院天皇の退位等に関する皇室典範特例法案特別委員会、西田実仁参議院議員発言
２０１７年６月８日、第１９３回国会衆議院憲法審査会、赤嶺政賢衆議院議員発言
２０１７年６月８日、第１９３回国会衆議院憲法審査会、船田元衆議院議員発言

裁判例

東京地判平成25年3月14日判時2178号3頁

天皇の公務の負担軽減等に関する有識者会議の議事概要・議事録

（有識者会議における発言等を引用する場合は、有識者会議の議事録・議事概要から引用した）

首相官邸ウェブサイト「天皇の公務の負担軽減等に関する有識者会議（第1回）議事概要」
首相官邸ウェブサイト「天皇の公務の負担軽減等に関する有識者会議（第2回）議事概要」
首相官邸ウェブサイト「天皇の公務の負担軽減等に関する有識者会議（第3回）議事録」
首相官邸ウェブサイト「天皇の公務の負担軽減等に関する有識者会議（第4回）議事録」
首相官邸ウェブサイト「天皇の公務の負担軽減等に関する有識者会議（第5回）議事録」
首相官邸ウェブサイト「天皇の公務の負担軽減等に関する有識者会議（第6回）議事概要」
首相官邸ウェブサイト「天皇の公務の負担軽減等に関する有識者会議（第7回）議事概要」
首相官邸ウェブサイト「天皇の公務の負担軽減等に関する有識者会議（第8回）議事概要」
首相官邸ウェブサイト「天皇の公務の負担軽減等に関する有識者会議（第9回）議事概要」
首相官邸ウェブサイト「天皇の公務の負担軽減等に関する有識者会議（第10回）議事録」
首相官邸ウェブサイト「天皇の公務の負担軽減等に関する有識者会議（第11回）議事概要」
首相官邸ウェブサイト「天皇の公務の負担軽減等に関する有識者会議（第12回）議事概要」
首相官邸ウェブサイト「天皇の公務の負担軽減等に関する有識者会議（第13回）議事概要」
首相官邸ウェブサイト「天皇の公務の負担軽減等に関する有識者会議（第14回）議事概要」

天皇の公務の負担軽減等に関する有識者会議の資料

首相官邸ウェブサイト「天皇の公務の負担軽減等に関する有識者会議（第1回）資料1天皇の公務の負担軽減等に関する有識者会議の開催について」
首相官邸ウェブサイト「天皇の公務の負担軽減等に関する有識者会議（第1回）資料2天皇の公務の負担軽減等に関する有識者会議の運営に

ついて（案）」
首相官邸ウェブサイト「天皇の公務の負担軽減等に関する有識者会議（第1回）資料3皇室制度関係資料」
首相官邸ウェブサイト「天皇の公務の負担軽減等に関する有識者会議（第1回）参考資料1皇室典範の概要」
首相官邸ウェブサイト「天皇の公務の負担軽減等に関する有識者会議（第1回）参考資料2皇族制度の概要」
首相官邸ウェブサイト「天皇の公務の負担軽減等に関する有識者会議（第1回）参考資料3皇室経済制度」
首相官邸ウェブサイト「天皇の公務の負担軽減等に関する有識者会議（第1回）参考資料4憲法における天皇に関する主な国会答弁等」
首相官邸ウェブサイト「天皇の公務の負担軽減等に関する有識者会議（第2回）資料1有識者ヒアリングの実施について（案）」
首相官邸ウェブサイト「天皇の公務の負担軽減等に関する有識者会議（第2回）資料2天皇陛下の御活動の状況及び摂政等の過去の事例」
首相官邸ウェブサイト「天皇の公務の負担軽減等に関する有識者会議（第2回）参考資料1平成27年における天皇皇后両陛下の地方行幸啓・
外国御訪問について」
首相官邸ウェブサイト「天皇の公務の負担軽減等に関する有識者会議（第2回）参考資料2摂政設置事例一覧表」
首相官邸ウェブサイト「天皇の公務の負担軽減等に関する有識者会議（第2回）参考資料3中世・近世における摂政の特徴的な職掌」
首相官邸ウェブサイト「天皇の公務の負担軽減等に関する有識者会議（第2回）参考資料4退位した天皇の退位理由一覧」
首相官邸ウェブサイト「天皇の公務の負担軽減等に関する有識者会議（第2回）参考資料5昭和天皇の崩御に伴う主な儀式・行事一覧」
首相官邸ウェブサイト「天皇の公務の負担軽減等に関する有識者会議（第2回）参考資料6天皇陛下の即位に伴う主な儀式・行事一覧」
首相官邸ウェブサイト「天皇の公務の負担軽減等に関する有識者会議（第3回）資料1有識者ヒアリングの開催について」
首相官邸ウェブサイト「天皇の公務の負担軽減等に関する有識者会議（第3回）資料2平川祐弘東京大学名誉教授説明資料」
首相官邸ウェブサイト「天皇の公務の負担軽減等に関する有識者会議（第3回）資料3古川隆久日本大学教授説明資料」
首相官邸ウェブサイト「天皇の公務の負担軽減等に関する有識者会議（第3回）資料4保阪正康ノンフィクション作家説明資料」
首相官邸ウェブサイト「天皇の公務の負担軽減等に関する有識者会議（第3回）資料5大原康男國學院大學名誉教授説明資料」
首相官邸ウェブサイト「天皇の公務の負担軽減等に関する有識者会議（第3回）資料6所功京都産業大学名誉教授説明資料」
首相官邸ウェブサイト「天皇の公務の負担軽減等に関する有識者会議（第4回）資料1有識者ヒアリングの開催について」
首相官邸ウェブサイト「天皇の公務の負担軽減等に関する有識者会議（第4回）資料2岩井克己ジャーナリスト説明資料」
首相官邸ウェブサイト「天皇の公務の負担軽減等に関する有識者会議（第4回）資料3笠原英彦慶應義塾大学教授説明資料」
首相官邸ウェブサイト「天皇の公務の負担軽減等に関する有識者会議（第4回）資料4櫻井よしこジャーナリスト説明資料」
首相官邸ウェブサイト「天皇の公務の負担軽減等に関する有識者会議（第4回）資料5石原信雄元内閣官房副長官説明資料」
首相官邸ウェブサイト「天皇の公務の負担軽減等に関する有識者会議（第4回）資料6今谷明帝京大学特任教授説明資料」

首相官邸ウェブサイト「天皇の公務の負担軽減等に関する有識者会議（第5回）資料1有識者ヒアリングの開催について」
首相官邸ウェブサイト「天皇の公務の負担軽減等に関する有識者会議（第5回）資料2八木秀次麗澤大学教授説明資料」
首相官邸ウェブサイト「天皇の公務の負担軽減等に関する有識者会議（第5回）資料3百地章国士舘大学大学院客員教授説明資料」
首相官邸ウェブサイト「天皇の公務の負担軽減等に関する有識者会議（第5回）資料4大石眞京都大学大学院教授説明資料」
首相官邸ウェブサイト「天皇の公務の負担軽減等に関する有識者会議（第5回）資料5高橋和之東京大学名誉教授説明資料」
首相官邸ウェブサイト「天皇の公務の負担軽減等に関する有識者会議（第5回）資料6園部逸夫元最高裁判所判事説明資料」
首相官邸ウェブサイト「天皇の公務の負担軽減等に関する有識者会議（第6回）資料1有識者ヒアリングで表明された意見について」
首相官邸ウェブサイト「天皇の公務の負担軽減等に関する有識者会議（第6回）資料2ヒアリングに関連する論点に係る国会答弁等について」
首相官邸ウェブサイト「天皇の公務の負担軽減等に関する有識者会議（第6回）参考資料1有識者ヒアリングで表明された意見について（聴取項目別）」
首相官邸ウェブサイト「天皇の公務の負担軽減等に関する有識者会議（第6回）参考資料2有識者ヒアリングで表明された意見について（ヒアリング対象者別）」
首相官邸ウェブサイト「天皇の公務の負担軽減等に関する有識者会議（第7回）資料1海外の主な制度及び事例の概要について」
首相官邸ウェブサイト「天皇の公務の負担軽減等に関する有識者会議（第7回）資料2高齢者に関する規定例について」
首相官邸ウェブサイト「天皇の公務の負担軽減等に関する有識者会議（第7回）資料3有識者ヒアリングで表明された意見について（12月7日資料の再配布）」
首相官邸ウェブサイト「天皇の公務の負担軽減等に関する有識者会議（第7回）参考資料1海外制度関連規定」
首相官邸ウェブサイト「天皇の公務の負担軽減等に関する有識者会議（第7回）参考資料2国民世論の動向について」
首相官邸ウェブサイト「天皇の公務の負担軽減等に関する有識者会議（第7回）参考資料3各社世論調査結果」
首相官邸ウェブサイト「天皇の公務の負担軽減等に関する有識者会議（第8回）資料1有識者ヒアリングで表明された意見について（12月7日資料の再配布）」
首相官邸ウェブサイト「天皇の公務の負担軽減等に関する有識者会議（第8回）資料2天皇の公務の負担軽減等に関する有識者会議議事概要（第6回・第7回）」
首相官邸ウェブサイト「天皇の公務の負担軽減等に関する有識者会議（第9回）資料今後の検討に向けた論点の整理（案）」
首相官邸ウェブサイト「天皇の公務の負担軽減等に関する有識者会議（第10回）資料1有識者ヒアリング（第2次）の開催について」
首相官邸ウェブサイト「天皇の公務の負担軽減等に関する有識者会議（第10回）資料2秋下雅弘東京大学大学院教授説明資料」
首相官邸ウェブサイト「天皇の公務の負担軽減等に関する有識者会議（第10回）資料3本郷恵子東京大学史料編纂所教授説明資料」

首相官邸ウェブサイト「天皇の公務の負担軽減等に関する有識者会議（第10回）資料4君塚直隆関東学院大学教授説明資料」
首相官邸ウェブサイト「天皇の公務の負担軽減等に関する有識者会議（第10回）資料5新田均皇學館大学現代日本社会学部長説明資料」
首相官邸ウェブサイト「天皇の公務の負担軽減等に関する有識者会議（第10回）資料6『天皇の退位等についての立法府の対応』に関する衆参正副議長による議論のとりまとめ」
首相官邸ウェブサイト「天皇の公務の負担軽減等に関する有識者会議（第11回）資料有識者ヒアリング（第2次）で表明された意見について」
首相官邸ウェブサイト「天皇の公務の負担軽減等に関する有識者会議（第12回）資料報告書に盛り込むべき事項について」
首相官邸ウェブサイト「天皇の公務の負担軽減等に関する有識者会議（第13回）資料天皇の公務の負担軽減等に関する有識者会議最終報告構成（案）」
首相官邸ウェブサイト「天皇の公務の負担軽減等に関する有識者会議（第14回）資料天皇の公務の負担軽減等に関する有識者会議最終報告（案）」
首相官邸ウェブサイト「天皇の公務の負担軽減等に関する有識者会議（第14回）資料天皇の公務の負担軽減等に関する有識者会議最終報告参考資料」
「天皇の公務の負担軽減等に関する有識者会議の開催について（平成28年9月23日内閣総理大臣決裁）」（２０１６年）
「天皇の公務の負担軽減等に関する有識者会議の開催について（平成28年9月23日内閣総理大臣決裁）」の別紙「天皇の公務の負担軽減等に関する有識者会議メンバー」（２０１６年）
天皇の公務の負担軽減等に関する有識者会議「今後の検討に向けた論点の整理」（２０１７年）
天皇の公務の負担軽減等に関する有識者会議「最終報告」（２０１７年）
天皇の公務の負担軽減等に関する有識者会議「最終報告参考資料」（２０１７年）
天皇の公務の負担軽減等に関する有識者会議「最終報告概要」（２０１７年）

天皇の退位等についての立法府の対応に関する全体会議等の議事録

（全体会議における発言を引用する場合は、全体会議の議事録から引用した）
衆議院ウェブサイト「天皇の退位等についての立法府の対応に関する全体会議（平成29年1月19日）議事録」
衆議院ウェブサイト「天皇の退位等についての立法府の対応について（内閣総理大臣からの論点整理の提示について各政党・各会派への報告）（平成29年1月24日）議事録」
衆議院ウェブサイト「天皇の退位等についての立法府の対応に関する全体会議（平成29年1月25日）議事録」

衆議院ウェブサイト「天皇の退位等についての立法府の対応に関する全体会議（平成29年3月2日）議事録」
衆議院ウェブサイト「天皇の退位等についての立法府の対応に関する全体会議（平成29年3月3日）議事録」
衆議院ウェブサイト「天皇の退位等についての立法府の対応に関する全体会議（平成29年3月8日）議事録」
衆議院ウェブサイト「天皇の退位等についての立法府の対応に関する全体会議（平成29年3月15日）議事録」
衆議院ウェブサイト「天皇の退位等についての立法府の対応に関する全体会議（平成29年3月17日）議事録」
衆議院ウェブサイト「天皇の退位等についての立法府の対応に関する全体会議（平成29年5月10日）議事録」

天皇の退位等についての立法府の対応に関する全体会議等の資料

衆議院ウェブサイト「天皇の退位等についての立法府の対応について（内閣総理大臣からの論点整理の提示）（平成29年1月24日）出席者、概要」
衆議院ウェブサイト「天皇の退位等についての立法府の対応に関する全体会議（平成29年1月19日）出席者、会議の概要」
衆議院ウェブサイト「天皇の退位等についての立法府の対応について」
参議院ウェブサイト「天皇の退位等についての立法府の対応について」
衆議院ウェブサイト「天皇の退位等についての立法府の対応について（内閣総理大臣からの論点整理の提示について各政党・各会派への報告）（平成29年1月24日）出席者、会議の概要」
衆議院ウェブサイト「天皇の退位等についての立法府の対応に関する全体会議（平成29年1月25日）出席者、会議の概要」
衆議院ウェブサイト「天皇の退位等についての立法府の対応に関し各政党・各会派からの意見聴取（平成29年2月20日）出席者、会議の概要」
衆議院ウェブサイト「天皇の退位等についての立法府の対応に関する全体会議（平成29年3月2日）出席者、会議の概要」
衆議院ウェブサイト「天皇の退位等についての立法府の対応に関する全体会議（平成29年3月3日）出席者、会議の概要」
衆議院ウェブサイト「天皇の退位等についての立法府の対応に関する全体会議（平成29年3月8日）出席者、会議の概要」
衆議院ウェブサイト「天皇の退位等についての立法府の対応に関し各政党・各会派からの意見聴取（平成29年3月13日）出席者、会議の概要」
衆議院ウェブサイト「天皇の退位等についての立法府の対応に関する全体会議（平成29年3月15日）出席者、会議の概要」
衆議院ウェブサイト「天皇の退位等についての立法府の対応に関する全体会議（平成29年3月17日）出席者、会議の概要」
衆議院ウェブサイト「天皇の退位等についての立法府の対応について（内閣総理大臣への議論のとりまとめの手交）（平成29年3月17日）出席者、概要」
衆議院ウェブサイト「天皇の退位等についての立法府の対応に関する全体会議（平成29年5月10日）出席者、会議の概要」

自由民主党「天皇の退位等についての意見」（２０１７年）
民進党「皇位継承等に関する論点整理概要版」（２０１６年）
公明党「天皇の退位等についての公明党の見解」（２０１７年）
日本共産党「『天皇の退位等についての立法府の対応について』の意見（要旨）――両院正副議長による意見聴取にあたって」（２０１７年）
日本維新の会「天皇陛下の譲位に関する我が党の考え方について」（２０１７年）
自由党「天皇の退位等についての考え」（２０１７年）
社会民主党「天皇の退位等についての見解（要旨）」（２０１７年）
社会民主党「天皇の退位等についての見解」（２０１７年）
無所属クラブ「天皇の退位等について」（２０１７年）
日本のこころ「天皇の退位等についての立法府の対応について」（２０１７年）
参議院会派沖縄の風「天皇の退位等についての立法府の対応について」（２０１７年）
自由民主党「天皇の退位等についての立法府の対応（法案に盛り込むべき主要項目）」（２０１７年）
民進党「①立法府における全体会議での各党共通認識、②天皇の退位等に係る法案に記すべき基本項目、要求項目」（２０１７年）
公明党「天皇の退位等についての公明党の見解（２）」（２０１７年）
民進党「『衆参正副議長による議論のとりまとめ』に対する民進党の意見」（２０１７年）
日本共産党「『衆参正副議長による議論のとりまとめ』についての意見」（２０１７年）
日本維新の会「『「天皇の退位等についての立法府の対応」に関する衆参正副議長による議論のとりまとめ』に関する見解について」（２０１７年）
自由党「天皇陛下の退位に関する衆参両院議長案について」（２０１７年）
社会民主党「天皇の退位等についての見解（最終）」（２０１７年）
無所属クラブ「『「天皇の退位等についての立法府の対応」に関する衆参正副議長による議論のとりまとめ』に対する意見」（２０１７年）
日本のこころ「『「天皇の退位等についての立法府の対応」に関する衆参正副議長による議論のとりまとめ』に対する日本のこころ意見」（２０１７年）
衆議院ウェブサイト「政府提出資料『「天皇の退位等に関する皇室典範特例法案要綱」の概要』」
衆議院ウェブサイト「政府提出資料『天皇の退位等に関する皇室典範特例法案要綱』」
衆議院ウェブサイト「政府提出資料『天皇の退位等に関する皇室典範特例法案骨子』」

衆議院ウェブサイト「政府提出資料『〈議論のとりまとめ〉と法案骨子の対比表』」
衆議院ウェブサイト「政府提出資料『〈議論のとりまとめ〉（天皇の退位に関連して検討を要する主な法律の規定）と法案要綱の対比表』」
衆議院ウェブサイト「『天皇の退位等についての立法府の対応』に関する衆参正副議長による議論のとりまとめ」
衆議院ウェブサイト「『天皇の退位等についての立法府の対応』に関する衆参正副議長による議論のとりまとめ」の別紙「天皇の退位に関連して検討を要する主な法律の規定」

◇著者紹介◇

飯田 泰士（いいだ　たいし）

東京大学大学院法学政治学研究科修了。

東京大学大学院医学系研究科生命・医療倫理人材養成ユニット修了。

著書に、下記がある。

『18 歳選挙権で政治はどう変わるか』（昭和堂、2016 年）

『地方選挙ハンドブック』（えにし書房、2015 年）

『原発国民投票をしよう！』（えにし書房、2015 年）

『集団的自衛権』（彩流社、2014 年）

『改憲論議の矛盾』（花伝社、2014 年）

『憲法 96 条改正を考える』（弁護士会館ブックセンター出版部 LABO、2013 年）

『ネット選挙のすべて』（明石書店、2013 年）

『成年被後見人の選挙権・被選挙権の制限と権利擁護』（明石書店、2012 年）

詳説　天皇の退位――平成の終焉

2018 年 8 月 30 日　初版第 1 刷発行

著　者　飯田泰士

発行者　杉田啓三

〒 607-8494　京都市山科区日ノ岡堤谷町 3-1

発行所　株式会社　昭和堂

振替口座　01060-5-9347

TEL（075）502-7500／FAX（075）502-7501

印刷　モリモト印刷

ISBN978-4-8122-1704-7

＊落丁本・乱丁本はお取り替えいたします

Printed in Japan